Mose und Aaron als Beamte des Gottes Israels

Supplements to Vetus Testamentum

Editor in Chief

Christl M. Maier

Editorial Board

N. Calduch-Benages – D.M. Carr – J. Hutton – L.C. Jonker – C. Korting –
S.L. McKenzie – M. Nissinen – W.T. van Peursen – J. Schaper –
A. Schellenberg – N. Wazana

VOLUME 190

The titles published in this series are listed at *brill.com/vts*

Mose und Aaron als Beamte des Gottes Israels

Die Entstehung des biblischen Konzepts der Leviten

Von

Raik Heckl

BRILL

LEIDEN | BOSTON

Library of Congress Cataloging-in-Publication Data

Names: Heckl, Raik, 1967– author.
Title: Mose und Aaron als Beamte des Gottes Israels : die Entstehung des biblischen Konzepts der Leviten / Raik Heckl.
Description: Leiden ; Boston : Brill, 2022. | Series: Supplements to Vetus Testamentum, 0083-5889 ; volume 190 | Includes bibliographical references and index.
Identifiers: LCCN 2021056147 (print) | LCCN 2021056148 (ebook) | ISBN 9789004498679 (hardback) | ISBN 9789004499379 (ebook)
Subjects: LCSH: Priests, Jewish—Biblical teaching. | Levites. | Moses (Biblical leader)—Biblical teaching. | Aaron (Biblical leader)—Biblical teaching.
Classification: LCC BS1199.P7 H43 2022 (print) | LCC BS1199.P7 (ebook) | DDC 296.4/95—dc23/eng/20220127
LC record available at https://lccn.loc.gov/2021056147
LC ebook record available at https://lccn.loc.gov/2021056148

Typeface for the Latin, Greek, and Cyrillic scripts: "Brill". See and download: brill.com/brill-typeface.

ISSN 0083-5889
ISBN 978-90-04-49867-9 (hardback)
ISBN 978-90-04-49937-9 (e-book)

Copyright 2022 by Raik Heckl. Published by Koninklijke Brill NV, Leiden, The Netherlands.
Koninklijke Brill NV incorporates the imprints Brill, Brill Nijhoff, Brill Hotei, Brill Schöningh, Brill Fink, Brill mentis, Vandenhoeck & Ruprecht, Böhlau and V&R unipress.
Koninklijke Brill NV reserves the right to protect this publication against unauthorized use. Requests for re-use and/or translations must be addressed to Koninklijke Brill NV via brill.com or copyright.com.

This book is printed on acid-free paper and produced in a sustainable manner.

PRINTED BY DRUKKERIJ WILCO B.V. - AMERSFOORT, THE NETHERLANDS

Inhaltsverzeichnis

Vorwort IX
Abkürzungen XI
    Allgemeine Abkürzungen XI
    Bibliographische Abkürzungen XI

1 **Einleitung** 1
  1.1 Methodische Überlegungen: Die biblischen Texte als Diskursfragmente 1
  1.2 Die „klassische" These zu den Leviten und die Veränderung der exegetischen Rahmenbedingungen 3
  1.3 Alternative Ansätze in der Forschung 8
  1.4 Zur Anlage der Untersuchung 15

2 **Zur Frage der Deutung des Eigennamens Levi und des Nomens Levit** 16

3 **Spätvorexilische und exilische Zeugnisse über levitische Priester und Leviten** 22
  3.1 Priester und Leviten bei Jeremia 25
    3.1.1 *Jer 33,14–26* 25
    3.1.2 *Das übergreifende Zeugnis des Jeremiabuches von Priestern als Gruppe der spätvorexilischen Gesellschaft* 30
    3.1.3 *Die Leviten als sozial Bedürftige im Jeremiabuch* 31
    3.1.4 *Synthese* 32
  3.2 Priester und Leviten nach dem Zeugnis des Ezechielbuches 33
    3.2.1 *Leviten im Verfassungsentwurf (Ez 40–48)* 33
    3.2.2 *Die soziale Struktur des spätvorexilischen Juda nach dem Zeugnis Ezechiels* 45
    3.2.3 *Synthese* 45
  3.3 Schlussfolgerungen 46

4 **Die Leviten als Gruppierung in spätnachexilischen Texten** 48
  4.1 Esra-Nehemia 48
  4.2 Chronik 55
    4.2.1 *Die Herkunft der Leviten* 56
    4.2.2 *Kultische Aufgaben der Leviten* 59
    4.2.3 *Die Einsetzung von Leviten in nichtkultische Aufgaben* 63
    4.2.4 *Die Leviten als Träger der Lade in der Chronik* 69
  4.3 Resümee 73

5 **Mose als Levit** 79
   5.1   Moses Herkunft 80
   5.2   Moses gesicherte Herkunft (Ex 2) als Kontrast von Sargons zweifelhafter Herkunft nach der Sargonlegende 84
   5.3   Die Charakterisierung des Mose in Ex 2f. 91
   5.4   Die Beauftragung der Leviten durch Mose (Ex 32,26–29) 96
   5.5   Levi als Eponym der Beamtenschaft und Mose als Prototyp der Leviten 116

6 **Aaron als Levit** 120
   6.1   Vorüberlegungen zu Aaron als Eponym der Priesterschaft 120
   6.2   Die Einführung Aarons (Ex 4,14–16.27–30) und ihre Implikationen 128
   6.3   Die Einsetzung Aarons und seiner Söhne in das Priestertum 133
   6.4   Aaron und die Leviten 136
      6.4.1 *Die Beauftragung der Leviten (Num 3)* 142
      6.4.2 *Die Aufgaben der Leviten (Num 3f.)* 153
      6.4.3 *Die Übergabe der Leviten an die Aaroniden (Num 8)* 155
      6.4.4 *Korach, der Levit, und der Aufstand gegen Mose und Aaron* 159
      6.4.5 *Rechte und Pflichten von Priestern und Leviten (Num 18)* 169
      6.4.6 *Das priesterliche Konzept der Versorgung der Leviten* 176
   6.5   Das Konzept von Priestern und Leviten im priesterlich abgeschlossenen Pentateuch 180
   6.6   Die Leviten im priesterlichen Konzept des Numeribuches und im Verfassungsentwurf bei Ezechiel 183

7 **Der Stamm Levi und die Leviten im Deuteronomium und in dtr Texten** 189
   7.1   Der Levit als Hilfsbedürftiger im dtn Gesetzeskorpus 191
   7.2   Die levitischen Priester im dtn Gesetzeskorpus 198
   7.3   Die Leviten in Dtn 27,14–26 201
   7.4   Dtn 10,6–9 als Leseanweisung für die Erwähnung der Leviten und Priester im Buch Deuteronomium 203
      7.4.1 *Die Funktion des Rückblicks auf die Beauftragung Levis* 203
      7.4.2 *Das Tragen der Bundeslade* 212
      7.4.3 *Kein Erbteil für Levi (Dtn 10,9)* 214
   7.5   Dtn 18,1–8 215
      7.5.1 *Kontext und Argumentationsstruktur des Priestergesetzes* 215
      7.5.2 *Die Intention von Dtn 18,1–8* 221

- 7.5.3 *Widersprüche zwischen Dtn 18,6–8 und den übrigen Levitentexten im Deuteronomium* 223
- 7.5.4 *Der konzeptionelle Zusammenhang zwischen Num 18 und Dtn 18,1–8* 224
- 7.5.5 *Die mögliche Vorlage von Dtn 18,1–8* 228
- 7.6 Moses Segen für Levi (Dtn 33,8–11) 230
- 7.7 Ri 17f.; 19f. und 1Kön 12,31 238
  - 7.7.1 *Ri 17f.* 239
  - 7.7.2 *Ri 19f.* 246
  - 7.7.3 *Die Einsetzung von Priestern durch* Jerobeam I 250
  - 7.7.4 *Resümee* 253

8 **Synthese: „Levi" und „Leviten" als Bezeichnungen für eine Gruppenidentität und Teil der Stammeskonzeption der Hebräischen Bibel** 258

Literatur 285
Stellenregister 304
Sachregister 314

Vorwort

Mit dieser Untersuchung schließe ich eine Reihe von Überlegungen zum Thema der Leviten ab, die mich in den vergangenen Jahren beschäftigt haben. Mit dem Thema bin ich freilich schon viel früher in Berührung gekommen. Im zweiten Jahr meines Studiums konnte ich als studentische Hilfskraft am Oberseminar von Prof. Dr. H. Seidel an der Kirchlichen Hochschule Leipzig teilnehmen, wo wir uns zunächst mit den Sabbatopferliedern und später mit anderen nichtbiblischen Qumrantexten beschäftigten. Abgesehen von den vielen Anregungen, die auch dazu beitrugen, dass ich mich später bei der Teilnahme am Studienprogramm „Studium in Israel" in Jerusalem intensiv mit der rabbinischen Literatur beschäftigte, so ist mir von damals eine etwas stereotype Diskussion zu den möglichen Trägergruppen der verschiedenen Textgattungen im Gedächtnis geblieben. Angeregt war sie durch H. Seidel, und sie führte immer und immer wieder zu den Leviten. Die Frage, wie eine heterogene Gruppe zu einer solchen Bedeutung finden konnte, hat mich über die Zeit des Studiums und darüber hinaus nicht losgelassen, und so bin ich bei meiner Beschäftigung mit dem Esra-Nehemiabuch und der Chronik wieder auf die Frage gestoßen, wie sich diese Gruppe, für deren Existenz am neu errichteten Tempel in Jerusalem Esra ausdrücklich sorgen muss, überhaupt formiert hat. Es war die verblüffende Diskrepanz in der Forschung, die trotz einer allgemeinen Skepsis gegen den historischen Zeugnisgehalt der biblischen Texte auf der Grundlage spärlicher, vermeintlich alter Zeugnisse eine abenteuerliche Geschichte des Levitismus schrieb, die mich veranlasst hat, zu diesem Thema zu arbeiten.

Freilich dachte ich zunächst nicht daran, dass eine Monographie entstehen würde, sondern hatte vor, einige der Grundideen in einem kleineren Rahmen zu veröffentlichen. Teilaspekte konnte ich schon 2014 in Stellenbosch auf dem IOSOT-Kongress vortragen. Ein Aufsatz zu Mose als Levit wartet in Südafrika auch seit 2015 auf die Veröffentlichung und wird, wenn er einst herausgekommen sein wird, eine Vorarbeit zu diesen Thesen dokumentieren.

Nach der Arbeit an dem Vortrag und an dem Beitrag zu Mose entschloss ich mich, meine Thesen in einer kleinen Monographie herauszubringen. Ich danke an dieser Stelle noch einmal ganz herzlich Prof. Dr. Ch. Dohmen für seine Bereitschaft, dieses Buch zu den Leviten in die Stuttgarter Bibelstudien aufzunehmen. Er hat geduldig auf die Arbeit gewartet und nur hin und wieder nachgefragt in den Zeiten, in denen sich ihr Abschluss durch Lehrstuhlvertretungen und durch die Fertigstellung meiner Monographie zu Esra-Nehemia verzögerte.

Im Verlauf des Jahres 2019 stellte sich dann freilich heraus, dass ich die maximale Textmenge der Stuttgarter Bibelstudien mit meinem Buch bei weitem überschreiten würde, weswegen ich von der Veröffentlichung in der von mir sehr geschätzten Reihe Abstand nehmen musste. Umso mehr danke ich Frau Prof. Chr. Maier für die Aufnahme der Arbeit in die Reihe der Supplements to Vetus Testamentum sowie für die wichtigen inhaltlichen und stilistischen Hinweise.

An dieser Stelle möchte ich auch der Deutschen Forschungsgemeinschaft für die zweimalige Bewilligung des renommierten Heisenbergstipendiums sowie den Gutachtern, die mich zu meiner Arbeit sehr ermutigt haben, danken. Die DFG hat mir auch zu vielen Kontakten und darauf aufbauenden Begegnungen verholfen. Erste Überlegungen zum Thema dieses Buches konnte ich 2014 auf einem Auslandsaufenthalt mit Prof. Dr. M. Smith in New York (damals New York University) diskutieren. Mehrere Abschnitte der zentralen Kapitel habe ich während eines Aufenthaltes von Januar bis März 2020 in Montpellier verfasst und dort erstmals mit Prof. Dr. D. Noquet besprochen. Beiden lieben Kollegen möchte ich an dieser Stelle noch einmal für ihre Gastfreundschaft danken. Ganz herzlich danken möchte ich außerdem Dr. L. Maskow, der mehrere Kapitel in verschiedenen Stadien der Arbeit gegengelesen hat und mir ein wichtiger Gesprächspartner bei dem Thema war und ist. Last but not least gebührt den Studierenden in den Orten, an denen ich in den vergangenen Jahren Lehrstuhlvertretungen wahrnahm, mein Dank für die vielfältigen fruchtbaren Diskussionen. Denn ich habe in meinen Lehrveranstaltungen immer meine aktuelle Forschung und das Lernwissen verbunden und somit auch oft Themen berührt, die nun hier ausformuliert sind.

Abkürzungen

Allgemeine Abkürzungen

dtn	deuteronomisch
dtr	deuteronomistisch
fem.	feminin
Hif.	Hif'il
Hitp.	Hitpa'el
Imp.	Imperativ
Lat.	Vetus Latina
mask.	maskulin
Nif.	Nif'al
nota acc.	*nota accusativi*
pass.	passiv
Pl. / pl.	Plural / pluralisch
Ptz.	Partizip
Sam.	Samaritanus
sam.	samaritanisch
Sing. /sing.	Singular / singularisch
Suff.	Suffix
V.	Vers(e)
Z.	Zeile(n)

Bibliographische Abkürzungen[1]

AASF.H	Annales Academiae Scientiarum Fennicae. (Ser. B,) Humaniora, Helsinki
ÄAT	Ägypten und Altes Testament, Wiesbaden
ABG	Arbeiten zur Bibel und ihrer Geschichte, Leipzig
ADPV	Abhandlungen des Deutschen Palästina-Vereins, Wiesbaden
AfO.B	Archiv für Orientforschung. Beiheft, Graz
AJEC	Ancient Judaism and Early Christianity, Leiden
AJSL	American Journal of Semitic Languages and Literatures, Chicago
ALASPM	Abhandlungen zur Literatur Alt-Syrien-Palästinas und Mesopotamiens, Münster

---

[1] Die Kurztitel führen zu den vollständigen Angaben im Literaturverzeichnis.

AnBib	Analecta biblica, Rom
AncB	Anchor Bible, New York
Ant.	*Josephus*, Antiquitates Judaicae, in: *Thackeray/Marcus/Wikren/Feldman*, Josephus IV–VII
AOAT	Alter Orient und Altes Testament, Kevelaer
ATD	Das Alte Testament Deutsch, Göttingen
AThANT	Abhandlungen zur Theologie des Alten und Neuen Testaments, Zürich
ATSAT	Arbeiten zu Text und Sprache im Alten Testament, St. Ottilien
BASOR	Bulletin of the American School of Oriental Research, New Haven
BBB	Bonner biblische Beiträge, Bonn
BBC	Blackwell Bible Commentaries, Malden, MA
BE	Biblische Enzyklopädie, Stuttgart
BEThL	Bibliotheca Ephemeridum theologicarum Lovaniensium, Louvain
BG	Biblische Gestalten, Leipzig
BHTh	Beiträge zur historischen Theologie, Tübingen
Bib.	Biblica. Commentarii periodici ad rem biblicam scientifice investigandam, Rom
BK	Biblischer Kommentar. Altes Testament, Neukirchen-Vluyn
BN	Biblische Notizen, Freiburg
BN.NF	Biblische Notizen. Neue Folge, Freiburg
BThSt	Biblisch-theologische Studien, Neukirchen-Vluyn
BWo	BibleWorld, London
BZAR	Beihefte zur Zeitschrift für altorientalische und biblische Rechtsgeschichte, Wiesbaden
BZAW	Beihefte zur Zeitschrift für die alttestamentliche Wissenschaft, Berlin
CAH	Cambridge Ancient History, Cambridge
CB.OT	Coniectanea biblica. Old Testament Series, Lund
CBQ	Catholic Biblical Quarterly, Washington DC
CHANE	Culture and History of the Ancient Near East, Leiden
CIS	Copenhagen International Seminar, London; Oakville CT
CNC	Cambridge Bible Commentary, Cambrigde
DBAT.B	Dielheimer Blätter zum Alten Testament. Beiheft, Dielheim
DDD	*van der Toorn/Becking/van der Horst*, Dictionary of Deities and Demons in the Bible
DGS	De Gruyter Studienbuch, Berlin
DNP	Der neue Pauly. Enzyklopädie der Antike, Stuttgart
EDiss	Edition Diss. Duisburger Institut für Sprach- und Sozialforschung, Duisburg
EHS.T	Europäische Hochschulschriften, Reihe 23, Theologie Frankfurt, M.
ErIsr	Eretz-Israel, Jerusalem

FAT	Forschungen zum Alten Testament, Tübingen
FAT II	Forschungen zum Alten Testament, 2. Reihe, Tübingen
FRLANT	Forschungen zur Religion und Literatur des Alten und Neuen Testaments, Göttingen
GAT	Grundrisse zum Alten Testament, Göttingen
Ges[18]	*Donner* (Hg.), Gesenius' Handwörterbuch[18]
HAL	*Koehler/Baumgartner*, Hebräisches Lexikon
HAT	Handbuch zum Alten Testament, Tübingen
HBS	Herders biblische Studien, Freiburg
HeBAI	Hebrew Bible and Ancient Israel, Tübingen
Hen.	Henoch. Studies in Judaism and Christianity from Second Temple to Late Antiquity, Brescia
Herm.	Hermeneia, Philadelphia, PA
HeyJ	Heythrop Journal. A Quarterly Review of Philosophy and Theology. Oxford
HGANT	Berlejung, A.; Frevel, C. (Hg.): Handbuch theologischer Grundbegriffe zum Alten und Neuen Testament, Darmstadt 22009.
Hist.	*Godley* (Hg.), Herodotus
HK	Göttinger Handkommentar zum Alten Testament, Göttingen
HSM	Harvard Semitic Monographs, Cambridge, MA
HThKAT	Herders theologischer Kommentar zum Alten Testament, Freiburg
Hyp	Hypomnemata. Untersuchungen zur Antike und zu ihrem Nachleben, Göttingen
ICC	International Critical Commentary, Edinburgh
IEKAT	Internationaler Exegetischer Kommentar zum Alten Testament, Stuttgart
Interp.	Interpretation. A Journal of Bible and Theology, Richmond, VA
JBL	Journal of Biblical Literature, Philadelphia, PA
JBQ	Journal of the Palestine Oriental Society, Jerusalem
JBS	Jerusalem Biblical Studies, Jerusalem
JBTh	Jahrbuch für biblische Theologie, Neukirchen-Vluyn
JPOS	Journal of the Palestine Oriental Society, Jerusalem
JSJ.S	Journal for the Study of Judaism in the Persian, Hellenistic and Roman period. Supplements, Leiden
JSOT	Journal for the Study of the Old Testament, Sheffield
JSOT.S	Journal for the Study of the Old Testament. Supplements, Sheffield
JThS	Journal of Theological Studies, Oxford
KAHAL	*Dietrich/Arnet*, Wörterbuch
KB.IEB	Kulturgeschichtliche Bibliothek 1. Reihe Ethnologische Bibliothek, Heidelberg

KBB	Kleine Biblische Bibliothek, Stuttgart
KEH	Kurzgefaßtes exegetisches Handbuch zum Alten Testament, Leipzig
KHC	Kurzer Hand-Commentar zum Alten Testament, Tübingen
KStTh	Kohlhammer-Studienbücher Theologie, Stuttgart
LBS	T & T Clark Library of Biblical Studies, New York
LNTS	Library of New Testament Studies, London
LSTS	Library of Second Temple Studies, London
MTSR	Method and Theory in the Study of Religion, Leiden
Muséon	Museon. Revue d'etudes orientales, Louvain
NCBC	New Century Bible Commentary, Grand Rapids, MI
NIB	*Keck, L. E.* (Hg.): New Interpreter's Bible in Twelve Volumes, Nashville, TN, 1994-2007.
NIBC	New International Biblical Commentary, Peabody, MA
NSK.AT	Neuer Stuttgarter Kommentar. Altes Testament, Stuttgart
OBO	Orbis biblicus et orientalis, Fribourg
Oik	Oikumene, Berlin
OLB	Orte und Landschaften der Bibel, Göttingen
OLZ	Orientalistische Literaturzeitung, Berlin
OTL	Old Testament Library, London, Philadephia
OTS	Oudtestamentische Studiën, Leiden
PAAH	Publications of the Association of Ancient Historians, Claremont, CA
PPFBR	Publication of the Perry Foundation for Biblical Research in the Hebrew University of Jerusalem, Jerusalem
PRE	Paulys Real-Encyclopädie, Stuttgart
RB	Revue biblique, Paris
RGG³	Die Religion in Geschichte und Gegenwart. Tübingen, 3. Aufl.
RGG⁴	Die Religion in Geschichte und Gegenwart. Tübingen, 4. Aufl.
SAOC	Studies in Ancient Oriental Civilization, Chicago
SBAB	Stuttgarter biblische Aufsatzbände, Stuttgart
SBL.AIL	Society of Biblical Literature. Ancient Israel and its literature, Atlanta, GA
SBL.ANEM	Society of Biblical Literature. Ancient Near East Monographs, Atlanta, GA
SBL.MS	Society of Biblical Literature. Monograph serie, Nashville
SBS	Stuttgarter Bibelstudien, Stuttgart
SdSA	Saggi di Storia Antica, Roma
Sem.	Semitica. Cahiers publ. par l'Institut d'Études Sémitiques de l'Université de Paris. Paris
SFSHJ	South Florida Studies in the History of Judaism, Atlanta, GA
SHANE	Studies in the History and Culture of the Ancient Near East, Leiden

SHBC	Smyth & Helwys Bible Commentary, Macon, GA
SJLA	Studies in Judaism in Late Antiquity, Leiden
SO.S	Symbolae Osloenses. Norwegian Journal of Greek and Latin studies, Fasciculi suppletorii, Oslo
SPOT	Studies on Personalities of the Old Testament, Colombia SC
SR	Studies in Religion, Toronto
SSN	Studia semitica Neerlandica, Assen
StOr	Studia orientalia. Societas Orientalis Fennica, Helsingfors
SubBi	Subsidia biblica, Roma
TAD	*Porten/Yardeni* (Hg.), Textbook
TB	Theologische Bücherei. Neudrucke und Berichte aus dem 20. Jahrhundert, München
ThLZ	Theologische Literaturzeitung, Leipzig
ThWAT	*Botterweck, G. J.* (Hg.): Theologisches Wörterbuch zum Alten Testament, Stuttgart 1973-2000.
ThZ	Theologische Zeitschrift, Basel
TRE	Krause, G.; Müller, G. (Hg.): Theologische Realenzyklopedie, Berlin 1976–2007
TSS	Texts and Studies for Students, Jerusalem
TUAT	*Kaiser* (Hg.), Texte aus der Umwelt des Alten Testaments
UBiS	Understanding the Bible Series, Oxford
UCP.NES	University of California Publications. Near Eastern Studies, Berkeley
UT	Urban-Taschenbücher, Stuttgart
UTB	Uni-Taschenbücher, Heidelberg
VF	Verkündigung und Forschung. Theologischer Jahresbericht. München
VT	Vetus Testamentum, Leiden
VT.S	Vetus Testamentum. Supplements, Leiden
WdO	Welt des Orients, Göttingen
WMANT	Wissenschaftliche Monographien zum Alten und Neuen Testament, Neukirchen-Vluyn
WUNT	Wissenschaftliche Untersuchungen zum Neuen Testament, Tübingen
ZA	Zeitschrift für Assyriologie, Leipzig
ZAR	Zeitschrift für altorientalische und biblische Rechtsgeschichte, Wiesbaden
ZAW	Zeitschrift für die alttestamentliche Wissenschaft, Berlin
ZBK.AT	Zürcher Bibelkommentar Altes Testament, Zürich
ZDPV	Zeitschrift des Deutschen Palästina-Vereins, Wiesbaden

KAPITEL 1

Einleitung

1.1 Methodische Überlegungen: Die biblischen Texte als Diskursfragmente

So wechselvoll die Geschichte Israels war, so viele Veränderungen haben sich auch in seiner Religionsgeschichte vollzogen. Dies spiegelt die Literargeschichte der Hebräischen Bibel wider.[1] Dass die biblischen Schriften oft vielfältigen Wandlungen im Umfang und Wortlaut unterworfen waren, ist aufgrund von stilistischen und inhaltlichen Indizien sicher. Die durch Handschriften zugängliche Textgeschichte zeigt, dass man in ihrem Verlauf harmonisiert, kommentiert und verbessert hat. Der spezifische Charakter einzelner Schriften dürfte sich aber vor allem herausgebildet haben, als die Rahmenbedingungen, also Religion, Politik und Kult, sich veränderten. Dies ist wahrscheinlich, weil wir es in der biblischen Traditionsliteratur vielfach mit perspektivischen und zugleich intentionalen Texten zu tun haben.[2] Diese sind verfasst worden, um gelesen, gehört und vor allem, um mit ihren Inhalten akzeptiert zu werden.[3]

---

1 Das gilt bspw. für die Durchsetzung der Alleinverehrung *Jhwh*s und die Herausbildung des Monotheismus, die sich in unterschiedlicher Weise in den Texten niedergeschlagen haben. Vgl. *Smith*, Origins, 163. Zur Übersicht vgl. *Zevit*, Religions; *Berlejung*, Geschichte und Religionsgeschichte.
2 Vgl. ausführlich zur Methodik *Heckl*, Neuanfang und Kontinuität, 6–25.
3 Es gibt allerdings auch Thesen, die von sehr kleinen Zirkeln ausgehen, in denen (und für die) die Texte produziert wurden: *Van der Toorn*, Scribal Culture, 2, drückt das folgendermaßen aus: „Scribes wrote for scribes. To the public at large, the books of the Bible were icons of a body of knowledge accessible only through the oral instruction presented by religious experts. The text of the Hebrew Bible was not part of the popular culture." *Schmid*, Literaturgeschichte, 49; *ders.*, Schriftgelehrte Arbeit, 53f., stellt fest: „Auch wenn hier wiederum kaum Sicheres erschließbar ist, so wird man doch wohl urteilen müssen, dass die alttestamentliche Literatur über weite Strecken von Schriftgelehrten für Schriftgelehrte – seien sie nun am Tempel oder am Palast beschäftigt – geschrieben worden ist, das Publikum also im Wesentlichen mit der Autorschaft zusammenfällt." Die in den Erzähltexten erkennbare Intentionalität und ihre schon innerbiblisch beginnende Wirkungsgeschichte widerspricht diesen Einschätzungen ebenso wie die idealtypischen Darstellungen der öffentlichen Vermittlung der Texte in Dtn 31 und Neh 8. Letztere lassen erkennen, dass die Zielgruppe das Volk insgesamt ist. Auch wenn es sich dabei um eine Idealisierung handelt, sind wohl die schriftkundigen Eliten als intendierte Adressaten im Blick. Somit ist die biblische Traditionsliteratur zwar sicher nicht Teil der „popular culture" (*van der Toorn*, Scribal Culture, 2), doch suchte man sie, allgemeinverbindlich für ganz Israel zu machen. Wesentliche Intention war, mithilfe dieser Literatur eine bestimmte religiöse Identität Israels zu formen.

Mit ihnen hat man versucht, theologische und politische Konzepte zu vermitteln bzw. sie zu stützen oder man suchte, die intendierten Adressaten zur Einhaltung der enthaltenen Regeln (Satzungen, Gebote etc.) zu bewegen.

Da insbesondere im Pentateuch, mit dem sich diese Untersuchung zu den Leviten über weite Strecken beschäftigen muss, Vorstufen verarbeitet worden sind, mussten die Autoren späterer Fassungen damit rechnen, dass ihre Adressaten deren Vorlagen oder zumindest deren Inhalte kannten. Zentrale Aussagen der zugrunde liegenden Traditionsliteratur waren nicht willkürlich veränderbar. Vielmehr waren die Verfasser gezwungen, konzeptionelle Veränderungen an den Texten nachvollziehbar und akzeptabel zu gestalten. Sie mussten auf das vorausgesetzte Hintergrundwissen – und dazu gehörte die Kenntnis der Vorlagen – Rücksicht nehmen. Die jeweilige Textvorlage war nicht ein neutraler Stoff, der einem Redaktor nach Belieben zur Verfügung stand. Vielmehr müssen die Texte Teil einer lebendigen Kultur und religiösen Praxis gewesen sein. Wo ihr gegenüber Innovationen entwickelt werden sollten oder wo die aktuellen Diskurse dies nötig machten, ist mit Veränderungen im Wortlaut zu rechnen. Solche Innovationen mussten vermittelt werden. Daher finden wir *auf der inhaltlichen Ebene* Argumentationen, Begründungen etc., die Rückschlüsse auch auf die zugrunde liegenden Konzepte zulassen. Die Texte der biblischen Traditionsliteratur lassen sich daher als Bestandteile antiker Kommunikationsprozesse begreifen. Da wir zunächst nur die Texte besitzen, sind diese als Diskursfragmente in den Blick zu nehmen, von denen her die zugehörigen Diskurse d.h. die übergeordneten Diskursstränge bis hin zum gesamtgesellschaftlichen Diskurs durch die Geschichte erschlossen werden müssen.[4] Einen Einblick in die Diachronie der Texte ermöglicht uns die Beachtung ihrer Abfolge. Die Exegese sollte also nach den hermeneutischen Mitteln Ausschau halten, mit denen die veränderten Texte gegenüber ihren Vorlagen plausibilisiert wurden. Radikale Umbrüche mit Veränderungen des religiösen, sozialen und politischen Koordinatensystems von einer Fassung zur nächsten lassen sich jedoch allein anhand sog. literarkritischer Kriterien und ohne erkennbare Vermittlungsanstrengungen nicht wahrscheinlich machen.

---

4 Die Analyse von Diskursfragmenten steht in der kritischen Diskursanalyse am Ende. Sie dient dazu, Diskursstränge im Kontext des gesellschaftlichen Gesamtdiskurses zu erfassen. Vgl. *Jäger*, Diskursanalyse, 193. Bei den biblischen Texten als Diskursfragmenten fehlt die Kenntnis des gesellschaftlichen Gesamtdiskurses. Sie lassen sich zwar verschiedenen Diskursstängen zuordnen und stehen daher nicht für sich, doch der Gesamtdiskurs muss auf ihrer Grundlage rekonstruiert werden. Als verbindliche Textgrundlage des antiken Judentums lässt sich aber ein weitgehender religiöser, politischer und sozialer Zusammenhang zwischen den biblischen Texten insgesamt erkennen.

Hinweise auf die zugrunde liegenden Diskurse kann man beispielsweise über den Vergleich der großen literarischen Korpora gewinnen. Dass die älteren Texte noch erkennbar sind, dass sie mitunter intakt gelassen worden sind, hängt damit zusammen, dass sie akzeptiert waren. So wurde das ältere Deuteronomium literarisch in den priesterlichen Pentateuch eingebunden und als perspektivisches Zeugnis interpretiert.[5] Chronik und Esra/Nehemia rezipierten den Pentateuch in einer betont Jerusalemer Perspektive.[6] Diese Bezugnahmen kommen zustande, weil ältere Texte im Gebrauch waren und sie bei der Abfassung neuer Texte in veränderten Diskursen integriert werden sollten. Die Texte der biblischen Traditionsliteratur tragen also einen Metatextcharakter. Sie geben uns Einblick in die Diskurse, da sich an ihnen zeigen lässt, „wie man Texte verstanden hat und wie man sie verstanden wissen wollte."[7]

Die Diskurse anhand der textinternen Argumentationen zu rekonstruieren, die hermeneutischen Mittel dafür zu bestimmen, ist entscheidend für die Erfassung der theologischen, religionsgeschichtlichen, soziologischen und politischen Entwicklungen, die die Literargeschichte vorangetrieben haben. Der Blick auf den Charakter textueller Differenzen zwischen den Versionen in der Textgeschichte lässt Rückschlüsse auf die oft ausgemachten kleinteiligen Redaktionen zu. Begrenzte Veränderungen im Wortlaut sind für die textliche Überlieferung charakteristisch. Dort reagieren sie häufig auf andernorts vermittelte Veränderungen und Innovationen, sind also nachträgliche Harmonisierungen mit in anderen Texten entwickelten Konzeptionen. Dies dürfte auch in der Literargeschichte nicht anders gewesen sein. Wenn sich Hinweise auf solche Redaktionen ergeben, so sind diese dennoch kaum der Ort, an denen neue Konzepte durchgesetzt werden konnten. Dieser ist in programmatischen Textabschnitten zu suchen, wo Innovationen vermittelt werden.

1.2 Die „klassische" These zu den Leviten und die Veränderung der exegetischen Rahmenbedingungen

Die Vorstellung, dass sich der wissenschaftliche Fortschritt kontinuierlich vollzieht, ist eine Illusion. An grundlegenden Paradigmen der Forschung wird oft lange festgehalten, auch wenn sich die Anzeichen häufen, dass in ihrem

---

5   Vgl. dazu zuletzt *Heckl*, Mose als Schreiber, 204–221.
6   Vgl. dazu *Heckl*, Neuanfang und Kontinuität, 377–379 (zusammenfassend).
7   Ebd., 14.

Rahmen die wissenschaftlichen Probleme nicht mehr lösbar sind.[8] Mit der Beschreibung des Ursprungs und der Wandlungen dessen, was unter den Leviten in der Geschichte Israels verstanden wurde, hat J. Wellhausen vor mehr als 100 Jahren eine sehr einflussreiche Theorie entwickelt, an der bis heute partiell festgehalten wird, obwohl viele ihrer Rahmenbedingungen zweifelhaft geworden sind.

Nach Wellhausen handelte es sich bei den Leviten ursprünglich um einen Stamm, „der schon vor der Entstehung des Königtums untergegangen"[9] sei. Bei seiner Beschreibung der Entwicklung des Levitismus folgt Wellhausen dem Ablauf der Geschichte Israels, wie diese sich ihm und der Forschung seiner Zeit auf der Grundlage der Hebräischen Bibel darstellte, wobei er vermutete, dass die Leviten als Priester, von denen „es anfangs nur sehr wenige gab, […] zumeist zugleich mit den Altären von den Kanaaniten übernommen"[10] wurden. Hohen Zeugnischarakter hat für Wellhausen Ri 17f.: „Ein Berufspriester, ein Levit, ist nach Jud. 17,13 für ein gewöhnliches Heiligtum eine große Seltenheit."[11] Die Passage zeige, dass er der „Angestellte eines über ihnen stehenden Herrn, des Besitzers des Heiligtums"[12] gewesen sei. Zur Bestätigung verweist er darauf, dass „überall im Alten Testament abgesehen von Esdrae Nehemiae und Chronik […] Levit der Ehrentitel des Priesters"[13] sei und führt als Belegpassagen u.a. Ri 17f.; 19f. an.[14] Er hält es möglich, dass zunächst nur in der Familie des Mose Priestertum und Levitsein verbunden waren: „Nicht unmöglich, daß wirklich in der Familie Moses das heilige Amt sich fortpflanzte, und sehr wahrscheinlich, daß die beiden ältesten Erbgeschlechter zu Dan und zu Silo im Ernst den Anspruch machten, von ihm abzustammen. Hinterher verehrten, wie uns Deut. 33,8ff. gelehrt hat, alle Priester in Moses ihren Vater. In Juda geschah dasselbe. Alle Leviten zusammen bildeten endlich eine Blutsverwandtschaft, einen Stamm, der zwar kein eigenes Land, dafür aber das Priestertum zum Erbteil empfangen hatte."[15] Dies vollzog sich unabhängig von der Tatsache, dass Priester an den offiziellen Heiligtümern in der

---

8   Ich beziehe mich hier auf die wissenschaftstheoretische Studie *Kuhn*, Struktur wissenschaftlicher Revolutionen.
9   *Wellhausen*, Prolegomena, 136.
10 Ebd., 138.
11 Ebd., 124.
12 Ebd., 146.
13 Ebd., 139.
14 Vgl. ebd. Anders als Ri 17f. sieht er Ri 19f. an anderer Stelle (ebd., 385) als „spät eingeschoben[…]" mit „eine[r] sprachliche[n] Hinneigung zum Priesterkodex".
15 *Wellhausen*, Prolegomena, 136.

EINLEITUNG

Regel von den Königen eingesetzt wurden.[16] So ist die Kritik von 1Kön 12,31 für Wellhausen ein Zeichen, wie man dem Deuteronomium „rückwirkende Kraft verliehen"[17] habe.

Nach Wellhausen handelte es sich um einen Identifikationsprozess, an dessen Anfang stand, dass einige der Angehörige des Stammes Levi Priester geworden waren.[18] – Wellhausen dachte wie bereits festgestellt an Mose und seine Nachkommen: „In der Tat scheint derselbe [der Name Levi, R. H.] zunächst nur auf die Nachkommen und Verwandten Moses angewandt und erst später auf die Priester überhaupt übertragen zu sein, die dem Blute nach nichts mit ihm zu tun hatten, aber alle mit ihm als ihrem Haupte in Zusammenhang stehn wollten."[19] Große Veränderungen haben sich seiner Ansicht nach im Zuge der Josianischen Reform vollzogen. Die Abschaffung der Heiligtümer abseits von Jerusalem hatte seiner Ansicht nach zur Folge, dass die Leviten – nach Wellhausen die Priester – ohne Anstellung dastanden. Obwohl das Deuteronomium die Gleichberechtigung der Priester im Lande propagiert habe, seien diese ehemaligen Priester gezwungen gewesen, am Zentralheiligtum einen untergeordneten Dienst zu übernehmen. Ezechiel und die priesterlichen Texte des Pentateuchs (vor allem des Numeribuches[20]) suchten nach Wellhausen diese Situation festzuschreiben.[21] Die Unterordnung der Leviten unter die Priesterschaft wurde nach den priesterlichen Texten und der Chronik zwar als „tausendjährige[]" Praxis dargestellt, war aber „in Wahrheit [...] erst von Ezra und Nehemia"[22] eingeführt worden.

Besonders der Ausgangspunkt der von Wellhausen angenommenen Entwicklung, dass die Leviten ursprünglich einen Stamm bildeten, als deren Angehörige die Priester sich später gesehen hätten, ist heute nicht mehr gesichert. Denn weder der Segen Jakobs (Gen 49) noch jener des Mose (Dtn 33)

---

16 Vgl. ebd., 127f.
17 Ebd.
18 Wellhausen stellte sich kritisch gegen eine These, wonach die landbesitzlosen Leviten direkt in den Tempeldienst getreten seien. Dies vertrat zeitgleich noch *Baudissin*, Geschichte. S. E. „erlangten die Leviten ein selbständiges Stammland nicht, sondern zerstreuten sich nach Gen. c. 49,5ff." (ebd., 265). Erst nach der Landnahme galt, „[e]inen Leviten zum Priester [...] zu gewinnen, [...] als besonderer Vorzug. Erst jetzt wurden die Leviten in ihrer Gesamtheit eigentliche Priester" (ebd., 266).
19 *Wellhausen*, Prolegomena, 138.
20 Siehe dazu unten, 120–188.
21 „Die Masse der außer Dienst gesetzten Höhenpriester mußte, da sie ihren geistlichen Charakter schon nicht mehr los werden konnten, sich zur Degradirung [sic!] unter ihre jerusalemischen Brüder und zu einer untergeordneten Teilnahme am Dienste des Heiligtums bequemen" (*Wellhausen*, Prolegomena, 133).
22 Ebd., 141.

enthält Erinnerungen an vorstaatliche Verhältnisse.[23] Da diese beiden Texte wie die meisten Texte des Pentateuchs frühestens in spätvorexilischer Zeit entstanden sind, können sich in ihnen keine Hinweise auf einen bereits in vorstaatlicher Zeit verloren gegangenen Stamm oder überhaupt auf einen alten Stamm ohne Territorium erhalten haben.[24] Doch auch die Etymologie des Begriffs ist unklar.[25] Und offen war bislang auch, in welcher Beziehung er zum Eigennamen Levi steht.[26]

An der Sicht, dass die Leviten in der Königszeit zunächst Priester waren und sie erst später zu einer untergeordneten Priesterklasse wurden, hält man in der Forschung bis heute fest, obwohl sich bei den Rahmenbedingungen der Literargeschichte der Hebräischen Bibel (insbes. bei den Datierungen) und der Sicht der Religionsgeschichte des Alten Israel große Veränderungen vollzogen haben.[27] Die Rekonstruktion der Geschichte der Leviten bzw. des Levitismus ist ein Paradebeispiel dafür, wie man soziale Veränderungen auf der Grundlage der Literargeschichte zu fassen gesucht hat. Man vermutet in der spätvorexilischen und danach in der nachexilischen Zeit starke konzeptionelle Veränderungen.[28]

---

23 Ihm folgte bspw. *Alt*, Gaue Salomos, 88: „Daß Levi [in 1Kön 4,7–19, R. H.] nicht genannt wird, versteht sich von selbst; er hatte längst aufgehört, eine politische Größe von der Art seiner Brüder zu sein." Ähnlich *Gunneweg*, Leviten und Priester, 213; *de Vaux*, Lebensordnungen, 206, und zuletzt auch *Keel*, Jerusalem II, 1057.

24 Vgl. *Samuel*, Von Priestern, 15.

25 Vgl. dazu zuletzt *Samuel*, Von Priestern, 14.

26 Siehe dazu, unten 27–32.

27 Siehe z.B. *Blum*, Mose, 63: „Im Gegenüber zu den bereits bestehenden Sippen und Stämmen definierten sie sich naheliegenderweise selbst als eigene, segmentär gegliederte Verwandtschaftsgruppe. Als bekannt eifernde ‚Anhänger' (לוים) ihres Gottes JHWH galten die mit keinem der ‚normalen' Stämme verbundenen schließlich als ‚geborene' Priester an JHWH-Kultstätten."

28 *Dahmen*, Leviten, sieht im Deuteronomium Anhaltspunkte dafür, dass die Leviten zunächst nur als *personae miserae* gegolten hätten. Vgl. ebd., 394f. Danach sei es in einer Redaktionsschicht zu einer „Levitisierung der Priesterschaft" (ebd., 396) gekommen, die sich aber nicht durchsetzen konnte, sondern in den priesterlichen Texten und bei Ezechiel zu einer „Degradierung der Leviten zum clerus minor" weiterentwickelt wurde (ebd., 398). *Nurmela*, Emergence, 178, meint, die Leviten seien die Priester des Nordreiches gewesen, und entsprechend habe das Deuteronomium (vgl. ebd, 180) die Leviten allein als Priester gesehen. Im Süden sei es dann zu einer Degradierung der Leviten gekommen, wobei sich in den priesterlichen Texten s.E. noch ein bitterer Konflikt darüber widerspiegle. Vgl. ebd., 179. Ähnlich wie Nurmela folgte J. Schaper Wellhausen und identifizierte die Leviten mit den Höhenpriestern. Vgl. *Schaper*, Priester, 82. Programmatisch habe das Deuteronomium „die Forderung nach einer prinzipiellen Gleichstellung und Gleichbehandlung der ehemaligen jahwistischen Höhenpriester und der Jerusalemer Tempelpriester" (ebd., 89) aufgestellt. Doch hätten sich die Zadokiden dem widersetzt, was erstmals von Ezechiel formuliert worden sei (vgl. ebd., 122; so schon *Allan*, Identity, 259) In der persischen Zeit habe es aufgrund einer Nutzung des Tempels zur

Das hat man in z.T. kleinteiligen Zusätzen im Deuteronomium sowie in den Texten des Pentateuchs wahrscheinlich zu machen gesucht.[29] Wenn man so an Wellhausens These festhält, dass die Leviten in der vorexilischen Zeit Priester waren, lässt man eigentlich nur den zweiten Teil seiner These bestehen, was aber zu einer Aporie führt. Die Figur Levi aus der Genesis bleibt zwar das Eponym der Leviten,[30] doch ohne die Annahme von Zwischenstufen in der Identität Levis als Stamm wirken Gen 34 und 49,5 wie Fremdkörper: Was soll das für ein *heros eponymos* der Priester sein, der gewalttätig ist und „auf keine Reinheitsvorschrift"[31] achtet?[32]

Steuererhebung Auseinandersetzungen zwischen zadokidischen Priestern und Leviten gegeben, weil die Zadokiden von den Persern privilegiert worden seien. Vgl. *Schaper*, Priester, 303f. Die Zadokiden hätten nach dem Exil ihre Stellung wiedererlangt, die Leviten aber seien aus dem Priesterkollegium ausgeschlossen worden. Vgl. ebd., 304. Schaper sieht danach eine Entwicklung der Übertragung weiterer Kompetenzen auf die Leviten. Nach der Studie von H. Samuel lässt sich die Entwicklung erst mit dem Deuteronomium verfolgen: „Priester, die nicht ‚levitische Priester' sind, kennt das Urdeuteronomium jedoch nicht: Alles Priestertum ist, wie es scheint, nach deuteronomischer Vorstellung levitisches Priestertum" (*Samuel*, Von Priestern, 402). Seiner Ansicht nach spiegeln sich danach im Numeribuch „Auseinandersetzungen zwischen (aaronidischen) Priestern und Leviten, die sich nach und nach zu einer zweitrangigen Klasse des Kultpersonals entwickeln" (ebd., 403f.), wider. Die genannten Beispiele mögen genügen. Weitere Studien werden in den Analysen diskutiert. Man vergleiche die umfangreiche Übersicht von *Schaper*, Priester, 1–9, sowie die Angaben bei *Samuel*, Von Priestern, 1f., und die dort jeweils angeführten Literaturübersichten.

29   Vgl. *Dahmen*, Leviten, 396–405 (zusammenfassend).
30   So *Levin*, Stämme, 177: „Levi ist kein Stamm gewesen, sondern eine Priesterklasse."
31   *Samuel*, Von Priestern, 306.
32   Dieses Problem haben auch verschiedene alternative Ansätze im Blick. Siehe unten, 8–15. Dies sucht man beispielsweise mit der ad-hoc-Hypothese einer „Säkularisierung" der Levifigur zu integrieren, die einen Kontrast zu der mit Aaron beginnenden Priesterschaft herstelle. *Samuel*, Von Priestern, 306, formuliert: „Auch wenn Levi Vorfahr Moses und Aarons ist und damit fraglos Ahnherr der Leviten, beginnt das Priestertum im eigentlichen Sinne, so die Botschaft, erst mit Aaron – die Berufung auf Levi(sohnschaft) allein rechtfertigt also keine priesterlichen Ansprüche." Dass sich dies so nicht integrieren lässt, zeigt sich auch in seiner Sicht, dass Levi in den Listen der Söhne Jakobs zwar „*heros eponymos* der Leviten in recht früher Zeit" (*Samuel*, Von Priestern, 401f.) sei, er aber „als literarische Figur noch keinerlei Eigenleben" (ebd., 402) habe. Die reduzierte Wellhausen-These bei H. Samuel kann auch nicht erklären, wieso gerade das Deuteronomium und die spätnachexilischen Texte die Bedeutung der Leviten hervorheben. Dies erklärt die Studie von *Nurmela*, Emergence, 177, mit „the conflict between the southern and northern parts of the divided kingdom during the pre-exilic period". *Schaper*, Priester, 89, sieht die Ursache im dtn Programm der Gleichstellung von den Höhenpriestern mit der Priesterschaft am Tempel. Doch ist die Annahme eines Zusammenhanges mit dem Norden sehr hypothetisch, weil wir nur Reflexionen darüber

1.3 Alternative Ansätze in der Forschung

Neben den Thesen, die am Konzept von J. Wellhausen festhalten, gibt es eine Reihe von Versuchen, die die unterschiedlichen Aussagen über die Leviten ohne die Annahme von radikalen Umbrüchen in den Gruppenkonzepten begreifen: A. Cody und A. D. H. Mayes suchten die Diskrepanz zwischen dem dtn Programm und der späteren Realität damit zu erklären, dass das Deuteronomium nur die grundsätzlichen Rechte der Leviten auf das Priesteramt formuliere, nicht aber die Realität im Blick gehabt habe.[33] G. E. Wright sah lediglich eine terminologische Differenz und vermutete, dass die Phrase הכהנים הלוים „die levitischen Priester" im Deuteronomium synonym mit הכהנים „die Priester" sei und dass es dieselbe Gruppierung bezeichne wie in priesterlichen Texten בני אהרן „Söhne Aarons"[34] Er unterscheidet sie von den Leviten im Lande, die auch in Dtn 18,6 nicht im Blick seien.[35] Aufgrund der unrealistischen Vorstellung eines ganzen Stammes der Priesterschaft vermutet er als eigentliche Funktion der Leviten eine Art Lehrtätigkeit.[36] R. Abba nahm die Argumentation von Wright wieder auf, korrigierte aber dessen nicht überzeugende Interpretation von Dtn 18,6–8.[37] Der Abschnitt habe nichts anderes im Sinn als die priesterliche Sicht eines untergeordneten Kultdienstes der Leviten, wenn in Dtn 18,7 den Leviten im Lande der Dienst mit den Leviten am Zentralheiligtum ermöglicht werde.[38]

---

aus Jerusalemer Perspektive besitzen. Die Konflikte müssten zunächst in Darstellungen über die betreffende Zeit nachgewiesen werden.

33 *Cody*, Priesthood, 131: „[F]or the code of Deuteronomy all Levites are potentially priests, even if not actually priests." *Mayes*, Deuteronomy, 275: „In practice, then, the law is concerned with that very small minority of the tribe which would find employment at the central sanctuary."

34 Vgl. *Wright*, Levites, 330.

35 Vgl. ebd., 328.

36 „It is highly improbable that one whole tribe could function as altar-priests, because there were too many involved. On the contrary, we have the persistent tradition in the O.T. that one of the chief functions of the Levites was the work of teaching and exposition" (*Wright*, Levites, 329). J. A. Emerton hat dieser Argumentation widersprochen. Er beharrt ausgehend von Dtn 18,1 darauf, dass „Deuteronomy confers the priestly office on the whole tribe of Levi, and associates Levites with priestly rights and duties" (*Emerton*, Priests and Levites, 138).

37 Vgl. *Abba*, Priests and Levites in Deuteronomy, 264.

38 *Abba*, ebd., 266, stellt fest, „that the Deuteronomist, far from using the terms ‚priest' and ‚Levite' indiscriminately, reserves the latter for a subordinate order of cultic officials with which he is familiar."

Die Interpretation des Deuteronomiums durch Wellhausen wurde auch von A. H. J. Gunneweg in Frage gestellt. Seiner Ansicht nach seien die Leviten eine Gruppe gewesen, die in der staatlichen Zeit die besondere Verbundenheit mit *Jhwh* als Teil ihres konservativ amphiktyonischen Charakters betont hätte und in den Konflikt mit „ehemals kanaanäischen, jahwisierten Heiligtümer und deren Priesterschaften, insbesondere die Aaroniden"[39] gekommen sei.[40] Diese levitischen Ansprüche werden im Deuteronomium weiterentwickelt zu einer „programmatische[n] Theorie über das Levitsein aller Priester (הכנים הלוים)."[41] Gegen Wellhausen könne von einem Dienst der Höhenpriester am Zentralheiligtum in 2Kön 23,9 daher gerade nicht gesprochen werden, sondern dort werde lediglich eine Differenz von Theorie und Praxis gegenüber dem Deuteronomium deutlich, da die geforderte Levitenschaft aller Priester nicht erwähnt werde.[42] In den priesterlichen Texten gehe es daher auch nicht um eine Degradierung der Leviten zu einem *clerus minor*, sondern um eine weitergehende Systematisierung, bei der „Levi' zum Oberbegriff wird, unter welchen heterogenste Größen subsumiert werden, dergestalt, daß man geradezu von einer Levitisierung sämtlicher Priesterschaften sprechen möchte,"[43] wobei der niedrige Rang der Leviten festgeschrieben wurde: „P legalisiert vielmehr den Rang eines Clerus minor überhaupt und faßt unter der Bezeichnung ‚Leviten' das gesamte nichtpriesterliche Kultpersonal zusammen."[44] Dies habe in denselben nachexilischen Texten zu einer „Levitisierung' des gesamten Kultpersonals einschließlich der Aaroniden"[45] geführt. Gunneweg rechnet somit eher mit einer theoretischen Systematisierung und mit Harmonisierungen als mit dem Niederschlag von entgegengesetzten Gruppeninteressen.[46]

Dem Problem nichtkultischer Handlungen und Funktionen der Leviten hat sich besonders G. Schmitt angenommen. Aufgrund dieser sah er die

---

39 *Gunneweg*, Leviten und Priester, 220.
40 Seine Thesen hängen davon ab, dass er die Stammeslisten und die Stammessprüche in Gen 49 mit der vorstaatlichen Amphiktyonie verbindet. Das Deuteronomium habe bei seiner Bewertung der Leviten amphiktyonische Traditionen und Ideale rezipiert. Vgl. ebd., 80.
41 *Gunneweg*, Leviten und Priester, 132.
42 Vgl. ebd., 125.
43 Ebd.
44 Ebd., 155.
45 Ebd., 166.
46 Ebd., 213: „Es war ein sehr langer Weg der Geschichte und der Geschichtsdeutung, welche von jenem Leviten, der ein Ger war in den Ortschaften Israels, dessen Vater aber dennoch ein Sohn Jakobs und Mitglied der Amphiktyonie war, bis hin zu diesem Levi, der der Ober-Eponym des gesamten Kultpersonals ist."

Levitenschaft als eine auch kriegerische Gefolgschaft *Jhwh*s und in Mose deren wichtigsten Repräsentanten.[47]

In der nur wenig rezipierten Arbeit von J. R. Spencer wird im Rahmen der traditionellen Quellenhypothese festgestellt, dass sich im Konzept des Levitismus zwischen den vorexilischen und nachexilischen Texten eine Veränderung vollziehe. Die nachexilischen Texte sähen die Leviten zwar ebenfalls in einem Zusammenhang mit dem Heiligtum, nähmen aber für die Leviten keine kultischen Funktionen mehr in den Blick.[48] Als übergreifenden Aspekt werden die gewalttätigen Aktivitäten der Leviten gesehen,[49] was zu einer Zuweisung militärischer Funktionen führt,[50] und eine besondere Hingabe zu *Jhwh* beinhalte,[51] die letztlich Grundlage der Levitisierung der Priesterschaft gewesen sei.[52] Ebenfalls die Frage, wie man sich die Zugehörigkeit zum Stamm Levi vorzustellen hat, hat G. Ahlström umgetrieben. Dass er das Konzept der zwölf Stämme für spät ansieht,[53] macht es ihm möglich, die Zeugnisse von den Leviten generell vor dem Hintergrund der späteren Geschichte Israels zu sehen. Er greift dazu auf die Untersuchung von Spencer zurück und schließt auf der Grundlage der Chronik und von Dtn 33,11, dass „the label ‚Levite' was a technical term for priests and government officials stationed at different locations in the kingdom".[54] „These persons were, thus, associated with, or attached, bound, to the central government as its employees."[55] Diese These ermöglicht ihm auch die spätnachexilische Konstruktion der Levitenstädte zu erfassen: „The later historiographer knew that priests, military personnel and

---

47 Vgl. *Schmitt*, Ursprung, 592. Als ursprünglich kriegerische Gruppe, die durch David im Lande angesiedelt wurde, sah zuvor *Steinberger*, Bedeutungswandel, 2, die Leviten. Freilich hat seine historische Einordnung aufgrund des vermeintlich hohen Alters des Mosesegens das Manko, dass in den von ihm angeführten Texten gerade keine Leviten erwähnt sind. Vgl. zu dem Thema *Baden*, Violent Origins, der auf eine Bestimmung der Ursachen verzichtet. Vgl. ebd., 116.

48 „Missing from the Chronicler's work is any clear assignment of specifically sacrificial tasks to the Levites. Of the tasks found in Judges 17–18 or Deuteronomy 33:8–11, only teaching is found in the post-exilic work. The contrary is also true; none of the tasks assigned to the Levites in the Chronicler's works are found in the pre-exilic materials" (*Spencer*, Levitical Cities, 116).

49 Vgl. ebd.; *ders.*, Tasks, 270.

50 Vgl. ebd.

51 Vgl. *Spencer*, Levitical Cities, 245. An diesem Punkt überschneidet sich die Studie mit Gunnewegs Thesen, der allerdings an dem traditionellen Stämmekonzept im Rahmen der Amphiktyoniehypothese festhält.

52 Vgl. ebd., 245f. Auch mit dieser These ist Spencer Gunneweg nahe.

53 Siehe *Ahlström*, Administration, 33.

54 Ebd., 48.

55 Ebd., 48f.

other government officials had been placed at certain vital and strategic points in areas that had been incorporated into the kingdom. In order to make these areas ‚Israelite' from the very beginning, he placed Levites in them, anchoring the phenomenon in a command given by Moses (Num. 35.1–3)."[56] Obwohl gerade das Konzept von Ahlström nicht mehr auf den Erzählungen über die vorstaatliche Zeit aufbauen muss, hat man es zurückgewiesen, weil eine historische Rekonstruktion auf Grundlage der Chronik und des abweichenden Befundes in den Samuelis-/Königebüchern unwahrscheinlich sei.[57] Dies ist zwar richtig, lässt allerdings die Frage unbeantwortet, wieso die späte Chronik die Verhältnisse so deutet und wieso die Leviten überhaupt vor allem in Texten der Spätzeit eine Rolle spielen.

Die Versuche von G. Schmitt und G. Ahlström sind vor allem deswegen wichtig, weil sie die nichtkultischen Aspekte in den Darstellungen über die Leviten ernst nehmen. In diesem Zusammenhang ist auch die These von A. de Pury zu erwähnen, der die Überlieferung in Gen 34 für das Levitenbild verwertete, indem er sie auf die Ursprungszeit der israelitischen Stammesgemeinschaft zurückführte und eine Verbindung mit den in den Amarna Briefen erwähnten Hapiru herstellte,[58] später allerdings im Anschluss an M. Smith und B. Lang mit der *Jhwh*-Allein-Bewegung verband.[59] M. Smith hatte von dem Zusammenhang der Gruppe mit dieser Bewegung her die Programmatik des Deuteronomiums, „daß Priester Leviten sein müssen und daß neben den Armen auch für die Leviten zu sorgen sei",[60] erklärt.

Eine weitere kritische Position gegenüber den klassischen Thesen hat G. Knoppers entwickelt. Als grundlegendes Problem sieht er an, dass bereits Wellhausen die Chronik nicht in seine Erwägungen zur Geschichte des Levitismus einbezogen hat,[61] weil er sie in grundsätzlicher Übereinstimmung mit den priesterlichen Zeugnissen ansah.[62] Wenn man die Chronik später

---

56   *Ahlström*, History, 413. Ähnlich auch schon Spencer, der die Leviten zwar als *Jhwh*-verehrende Gruppe in der Geschichte sieht (vgl. *Spencer*, Levitical Cities, 247–251), in den Levitenstädten aber eine Art Ätiologie der späteren Leviten und Aaroniden sieht: „Nevertheless, these city lists were designed to explain the origin of the Aaronites and Levites in the history of Israel and to give a legitimacy to the Aaronite claim of authority" (ebd., 250).
57   Vgl. *Niemann*, Herrschaft, 231.
58   Vgl. *de Pury*, Genèse XXXIV, 48.
59   Vgl. *de Pury*, Le cycle, 104.
60   *Smith*, Religiöse Parteien, 40. Vgl. *Smith*, Parties, 41.49f.
61   Vgl. *Knoppers*, Hierodules, 52f.
62   Vgl. ebd., 53. Die Übereinstimmung des priesterlichen Konzeptes mit jenem in der Chronik vertritt aktuell noch *Samuel*, Von Priestern, 400: „Die Trennlinie zwischen Priestern und Leviten, wie sie die spätpriesterlichen Texte im Pentateuch ziehen und die von

genauer betrachtete, suchte man dennoch die Differenzen mit Redaktionen zu erklären.[63] So hätte man in ihr propriesterliche und prolevitische Stimmen vernommen.[64] Nach Knoppers ist das Verhältnis von Priestern und Leviten in der Chronik nur korrekt verstanden, wenn man dort weder eine dtn noch eine priesterliche Sicht favorisiert sehe. Der Pentateuch insgesamt werde in der Chronik in einer kreativen Weise rezipiert und entsprechend eine Gesamtsicht dessen, was im Pentateuch vorliegt, präsentiert.[65] Im Blick seien entsprechend „complementary responsibilities of Levites and priests".[66]

Die besondere Bedeutung der Chronik wird auch in einer Untersuchung von E. Ben Zvi deutlich. Nach der Auswertung der Listen der Levitenstädte in Jos 21,1–45 und 1Chr 6,39–66, die nach den biblischen Zeugnissen zu den letzten eroberten Städten gehören würden, lasse sich zwar zunächst historisch vermuten, dass „the role of the Levites was not only ‚sacral' but also political".[67] Die geographische Verortung entspreche aber den spätnachexilischen Konzepten, wonach die Aaroniden ursprünglich zu Juda gehörten, während die Leviten später nach Süden gezogen seien, sodass es sich um ein spätes Konstrukt handeln müsse.[68] Ben Zvis Beobachtung zu den Levitenstädten nimmt damit den Faden von Spencer und Ahlström wieder auf und ernst, dass die Leviten in den spätnachexilischen Texten ganz selbstverständlich in nichtkultische Kontexte platziert und mit Eroberungen Davids und damit mit dem Königtum in einen Zusammenhang gebracht werden.[69]

Den nichtpriesterlichen Charakter der Leviten in späten Texten hat auch M. Leuchter hervorgehoben. In Anschluss an E. Ben Zvi verwies er auf die Bezeichnung „Levit in deinen Toren" im Deuteronomium und vermutet, dass es sich bei den Leviten um die schriftkundigen lokalen Eliten handelte, die

---

Esr–Neh, I und II Chr oder der Tempelrolle vorausgesetzt wird, liegt dem Jubiläenbuch ebenso wie dem Aramäischen Levi-Dokument zugrunde."

63   Vgl. *Knoppers*, Hierodules, 53. Zu den Positionen siehe ebd., 53f.
64   Ebd., 53.
65   *Knoppers*, ebd., 69f., fasst das folgendermaßen zusammen: „The Chronicler's work is like the Priestly work and Ezra-Nehemiah in certain respects and like the Deuteronomistic History in other respects. In short, the Chroniclers History is like both and unlike both. The Chronicler's writing draws on earlier works but evinces its own distinctive style and character."
66   *Knoppers*, Hierodules, 71.
67   *Ben Zvi*, List, 79.
68   Vgl. ebd., 104.
69   In diesen Zusammenhang gehört auch die Beobachtung von *Alt*, Festungen, 311, dass es einen Zusammenhang zwischen der Auflistung der Festungen in 2Chr 11,6–10 und der Levitenorte in Jos 21,8–42; 1Chr 6,39–66 gibt, was er auf einen aus der Josianischen Zeit stammenden Zusammenhang zurückführte. Vgl. ebd., 315.

auch für das lokale Gericht zuständig gewesen seien.[70] Dies hat er unlängst weiterentwickelt zu einer vollständigen These der Geschichte des Levitismus, wonach die Leviten durch die Geschichte die intellektuelle Elite gewesen seien, die für die biblische Tradition verantwortlich ist.[71] Affinitäten bestehen zu den ursprünglichen Thesen von J. Wellhausen den Ursprung der Leviten und dem Zusammenhang mit der Moselinie betreffend. Und so stammt nach Leuchter der Levitismus aus den Mosetraditionen, die im Norden in eine priesterliche Dynastie gemündet seien.[72] Besonders wichtig für die These ist Ri 18,30f.[73] So geht er davon aus, dass im 12. Jh. v. Chr. ausgehend von dieser Mosetradition eine erste Priesterschaft von Leviten.

> The traditions regarding Moses outshine those of virtually all other such venerated figures, arising from the dominance of his (ostensible) descendants, die Mushites, throughout major sanctuaries in the Canaanite highlands in the twelfth century BCE. It is around these priestiy lineages that the Levite caste was built, drawn from lay families devoted to the sanctuaries where priestly clans like the Mushites dominated. Yet by the mid-eleventh century, the Levites emerged as the preeminent priestly caste following the decline of a major Mushite line (the Elides) and sanctuary (Shiloh).[74]

Nach der Staatengründung durchgängig von den priesterlichen Gruppen zurückgesetzt und auch in Spannungen mit dem Königtum stehend hätten die Leviten als intellektuelle Elite im Lande kritisch eingegriffen in die Literaturproduktion und sich selbst bspw. in Ex 32 in den Texten hervorgehoben.[75] In Anschluss an G. v. Rad sieht er dann das Deuteronomium als Zeugnis der Leviten. Aus dem Norden stammend hätten die Leviten nach dem Ende des Nordreiches die Arbeit am Deuteronomium übernommen. Dabei hätten sie insofern zadokidenkritisch eingegriffen, als sie die dominierende Priesterlinie von Jerusalem verschwiegen und stattdessen das Ideal der levitischen Priesterschaft entwickelten. In der spätnachexilischen Zeit sieht er in Anschluss an

---

70 Leuchter, The Levite in Your Gates, 420–425.
71 Leuchter, Levites.
72 Vgl. ebd., 59–77.
73 Vgl. Ebd., 76f.
74 Ebd., 92.
75 Vgl. ebd.

M. S. Smith[76] und S. E. Gillingham[77] die Leviten vor allem als Trägergruppe der Psalmen und von anderen weisheitlichen Texten sowie der Chronik.[78] Offen bleibt dabei, wie die Leviten über diese vielen Jahrhunderte als Stamm existiert haben sollen; denn anders als Wellhausen geht Leuchter von konkreten personalen Traditionen und nicht von Identifikationen aus.

C. van der Toorn hat demgegenüber eine eher begrenzte, aber dadurch weniger mit der These von Wellhausen verbundene Hypothese aufgestellt. Ausgehend von den Texten des Esra-Nehemiabuches betont er den Charakter der Leviten als schriftgelehrte Elite, womit er den Gedankengang von Wright erneuert, ihn aber realistischerweise mit der spätnachexilischen Zeit verbindet: Zwar geht er auch davon aus, dass die Leviten aus dem Nordreich stammen und dort sowohl Lehrer als auch Kultbedienstete gewesen seien.[79] Im Südreich aber hätten sie trotz einer Fürsprache des Deuteronomiums einen Anspruch auf das Priestertum nicht durchsetzen können.[80] Als schriftgelehrte Elite wurden die Leviten seiner Ansicht nach in der Zeit des Zweiten Tempels von Esra in lokalen Zentren „for public instruction and jurisdiction"[81] eingesetzt. Dem ordnet er wiederum das Konzept der Chronik zu.[82] Allerdings haben wir keine Anhaltspunkte für diese von Esra errichteten lokalen Zentren, an denen die Tora gelehrt wurde.[83] Das Konzept von Esra-Nehemia scheint lediglich dem der Chronik zu entsprechen. Angesichts dessen ist der Ursprung des Konzeptes der Leviten aus dem Norden ebenfalls zweifelhaft, da von der Übersiedlung der Leviten in den Süden in den Königebüchern keine Rede ist. Warum man die Leviten in der spätnachexilischen Zeit als kulturelle Elite angesehen hat, bleibt erklärungsbedürftig.

---

76 Vgl. *Smith*, Levitical Compilation.
77 *Gillingham*, Levites, 203–209, sieht die Levitischen Sänger im Hintergrund vieler Psalmen und der Komposition des Psalters.
78 Vgl. *Leuchter*, From Levite to Maśkîl; *ders.*, Levites, 249–260.
79 Vgl. *van der Toorn*, Scribal Culture, 92.
80 Vgl. ebd., 93.
81 Ebd., 250.
82 Vgl. ebd.
83 Van der *Toorn*, ebd., bezieht sich auf die Überlegungen von S. Safrai zum Ursprung der Synagoge, für die jener zu Recht u.a. Neh 8 heranzieht. Allerdings sind die Texte des Esra-Nehemiabuches leicht an der Rezeption der abgeschlossenen Tora als Rückprojektionen späterer Praxis erkennbar. *Safrai*, Synagogue, 912, sieht diese Texte daher auch nur als Hinweise für die Anfänge an: „We may not be far out if we see the initial stages of the institution of the synagogue in the public assemblies under Ezra, where the main purpose was the reading of the Torah, though there is also mention of prayer."

Die Anfragen an das Wellhausensche Konzept machen entscheidende Probleme deutlich. Immer wieder wurde die Annahme von radikalen Veränderungen in den Identitätskonzepten hinterfragt. Man hat alternative Beschreibungen des Levitismus vorgenommen, in denen die Chronik und Esra/Nehemia eine größere Rolle spielen. Es dürfte insbesondere vielversprechend sein, ausgehend vom Zeugnis dieser Bücher für die nachexilische Traditionsgeschichte des Levitismus der Entfaltung der Konzepte und ihren Veränderungen im Pentateuch nachzugehen.

1.4   Zur Anlage der Untersuchung

Die vorliegende Arbeit hat sich angesichts dieser Forschungssituation zunächst das Ziel gesetzt, die Datenbasis zu erweitern. Dies geschieht zunächst bei der Diskussion der Etymologie bzw. der Deutung des Namens in Gen 29,34; Num 18,2.4 durch einen Vergleich mit den anderen Namen der Stämme.

Grundlage für die Auslegung der Levitentexte im Deuteronomium und Pentateuch müssen die Verhältnisse zur Abfassungszeit der Texte sein. Aus Pentateuch oder Deuteronomium lassen sich diese aber nicht erheben, da wir es dabei zwar über weite Strecken mit exilischer oder nachexilischer Literatur zu tun haben, darin aber die Thematik in die (konstruierte) Ursprungszeit Israels zurückprojiziert wird. Daher weiß man zunächst nicht, ob es Verhältnisse oder Institutionen der spätvorexilischen Zeit oder Ideale und Programme sind, die in der Vorgeschichte verankert werden. In Bezug auf die Leviten sind daher zunächst Texte, die inhaltlich in die Ursprungszeit von Deuteronomium und Pentateuch zurückführen, zu befragen.

Von besonderer Relevanz sind dabei auch die Texte, in denen den Leviten besondere Aufmerksamkeit geschenkt wird. Das ist in den spätnachexilischen Werken Esra-Nehemia und der Chronik der Fall. Erst auf dieser Grundlage soll in den Texten des Pentateuchs den Konzepten über die Leviten und möglichen Veränderungen der Rolle der Leviten nachgegangen werden. Entsprechend der methodischen Prämisse dürften solche Veränderungen durch hermeneutische Strategien vermittelt worden sein. Reflexionen über das Identitätskonzept der Leviten können mit Informationen und Reflexionen über die Abfassungszeit korreliert werden.

KAPITEL 2

Zur Frage der Deutung des Eigennamens Levi und des Nomens Levit

לוִי bezeichnet in der Hebräischen Bibel den Angehörigen einer Gruppe: „Levit, levitisch". Es ist außerdem der Name von Jakobs und Leas drittem Sohn (vgl. Gen 29,34): „Levi". Beide Verwendungsweisen überschneiden sich, wenn vom Stamm Levi und dessen Angehörigen als Leviten oder von den Söhnen Levis gesprochen wird. Verbunden sind sie auch überall dort, wo die Leviten genealogisch auf Levi zurückgeführt werden (vgl. z.B. 1Chr 5f.) oder vom Erbteil Levis (z.B. Jos 13,14) gesprochen wird.

Die, soweit ich sehe, letzten ausführlichen etymologischen Erörterungen zu Namen und Nomen finden sich in der Monographie von H. Samuel zu den Leviten.[1] Er geht dabei zunächst einer möglichen und in der Vergangenheit vieldiskutierten Bezeugung im Altsüdarabischen nach, die man mitunter mit der Institution des Levitismus verbunden hat. Sein negatives Fazit zu diesem Bezug verbindet er mit einer Schlussfolgerung von R. de Vaux,[2] dass der Levitismus eine originäre israelitische Institution sein müsse.[3] Danach geht er noch der zweiten in der Forschung oft vermuteten Erklärung von לוִי über das Akkadische[4] nach. Er zeigt auf, dass eine solche Etymologie ebenfalls nicht in Frage kommt, und schließt, dass „nach derzeitiger Beleglage auch Levi ein genuin hebräischer Name"[5] sei. Die biblischen Deutungen in Gen 29,34 und Num 18,2.4 mit dem Verbum לוה I „sich anschließen" hält er für möglicherweise korrekte Hinweise zum Verständnis der Form.[6] Allerdings schließt das nicht aus, dass die altsüdarabischen Belege für die *hebräische* Namensdeutung in Gen 29,34 relevant sein könnten.[7] Unlängst hat B. Lang eine bisher nicht versuchte alternative Hypothese zur Etymologie aufgestellt.

---

1 Vgl. *Samuel*, Von Priestern, 8–15.
2 Vgl. ebd., 12.
3 Vgl. ebd., 8–15.
4 Es wurden eine Erklärung auf Grundlage zu Namensbildungen im Akkadischen wie La-wi-ilu in Mari im Sinne von „Klient des Gottes X" (*Weippert*, Landnahme, 48) und aufgrund von altsüdarabischen Belegen für *lw'* bzw. *lw't*, was man als „Priester/in" vorgeschlagen (vgl. *Hölscher*, Levi, 2156), was aber beides nicht haltbar ist. Siehe die Übersicht über die Forschung und die Zurückweisung der Vorschläge bei *Samuel*, Von Priestern, 12.
5 *Samuel*, Von Priestern, 14.
6 Vgl. ebd.
7 Siehe dazu unten, 20.

Er sieht eine Verbindung mit dem akk. Adjektiv *lēʾû* (*lēwû*) „able, capable, competent, skilled, adroit, meritorious"[8] und interpretiert, dass „a Levite was simply a person with a particular kind of skill – a ‚specialist'; and in ancient Israel, the word Levite came to designate an individual with competence in matters pertaining to religious ritual and knowledge. So we could translate the term Levite as ‚religious specialist.'"[9] Die an sich spannende Annahme eines möglichen Zusammenhanges[10] scheitert daran, dass das akk. Adjektiv sonst im Hebräischen nicht rezipiert wird. Hinzu kommt, dass das Verb לאה möglicherweise die Negation *la lēʾû* und der Name לאה das hebräische לאה „schwach sein" rezipieren.[11] Gerade im Kontext der Geburt Levis und der Namensgebung durch seine Mutter Lea würde man nähere Hinweise auf eine direkte Übernahme von *lēʾû* in לוי erwarten.

Ungeklärt ist angesichts des insgesamt negativen etymologischen Befundes, wie sich Eigenname und Nomen zueinander verhalten. Dass „beide Verwendungsformen von לוי nicht unabhängig voneinander zu betrachten sind",[12] wie Samuel festhält, lässt sich auch ohne eine etymologische Deutung leicht annehmen, da die Rede von den בני לוי bzw. vom Stamm Levi und von den לוים nebeneinander verwendet wird (Num 1,49–51; Neh 12,23). Abenteuerlich ist es aber, dass Samuel aus den negativen etymologischen Überlegungen folgert, der Eigenname sei vom Nomen herzuleiten. Samuel verweist für die These, dass „der Eigenname als Abstraktion des Appellativums zu verstehen ist",[13] lediglich auf Positionen aus der Forschung. Doch diese rechnen entweder noch mit einer Klärung auf Grundlage der Etymologie[14] oder setzen die Entwicklung des Levitentums aus einem Stamm voraus,[15] wobei es sich um Voraussetzungen handelt, die Samuel selbst ablehnt. Die äquivalente Deutung des Namens Levi in Gen 29,34 und des Appellativs Levit in Num 18,2.4 legt zwar die Abhängigkeit der einen von der anderen Stelle nahe, doch muss die Richtung der Abhängigkeit zunächst offen bleiben. Eigennamen werden zwar oft von Appellativa abgeleitet und auch „ist die Benennung des E[ponyms] gewöhnlich aus dem zu erklärenden Namen herausgesponnen".[16] Doch gibt

---

8   Vgl. *Lang*, Levites, 67.
9   Ebd., 68.
10 Diese Herleitung von לוי würde sich eigentlich hervorragend mit der im Folgenden zu entwickelnden These, wonach es ursprünglich die Beamten bzw. Eliten bezeichnete, fügen. Solange keine weiteren Argumente für die vom Akk. hergeleitete Etymologie gefunden werden, muss sie leider auf sich beruhen.
11 Vgl. *Tawil*, Akkadian, 177.
12 *Samuel*, Von Priestern, 14.
13 Ebd., 15.
14 Vgl. *Hölscher*, Levi, 2156; *Grimme*, Levitismus, 192f.; *Gunneweg*, Leviten, 66.
15 Vgl. *Baudissin*, Geschichte, 364.
16 *Graf*, Eponymos, 9.

es umgekehrt ebenfalls häufig Ableitungen von Eigennamen besonders bei Berufs-, Volks- und Gruppenbezeichnungen.[17] Und auch bei Eponymen ist „das Umgekehrte [...] ebenso möglich".[18] Für לוי fehlt somit die Klärung.

Die auffallende Betonung der Leviten in den spätesten Texten und ihre seltene Thematisierung in älteren Zeugnissen, ihr Fehlen in den älteren Prophetenbüchern trotz deren Kultkritik (Jesaja, Hosea, Amos, Micha) deutet zunächst darauf hin, dass sich das Konzept der Leviten überhaupt erst in der späteren Literargeschichte der biblischen Texte herausgebildet hat. Dafür spricht auch, dass bei den frühesten Stammeslisten wie in Ri 5 Levi nicht enthalten ist. Angesichts dessen könnte man annehmen, dass das Konzept der 12 Jakobsöhne unter Einschluss Levis in die spätnachexilische Zeit zu datieren ist.[19] Da aber in Gen 29f. eher ein vorpriesterlicher Zusammenhang vorliegt,[20] ist es wahrscheinlicher, dass man Levi als Namen einer prägnanten Figur der Jakobüberlieferung zur Grundlage des Begriffes Levit gewählt hat. Möglich wäre es allerdings, dass Levi in Gen 29,34 allein oder zusammen mit anderen zugefügten Jakobsöhnen ein später Zusatz ist.[21] Doch dagegen spricht meiner Ansicht nach der Vergleich der Deutung des Levinamens mit den anderen Namensdeutungen bei der Benennung der Jakobsöhne in Gen 29f.:

1. Mehrere Namen werden ausschließlich für die Jakobsöhne verwendet. Nur mit den Namen Josef, Benjamin, Juda, Simeon und Gad werden auch andere Personen benannt.
2. In den Geburtserzählungen in Gen 29,32–30,24. werden die Namen nicht mit Volksetymologien, sondern mit Deutungen versehen, die nur vage aufgrund von Klang oder Schreibung mit den Namen und dem Inhalt der Erzählung verbunden werden: Der Name Ruben (ראובן) wird

---

17 Vgl. *Nübling/Fahlbusch/Heuser*, Onomastik, 61–63.
18 *Graf*, Eponymos, 9.
19 So *Levin*, Stämme, 177f. Levi und Juda kommen in einem zweiten Schritt erst als Zufügung (des bei Levin exilischen) Jahwisten hinzu. Vgl. ebd., 174.
20 Mit dem Ende der Epoche der Quellenscheidung hat *Blum*, Studien, 111, aufgezeigt, dass der Zusammenhang „über die Geburt der Jakobsöhne [...] einen einheitlich konzipierten, wohlstrukturierten Abschnitt [bildet]".
21 Schon *Jahn*, Gottesbegriff, 55, hat aus inhaltlichen Gründen einen Zusatz vermutet: „Dass die Kinder Simeon, Levi, Juda 29, 33–35 als späterer Zusatz zu betrachten sind, scheint daraus hervorzugehen, dass bei ihnen (freilich auch bei Ruben V. 32) der Jahwename gebraucht wird, bei den in C. 30 aufgezählten Kindern dagegen Elohim. Nimmt man dazu, dass bei dem Nationalkampf im Lied der Debora Ri. 5 die Stämme Simeon, Levi u. Juda fehlen, und dass die 10 Stämme nach der Trennung als das eigentliche Israel, als das ‚Haus Jakobs' (Jes. 10,1) gelten, so wird wahrscheinlich, dass jene 3 Stamme erst später zum Reiche hinzutraten." Ähnlich auch in der Argumentation zuletzt *Fleming*, Legacy, 80. Zu weiteren literarkritischen Analysen von Gen 29f. und ihrer Kritik vgl. *Weingart*, Stämmevolk, 238–241.

nicht etymologisch auf „seht meinen Sohn" ausgedeutet, sondern mit der Aussage „*Jhwh* hat mein Elend gesehen" (V. 32) literarisch auf Leas Geschick bezogen. Der Name Simeon (שמעון) ist Hypokoristikon von שמע,[22] durch das vielleicht allgemein das Hören, vielleicht das Erhören, ausgedrückt ist. Die Deutung mit dem Satz, dass „*Jhwh* gehört hat, dass ich verhasst bin" (V. 33) entspricht dem nur ansatzweise. Die Deutung des Namens Juda (יהודה), der etymologisch entweder von יהוה + ידה II oder von Hof. von ידה II abzuleiten ist,[23] erfolgt mit dem Satz: „Ich danke *Jhwh*" (V. 35). Offenbar werden die graphische Nähe des Namens zur Wurzel ידה II und der Beginn des Namens mit יה als Verweis auf den Gottesnamen zusammen gedeutet. Die Verwendung der 1. Sing. in der Deutung ist allerdings dem inhaltlichen Bezug der Namensdeutung geschuldet. In ähnlicher Weise lässt sich die Namensdeutung von Dan (דן) nur vage mit dem Namen verbinden. Der Name, den man etymologisch auf דין oder דנן zurückführt,[24] wird zwar in der Deutung mit דין verbunden. Die Deutung fügt dem Verbum aber eine Fülle von Informationen und zudem ein weiteres Verb hinzu (Gen 30,6). Wenn man Naftali (נפתלי) mit dem in der Deutung gebrauchten נפתולים verbindet (V. 8), kann man es vielleicht mit „mein Kämpfen" wiedergeben. Die Deutung des Namens Gad ist ebenso vage. Das Nomen גד „Glück" wird auf Leas Geschick bezogen (גד בא, V. 11). Da es auch als Name einer Gottheit bekannt war (vgl. Jes 65,11), vermeidet die Deutung einen entsprechenden Zusammenhang.[25] Und auch der Name Ascher (אשר) wird in der Deutung mit einem Verb אשר II verbunden,[26] obwohl sich für den Namen allein – ähnlich wie bei Gad – nur die Bedeutung „Glück" ergibt. Vage ist auch Issachar (V. 18) mit Leas Ausruf שכרי verbunden. Sehr fern ist die Deutung von Sebulon (זבלון) dem Namen. Gedeutet wird der Name mit dem Nomen זבד „Geschenk" und dem Verb זבד „schenken", obwohl möglicherweise ein Gottesname anklingt[27] oder ein Hypokoristikon mit זבל „tragen", also vielleicht „kleine Bürde" vorliegt, was auf die Schwangerschaft verweisen könnte. Die Aufnahme nur zweier Konsonanten in der Deutung führt somit zu einer nahezu gegensätzlichen Bedeutung. Zuletzt wird der Name Josef (יוסף), der vielleicht als Kurzform von יסף und eine Verbindung mit dem

---

22 Vgl. Ges[18], 1385.
23 Vgl. Ges[18], 446.
24 Vgl. Ges[18], 256.
25 Vgl. DDD, 341.
26 Vgl. Ges[18], 110.
27 Vgl. Ges[18] 293.

Gottesnamen aufzufassen ist,[28] oder auf Qal und Hif. 3. mask. Sing. von יסף „er wird vermehren, er fügt hinzu" zurückzuführen ist, wird mit dem Verbum אסף gedeutet: „Gott hat meine Schande weggenommen."[29] Hinzu kommt noch in Gen 35,16, dass die Namensgebung von בנימין, das eigentlich so viel wie „Sohn des Südens" bedeutet,[30] über die Abwandlung von Rahels Namenswahl בן אוני „Sohn meiner Schuld" in der Erzählung so viel wie „ein rechter Sohn" zu deuten ist.[31]

Die vagen Deutungen fast aller Jakobssöhne sind als *ad hoc* gewonnene literarische Erklärungen anzusehen, die eng mit der Erzählung verbunden wurden. Um Volksetymologien handelt es sich nicht. Auch der Name Levi aus dem Mund Leas in Gen 29,34 bietet eine kreative Verbindung zu der Erzählung und dürfte entsprechend zu interpretieren sein. Wenn man ähnlich wie bei Simeon und Sebulon ein Hypokoristikon annimmt, wird ein ursprünglicher Zusammenhang mit לוה II[32] unter Einbeziehung von לוה I auf Leas Beziehung zu ihrem Mann hergestellt, was entfernt etwas mit den im Altsüdarabischen bezeugten Pfandpersonen zu tun haben dürfte. Eine solche Deutung unterscheidet sich nicht von den anderen Deutungen in Gen 29f. Dieser Umgang mit dem Namen Levi und das Fehlen von Stilwechseln verweisen auf einen ursprünglich vorliegenden Zusammenhang und sprechen gegen die Annahme einer punktuellen Überarbeitung in Gen 29,34.[33]

Anders verhält es sich mit Num 18,2.4. In Num 18,2 wird Aaron dazu aufgefordert, den Stamm Levi nahe bei sich zu halten (וילוו עליך), sodass hier, wie in Gen 29,34, die Wurzel לוה II gebraucht wird. Diese Deutung ist allerdings nicht unabhängig vom Namen des Sohnes Jakobs, da im Kontext von den Leviten als Aarons Brüdern, vom Stamm Levi und vom Stamm seines (Aarons) Vaters gesprochen wird. Außerdem gehört Num 18,1–8 zu den spätesten Texten des Pentateuchs, die mit hoher Wahrscheinlichkeit jünger sind als Gen 29f.[34] Num 18,2.4 ist daher wahrscheinlich von der Namensdeutung in Gen 29,34

---

28 Vgl. Ges[18], 454.
29 Vgl. Ges[18], 84.
30 Siehe dazu Ges[18], 159.
31 Ges[18], 159, verweist zwar auf F. Zimmermann und nimmt daher als Bedeutung „Glückskind" und als Gegensatz zu בן אוני an. Dessen Ansicht nach handelt es sich aber in Gen 35,18 nicht um eine Etymologie, sondern um eine literarische Ausdeutung. Er weist auf das Fehlen einer Formel bei der Umbenennung hin und folgert, dass „Jacob undoubtedly wished to give a euphemistic turn to the name. It would be unbearable to call his son daily by such a name as ‚son of misfortune' …" (*Zimmermann*, Studies, 101).
32 Vgl. Ges[18], 600.
33 Gegen *Jahn*, Gottesbegriff, 55; *Fleming*, Legacy, 80.
34 Vgl. *Achenbach*, Vollendung, 481.

abhängig. Außerdem übernimmt wohl Num 18,6 über den Bezug zu לוה 11 aus Gen 29,34, die Deutung der Leviten als Geschenk den Aspekt des Pfandes. Eine diesbezügliche Parallele bietet die Rede von den Leviten als נתונים „Gegebene" (Num 3,9; 8,16.19; 18,6),[35] die ebenfalls mit der Übertragung der Leviten an Aaron verbunden ist.[36] Das Nebeneinander der beiden parallelen Deutungen und die Assoziation des Gebens lassen erkennen, dass zwei bestehende Konzepte für die Deutung von Namen und Stellung der Leviten verknüpft wurden.

Levi als Sohn Jakobs stellt somit das ältere Konzept dar. Wie viele andere Jakobsöhne muss Levi in der ursprünglichen Erzelternüberlieferung keine besonders hervorgehobene Figur gewesen sein. Sein Name dürfte für den Kontext konstruiert, in jedem Fall aber für den Kontext gedeutet worden sein. Dafür spricht, dass es sich bei לוי ebenso wenig wie bei Ruben, Juda, Dan, Naftali, Asser und Sebulon um einen gebräuchlichen Eigennamen handelt. Eine Möglichkeit ist, dass die Kenntnis der Bedeutung „Pfand" zu der Konstruktion geführt hat. Der Fluch Jakobs gegen Simeon und Levi könnte eine Ätiologie dafür sein, dass es trotz der Nennung dieser beiden Jakobsöhne in Gen 29 keine entsprechenden Stämme gab.

Somit geht der Entstehung des Konzeptes der Leviten die Existenz der Erzählung (Gen 29) und die Lea in den Mund gelegte Namensdeutung voraus. Zu erklären bleibt allerdings, warum man den in Gen 49 von seinem Vater unter den Fluch gestellten Levi über Aaron zum Vorvater der Priesterschaft und zugleich zum Stammvater der Leviten gemacht hat.

---

35 Vgl. 1Chr 6,33.
36 Vgl. dazu unten, 142–153. Mindestens ein assoziativer Zusammenhang muss mit der Erwähnung der נתינים bei Esra-Nehemia bestehen. Vgl. zur Problematik *Frevel*, Leviten, 143–148.

KAPITEL 3

Spätvorexilische und exilische Zeugnisse über levitische Priester und Leviten

In den Hypothesen zum Ursprung des Levitismus und der Leviten spielt das Deuteronomium oft eine entscheidende Rolle. Man nimmt an, dass sich in der Zeit seiner Entstehung zwischen spätvorexilischer und frühnachexilischer Zeit stark gewandelt hat, was unter Leviten verstanden wurde und wer zu dieser Gruppe gehörte. Diese Veränderungen macht man gewöhnlich an redaktionellen Bearbeitungen fest. Als Anhaltspunkte hierfür sind Überarbeitungen des Priestergesetzes in Dtn 18[1] und die Beobachtung, dass die Leviten (im ursprünglichen Deuteronomium) in zwei scheinbar getrennten inhaltlichen Zusammenhängen vorkommen,[2] ausgemacht worden. Obwohl das Deuteronomium in dieser Studie erst später ausführlich behandelt wird, sind letztere vorab anzusprechen: Die Leviten begegnen im Deuteronomium immer wieder in den Reihungen der Hilfsbedürftigen, und sie werden in den Formulierungen הכהנים הלוים bzw. בני לוי הכהנים mit dem Priestertum verbunden (Dtn 17,9.18; 18,1; 21,5; 24,8; 27,9; 31,9).

1. Dass die Leviten als Angehörige der *personae miserae* genannt werden, wird damit begründet, dass sie keinen Anteil und kein Erbe mit den übrigen Israeliten haben. Entsprechend der Perspektive des Deuteronomiums geht es also darum, dass sie bei der Landnahme kein eigenes Stammesgebiet erhalten werden. Das dürfte damit zusammenhängen, dass das Deuteronomium mehrfach auf die konkrete Landgabe und Landverteilung vorausschaut. Von den Leviten ist entsprechend oft als „Levit(en) in deinen Toren" (Dtn 12,12.18; 14,27 u.ö.) die Rede. Damit ist entsprechend den Zentralisationsgesetzen das Gebiet abseits des Zentralheiligtums im Blick. Trotz der urbanen Terminologie hängt dies mit dem Konzept des fehlenden Erbteils zusammen, was am Possessivpronomen erkennbar ist.

Das Dtn kann also an diesem Punkt kein Konzept des Levitismus im Blick haben, das unabhängig vom Stammeskonzept ist. Da die Versorgung der Leviten mit dem fehlenden Stammesgebiet begründet wird, ist sie eine Innovation des Deuteronomiums. Dass sie ein Stamm ohne Gebiet sind, wird

---

1   Zur Forschungsgeschichte dazu vgl. *Schaper*, Priester, 9. Zuletzt: *Samuel*, Von Priestern, 108–124.
2   Vgl. *Gunneweg*, Leviten, 130; *Dahmen*, Leviten, 394; *Samuel*, Von Priestern, 141f.

vorausgesetzt. Welche Rolle die Leviten historisch gespielt haben könnten, ist an dem Punkt nicht erkennbar und bleibt weiter erklärungsbedürftig.

2. Aufgrund der Phrase הכהנים הלוים wird häufig angenommen, dass nach dem Deuteronomium alle Priester Leviten sind und umgekehrt.[3] Dabei handelt es sich um das Hauptargument bei den Thesen zum priesterlichen Ursprung der Leviten. Allerdings widerspricht der Gebrauch der Formulierung der These. Einerseits handelt es sich bei הלוים am ehesten um ein Attribut, sodass grundsätzlich mit U. Rüterswörden festzuhalten ist, dass von einer Identität nicht die Rede sein kann.[4] Im Gegenteil: der Begriff impliziert, dass es andere Priester geben kann.[5] Offensichtlich ist vorausgesetzt, dass Leviten nicht grundsätzlich Priester sind,[6] aber dass die levitischen Priester die legitimen Inhaber des Priestertums sein sollten. Der Blick auf das dtr Richterbuch bestätigt diese Überlegungen. Dort kann der Levit Priester werden, grundsätzlich werden die Leviten aber als Sondergruppe in den Blick genommen (vgl. dazu unten, 238–257). Die Identität von Priestern und Leviten bestätigt sich in den vom Dtn abhängigen Texten nicht.

Aus dem Deuteronomium ist nicht erkennbar, ob es sich bei der Rede von den levitischen Priestern um eine Beschreibung der Situation oder ein dtn Ideal bzw. eine Innovation des Dtn handelt.[7] Mitunter wird auf das Richterbuch

---

3 *Gunneweg*, Leviten, 127: „Priester und Leviten werden einander in der Formel ‚Priester-Leviten‘ bis zur Identität angenähert."

4 Vgl. *Rüterswörden*, Gemeinschaft, 68f., *Dahmen*, Leviten und Priester, 14.

5 Anders zuletzt Samuel, Von Priestern, 402, der meint, dass das Urdeuteronomium „Priester, die nicht ‚levitische Priester' sind", nicht kenne. Wenn dem tatsächlich so wäre, wäre die Setzung eines Attributs unnötig gewesen. Wären die Leviten aus der Perspektive selbstverständlich Priester und לוי – wie von Samuel angenommen – dort appellativ zu verstehen, müsste auch כהן nicht stehen. Wenn wie in Dtn 18,6 Levi ohne Attribut steht, muss eine andere (größere) Gruppe im Blick sein.

6 *Mayes*, Deuteronomy, 276, sieht den Sachverhalt so, dass der Verfasser „does not use this terminology in order to distinguish between priestly and non-priestly Levites". Das ist ebenfalls richtig. Dennoch ist stillschweigend vorausgesetzt, dass es andere Priester geben kann. Sonst hätte der Verfasser das Attribut „levitisch" nicht benutzen müssen.

7 Es ist eine exegetische Überfrachtung, wenn bspw. von *Bultmann*, ger, 53f., aus Dtn 14,28f. direkt auf die soziale Situation im Alten Israel nach der Josianischen Reform geschlossen wird: „Der Levit lebt in wirtschaftlicher Abhängigkeit von den selbständigen Grundbesitzern, und sein Lebensunterhalt besteht in den religiös geforderten Abgaben. [...] Die Ansprüche auf Gewährung des Lebensunterhalts, die der Levit aufgrund seiner früheren kultischen Funktionen an die Ortschaft hat, werden in 14,28f. auf die anderen landbesitzlosen und nicht selbständig produzierenden Personen übertragen, so daß nicht nur der Levit, sondern auch der *ger*, die Waise und die Witwe die Ernteabgaben erhalten." Bultmann nutzt das Deuteronomium als Geschichtszeugnis und interpretiert es von der These her, dass die Leviten in der Kultreform des Josia ihr Einkommen verloren hätten. Er verbindet das anachronistisch mit den anderen *personae miserae*, die sekundär zur Versorgung der Leviten

verwiesen.[8] Aufschlussreich ist, dass im Zusammenhang mit den Heiligtümern Jerobeams (1Kön 12,31) vor dem Hintergrund der Programmatik des Deuteronomiums die Existenz anderer Priester kritisiert wird. Dadurch wird es wahrscheinlich, dass es sich auch bei der Rede von den levitischen Priestern im Dtn um einen Teil der geschichtlichen dtn Programmatik handelt. Dass das levitische Priestertum auch am Zentralheiligtum eine Innovation darstellt, lässt sich daraus aber nicht ableiten.

Bei dem Überblick über die beiden Themenbereiche im Deuteronomium ist bereits deutlich geworden, dass nicht klar ist, inwieweit das dtn Konzept der Leviten zu den Innovationen gehört und welche Rolle die fiktive Verortung des Deuteronomiums vor der Landnahme bei der Präsentation spielt. Bei der historischen Betrachtung ist daher ein Anachronismus zu vermeiden, der die Aussagen des Buches über die Leviten einlinig mit der Entstehungssituation zusammenbringt. Denn nicht alle Einzelheiten des Deuteronomiums sind Innovationen, und wenn Innovationen vorgetragen werden, geschieht das auf der Grundlage von traditionellen Konzepten. All das geschieht entsprechend der Fiktion des Buches, das *vor* der Geschichte Israels in seinem Land die Verhältnisse ordnen und das Leben gestalten soll. Um also beurteilen zu können,[9] was vom Deuteronomium in Bezug auf die Leviten neu vorgetragen wird und welche Rolle es in Bezug auf die Konzeption der Leviten spielen sollte, muss geklärt werden, was die intendierten Adressaten mit den Leviten verbinden. Dafür müssen wir Zeugnisse hinzuziehen, die Aufschluss über die Situation der Abfassungszeit des Deuteronomiums geben. Das sind Texte, die entweder in ihrer Entstehungszeit oder in der dargestellten Zeit der Entstehungszeit des Deuteronomiums ohne direkte Abhängigkeit nahe sind. Solche Texte, die man in der spätvorexilisch bis frühnachexilischen

---

hinzukommen. Dass das Deuteronomium in Bezug auf Waise, Witwe und Fremdling, nicht aber in Bezug auf den Leviten auf älteren Traditionen beruht, vernachlässigt er. So zuletzt auch nur mit Verweisen auf das Deuteronomium und sonst ohne Nachweis *Knauf/Niemann*, Geschichte, 91: „Die Leviten (wohl ‚Gefolgsleute', nämlich JHWHs) gelten als *gerim* (Num 18,19–24; Dtn 10,9; 12,12; 14,27.29; 18,1) und bilden gleichzeitig einen ‚Priesterstamm'."

8 Vgl. zuletzt *Willi-Plein*, Gen 12–50, 223, die festhält, dass „Levi als landloser Stamm (Dtn 10,8f.) von Kultspezialisten galt (Ri 17), der dann am Tempel Dienst tat" und *Lang*, Levites, 76, für den Ri 19f. „provide further insight into levitical sociology". Für die ältere Forschung war das Richterbuch selbstverständliches Zeugnis über die vorstaatliche Zeit. Vgl. nur *Wellhausen*, Prolegomena, 122–125.232. *Noth*, Hintergrund, sah in Ri 17f. und 19f. zumindest Hinweise auf ein altes Levitenbild: „Es liegt nahe zu vermuten, daß hier nur ein im alten Israel geläufiges typisches Bild von einem ‚Leviten' vorschwebt. Dafür könnte sprechen, daß in Ri 19,1ff. ein in mancher Hinsicht ähnliches ‚Leviten'-Bild erscheint, ohne daß mit einer überlieferungsgeschichtlichen oder gar literarischen Abhängigkeit einer der beiden Erzählungen von der anderen zu rechnen wäre."

9 Siehe dazu unten, 189–257.

Zeit zu verorten hat, ermöglichen es, das bei den intendierten Adressaten des Deuteronomiums vorausgesetzte Hintergrundwissen über die Leviten zu erheben.

Entsprechend diesen Vorüberlegungen sollen im Folgenden mit Jeremia und Ezechiel zunächst zwei Textbereiche in den Blick genommen werden, in denen die Leviten bzw. die levitischen Priester vorkommen. Diese Bücher stammen in ihren Grundlagen aus der Zeit, in der auch das Deuteronomium und seine dtr Fassungen entstanden sind, und sie beziehen sich auch in ihren spätesten Passagen auf diese Zeit zurück. So dürfte sich eine erste Einsicht in die Verhältnisse, mit denen das Deuteronomium zu tun hatte, ergeben.

3.1 Priester und Leviten bei Jeremia

3.1.1 *Jer 33,14–26*

Bei Jeremia kommt לוי „Levit, levitisch" nur in der Einheit Jer 33,14–26 vor. Dieser Abschnitt ist nur im masoretischen Text überliefert. Das ist ein erster Hinweis darauf, dass er nicht alt sein kann.[10] Die Verse stehen auch relativ unverbunden in ihrem Kontext, sind aber in sich geschlossen und fußen auf anderen Texten.[11] Der Abschnitt dürfte also erst für ein bereits existierendes Jeremiabuch als Ergänzung geschaffen worden sein.[12] Wir befinden uns literarhistorisch mit ihm in keinem Fall im Bereich der vorexilischen oder exilischen, sondern eher in relativ weit fortgeschrittener nachexilischer Zeit.[13]

Für die genauere literarhistorische Einordnung der Passage ist eine literarische Querbeziehung von besonderer Bedeutung: Jer 33,15f. nimmt die Heilsankündigung von Jer 23,5f. wörtlich auf. Durch diese Aufnahme wird zwischen Jer 33,14 und seinem Kontext ein expliziter Zusammenhang mit der Einheit Jer 21–24 hergestellt. Dabei wird in Jer 33,14–16 die Heilszusage von Jer 23,5f. abgewandelt und eschatologisiert.[14] Entsprechend dem Buchkonzept werden die Abwandlung und Aktualisierung Jeremia selbst zugeschrieben, der nach Jer 33,14 also scheinbar auf seine eigene frühere Heilsankündigung zurückverweist und sie entsprechend interpretiert. Notwendig war dies, weil das

---

10   Vgl. *Schmid*, Buchgestalten, 60.
11   Vgl. *Stipp*, Sondergut, 93.
12   Vgl. ebd. Nach Stipp handelt es sich um einen eigenständigen Text, der nicht von vornherein mit anderen redaktionellen Abschnitten zu verbinden ist. Vgl. ebd., 135f.
13   *Schmid*, Buchgestalten, 59, hält darin zusätzlich die Levitenpassagen für sekundär, schließt aber weitere „literarkritische Operationen" aus. Zur Kritik weitergehender Vorschläge vgl. ebd.
14   Vgl. *Schmid*, Buchgestalten, 61–63; *Heckl*, Gerechtigkeit, 188–190.

jeremianische Wort gegen Jojachin (Jer 22,24–30) ebenso wie das Wort für Zidkija[15] nicht eingetreten waren. In dem neuen Abschnitt geht es nun nicht mehr um Juda und Israel, sondern um Juda und Jerusalem, denen Heil zugesprochen werden. Dazu fügt sich gut, dass der künftige Bestand der davidischen Dynastie stärker betont wird. Den Ehrennamen, den nach Jer 23 der erwartete Heilskönig tragen soll,[16] erhält nun allerdings die Stadt Jerusalem.[17] Die Aussagen über die levitischen Priester gehören also zu den eschatologischen Zusagen für Jerusalem. Sie finden sich im zweiten und dritten Gotteswort des Abschnittes (Jer 33, 17–22) und sollen im Folgenden interessieren.

17 כי כה אמר יהוה לא יכרת לדוד איש ישב על כסא בית ישראל

17 Denn so spricht *Jhwh*: Es soll David nicht mangeln an einem Mann,[18] der auf dem Thron des Hauses Israel sitzt.

18 ולכהנים הלוים לא יכרת איש מלפני מעלה עולה ומקטיר מנחה ועשה זבח כל הימים

18 Und den levitischen Priestern soll es nicht mangeln einem Mann, von dem ein Brandopfer dargebracht wird, der ein Speiseopfer räuchert und das Schlachtopfer darbringt alle Tage.

19 ויהי דבר יהוה אל ירמיהו לאמור

Da geschah das Wort *Jhwh*s zu Jeremia:

20 כה אמר יהוה אם תפרו את בריתי היום ואת בריתי הלילה ולבלתי היות יומם ולילה בעתם

20 So spricht *Jhwh*: Wenn ihr heute meinen Bund mit dem Tag auflösen könntet[19] und meinen Bund mit der Nacht, (der darin besteht,) dass Tag und Nacht sind zu ihrer Zeit,

---

15 Vgl. dazu *Heckl*, Gerechtigkeit.
16 Ursprünglich geht es wahrscheinlich um den Thronnamen des letzten judäischen Königs. Vgl. dazu ebd., 186.
17 Vgl. ebd., 189; *Schmid*, Verheißung, 211. Die Betonung von Jerusalem beweist einen weit fortgeschrittenen nachexilischen Ursprung der Fortschreibung. Sie entspricht der Betonung von Jerusalem in der Chronik.
18 Hier liegt eine Nichtigkeitsaussage zugrunde. Vgl. Ges[18], 575. Die oft vorgeschlagene Übersetzung „fehlen" – ähnlich wie das hier gewählte „mangeln" – drückt die Radikalität von כרת Nif. eigentlich nicht hinreichend aus.
19 Der Kontext bestätigt, dass der wörtlichen Wiedergabe der Phrase zu folgen ist. Vgl. *Schmid*, Buchgestalten, 66.

21 גם בריתי תפר את דוד עבדי מהיות לו בן מלך על כסאו ואת הלוים הכהנים משרתי

21 (dann) könnte auch mein Bund mit David aufgelöst werden, dass er keinen Sohn hätte, der auf seinem Thron König ist, und mit den Leviten, meinen Dienern, dass sie als Priester (Opfer darbringen[20]).

22 אשר לא יספר צבא השמים ולא ימד חול הים כן ארבה את זרע דוד עבדי ואת הלוים משרתי אתי

22 Wie man das Heer des Himmels nicht zählen und den Sand des Meeres nicht messen kann, so zahlreich werde ich die Nachkommenschaft Davids, meines Knechtes, und die Leviten, meine Diener,[21] machen.

Nach der Zusage eines Davididen auf dem Thron, begegnet in der Zusage der Dauerhaftigkeit aller Aspekte des Kultes in Jer 33,18 der Ausdruck „levitische Priester" הכהנים הלוים. Dann werden die Aussagen von V. 17f. in den V. 19–22 kommentierend ausformuliert. Die Parallelstellung von Davididen und levitischen Priestern aus den V. 17f. wird im Kommentar zweimal in den V. 21 und 22 wiederholt. Allein diese formale Parallelität macht eine nachträgliche Erweiterung der Einheit durch Eintragung der Leviten unwahrscheinlich, wie K. Schmid in Anschluss an T. Veijola vermutet hat.[22]

---

20 Zeugma: Die Ergänzung wird im Folgenden erläutert.
21 Nach *Fischer*, Jeremia 26–52, 222, ist die Phrase „außergewöhnlich". Zum Problem und zu den Klärungsvorschlägen vgl. *McKane*, Jeremiah II, 863. Der Konjekturvorschlag von BHS (vgl. *Rudolph*, Jeremia, 200) משרתי אתו würde gut zu der Nähe zum chronistischen Konzept passen, ist aber sehr hypothetisch und würde in der Knappheit kaum Sinn ergeben. Ich folge der alten Verbesserung des Textes und lese nur מְשָׁרְתִי. Es könnte ein Schreibfehler durch die Wiederholung von משרתי aus V. 21b vorliegen: V. 22 beginnt danach mit א. Vgl. *Ehrlich*, Randglossen, 328.
22 Vgl. *Schmid*, Buchgestalten, 59. Schmid argumentiert damit, dass in V. 24 von zwei Geschlechtern gesprochen werde, was sich nur auf Israel und Juda beziehen könne und die Mehrungsaussage aufnehme. Wenn es richtig ist, dass dieses Disputationswort sich nicht auf die Erwählung der Davididen und der Priesterschaft bezieht, dann kann es sich über den literarischen Bezug auf Jer 23,6 tatsächlich auf Israel und Juda beziehen. Auf das Disputationswort, das sich damit faktisch an die ältere Heilszusage heftet, antwortet Jer 33,14–26 insgesamt. Die dauerhafte Erwählung von Davididen, Leviten und Priestern entspricht den späten chronistischen Prämissen. Vgl. *Brueggemann*, Jeremiah, 320, der annimmt, dass die Verbindung der Themen Levit und David „reflects the realities of power and leadership at the time when the text voices its claim, presumably in or after the Exile". Die Hoffnung auf Jerusalem und seinen dauerhaften Tempelkult sowie die Hoffnung auf die Davididen treten meiner Ansicht nach in der fortgeschrittenen hellenistischen Zeit, aus der auch die Chronik stammt, an die Stelle der Hoffnung auf die Erwählung Israels und Judas. Vgl. *Saur*, Königspsalmen, 697. Ob man die Betonung des davidischen Königtums in der Chronik ebenfalls als messianisch bezeichnen kann, bleibt eine offene Frage.

In V. 21b ist von den Leviten, die scheinbar als Priester und zudem als Diener Gottes bezeichnet werden, die Rede. In V. 22bβ werden die Leviten mit dem Ptz. שרת als von denjenigen, die Gott dienen, gesprochen.

Die erste Kommentierung von V. 17f. in den V. 20f. stellt zunächst den Bund mit David und jenen mit den Leviten als unverbrüchliche Bünde heraus: Dem Davididen, der auf dem Thron sitzen kann, soll immer ein Priester für den Kult an der Seite stehen. König und Priester stehen wie in den V. 17f. nebeneinander, und die dauerhafte Existenz beider Institutionen wird durch den Verweis auf nicht auflösbare Bünde gesichert: Für die Davididen hätte ein Ende des Bundes zur Folge, dass es keinen Sohn gäbe, der auf dem Thron sitzen könnte. Hier geht es um die Existenz von Davididen, was sich an der Heilszusage in V. 22 bestätigt. Die Erwähnung der Leviten zielt demgegenüber auf den Bestand des Kultes.[23] Erkennbar ist das daran, dass משרתי parallel zu עבדי steht.

Eine Hoffnung auf einen dauerhaften Kult wird mit der Hoffnung auf Nachfahren für David und damit nur auf eine Möglichkeit des Königtums verbunden, was in die nachexilische bzw. wohl hellenistische Zeit führt.[24] Für die Frage nach den Leviten ist die Formulierung הלוים הכהנים in V. 21 wichtig. הכהנים „die Priester" scheint dabei in Apposition zu הלוים „die Leviten" zu stehen.[25] Doch handelt es sich dabei um ein Zeugma, was am Parallelismus erkennbar ist. Zu ergänzen ist anstelle des Verbs מלך eine typische priesterliche Handlung. Aus V. 18 lässt sich erschließen, worum es geht: Die elliptische Formulierung zielt darauf ab, dass es immer als Priester agierende Leviten geben wird. Wie die Formulierung הכהנים הלוים u.a. im Deuteronomium voraussetzt, dass es Priester geben kann, die nicht Leviten sind, so wird hier vorausgesetzt, dass es Leviten gibt, die nicht Priester sind.

V. 22 stellt eine zweite Aufnahme des Gegenübers von Davididen und Leviten dar. Hier wird die Zusage aus V. 21, dass es immer einen Nachkommen Davids geben soll, zu der Zusage einer großen Nachkommenschaft hin ausformuliert. Dies scheint zunächst überraschend, wie auch der Gebrauch der Metaphern von der Menge der Sterne und vom Sand des Meeres eigentümlich

---

23 Ein Bund mit Levi wird auch in Mal 2,4.8 erwähnt, wo ebenfalls nichtkultische und kultische Aufgaben der Leviten nebeneinandergestellt werden. Vgl. dazu *Meinhold*, Maleachi, 145f. Bei dem Abschnitt zeigt sich „eine tendenzielle Nähe zur Auffassung der Chronik von Levi" (ebd., 150).
24 Zu dieser Datierung vgl. *Schmid*, Buchgestalten, 60.
25 Die Vg. hat das Zeugma nicht erkannt und eine Aufzählung vermutet (et ... et), doch werden in V. 22 danach nur noch die Leviten erwähnt, was die hier vorgeschlagene Interpretation bestätigt.

scheinen, weil diese sonst dem Volk vorbehalten sind.[26] Meiner Ansicht nach lässt sich die Aufnahme des Bildes für die Davididen aber mit der literarischen Querbeziehung nach Jer 21–23 erklären. In Jer 22,24–30 heißt es dezidiert: כתבו את האיש הזה ערירי „Schreibt diesen Mann als kinderlos auf" (Jer 22,30a).[27] Die Unheilsankündigung gegen Jojachin durch Jeremia stellt ja eine Art Schlussstrich unter die Davididen dar. Sie ist aufgrund des Auftauchens von Davididen in spätnachexilischen Texten offenbar auch nicht eingetreten. Dass man nun erstens vom sicheren Nachkommen Davids für den Thron (33,21) und parallel von einer Fülle von Nachkommen Davids (33,22) spricht, hebt das Unheilswort aus Jer 22,30 auf.

Die Heilszusage einer Vielzahl der Leviten lässt sich allerdings nicht aus dem rezipierten Kontext des Jeremiabuches erklären. Doch setzt diese Zusage voraus, dass es zur Abfassungszeit nur eine begrenzte Zahl Leviten gab, was eine spätnachexilische Entstehung nahelegt. Denn in dem aus hellenistischer Zeit stammenden Esra-Nehemia-Buch wird mehrfach die geringe Zahl der Leviten thematisiert, aber die Notwendigkeit ihres Dienstes hervorgehoben.

Die Priester gehören also in dem im Jeremiabuch späten Abschnitt zu der größeren Gruppe der Leviten, und sie werden dem davidischen Königtum gegenübergestellt. Die Thematisierung der Leviten geschieht aus der Perspektive des Propheten Jeremia, aus der das Königtum und der Tempelkult noch existieren. Doch bei dem eschatologischen Abschnitt handelt es sich nicht um eine Beschreibung der Verhältnisse, sondern um ein Programm, das als Prophetie Jeremias Autorität erhalten soll. Der Vergleich mit dem älteren Kontext von Jer 21–23 zeigt, dass sich die Gruppenkonzeptionen inzwischen stark verändert haben. Während Jer 23 Teil eines Abschnittes ist, der sich gegen den Palast richtet, in dem die Könige und ihre Knechte, die höheren Beamten, und das Volk, kritisiert werden, geht es in Jer 33 um die Erwählung Jerusalems, um den dauerhaften Kult und deswegen um die Priester als Kultpersonal

---

26 Zum Zusammenhang mit den auf das Volk bezogenen Aussagen vgl. *Fischer*, Jeremia 26–52, 237. Nach W. Rudolph dient „die hyperbolische Ausdrucksweise" (*Rudolph*, Jeremia, 200) dazu, „die Unverrückbarkeit der Erwählung des Volkes an die Unverrückbarkeit der Verheißung für die davidische Dynastie" (ebd., 201) auszudrücken.

27 Die Stelle könnte sich allerdings auch auf einen Untergang seiner Familie im Exil beziehen. So zuletzt *Fischer*, Jeremia 1–25, 671, mit Verweis auf זרעו in Jer 22,28. Doch es ist wahrscheinlicher, dass sich das sing. gebrauchte זרע generell auf die königliche Familie bezieht, als die Annahme einer übertragenen Bedeutung für das in Gen 15,2 eindeutig auf die konkrete Kinderlosigkeit zu beziehende ערירי. Zu beachten ist, dass in 2Kön 24,15 bei der Deportation des nach 3-monatiger Regierungszeit erst 18-jährigen Königs zwar von seiner Mutter und seinen Frauen, nichts aber über seine Kinder gesagt wird. So schon *Duhm*, Jeremia, 180.

Vgl. *Preuß*, זרע, 665.

sowie die Leviten und parallel dazu um die Fortexistenz der Hoffnung auf die Wiederbelebung des davidischen Königtums. Dass Leviten und Priester eng mit dem Königtum zusammengehören, lässt eine Nähe zum Konzept der Chronik erkennen.[28] Diese Veränderungen geschehen vor dem Hintergrund einer nun nur noch auf den Süden hin ausgerichteten Heilszusage. Die gesamtisraelitische Sicht (Juda und Israel) wird in Jer 33 von der partikularen Sicht (Juda und Jerusalem) abgelöst. Es kann kein Zufall sein, dass die Leviten erst vor diesem Hintergrund auftauchen.

3.1.2 Das übergreifende Zeugnis des Jeremiabuches von Priestern als Gruppe der spätvorexilischen Gesellschaft

Der Sondercharakter von Jer 33 bestätigt sich aufgrund der thematisierten sozialen Struktur der Gesellschaft nicht nur im Vergleich mit Jer 21–23, sondern im Blick auf das Buch insgesamt. Während es Leviten und levitische Priester nur in dem isolierten Kontext des masoretischen Sondergutes gibt, sind Priester ansonsten eine ganz selbstverständliche Größe. Jeremia ist Glied einer Priesterfamilie (Jer 1,1b), was die Forschung mit der Priesterhierarchie von Schilo in Verbindung gebracht hat.[29] Bedeutung wird dem im Jeremiakontext aber nicht zugewiesen,[30] und es wird auch nicht aus der Perspektive Jeremias thematisiert, obwohl er und seine Familie dann nach den Thesen von Wellhausen theoretisch massiv von Veränderungen betroffen gewesen sein müssten. Einer Priesterfamilie anzugehören, scheint also keine Besonderheit dargestellt zu haben, weder für den Propheten, noch für seine Adressaten und auch nicht für die späteren Adressaten der verschiedenen Ausgaben des Buches. Wenn es seit der spätvorexilischen Zeit radikale Umbrüche im Priestertum gegeben haben sollte, müsste es eine Rolle spielen, wer als Priester oder Priesternachfahre angesehen wird. Das Jeremiabuch bezeugt aber unabhängig von dessen literarischer Geschichte eine konsistente soziale Struktur des Volkes: Der König wird vielfach mit den Beamten (שרים) und zusammen mit den Priestern und Propheten erwähnt. Diese Gruppen werden aus dem Volk

---

28 So schon v. Rad, Geschichtsbild, 135, der Jer 33,19–26 dem Konzept der Chronik nahe sieht.
29 Vgl. *Blenkinsopp*, Prophetie, 146. Anatot wird in 1Kön 2,26 als Verbannungsort Abjatars erwähnt. Das Gegenüber von Abjatar und Zadok als das Gegenüber von Zeltheiligtum und Tempel bringt *Seow*, Kings, 33, mit der Tempelkritik Jeremias in einen Zusammenhang. Nach *Brueggemann*, Kings, 41, „the competing priests, Zadok and Abiathar, seem to be representatives and embodiments of competing theological traditions". *Blenkinsopp*, Prophetie, 151, bezweifelt zwar, dass eine solche Tradition 500 Jahre aufrechterhalten worden sein kann, doch 1Kön 2,26 könnte eine spätere Ätiologie für eine Priestertradition abseits vom Jerusalemer Tempel sein. Zur Diskussion vgl. *Fischer*, Jeremia 1–25, 97f.
30 Vgl. *Blenkinsopp*, Prophetie, 39.

hervorgehoben, das mitunter auch summarisch in den Blick genommen wird. In Jer 19,1 werden Älteste des Volkes und parallel dazu Älteste der Priester erwähnt. Jeremia richtet sich wiederholt gegen diese Gruppen.

Mit Paschhur, dem Sohn Immers, kommt die Hierarchie des Tempels in den Blick. Immer und Paschhur gelten in spätnachexilischer Zeit als Eponyme von Priestergruppen (Esr 2,37//Neh 7,40). Auch weitere noch später bezeugte priesterliche Namen tauchen bei Jeremia auf, doch können Entsprechungen von Namen und Vatersnamen zufällig sein. Leviten begegnen nirgends – weder als Gegner Jeremias noch in einer anderen Beziehung.[31] Entweder gibt es keine Leviten, oder es ist kein Konzept des Levitismus im Blick, wenn man als Leviten unterschiedliche Gruppen zusammenfasste. Dass sie aus irgendwelchen Gründen ignoriert wurden, kann man allerdings ausschließen, denn beispielsweise in Jer 36 tauchen einige Namen von Beamten auf, die in der Chronik durch eine Nebenbemerkung in 2Chr 34,13 mit den Leviten in Verbindung gebracht werden.[32] Während dies nur ein indirekter Hinweis darauf ist, dass im Jeremiabuch erwähnte Personen und Gruppierungen in späteren Texten als Leviten auftauchen, so haben wir in Jer 34,4 mit dem Torhüter Maassea ben Schallum mehr Sicherheit. Denn die ganze Gruppe der Torhüter setzt sich nach 1Chr 15 aus Leviten zusammen.

3.1.3 *Die Leviten als sozial Bedürftige im Jeremiabuch*

Die Kritik an der sozialen Situation von Teilen der Bevölkerung im spätvorexilischen Juda ist breit im Jeremiabuch verankert. Die Anklage des Volkes in Jer 34,16–22 wegen der Aufhebung der Freilassung der Sklaven ist ein Schwerpunkt dieser Thematik. Ein Zusammenhang mit den Vorschriften des Deuteronomiums ist dabei offenkundig, auch wenn er nachträglich hergestellt worden sein mag.[33] Der Text zeigt, dass Jeremias Kritik primär gegen den Staat und die staatlichen Verhältnisse gerichtet ist, auch wenn sie soziale Missstände im Blick hat.[34] Die Jeremianische Kritik richtet sich gegen die Oberschicht, zu denen die Beamtenschaft gehört. Ausdrücklich wird diese den

---

31 Die zusätzliche Charakterisierung der Priester als Priester aus den Söhnen Levis in der Version der LXX zu Jer 31,14 (= Jer 38,14 LXX) erweist die Priesterschaft lediglich als levitische Priesterschaft. Das Bild entspricht den anderen Zeugnissen aus der vorexilischen Zeit. Zu Recht geht R. Kessler in seiner Monographie zur Gesellschaft zwischen dem 8. Jh. und dem Exil nicht auf die Leviten ein. Vgl. *Kessler*, Staat. Es gibt von ihnen keine Zeugnisse.

32 Vgl. *Labahn*, Herrschaftsanspruch, 275, und unten, 67f.

33 Vgl. *Maier*, Jeremia, 269f. Insbes. bei Jer 34,14a handelt „es sich um ein aus Dtn 15,1.12 zusammengestelltes Zitat" (ebd., 269).

34 Nach *Seybold*, Jeremia, 110, ist sie „Teil seiner Fundamentalkritik am judäischen Establishment".

Armen gegenübergestellt, wobei sie in Jer 5,28 in einer administrativen Funktion erscheint. Sie verfolgen nicht die Sache (משפט) von Armen (עני), Bedürftigen (אביון) und Schwachen (דל). Häufig tauchen wie im Deuteronomium die klassischen *personae miserae* auf. In Jer 7,4–6; 22,2f. wird soziales Handeln als dem Willen *Jhwh*s entsprechend umschrieben, wenn man Fremdling, Waise und Witwe nicht unterdrückt (7,6aα; 22,3bα).

Angesichts der Vertrautheit mit dieser Terminologie und den inhaltlichen Berührungen mit im Deuteronomium thematisierten sozialen Themen (neben Dtn 15; vgl. Dtn 24,10–15 mit Jer 7,5f.; 22,3) ist es erstaunlich, dass unter den Armen und Hilfebedürftigen die Leviten nicht erwähnt werden[35] Blickt man auf Jer 33 als die einzige Stelle, wo Leviten im Jeremiabuch erwähnt werden, so fällt ins Auge, dass deren mögliche Hilfsbedürftigkeit dort kein Thema ist.

3.1.4 Synthese

Wenn es Leviten gab, wurden diese im Jeremiabuch ursprünglich nicht als zusammenhängende Gruppe in den Blick genommen. Ob die Priester als levitische Priesterschaft angesehen wurden, ist nicht klar. Sollte es in spätvorexilischer, exilischer oder nachexilischer Zeit Auseinandersetzungen um die Priesterschaft unter Beteiligung der Leviten gegeben haben, werden diese jedenfalls nicht vom Jeremiabuch bestätigt. Das Priestertum ist eine feste Größe; seine Autorität, seine Stellung und seine Aufgaben scheinen nicht in Frage zu stehen.

Jeremias Verkündigung ist in besonderer Weise sozial ausgerichtet. Daher thematisiert er wie das Deuteronomium die klassischen *personae miserae*. Die Nichterwähnung der Leviten in diesen Texten deckt sich mit der Überlegung, dass die Einordnung der Leviten unter diese Gruppen im Deuteronomium eine Neuerung ist. Sie scheinen nicht zu der sozialen Realität, auf die sich Jeremia und seine Tradenten beziehen, zu gehören.[36]

Der negative Befund die Leviten betreffend wirft Licht auf die Passage in Jer 33. Diese unterstellt gegen das übergreifende Zeugnis des Buches, dass es zu Jeremias Zeit Leviten gab. Da es neben der Dauerhaftigkeit des Kultes um die Zahl der Leviten geht, dürfte das spätnachexilische Fehlen der Leviten im Blick sein. Offensichtlich soll damit ein Problem einer späteren Zeit aus der Perspektive des Propheten geklärt werden. Dass man dieses Thema allerdings

---

35   Wiederum kann man das Zeugnis von Jeremia auf die Zeugnisse der anderen Prophetenbücher hin ausweichen. Nirgends werden unter den Bedürftigen und Schutzbefohlenen die Leviten erwähnt. Vgl. *Kessler*, Staat, 22–116.

36   Die Problematik ist *Schaper*, Priester, 90, bewusst. Er sucht sie damit zu lösen, dass die dtn Konzeption auf „einer Fiktion – daß nämlich am Jerusalemer Tempel ‚levitische Priester' tätig seien – beruht".

relativ unvermittelt mit der Verkündigung Jeremias verbinden kann, spricht gegen die Annahme von radikalen Umbrüchen zwischen den Gruppen in der spätvorexilischen bis frühnachexilischen Zeit. Die Erwähnung der Torhüter bspw. lässt eher vermuten, dass die Leviten zumindest in der Perspektive Jeremias und seiner frühen Tradenten keine Rolle spielten und nicht zu den gesellschaftlich relevanten Gruppen gehörten.

3.2 Priester und Leviten nach dem Zeugnis des Ezechielbuches

3.2.1 Leviten im Verfassungsentwurf (Ez 40–48)

Die Abschnitte des Ezechielbuches, in denen Leviten begegnen, werden üblicherweise als späte Hinzufügungen angesehen.[37] Unter ihnen hat die erste Stelle (Ez 40,46) synchron betrachtet eine besondere Bedeutung, weil mit ihr ein wichtiges inhaltliches Signal für den Verfassungsentwurf insgesamt gesetzt wird. Die Zadokiden erscheinen hier bei der Zuweisung der Räume im Tempel als allein für den Vollzug des Kults berechtigt, wobei offenbar vorausgesetzt ist, dass es noch andere am Altar dienende Priester gibt. Die Zadokiden werden dabei unter die Söhne Levis gerechnet. Wie in den priesterlichen Texten des Pentateuchs, das die Priester dem Stamm Levi zuordnet, sie aber nicht für identisch mit dem Stamm Levi hält, ist an dieser Stelle und ausgehend von hier in Ez 40–48 insgesamt ein genealogisches Konzept vorausgesetzt.[38] Entsprechend wird in Ez 45,5 den Leviten, die Diener des Hauses sind, Land zugewiesen,[39] und in Ez 48,31 wird an der Nordseite des Tempels ein Tor Levi neben den Toren der Stämme Juda und Ruben erwähnt. Außerdem wird in Ez 43,19 wie in Jer 33,18 und im Deuteronomium von „levitischen Priestern" gesprochen. Die Bezeichnung impliziert wie im Deuteronomium, dass es noch andere Priester als jene levitischen Priester gibt oder geben kann.[40] Im Ezechielbuch sind sie über das Attribut genealogisch mit der Jakobsfamilie bzw. mit dem Stammeskonzept des Volkes verbunden (Ez 40,46). Dem widerspricht auch Ez 44,15 mit der Formulierung והכהנים הלוים בני צדוק nicht,[41]

---

37 Vgl. z.B. *Klein*, Ezekiel, 170; *Konkel*, Architektonik, 346f.
38 Vgl. *Samuel*, Von Priestern, 365.
39 Vgl. *Block*, Ezekiel 25–48, 652.
40 Vgl. dazu ausführlich unten, 198–201, und zur Begrifflichkeit auch *Rüterswörden*, Gemeinschaft, 69; *Dahmen*, Leviten, 14.
41 Gegen die Vermutung von *Dahmen*, Leviten, 396f., die Phrase betone die levitische Herkunft der Zadokiden, nimmt *Konkel*, Architektonik, 107, an, dass „allein die Zadokiden und niemand sonst das Recht haben, den Titel ‚levitische Priester' zu führen", indem er die Phrase als Nominalsatz versteht „und die levitischen Priester (sind) die Söhne

denn sie schränkt die Rechte und Tätigkeiten nur weiter genealogisch ein. Die Konstruktusverbindung weist die בני צדק als Teilgruppe der levitischen Priester aus. Allein diese vollzieht den Kult,[42] und allein sie hat Zugang zum Hochheiligen. Dem entspricht die Unterscheidung von Altarpriestern und Hauspriestern in Ez 40,44–46. Erstere werden mit den Zadokiden identifiziert und hierarchisch an die Spitze gestellt.[43] Für die Frage nach den Leviten ist relevant, dass bereits in Ez 40,46 ein Privileg für die Zadokiden formuliert wird: Sie seien als einzige von den Söhnen Levi dazu berechtigt, sich *Jhwh* zu nahen: המה בני צדוק הקרבים מבני לוי אל יהוה לשרתו. Daraus geht hervor, dass auch die Priester, deren Aufgabe das Haus ist, wie die Zadokiden als Söhne Levis gelten. Es stellt sich die Frage, wie sich Hauspriester und Leviten zueinander verhalten. Wahrscheinlich liegt ein vergleichbares Konzept wie in 1Chr 24 vor, wo die Priester nach den Familien Eleasars und Itamars unterschieden werden. Es gibt dort Priester, die als שרי קדש und solche, die als שרי האלהים bezeichnet werden. Diese Unterscheidung scheint jener von Haus- und Altarpriestern in Ez 40,46 zu entsprechen. Anders als in Ez 40,44–46 heißt es aber in 1Chr 24,5, dass die beiden Aufgabenbereiche in den beiden genannten Priesterfamilien vorkommen. Per Los werden die Ordnungen eingeteilt, die Aufgabenfelder aber liegen bereits fest. Im Unterschied zu der Ordnung, die nach 1Chr 24 David zurückgeführt wird, wird den Zadokiden in Ez 40,44–46 allein der Zugang zum Altar und zum inneren heiligen Bereich gewährt. Die Chronik, die die Anfangszeit des Ersten Tempels beschreibt, kann die Zadokiden nicht in gleicher Weise in Blick nehmen, wie der Verfassungsentwurf bei Ezechiel, der sich auf die Zukunft richtet, denn es gibt ja unter David zunächst nur Zadok selbst (nach 2Sam 8,17 den Sohn des Ahitub). Dieser wird schon in 1Chr 24,3 besonders in den Blick genommen und in 1Chr 29,22 gesalbt. Daher dürfte in Ez 40,44–46 das gleiche priesterliche Ordnungsprinzip wie in der Chronik vorliegen. Die Unterschiede kommen durch die abweichende Fokussierung (Chronik: Vergangenheit; Ezechiel: Zukunft) zustande. Die Leviten sind in Ez 40 allerdings nicht im Blick. Für sie werden ja auch in 1Chr 24 eigene Gruppen gebildet. Sie werden zwar ebenfalls mit den Aufgaben für das Haus betraut, was auch in Esr 8,24f. der Fall ist, wo sie vor allem für die Finanzen zuständig sind.

Zadoks (und niemand sonst)" interpretiert. Konkel hat richtig gesehen, dass hier nicht die levitische Priesterschaft betont wird. Allerdings wird ganz selbstverständlich von levitischen Priestern gesprochen, unter denen die Zadokiden eine exklusive Rolle einnehmen, aber nicht die einzigen Leviten sind.

42   Das entspricht auch der ausführlicheren Formulierung in Ez 43,19.
43   Vgl. dazu *Samuel*, Von Priestern, 365.

Der Tempel insgesamt scheint also nach der Chronik von den Häuptern der Priester und Leviten gemeinsam versorgt zu werden.[44]

Trotz der Zuspitzung auf die Zadokiden ist das Konzept des Priestertums nach dem Verfassungsentwurf des Ezechielbuches also mit jenem in der Chronik vergleichbar. Ob man die Herausstellung des zadokidischen Privilegs gegenüber anderen nichtzadokidischen Priestern in Ez 44 als eine „frühreife Position"[45] ansehen kann, weil dort die Grenzlinie nicht zwischen Priestern und Leviten gezogen wird, lässt sich erst in der Zusammenschau klären. Die Nähe der Konzepte zueinander wird aber nicht durch punktuelle redaktionelle Bearbeitungen hergestellt,[46] sondern sie ist von vornherein schon im genealogischen System verankert: Dass die Nachkommenschaft Aarons zunächst auf Elieser und Itamar begrenzt wird und in Num 25 Pinhas ein ewiges Priestertum verheißen wird, zielt bereits im Pentateuch auf die dominante Rolle seiner Linie und daher auf das Privileg der Zadokiden,[47] und in der Realität in eine Differenzierung der Priesterschaft, die also abgesehen von der genealogischen Zuordnung aller Priester zu den בני לוי nichts mit den Leviten zu tun hat.

Die Leviten werden in Ez 44,4–16 stärker in den Blick genommen. Der Abschnitt wird seit Wellhausen exklusiv für eine Rekonstruktion der Geschichte von Priestern und Leviten ausgewertet.[48] In ihm geht es um drei Gruppen, und Ez 44,6–16 lässt sich entsprechend gliedern. In den V. 6–9 geht es zunächst um den kultischen Dienst der Israeliten, in V. 10–14 geht es um die Leviten und in den V. 15f. um die Zadokiden. Die Thematisierung der ersten beiden Gruppen ist eng verzahnt, da sich an die Wiederholung des Verbots für Fremde das Heiligtum zu betreten (V. 9) in V. 10f. mit כי אם anschließt, dass die Leviten Dienst tun sollen. Die Thematisierung der Zadokiden (V. 15f.) fasst den Gedankengang zusammen.

---

44   Siehe dazu *Heckl*, Neuanfang, 273f.
45   So *Samuel*, Von Priestern, 377: „So erscheint Ez 44 beinahe als eine etwas frühreife bzw. ungenaue Formulierung der künftigen zadoqidischen Position."
46   Nach *Achenbach*, Vollendung, 93–97, dient das späte Kapitel Lev 10 besonders dem Anliegen der Zadokiden.
47   *Hieke*, Genealogien, 232, interpretiert den Zusammenhang von Ex 6,14–27 und Num 3 folgendermaßen: „Es kommt zu einer Fokussierung auf die aaronidische Priesterschaft, die in Eleasar und Pinhas herausragende Personen in ihrem Stammbaum hat. Durch die mehrfache Nennung der Söhne Aarons, von denen zwei frühzeitig ausfallen (Nadab und Abihu) und von den beiden übrigen nur einer eine betonte Rolle einnimmt (Eleasar), wird diese genealogische Absicherung bestätigt." Nach *Achenbach*, Vollendung, 115, ist die Genealogie in Ex 6,14–27 der chronistischen Integration der Zadokiden bereits nahe. Seiner Ansicht nach (ebd., 632) entspricht das Konzept von Ez 44 umgekehrt dem der Pentateuch- bzw. Hexateuchredaktion.
48   Vgl. *Wellhausen*, Prolegomena 116–118; *Schaper*, Priester, 214; *Samuel*, Von Priestern, 366.

Ausgangspunkt ist eine Anklage der Israeliten (V. 6–9). Diese hätten Fremde, also wohl Nichtisraeliten ins Heiligtum gesendet, damit sie dort stellvertretend ihre Verpflichtungen übernehmen.[49] H. Samuel hat in Anschluss an T. Rudnig die V. 6–8 allerdings als sekundär ausgeschieden[50] Freilich resümiert er für den verbliebenen Text, dass es überraschend sei, dass sich nach der in V. 10 thematisierten „Schuldhaftigkeit der Leviten [...] in den V. 11 f. eine Aufgabenbeschreibung der Leviten an[schließt]".[51] Diese Problembeschreibung führt die literarkritische Aussonderung des Anfangs der Einheit *ad absurdum*. Meiner Ansicht nach wird durch die literarkritische Entfernung des Themas der Delegation von Aufgaben im Tempelbereich an Fremde (V. 6–8) die Kohärenz der Einheit zerstört, sodass die verbleibenden Aussagen keinen Sinn mehr ergeben. Die Beurteilung von M. Konkel, dass die „Scheltrede" (V. 6–8) Ausgangspunkt und Grundlage der nachfolgenden Entfaltung der „Konsequenzen" (V. 9–16) ist,[52] trifft weiter zu.

Nur mit dem Ausgangsabschnitt bleibt der Passus verständlich, und es ergeben sich (trotz der dennoch sicher späten Abfassung) Einblicke in die vorexilischen Verhältnisse des Kultes. Die V. 6–8 sind ein kritischer Rückblick auf die vorexilische Zeit aus der Perspektive des Exilspropheten, der nach dem Konzept des Buches in das 14. Jahr nach der Zerstörung Jerusalems datiert wird. Dass die Israeliten eigene Aufgaben an Fremde delegiert haben, erscheint als eine übliche Praxis am einstigen Tempel, was nun aber als Übertretung kritisiert wird.[53] Mehrere inhaltliche Aspekte sind präsupponiert: Erstens haben die Israeliten insgesamt den Dienst des Heiligtums nicht bewahrt (44,8a). Zweitens konnte man einen Dienst delegieren, und drittens hatten Fremde aufgrund einer solchen Beauftragung Zugang zum Heiligtum.[54] Dass ein kultischer und nichtkultischer Dienst der Israeliten, d.h. von Nichtpriestern, am Heiligtum

---

49 *Samuel*, Von Priester, 366, spricht von einem Scheltwort gegen „das Haus Israel" als „personifizierte Widerspenstigkeit".
50 Vgl. *Samuel*, Von Priestern, 367f. *Rudnig*, Heilig, 205.207. Anders *Konkel*, Architektonik, 111, der abgesehen von Ez 44,7bβ die V. 6–16 für einen einheitlichen Zusammenhang hält.
51 Ebd.
52 *Konkel*, Architektonik, 102. Die literarkritische Streichung der V. 6–8 beachtet nicht, dass die *Jhwh*-Rede in V. 9 dann als unmotiviert erscheint.
53 *Awabdy*, Yhwh Exegetes Torah, 687, hat eine Intertextualität zwischen Ez 44,6–8 und Lev 22,25 ausgemacht. Er ist der Ansicht, dass Ez 44 den Vers aus dem Heilgkeitsgesetz ausformuliert. Abgesehen davon, dass bei Ezechiel eine unabhängige Kritik mit einem *Jhwh*-Wort vorgetragen wird und kein Verweis vorliegt, besteht zwischen den beiden Stellen kein Zusammenhang. Die Erwähnung von Fremden, aus deren Händen man Opfergaben übernimmt, reicht nicht aus. Während Lev 22,25 verbietet, Gaben von Fremden darzubringen, geht es in Ez 44,6–8 um eine Beteiligung von Fremden an der kultischen Darbringung von Opfern.
54 Vgl. schon *Wellhausen*, Prolegomena, 117, der bei den diensttuenden Fremden an „Heiden, wahrscheinlich Kriegsgefangene" denkt.

eine akzeptierte Praxis gewesen ist, mag zunächst überraschen, doch ist eine solche in den Nachbarkulturen keineswegs ausgeschlossen,[55] und auch in der Hebräischen Bibel ist sie bekannt, wie einige wenige, aber bedeutsame Stellen[56] zeigen: In Ex 24,5 sendet Mose während der Bundeszeremonie junge Israeliten aus, um Opfer darzubringen.[57] In Ri 6,26–28 bringt der Manassiter Gideon auf Gottes Befehl hin ein Brandopfer dar. Samuel, obwohl er in den Samuelisbüchern genealogisch weder als Priester noch als Levit eingeführt wird,[58] trägt einen leinenen Priesterschurz (אפוד בד) und opfert in 1Sam 7,9. Und selbst David trägt nach 2Sam 6,15 ebenfalls einen leinenen Priesterschurz und opfert in 2Sam 6,17 Brandopfer, was in 1Chr 16,1 durch den Gebrauch des Plurals abgemildert wird.[59] In Ez 44,8f. kommt also eine gegenüber dem nachexilischen Ideal (und wohl auch der nachexilischen Praxis gegenüber) andere Kultpraxis bzw. ein eingeschränkter Zugang zum Ersten Tempel zur Sprache. Die Veränderung wird mit der unerlaubten Delegation der Aufgabe durch die Israeliten an Nichtisraeliten begründet, und es wird insofern als Neuerung in Ez 44,9 von Gott angeordnet, dass Fremde nicht mehr in das Heiligtum eintreten dürfen.

In V. 10f. wird das Thema der Delegation der Aufgaben durch die Israeliten mit den Leviten verbunden. Diese sollen nun stellvertretend für die Israeliten Dienste im Tempel übernehmen.[60] Die unerlaubte Beauftragung und Delegation von Aufgaben in der Vergangenheit wird durch eine andere Beauftragung abgelöst. Den Leviten werden die Tätigkeiten zunächst zugewiesen und damit festgehalten, dass sie dem Volk so dienen, sodass die Übertragung der Pflichten obligatorisch ist.

Doch warum werden die Leviten kritisiert, und warum gilt ihre Beauftragung als Bestrafung? Zunächst wird festgehalten, dass sie sich entsprechend der Irrtümer Israels von *Jhwh* entfernt hätten (V. 10). Hier scheint keine Sonderrolle im Blick zu sein, was aber in V. 12 der Fall ist, wo auf einen besonderen Ungehorsam der Leviten angespielt wird: Sie hätten dem Volk (אואם) vor ihren Bildern gedient und seien ihm so zum Stolperstein der Sünde geworden

---

55 Vgl. *Bonnet/Niehr*, Phönizier, 145f.
56 Stellen, an denen davon die Rede ist, dass die Israeliten oder andere Gruppen Opfer darbringen, könnten einbezogen sein. Vgl. Ri 20,26; 21,4; 1Sam 6,14f.
57 Schon vorher werden in Ex 19,22.24 Priester thematisiert.
58 Die Genealogie in 1Sam 1,1 lässt eigentlich keinen Zweifel daran, dass Samuel Ephraimit ist. Dennoch wird er in 1Chr 6,13 in die levitische Genealogie integriert.
59 Das Opfer Davids in 2Sam 24,25 wird in 1Chr 21,26 nicht angetastet, wahrscheinlich weil eine direkte Antwort Gottes überliefert wurde.
60 In diese Richtung argumentierte erstmals *Konkel*, Architektonik, 311, indem er davon sprach, dass die Leviten beim Opfer „dem Volk als Ganzem gegenübergestellt [werden], dem sie zu dienen haben".

(יען אשר ישרתו אותם לפני גלוליהם והיו לבית ישראל למכשול עון על כן נשאתי ידי עליהם).[61]
Überraschend ist bei der Kritik, dass es von den Leviten zweimal heißt, dass sie ihre Schuld tragen müssten (V. 10.12) und ein weiteres Mal, dass sie ihre verübte Beleidigung und Greul tragen sollten (V. 13). Sie werden also für begangene Sünde zur Verantwortung gezogen.[62] Als Strafe werden sie dazu bestimmt, dem Volk zu dienen. Ihnen wird die Bewachung der Tore und der Dienst im Tempel sowie die Schlachtung der Opfer auferlegt. Impliziert ist, dass die Leviten zuvor keine solche dienende Rolle hatten. Es wird eine Rollenverschiebung vorgenommen. Die Aufgaben der Israeliten werden an die Leviten delegiert, die weder als Fremde noch als „einfache" Israeliten gelten. Dass es sich nicht um priesterliche, kultische Bereiche handelt, wird in V. 13 explizit: Dort heißt es ausdrücklich, dass die Leviten „sich nicht nahen dürfen, um den Priesterdienst zu vollziehen" (ולא יגשו אלי לכהן לי), sowie dass sie keinen Zugang zum Heiligen und Hochheiligen haben sollen. An diese Stelle heften sich die Thesen von der Degradierung der Leviten in einen untergeordneten Priesterstand an. J. Wellhausen argumentiert folgendermaßen:

> An die Stelle der heidnischen Tempelsklaven sollen künftig die Leviten treten. Bisher besaßen diese das Priestertum, und zwar nicht zufolge eigenmächtiger Anmaßung, sondern vermöge ihres guten Rechtes. Denn es ist keine bloße Zurückweisung in die Schranken ihres Standes, wenn sie nicht mehr Priester, sondern Tempeldiener sein sollen, keine Herstellung eines status quo ante, dessen Befugnisse sie ungesetzlicher Weise überschritten haben, sondern ausgesprochenermaßen eine Degradation, eine Entziehung ihres Rechtes, welche als eine Strafe erscheint und als verdiente gerechtfertigt werden muß: *sie sollen ihre Schuld büßen*. Sie haben ihr Priestertum dadurch [ver]wirkt, daß sie es misbraucht [sic] haben, um dem Kultus der Höhen vorzustehn, der dem Propheten als Götzendienst gilt und ihm in tiefster Seele verhaßt ist.[63]

Obwohl Wellhausen nach einer Darstellung des Verhältnisses von Priestern und Leviten im Pentateuch zunächst nicht auf die historische Frage eingeht, schlussfolgert er, es gehe in Ez 44 darum, die Leviten in einen niedrigeren

---

61   Den Aspekt der Verleitung zur Sünde hebt *Samuel*, Von Priestern, 368, besonders hervor. Seiner Ansicht nach hängt die Verleitung daran, dass sie beim „Amtieren als Priester aufgrund ihrer Verfehlungen versagt" (ebd.) hätten.
62   Vgl. zu der Formulierung bei Ezechiel *Zimmerli*, Ezechiel 1–24, 116f.
63   *Wellhausen*, Prolegomena, 117 (Hervorh.: dort. Anstelle von [ver]wirkt steht in der 6. Auflage „bewirkt". Dabei handelt es sich um einen Druckfehler. Siehe 5. Auflage [1899], 120). Zur Rezeption der These vgl. auch *Rudnig*, Heilig, 357; *Samuel*, Von Priestern, 367f.

Dienst zu verdrängen. Entscheidend ist für diese Sicht, dass die Leviten die Aufgabe „der heidnischen Tempelsklaven"[64] übernehmen. Doch ist das nicht der Fall, denn es sind zwei Kritikpunkte, die zusammengeführt werden. Vielmehr übernehmen die Leviten die Aufgaben der Israeliten, sodass anstelle der Delegation der Aufgaben an Fremde diese nun an die Leviten ergeht. Von einer Zurücksetzung ist also keine Rede. Nimmt man den Abschnitt in Ez 44 weiter beim Wort, so ist abgesehen von der Bemerkung über den Dienst für die Bilder, den die Leviten vollzogen haben, keine Rede von einem kultischen Dienst. Dennoch wird von Wellhausen Ez 44,13 so interpretiert, dass die Leviten sich vorher nahen konnten, um den Priesterdienst zu vollziehen, was ihnen nun verwehrt sein soll. Er schließt, dass die Leviten zweitens zuvor Priester gewesen seien und nun in einen untergeordneten Dienst zurückgedrängt werden. H. Samuel hat diese Interpretation auf den Punkt gebracht. Seiner Ansicht nach besteht „der Gegensatz in Ez 44 zunächst nicht einfach zwischen Leviten und Priestern, sondern zwischen levitischen Priestern, die ihrer Verirrungen wegen künftig nicht mehr Priester sein dürfen (und darum auch nur noch ‚Leviten' heißen) und Söhnen Zadoqs, die auch weiterhin (levitische) Priester sein werden, weil sie nicht vom rechten Wege abwichen. In letzter Konsequenz folgt daraus freilich nichts anderes als eine Zweiteilung des Kultpersonals in (zadoqidische) Priester und (nicht-zadoqidische) Leviten."[65] Es ist die Frage, ob man angesichts des Schweigens des Textes über die vorherige Stellung und Funktion der Leviten so weit reichende Schlüsse ziehen sollte. Zwar geht es in Ez 44,9–16 (aus der Perspektive des Propheten) um den „Niederschlag der künftigen Hierarchisierung des Kultpersonals",[66] doch sagt der Text nichts über einen Platz der Leviten in der Hierarchie der Vergangenheit. Diese Annahme beruht allein darauf, dass man die Leviten ursprünglich als Priester sieht. Wie verzerrend diese Interpretation ist, wird daran deutlich, dass innerhalb von Ez 44,6–16 das erste Mal überhaupt von Priestern in Ez 44,15 die Rede ist, wo die zadokidischen Priester einmal mehr als levitische Priester bezeichnet werden. Das wird auch losgelöst von der Unterscheidung von Haus- und Altarpriestern im Verfassungsentwurf gesehen.[67]

Das Problem lässt sich lösen, wenn man der Argumentationsstruktur folgt. In Ez 44 geht es um die Verfehlungen des Volkes und der Leviten, das ersteren den Zugang zum Heiligtum generell und den Leviten die Teilnahme am Kult verwehrt. Das an die Leviten gerichtete Verbot, „sich zu nahen", entspricht dem Verbot von Israeliten, Dienst im Heiligtum auszuüben und von Fremden,

---

64 *Wellhausen*, Prolegomena, 117.
65 *Samuel*, Von Priestern, 369.
66 *Samuel*, Von Priestern, 369f.
67 *Rudig*, Heilig, 296, identifiziert die Hauspriester mit den Leviten.

das Heiligtum zu betreten. Faktisch steht das parallel zu der durch Ez 44,6–8 präsupponierten Situation am Tempel. Den Leviten, auch wenn sie nun nichtkultische Dienste am Tempel und für die Israeliten übernehmen, wird ebenso wie allen Israeliten in Zukunft der Zutritt zu dem kultischen Bereich und in die kultischen Tätigkeiten verwehrt. Es handelt es sich um eine Zugangsregelung, die dem Raumkonzept und den Konzepten zum Zugang zum Heiligtum und dem Verständnis der kultischen Reinheit entspricht.[68] In Bezug auf die Tätigkeiten am Tempel wird eine Professionalisierung vollzogen, indem der Kult allein den Priestern – besonders den Zadokiden –, die nichtkultischen Tätigkeiten aber den Leviten übertragen werden.

Dass die Leviten zuvor Priester gewesen sind, wie das von Wellhausen bis Samuel der Interpretation von Ez 44 zugrunde gelegt wurde, lässt sich aus dem Abschnitt also nicht entnehmen. Ez 44 präsupponiert stattdessen, dass die Leviten von außerhalb des Heiligtums kommen sollen und im Heiligtum eingesetzt werden.[69] Das widerlegt die Thesen, die von einer „Degradierung" der Leviten in einen untergeordneten Priesterstand ausgehen.[70] Aufgrund der Ersetzung einer Gruppe durch die Leviten legt sich ein Zusammenhang mit der Levitenthematik des Numeribuches nahe, wo die Leviten ebenfalls Angehörige einer Gruppe des Volkes substituieren (nach Num 3f. die Erstgeborenen[71]). Dem entspricht, dass das genealogische Konzept des Volkes und des Stammes Levi bei Ezechiel vorausgesetzt ist. Da der inhaltliche Zusammenhang zwischen dem Numeribuch und Ezechiel nicht von der Hand zu weisen ist, bleibt die traditionsgeschichtliche und literarhistorische Zuordnung der beiden Textbereiche zueinander zu klären.

Wenn die Leviten nicht von vornherein Priester gewesen sind, was waren sie dann? Nichtkultische Aufgaben werden übertragen, die auch im Numeribuch erwähnt werden. Die Schuld der Leviten wurde zur Bestimmung des Ursprungs der Leviten oft reflektiert. Sie sind allerdings auch bei Thema der Schuld mit den Israeliten verbunden. Wie bereits erwähnt wird ihnen vorgeworfen, sie seien von *Jhwh* abgefallen und hätten den גלולים gedient. Außerdem hätten sie auch die Israeliten zum Abfall verleitet (והיו לבית ישראל למכשול עון – Ez 44,12aβ).[72] Letzteres lässt auf eine herausgehobene Rolle der Leviten schließen.

Oft wird auf verschiedene Ereignisse oder Epochen der Geschichte Israels bzw. auf die entsprechenden Texte verwiesen, um besonders den zweiten

---

68   Vgl. *Konkel*, Architektonik, 351.
69   *Konkel*, ebd., 106: „Die Leviten stehen nicht auf der Seite JHWHs, sondern auf der Seite des Volkes."
70   Für Ezechiel vgl. z.B. *Spieckermann*, Juda unter Assur, 98; *Schaper*, Priester, 122.
71   Vgl. dazu unten, 142–153.
72   Vgl. zur Formulierung *Konkel*, Architektonik, 106.

Vorwurf aufzuklären. Einige seien hier noch einmal erwähnt. Sehr populär ist nach wie vor, den Abschnitt aus Ezechiel mit dem Deuteronomium einerseits und mit 2Kön 22f. anderseits zu verbinden und als Sünde der Leviten einen Priesterdienst an den Höhenheiligtümern auszumachen, wie es Wellhausen tat: „Es ist eine wunderliche Gerechtigkeit, daß die Priester der abgeschafften Bamoth dafür bestraft werden, daß sie Priester der abgeschafften Bamoth gewesen sind, und umgekehrt die Priester des jerusalemischen Tempels dafür belohnt, daß sie Priester des Tempels gewesen sind: die Schuld jener und das Verdienst dieser besteht in ihrer Existenz."[73] Ähnlich, aber mit Verweis auf die Situation im ehemaligen Nordreich nimmt R. Abba die Texte in Blick, der daran denkt, dass Ezechiels Polemik sich gegen den in 1Kön 12,28–32 kritisierten Kult unter Jerobeam richtet.[74] Gegen diese Bezüge in der Vergangenheit hat I. M. Duguid eingewandt, dass das nicht der Fokussierung Ezechiels auf der Sünde der Gegenwart entspreche.[75]

In die exilisch-nachexilische Zeit geht T. Willi. Er sieht die Verse als Zeugnis des 6. Jh. für die „die Zurücksetzung der Angehörigen levitischer Gruppen und Familien".[76] T. A. Rudnig nimmt eine Auseinandersetzung zwischen Aaroniden und Zadokiden in der nachexilischen Zeit in den Blick.[77] J. Schaper denkt an nachexilische Auseinandersetzungen der deportierten Zadokiden mit im Lande verbliebenen priesterlichen Gruppen nach Rückkehr der Zadokiden.[78] J. D. Levenson vermutet, Ez 44 diene dazu, die Offenheit des Deuteronomiums

---

73 *Wellhausen*, Prolegomena 118.
74 Vgl. *Abba*, Priests and Levites in Ezekiel, 5. Problematisch daran ist, dass in 1Kön 12,31 ausdrücklich festgehalten wird, dass es sich nicht um Priester aus den Söhnen Levis handelt. Ezechiel würde sich mit seiner Kritik an den Leviten also gegen diese Überlieferung stellen. Die Frage wäre, ob diese Kritik bei den Adressaten überhaupt verstanden würde, wenn diese 1Kön 12,31 kennen.
75 Vgl. *Duguid*, Ezekiel, 79f.
76 *Willi*, Leviten, 90. Er vergleicht den Abschnitt dabei mit Esr 8, das seiner Ansicht nach Zeugnis des 5.Jh. sei.
77 Vgl. *Rudnig*, Heilig, 301; vgl. auch *Achenbach*, Priester, 297.301.
78 Vgl. *Schaper*, Priester, 173, dessen These ist, dass die Aaroniden im Land weiterhin am Heiligtum in Bet-El saßen, was er aus dem Beitrag von Kennet aus dem Jahr 1905 übernimmt, schreibt: „In babylonischer Zeit lebten auf judäischem Boden allerdings auch die überlebenden Mitglieder einer weiteren bedeutenden Priesterschaft, nämlich eben der Aaroniden zu Bethel" (ebd., 170f.). Kennets Sicht fußt allerdings auf einer Paraphrase der Einsetzung eines Priesters durch die Assyrer nach der Darstellung von 2Kön 17. Siehe *Kennet*, Origin, 171. Jene Priester und „die nun in Jerusalem sporadisch amtierenden Land-Leviten" (*Schaper*, Priester, 171) seien die zurückkehrenden Zadokiden in Konflikt geraten. Vgl. ebd, 173. Grundlage von Schapers Argumentation ist die Tatsache, dass die genealogische Herleitung der Aaroniden von Levi (bzw. von Kehat) sehr spät ist (siehe ebd.), doch sagt das nichts über die nachexilische Existenz des Tempels von Bet-El und seinen Einfluss auf die Jerusalemer Theologie.

auf die Integration anderer Priester zu revidieren, weswegen Ez 44,6–8 den Abfall von Num 25 und die Hervorhebung des Pinhas im Blick habe.[79] In diesen Interpretationen wird Ez 44 auf Umbrüche seit der spätvorexilischen Zeit bezogen. Vorsicht ist bei einer solchen Auslegung geboten, weil dabei die einleitende Gottesrede des Abschnittes in V. 4f. nicht beachtet ist: Diese signalisiert, dass alles was nachfolgt, dem Propheten als zukünftige Satzungen und Weisungen für das Haus *Jhwh*s vor Augen geführt wird. Ausdrücklich heißt es: „Achte auf die Eingänge des Hauses und auf alle Ausgänge des Heiligtums" (V. 5b).[80] Zunächst einmal ist der Abschnitt in der Schau Ezechiels entsprechend deren Datierung für die Zukunft relevant. Die Missstände werden im Rückblick formuliert, betreffen also die Zeit bis 587.[81] Der Abschnitt mag entsprechend als Ideal oder als Programm für die nachexilischen Verhältnisse gelten, doch ist er nicht von vornherein als deren Beschreibung misszuverstehen. Es stehen sich also zunächst eine Reflexion der vorexilischen Situation und ein Konzept für die nachexilische Zeit gegenüber.

Eine Bindung an bestimmte Ereignisse vermeiden Auslegungen, die in stärkerem Maße Textinterpretationen vermuten. S. L. Cook hat einen Zusammenhang zwischen Ez 44 und Num 16–18 ausgemacht. Ez 44 lege den Numeritext aus,[82] spiegle aber zugleich nachexilische Debatten um die Kultusreinheit wider.[83] Der inhaltliche Zusammenhang ist unverkennbar. Doch lässt sich der Götzendienst der Leviten nicht mit dem Räucheropfer der Korachiden verbinden, und auch die Sünde des Volkes ist nicht in Deckung mit dem Handeln von Korachs Gemeinschaft zu bringen.[84] גלוליהם „ihre Stelen", übertragen „ihre Götterbilder" muss sich auf den Abfall eines großen Teiles des Volkes zu anderen Göttern oder zur Bilderverehrung beziehen, wofür sich der Abfall des Nordreiches mit der Sünde Jerobeams nahelegen könne, wie u.a. Abba

---

79 Vgl. *Levenson*, Theology, 137f. Auch Levenson sieht Auseinandersetzungen mit Bet-El im Hintergrund. So spannend der Gedanke an einen Zusammenhang mit Num 25 ist, so müsste doch erklärt werden, warum in Num 25 nicht von Leviten die Rede ist, sondern vom Volk insgesamt und von den ראשי העם, gegen die sich die von Gott gerichtete Strafe richtet. Einen Zusammenhang sieht er außerdem mit 1Kön 12,31f. Die Polemik gegen die Priesterschaft von Bet-El an dieser Stelle nehme dabei eine ältere Rivalität zwischen Jerusalem und Bet-El auf. Vgl. ebd., 136f.
80 Zur Interpretation und Textkritik vgl. *Zimmerli*, Ezechiel 25–48, 1114.
81 So auch *Duguid*, Ezekiel, 79, der betont, dass die Vorwürfe in zeitlicher Nähe liegen müssen.
82 Vgl. *Cook*, Innerbiblical Interpretation, 197–201.
83 Vgl. ebd., 207.
84 Vgl. *Konkel*, Architektonik, 108, der aus der Verbindung des Umherirrens und der Existenz des Heiligtums schließt, dass nicht die Zeit der Wüstenüberlieferung gemeint sein kann.

vorgeschlagen hat.[85] Auch wenn die einlinige Verbindung von Ez 44 mit Num 16–18 und damit ein Rückgriff auf den Anfang der Geschichte Israels nicht zu halten ist,[86] ist die Vermutung von Cook richtig, dass es sich in Ez 44 um eine literarische Bezugnahme handelt.[87] Ein Zusammenhang zwischen der von Ezechiel auch in Ez 40–48 kritisierten vorexilischen Situation und dem idealen Konzept der nachexilische Zeit wäre aber mit einer Bezugnahme auf die Wüstenwanderung und auf Num 16–18 nicht gegeben.[88] Er läge vor, wenn man Ez 44 als Auslegung der im Ezechielbuch vorangehenden Kritik verstehen könnte. Ein entsprechendes Signal ist die an den Propheten gerichtete Aufforderung, auf die Eingänge zum Heiligtum zu achten (V. 5b), um die es in Ez 44,1–4 zuvor auch explizit geht. In der Anklage und Unheilsprophetie im Ezechielbuch wird mehrfach kultische Kritik geäußert, die sich mit der Kritik in Ez 44 trifft. Ein Zentrum steht aber die Tempelvision Ez 8–11, wo der Prophet sie vor allem im Bereich der Eingänge antrifft. Immer wieder werden dort die Gräuel im Jerusalemer Tempel beklagt, und sie werden jeweils *den Repräsentanten des Volkes* vorgeworfen.

Ez 8–11 ist in der Endkomposition des Ezechielbuches untrennbar mit dem Verfassungsentwurf verbunden. Die Missstände, die nach Ez 9–10 Gericht und Zerstörung nach sich ziehen, sind dort nicht als Ausnahme oder Abweichung von einer gültigen Norm, sondern als das in der vorexilischen Zeit Normale erkennbar. Denn in Ez 9,4 wird der Prophet dazu aufgefordert, diejenigen mit

---

85   Das hatte letztlich auch *Wellhausen*, Prolegomena, 117, im Blick, der die Stelle aber historisch auslegte und daher allgemein die Höhenheiligtümer im Blick sah: „Sie [die Leviten, R. H.] haben ihr Priestertum dadurch verwirkt, daß sie es misbraucht haben, um dem Kultus der Höhen vorzustehn, der dem Propheten als Götzendienst gilt und ihm in tiefster Seele verhaßt ist." *Blenkinsopp*, Priesthood, 41, meint aufgrund der gegen die Jerusalemer Priesterschaft gerichtete Kritik in Ez 44, dass es sich auf Missstände nach dem Fall von Jerusalem beziehen müsse.
86   Der Zusammenhang besteht dennoch, aber in umgekehrter Richtung und stärker reflektiert. Vgl. unten, 159–169.
87   Eine literarische Aufnahme von Jes 56 vermutet *MacDonald*, Priestly Rule, 33f., aufgrund der Lexematik. Zu den Thesen, die von ihm aufgenommen und zurückgewiesenen werden, dass die Beziehung zwischen Ez 44 und Jes 56 umgekehrt zu sehen ist, siehe ebd., 26–34. *Kilchör*, Priester, 278, insistiert zu Recht darauf, dass der synchrone Blick zurück auf Ez 8–11 am Anfang der Auslegung gerichtet sein muss. Anhand von lexematischen Bezügen wird die Beziehung von *Häner*, Bleibendes Nachwirken, 524–527, aufgezeigt.
88   Dies gilt auch für die Interpretation von *Schaper*, Leviten, 173, wonach sich „Ez 44 gegen die im exilszeitlichen Juda tätigen Leviten [...] richtete." Dies beachtet die literarische Konzeption von Ez 40–48 nicht, wonach der Prophet von Gott im Exil auf die vorexilische Situation verwiesen wird, der gegenüber die kultische Alternative des Verfassungsentwurfes entwickelt wird. Eine Verfehlung der Leviten im Exil würde mit der Argumentationsstruktur des Verfassungsentwurfes (Ez 40–48) und des Buches insgesamt kollidieren.

einem Taw an der Stirn zu kennzeichnen, die sich über die in Ez 8 aufgezeigten Gräuel entsetzen. Doch niemand erhält offensichtlich das rettende Zeichen. Der Zusammenhang von Ez 44,12f. und Ez 8–11 ist wegen der Lokalität und wegen der prophetischen Präsentation naheliegender als ein Bezug zu verschiedenen Ereignissen in der Geschichte.

Insbesondere die Verfehlungen, die dem Propheten in Ez 8 unter Anwesenheit von *Jhwh*s Herrlichkeit vor Augen geführt werden, dürften in die selbe Richtung gehen, wie die in Ez 44 an den Leviten geübte Kritik. Nach seiner Entrückung nach Jerusalem wird der Prophet vom nördlichen Tor in den Bereich des Tempels geführt. Dort trifft er in Ez 8,10f. zunächst auf eine Versammlung von 70 Männern von den Ältesten Israels, die offenbar vor einer Anzahl Wandreliefs Weihrauch darbringen. Besonders erwähnt wird Jaasanja, ein Sohn des Schreibers Schafan, der bei den Ereignissen der Buchauffindung bei der josianischen Reform eine wichtige Rolle spielt (2Kön 22,3–19). Die Gruppe von Repräsentanten des Hauses Israel ist hier im Tempelbereich mit einem kultischen Handeln zugange, das auf die Darstellungen gerichtet ist. Dies lässt sich mit Ez 44,12 verbinden: Den Leviten wird dort konkret vorgeworfen, mit ihrem Dienst vor ihren גלולים, womit Ezechiel immer wieder Götterbilder bezeichnet, dem Haus Israel ein Anstoß zur Sünde gewesen zu sein. Die beiden Texte verbindet miteinander, dass Esra/Nehemia und die Chronikbücher nicht nur verschiedene Gruppen mit Leviten identifizieren, sondern auch bestimmte Personen. In Bezug auf Schafan ist relevant, dass in 2Chr 34,12f. direkt vor der Buchauffindung gegenüber der Vorlage in 2Kön 22 hinzugefügt wird, die besondere Rolle der Leviten bei den Bauarbeiten am Tempel hervorgehoben werden und festgehalten wird, dass einige der Leviten Schreiber (סופרים), Amtleute (שטרים) und Torhüter (שוערים) gewesen seien (2Chr 34,13). Die logische Folgerung für den Text der Chronik ist, dass der direkt im Anschluss und zudem ausschließlich erwähnte Schreiber Schafan als Levit ausgewiesen werden soll. Meiner Ansicht nach legt es sich von daher nahe, dass in Ez 44,12f. wie in der Chronik gegenüber den Königebüchern Angehörige der Beamtenschaft und anderer Eliten zu Leviten werden. In diesem Fall sind es die Ältesten. Verbindendes Glied ist der erwähnte Sohn des Schafan.

In Ez 44,6–16 ergibt sich somit, dass die Leviten als eine repräsentative Gruppe des Volkes das Volk in Zukunft durch einen Dienst im Tempel vertreten sollen, was mit der Verfehlung in der Vergangenheit begründet wird. Der Zusammenhang mit Ez 8 lässt vermuten, dass die Leviten in Ez 44 ähnlich wie in der Chronik an die Stelle von Gruppen und Personen treten, die zuvor bestimmte herausgehobene Funktionen hatten. Bei diesen handelt es sich um Israeliten, nicht aber um Priester.

3.2.2 *Die soziale Struktur* des spätvorexilischen Juda nach dem Zeugnis *Ezechiels*

Ezechiel stellt im Verfassungsentwurf die Zadokiden als die *Jhwh* treu ergebene Priesterschaft und aufgrund dessen auch mit dem Kult betraut heraus. Außerhalb des Verfassungsentwurfs ist trotz der kultischen Prägung des auf den Priester Ezechiel zurückgeführten Prophetenbuches verhältnismäßig selten von Priestern die Rede. Wer Priester ist, darüber wird nicht reflektiert. So ergibt sich ein ähnliches Bild wie bei Jeremia. Die Priester werden neben Propheten und Ältesten (Ez 7,26) genannt. Sie werden in Ez 22,26–31 zusammen mit den Beamten, Propheten und dem Volk des Landes scharf kritisiert. In Ez 11,1 wird nur von der Wegführung von König und Beamten gesprochen. Leviten und levitische Priester tauchen dort ebenso wenig auf, wie die Hochschätzung der Zadokiden thematisiert wird. Wie die Verkündigung Jeremias ist auch jene Ezechiels sozial geprägt. Hier klingen bspw. in Ez 18,12 sozialrechtliche Regeln wie die Verpflichtung zur Rückgabe eines Pfandes an, deren Nichteinhaltung kritisiert wird, womit sich ein traditionsgeschichtlicher Zusammenhang mit den sozialen Bestimmungen des Deuteronomiums andeutet. Auch bei Ezechiel wird die Gewaltanwendung gegen Fremdlinge, Witwen und Waisen beklagt (Ez 22,7), doch ebenso wie bei Jeremia fehlt die Thematisierung der Leviten, obwohl man dies bspw. in Ez 22,29 bei der Betonung der Gewaltanwendung gegen die Fremdlinge erwarten könnte.

3.2.3 *Synthese*

Im Verfassungsentwurf wird die zadokidische Priesterschaft besonders privilegiert, während im übrigen Buch nur allgemein von Priestern die Rede ist, die ähnlich wie das Volk der Unheilsankündigung des Propheten unterworfen werden. Demzufolge ist die in Ez 40–48 entwickelte Konzeption der Hierarchie am Tempel mit der Stellung der Leviten ein gegenüber der Vergangenheit für die Zukunft in Aussicht gestelltes Ideal. Es werden nicht die Ergebnisse der Josianischen Reform festgeschrieben, sondern datiert auf eine Zeit nach der Zerstörung des Ersten Tempels wird aus der Perspektive Ezechiels, als eines deportierten Angehörigen der Priesterschaft, das Ideal eines funktionierenden Tempels und seiner Institutionen präsentiert.[89] Schon die prophetische Autorität und die im Hintergrund stehende Autorität der Gottesrede machen deutlich, dass es sich um Innovationen handelt. Im Unterschied zum vorexilischen Tempel gehören zum zukünftigen Tempel die nichtkultischen Aufgaben

---

[89] Vgl. *Konkel*, Architektonik, 356: „Die Vergangenheit ist für die Verfasser von Ez 40–48 nicht begraben, wie allein schon die Datierung der zweiten Tempelvision nach der Ära Jojachins zeigt."

der Leviten, mit denen ein früherer kultischer und nichtkultischer Dienst von Israeliten ablöst wird. U.a. sollen die Leviten für die Schlachtung zuständig sein. Den Zadokiden ist der Kult und der Zugang zum Allerheiligsten vorbehalten (44,15f.). Dieser administrative Eingriff soll offenbar Missstände der Vergangenheit beseitigen. (vgl. Ez 22,26). In Ez 44,15 und 48,11 ist ausdrücklich festgehalten, dass die Zadokiden anders als die übrigen Israeliten gehorsam waren. Spannenderweise scheint Ezechiel bei der Beschreibung der Situation im Jerusalem vor der Zerstörung nichts von den Leviten zu wissen, und zwar weder am Tempel noch als eine der sozialen Fürsorge unterstellte Gruppe. In Ez 44,6–16 spiegelt sich wie in der Chronik eine nachträgliche Identifikation von Eliten mit den Leviten wider.

3.3 Schlussfolgerungen

Jeremia und Ezechiel bezeugen ein konsistentes Verständnis von der Priesterschaft in der spätvorexilischen und exilischen Zeit. Es gibt eine Priesterschaft, die neben der Beamtenschaft und den Propheten dem Volk gegenübersteht und gemeinsam mit den anderen Gruppen kritisiert wird. Im Blick ist das kultische Personal am königlichen Tempel in Jerusalem. Die älteren Teile der Bücher und die Abschnitte, die auf die vorexilischen und exilischen Verhältnisse ausgerichtet sind, lassen keine Differenzierungen erkennen. Dass man die Gruppe der Leviten summarisch in nichtkultischen Diensten am Tempel gesehen hat, ist unwahrscheinlich. Doch sicher wird es nichtkultische Dienste gegeben haben. Dass das Priestertum im Sinne der späteren Texte oder im Sinne des Deuteronomiums als levitisches Priestertum gesehen wurde, lässt sich aus Jeremia- und Ezechieltexten nicht erheben. Die Datenbasis ist aber noch größer. Denn das Schweigen weiterer Bücher über die Leviten ist in Betracht zu ziehen. So fehlt bei Haggai und in Sach 1–8 eine Erwähnung der Leviten vollständig, obwohl es auch in diesen frühnachexilischen Texten um Priester geht.

Die Nichterwähnung von Leviten als *personae miserae* bei Jeremia und Ezechiel sowie in anderen Büchern, die die Verhältnisse der spätvorexilischen sowie frühnachexilischen (Hag/Sach) Zeit reflektieren, führt zu einer ernüchternden Schlussfolgerung: Die Leviten scheinen als eine Gruppe von Bedürftigen unbekannt zu sein. Diese Schlussfolgerung mag man als *argumentum e silencio* geringschätzen, doch sollte man beachten, dass für alle Thesen die Leviten betreffend genauso gilt, dass sie und ihre Funktionen und Rollen in den wichtigsten Zeugnissen vom Übergang von der vorexilischen zur exilischen Zeit fehlen. *Es ergibt sich als Ausgangspunkt für die Interpretation des Deuteronomiums, dass dieses in Bezug auf Priester und Leviten nicht eine Beschreibung der Verhältnisse der Abfassungszeit enthalten kann. Seine Regeln in Bezug auf diese Gruppen stellen lediglich ein Konzept für die Geschichte Israels aus der Perspektive des Mose dar, dessen Realisierung möglicherweise erst mit der Abfassung des Deuteronomiums beginnt.*

In den beiden prospektiv auf die Zukunft ausgerichteten Verkündigungen Jer 33 und Ez 40–48, die in diesem Abschnitt behandelt wurden, ist wie im Deuteronomium von levitischen Priestern bzw. Leviten die Rede. Rezipiert dürfte damit das Deuteronomium werden, und wie im Dtn ist das besonders ausgezeichnete levitische Priestertum allein akzeptiert. Gerichtet ist das dort gegen andere Priester und eine andere Priesterschaft, die es in der vorexilischen Zeit abseits vom Zentralheiligtum gegeben hat.

Damit lässt sich auf der Basis von Jeremia und Ezechiel zwar nicht klären, was Leviten sind, wohl aber ergibt sich ein Ansatz für eine Lösung: Dass man die Leviten in spätnachexilischer Zeit an den Tempel zu ziehen suchte und sie in den Büchern Jeremia und Ezechiel abgesehen von den späten eschatologischen Passagen scheinbar unbekannt sind, spricht dagegen, dass sie in der vorexilischen oder exilischen Zeit Priester gewesen sein könnten. Die Nähe von Jer 33 und Ez 44 zu Konzepten der Chronik gibt den weiteren Weg vor: In der spätnachexilischen Chronik mit ihrer *relecture* der Darstellung der Samuelis-/Königebücher übernehmen die Leviten nichtkultische Funktionen am Tempel und außerhalb des Tempels und treten so an die Stelle von anderen Gruppen. Diese Veränderungen lassen Rückschlüsse auf die zugrunde liegenden nachexilischen Konzepte zu.

Wenn es keine Hinweise gibt, dass die Leviten in spätvorexilischer Zeit Priester waren, wenn das soziale Konzept des Dtn von den Leviten lediglich eine Konstruktion für eine geschichtliche Sicht aus der Perspektive des Mose ist, sind die Rekonstruktionen von Veränderungen in der Identitätskonstruktion dieser Gruppe, die insbesondere in Redaktionsschichten des Deuteronomiums ausgemacht wurden, nicht mehr gerechtfertigt. Das macht auch eine neue Diskussion der Texte des Deuteronomiums erforderlich.

KAPITEL 4

Die Leviten als Gruppierung in spätnachexilischen Texten

4.1 Esra-Nehemia

Das Esra-Nehemia-Buch ist relativ kurz, und doch häufen sich darin mit 69 Stellen die Belege von לוי „Levit, levitisch". Nur in der Chronik (109 Belege) und im Numeribuch (75 Belege) kommen Name und Begriff öfter vor, doch haben diese Bücher einen wesentlich größeren Umfang. Die Leviten begegnen sowohl in den hebräischen als auch in den aramäischen Abschnitten des Buches in summarischen Formeln neben dem Volk und den Priestern.[1] Im Fokus der Darstellung stehen sie nicht durchgängig. Allerdings ist ihre Existenz bereits vom Anfang des Buches an vorausgesetzt. Denn mit der Reaktion des Volkes auf das Kyrosedikt (Esr 1,5) machen sich die Häupter der Vaterhäuser Judas, Benjamins, der Priester und auch der Leviten auf, um den Tempel von Jerusalem zu errichten. Nach der Konzeption der abgeschlossenen Esra-Nehemia-Komposition kehren die Exilierten in das im Exil von Juden nicht mehr bewohnte Land zurück, was man mit der in Esr 2 eingefügten älteren Liste dokumentieren will.[2] Sie weist die Leviten als eigenständige Gruppe neben den Priestern, Torhütern, Netinim und dem Volk aus. Dies zieht eine Anwesenheit von Leviten im gesamten Buch nach sich. Damit hängt zusammen, dass sie in den späteren Listen, in den summarischen Bezugnahmen auf das Volk und bei der Mischehenproblematik immer wieder auftauchen. Schwerpunktmäßig thematisiert werden die Leviten in folgenden Zusammenhängen: 1. beim Tempelbau (Esr 3,8–10), 2. bei der Tempeleinweihung und dem anschließenden Passa (Esr 6,16–18.19–21), 3. bei Esras Rückkehr (Esr 8), 4. bei der Verlesung der Tora und ihrer Vermittlung (Neh 8), 5. bei der Einweihung der Mauer Neh 12,27–43, und 6. bei der Regelung der Anteile der Leviten in Neh 13,10–13.

Es ist für die Bestimmung des Konzepts der Leviten relevant, dass sie erstmals mit dem Beginn des Tempelbaus (Esr 3,8–10) auftreten, für den sie maßgeblich verantwortlich[3] sind. Dass sie vorher nicht auftreten – weder beim Bau des Altars, noch bei der Einrichtung des Kultes –, ist besonders

---

1 כהן kommt in Esra-Nehemia 78 Mal vor.
2 Vgl. dazu zusammenfassend *Heckl*, Neuanfang und Kontinuität, 375f.
3 Verwendet ist נצח על (Pi.) „beaufsichtigen, leiten".

deswegen auffällig, weil ihre Anwesenheit nach Esr 1,5; 2,40.70 vorausgesetzt ist. Offensichtlich sind sie bei den Anfängen nicht mitverantwortlich für den Kult, oder aber ihre Funktion wird als bekannt vorausgesetzt.

Gegen letztere Annahme spricht ihre explizite Thematisierung beim Tempelbau. Dort werden die Leviten ab einem Alter von 20 Jahren aufgestellt (Esr 3,8). Dies scheint auf den ersten Blick in einem Widerspruch zu Num 4 (passim) (30 Jahre) und Num 8,24 (25 Jahre) zu stehen.[4] Die unterschiedlichen Zahlen im Numeribuch (in MT[5]) lassen aber ein Konzept erkennen, von dem her sich auch die Zahl in Esr 3 erklären lässt: In Num 4 geht es um die Aufgaben beim Transport des Heiligtums, in Num 8 um die dauerhafte Arbeit am Heiligtum. Beides ist in Esr 3 nicht im Blick, da der Tempel noch nicht errichtet ist. Das unterschiedliche geforderte Lebensalter der Leviten führt zu einem unterschiedlichen Umfang der Gruppe. Je jünger das Einstiegsalter für den Dienst ist, desto größer ist die Gruppe. Für den Tempelbau dürfte somit eine umfänglichere Gruppe nötig sein als für andere Aufgaben.[6] Ein Widerspruch liegt nicht vor, sondern am ehesten eine Differenzierung nach den übertragenen Aufgaben. Allerdings fehlt im Pentateuch die Tätigkeit der Leviten beim Bau des Heiligtums, sodass sich das Konzept des Einstiegsalters von 20, 25 bzw. 30 Jahren nur unter Einbeziehung von Esr 3 ergibt. Die Aufgaben zu Bau und Einrichtung des Heiligtums werden allerdings in Ex 36,2 dem Judäer Bezalel und dem Daniten Oholiab übertragen (Ex 38,22f.). Eine Spannung zu Esr 3,8 besteht nicht. Die Errichtung des Wüstenheiligtums nur durch die beiden Arbeiter erscheint als weniger aufwendig, und Mose, der ja auch Levit ist, ist für den Bau verantwortlich, was der Rolle der Leviten in Esr 3,8f. entspricht. Hinzu kommt noch die Notiz in Ex 38,21, wonach es die Aufgabe der Leviten unter der Leitung Itamars gewesen sei, die Kosten des Baus zu berechnen. Der Vers ist die Überschrift über einen Abschnitt, der den Verbrauch bei der Herstellung der Stiftshütte zusammenfasst.[7] In dem Passus scheinen die Leviten also ähnlich wie in Esr 3,7f. am Bau des Wüstenheiligtums beteiligt zu sein.

---

4 *Samuel*, Von Priestern, 387, meint, man habe es mit Veränderungen in der Konzeption zu tun, sodass das Alter sekundär herabgesetzt werde.
5 Die LXX hat die Zahlen vereinheitlicht.
6 Die Chronik hat in 1Chr 23,24.27 ebenfalls anders als in 1Chr 23,3 die Zählung von 20 Jahren an im Blick, und gerade der summarische Überblick über die Aufgaben der Leviten 1Chr 23,27–32 zeigt ebenso, dass es um einen noch einmal weiteren Aufgabenbereich geht. Siehe dazu unten, 66, Anm. 84.
7 Das plötzliche Auftreten der Leviten, obwohl zuvor gar nicht so viele Personen am Bau beteiligt sind, spricht für einen Zusatz. Die Liste dürfte der Systematisierung wegen eingefügt worden sein. Vgl. dazu unten, 116.

In Esr 3,10bβ treten demgegenüber die Söhne Asaf als Teilgruppe der Leviten auf, um den Tempelbau mit Gesang zu begleiten. Hier stehen sie neben den Priestern und bilden eine von ihnen unterschiedene Gruppe bei der Grundsteinlegung des Tempels.

Dass die Leviten in Esr 3 nur für den Tempelbau und für die Musik verantwortlich sind, sie aber zuvor noch nicht beim Altarbau und Kult beteiligt sind, dürfte mit der Integration der aramäischen Tempelbauchronik zusammenhängen. Denn dort werden die Leviten erst bei der Einweihung des Tempels in ihre Ordnungen eingesetzt, während sie zuvor nicht erwähnt werden. Es liegt also eine Zäsur im Ablauf vor. Erkennbar ist das auch daran, dass gleichzeitig die Abteilungen der Priester aufgestellt werden:

והקימו כהניא בפלגתהון ולויא במחלקתהון על עבידת אלהא די בירושלם ככתב
ספר משה

Und sie stellten die Priester in ihren Abteilungen und die Leviten in ihren Ordnungen zum Dienst für Gott in Jerusalem auf, wie im Buch des Mose geschrieben ist.
 Esr 6,18

Der Bezug auf den Pentateuch wird hier explizit markiert. Man hat zwar gemeint, dass der Rückverweis ins Leere führe.[8] Meiner Ansicht nach handelt es sich nicht um einen einfachen Querverweis, sondern um einen Zusammenhang, der exegetisch hergestellt wird: Wahrscheinlich hat man die Einsetzung der Aaronsöhne und die parallele Einsetzung der Leviten in ihren Dienst in Num 3 in den Blick genommen.[9] Dass aber schon die aramäische Tempelbauchronik die Einsetzung der Leviten in ihren Dienst erst mit der Fertigstellung des Tempels verbindet, konvergiert damit, dass sie auch im Pentateuch erst spät – eben im Numeribuch – mit dem Heiligtum in Zusammenhang gebracht werden. Das Auftreten der Leviten beim Tempelbau konkurriert mit dem Auftreten der Ältesten in der aramäischen Tempelbauchronik. Deren Rekontextualisierung in Esr 1–6 erweckt nun den Eindruck, als würden die dort erwähnten שבי יהודיא zumindest teilweise mit den Leviten identifiziert.[10]

Dass über den Dienst der Leviten am Tempel keine weiteren Angaben gemacht werden, zeigt, dass das Konzept des Pentateuchs, auf den explizit

---

8 Vgl. *Hänsel*, Studien, 50; *Weingart*, Stämmevolk, 301. *Weingart*, ebd., ist der Ansicht, dass die parallele Aussage in 2Chr 30,16; 35,5f. aus der aramäischen Tempelbauchronik übernommen worden ist. Dennoch bleibt der Rückverweis erklärungsbedürftig.
9 Vgl. *Heckl*, Neuanfang und Kontinuität, 154.
10 Zur Bedeutung der Rekontextualisierung bei der Entstehung der Esra-Nehemiakomposition vgl. ebd., 369–376 (zusammenfassend).

verwiesen wird, vorausgesetzt wird. Erst die hebräisch verfasste Rekontextualisierung der aramäischen Tempelbauchronik durch die anschließende Feier des Passafestes,[11] fügt einen Aspekt hinzu, der im Pentateuch für die Leviten nicht im Blick ist:

כי הטהרו הכהנים והלוים כאחד כלם טהורים וישחטו הפסח לכל בני הגולה ולאחיהם הכהנים ולהם

> Denn es hatten sich gereinigt die Priester und die Leviten wie ein (Mann), sodass sie alle rein waren. Und sie schlachteten das Passa für die Angehörigen der Gola und für ihre Brüder die Priester und für sich.
> Esr 6,20

Es wird zunächst festgestellt, dass sich die Priester und Leviten gereinigt haben und alle rein waren. Zwar steht kein Subjekt bei וישחטו, doch macht die Notiz „für ihre Brüder, die Priester, und für sich" deutlich, dass die Leviten die Schlachtung vornehmen. Dies ist auch beim Passa unter Hiskia (2Chr 30,17) und Josia (2Chr 35,11) nach der Chronik der Fall.[12] Diese Praxis entspricht außerdem den Regelungen des Verfassungsentwurfes in Ez 44,11, wo die Leviten ebenfalls für das Schlachten vorgesehen sind. Dasselbe ist der Fall in der Tempelrolle (11Q19) 22,4.[13] Demgegenüber zeigt die rabbinische Halacha in mPes 5,6 und bPes 64b (zum Passa) und mZeb 3,1 (generell), dass diese Regelung sich bis zum Ende der Zeit des Zweiten Tempels nicht durchgesetzt hatte.[14]

Die Darstellung der Rabbinen lässt vermuten, dass es die übliche Praxis war, dass die Israeliten selbst schlachteten. Dem steht zunächst der ideale Entwurf Ez 44,10f. wie die Tempelrolle entgegen, wo es zu einer Hilfsarbeit der Leviten gemacht wird.[15] Die Betonung der (kultischen) Reinheit in 2Chr 30,17; Esr 6,20

---

11   Vgl. ebd., 206–216.
12   Dies ist einer der Stellen, an denen sich zeigt, dass von Esr-Neh ein Zusammenhang mit der Chronik intendiert ist. Vgl. dazu *Heckl*, Neuanfang und Kontinität, 388–397 bes.: 393.
13   Es liegt ein traditionsgeschichtlicher Zusammenhang vor. Vgl. *Ben Zvi*, Authority, 253.
14   Vgl. *Rudolph*, Chronikbücher, 330. Anders *Konkel*, Architektonik, 311, der meint, die Schlachtung durch das Volk betreffe die privaten Opfer, in Ez 44,11 seien aber „eher die öffentlichen Opfer gemeint". Ich halte das für Spekulation, weil in dem Text ausdrücklich allgemein vom Schlachten des Brandopfers und des Schlachtopfers für das Volk die Rede ist. Nimmt man Esr 6,20 hinzu, wo dasselbe Konzept vorausgesetzt ist, wird klar, dass es um alle Opfer geht: וישחטו הפסח לכל בני הגולה ולאחיהם הכהנים ולהם.
15   Vgl. *Milgrom*, Temple Scroll, 503. So auch *Maier*, Tempelrolle, 117. Es ist entsprechend wahrscheinlich ein Missverständnis, wenn die Forschung das Auftreten der Leviten in 2Chr 30,17 und Esr 6,20 als Hinweis auf eine priesterliche Funktion versteht. Gegen

lässt die Beweggründe dafür erkennen, dass man sich der Verschärfung bei Ezechiel anschließt.[16] Man versuchte diese Tätigkeit auf die Gruppe der Leviten zu begrenzen, um die Reinheit der Opfer sicherzustellen.[17] Damit ergibt sich ein direkter Zusammenhang mit Hag 2,11–14, wo die Reinheit der Opfer in der nachexilischen Zeit als Problem thematisiert wird. Die kultische Reinheit der Leviten (wie der Priester) wird wahrscheinlich in Esr 6,20 dazu ausdrücklich hervorgehoben, um auch die Legitimität der stellvertretend von den Leviten für Volk, Priester und eigene Gruppe vollzogenen Tätigkeit zu dokumentieren.

Esr 8,15–20 ist ein dritter Schwerpunkt, in dem die Leviten behandelt werden. In dem Abschnitt sorgt Esra dafür, dass überhaupt Leviten mit ihm nach Jerusalem ziehen. Das Thema ist eng verflochten mit der Esrageschichte insgesamt. Vorbereitet ist es in Esr 7,7, wo bereits summarisch eine Rückkehr von Leviten erwähnt wird, und in Esr 7,13 durch die Erlaubnis zur Rückkehr durch Artaxerxes. Nach Esr 8,15 findet Esra allerdings in der Gruppe der Rückkehrer keine Leviten. Erst vermittelt durch Iddo, der als Haupt von Kasifja eingeführt wird (Esr 8,17), kann er Leviten (und Netinim – Esr 8,20) zur Rückkehr gewinnen. Das Thema bildet innerhalb von Esr 7f. eine auffällige Retardierung. Da die Esra-Erzählung in der Gesamtkomposition der Rekontextualisierung der Nehemiaerzählung und deren Verbindung mit der Tempelbauerzählung dient und sie wahrscheinlich am Anfang der seleukidischen Zeit für die Komposition geschaffen worden ist,[18] dürfte Esr 8,15–20 kaum historische Begebenheiten im Blick haben.[19] Aufgrund dessen stellt sich die Frage nach seiner literarischen Intention.

Labahn, Herrschaftsanspruch, 368. Eher ist es eine handwerkliche Arbeit, die aber eine kultische Reinheit der Ausführenden vorausgesetzt. Vgl. dazu außerdem unten, 60.

16   Auch nach der priesterlichen Vorschrift vor allem in Lev 3; 7 wird das Schlachten durch die Israeliten vollzogen. Die Priester sprengen das Blut. Vgl. *Bergman/Ringgren/Lang*, זבח, 525.

17   *Dyma*, Wallfahrt, 155, überlegt, ob es darum ging „wie größere Mengen von Festteilnehmern am Tempel Pesaḥ feiern konnten: nämlich durch die Einführung von ‚Mittelsmännern'", doch wird im Text nicht die Zahl, sondern die Reinheit thematisiert.

18   Vgl. *Heckl*, Neuanfang und Kontinuität, 399–410.

19   Mehrere Versuche sind gemacht worden: *Leuchter*, Coming to Terms, 52, überlegt in Bezug auf Ort und Gruppe: „The Levites of Casiphia, whom Ezra apparently recruited to his service in his delegation to Yehud, stand out as examples of this very breed of Diaspora Levite. Both they and their locale are identified in Deuteronomistic terms, and their recruitment to his delegation points to their administrative abilities as equally important as their sacral heritage." *Blenkinsopp*, Judaism, 60, folgert aufgrund des Namens Iddo: „Iddo is a priestly name, and we may surely assume that the place in question was a place of worship of however modest proportions [...]" Ähnlich schon: *Klein*, Ezra-Nehemiah,

Der Abschnitt erweckt den Eindruck, als habe es zur Abfassungszeit nur eine begrenzte Zahl von Leviten gegeben. Unter Esra kommen lediglich 38 Leviten zu den 74 aus Esr 2 hinzu. Neh 11,18 nennt 284 Leviten in Jerusalem. Auch das ist angesichts der Vielzahl der Priester eine sehr kleine Zahl. Es gab also wohl generell sehr wenige Leviten in Jerusalem und am Tempel. Ihre besondere Thematisierung in Esr 8 unterstreicht allerdings, dass es von Anfang an zumindest einige Leviten gab. Der Zusammenhang deckt außerdem auf, dass die Netinim nicht als mit den Leviten identisch gedacht sind,[20] was ihrer Stellung in den verschiedenen Listen des Buches entspricht.[21]

In der Esraerzählung wird außerdem die Bedeutung der Leviten unterstrichen. Sie sind unter der Leitung von Priestern für die Wertgegenstände und die Finanzmittel am Tempel verantwortlich.[22] Die besondere Fürsorge Esras für die Leviten dürfte aber neben der Verwaltungsfunktion auch darin bestehen, dass sie in Neh 8 zusammen mit ihm auftreten (siehe dazu im Folgenden). Außerdem ergibt sich über Esras Genealogie (Esr 7,1–5) ein konzeptioneller Zusammenhang. Der Abschnitt rezipiert die Nachfahren Aarons aus der Levitengenealogie in 1Chr 5,27–40 und sucht, sie zu korrigieren.[23] Die Rezeption des Kontextes in Esr 7 zeigt, dass das genealogische Konzept, wonach Leviten und Priester auf Levi zurückgehen, auch im Esrabuch vorausgesetzt ist. Dieses Konzept wird im Numeribuch zu der Unterstellung der Leviten unter die Priesterschaft ausformuliert. Dasselbe dürfte im Esrabuch umgesetzt werden, wenn zwei Priester und 12 Leviten für die Übergabe der Abgaben verantwortlich sind.[24] Esra als potentieller Hohepriester der Exilszeit sorgt für die Anwesenheit der Leviten und stellt damit nach dem Exil die Verhältnisse sicher, die im Numeribuch (im Bezug auf die Aufgaben in Num 3f.[25]) programmatisch vorgegeben werden.

Der vierte Schwerpunkt ist die Verlesung der Tora durch Esra, bei der die Leviten anwesend sind (Neh 8,4). Dabei haben sie die Aufgabe, die Tora zu

---

    726: „Casiphia is called a ‚place‘ [...] a technical term for a sanctuary." Zur Kritik der Thesen siehe *Frevel*, Leviten, 144.
20 So schon *Baudissin*, Geschichte, 142. Zu beachten ist allerdings, dass man auf die Leviten unter Gebrauch des Verbs נתן verweist. Vgl. zuletzt *Frevel*, Leviten, 147, nach dem die einzige Berührung ist. Vgl. weiter *Achenbach*, Vollendung, 541, und zu Num 8 diese Untersuchung unten, 155–159. *Haran*, Gibeonites, 167f., hatte allerdings überlegt, „that they merged with the Levites".
21 Lediglich in Neh 11,15–18 könnte es der Fall sein. So *Keel*, Jerusalem, 1057.
22 *Schaper*, Temple Treasury Committee, bes. 201, sieht die Leviten der Zeit Nehemias als Teil einer Finanzbehörde, die u.a. die Aufgabe hatte, die persischen Steuern zu erheben.
23 Vgl. *Heckl*, Neuanfang und Kontinuität, 229–232.
24 Vgl. ebd., 273f.
25 Vgl. dazu unten, 153–155.

vermitteln (Neh 8,7). Ein Zusammenhang besteht mit dem Schreiben des Artaxerxes, in dem Esra dazu aufgefordert wird, die Tora jenen bekanntzumachen, die sie nicht kennen (Esr 7,25). Die Leviten erscheinen also in einer administrativen Funktion, die Esra vom König zugestanden wird. Danach bleiben die Leviten (scheinbar) in dieser Rolle, obwohl Esra verschwindet. In Neh 9,4 stehen sie dem Volk gegenüber und sprechen das Bußgebet, das zum Bundesschluss in Neh 10 hinleitet. Dies entspricht möglicherweise der liturgischen Funktion, die die Leviten in Esr 3,10 als Sänger und Musikanten haben.[26]

Der sechste Schwerpunkt ist Nehemias Fürsorge für die Leviten in Neh 13,10–13. Der Abschnitt beginnt damit, dass nach Nehemias Rückkehr bekannt wird, dass die für die Leviten bestimmten Anteile nicht abgegeben worden und die Leviten und Sänger deswegen zu ihrem Grund und Boden „entflohen" sind (V. 10). Der Missstand besteht wahrscheinlich darin, dass die Regelung des Zehnten nach dem Pentateuch (Num 18,21–32)[27] nicht eingehalten wird. Die Übergabe des Zehnten und seine teilweise Weitergabe an die Priester profanisiert den für die Leviten bestimmten Anteil, der dadurch als Einkommen gilt. Die Abgabe ist also die Entlohnung für ihre Tätigkeiten und Funktionen. Da sie nicht erfolgt ist, haben die Leviten sich von Jerusalem abgewendet und andere Einkünfte gesucht. Die Erwähnung der fehlenden Bezahlung und der Rückkehr „eines jeden Leviten auf sein Feld" erklärt erstens, warum sich das stellvertretende Schlachten der Opfer durch die Leviten nicht durchgesetzt hat. Es fehlte wohl aufgrund der fehlenden Entlohnung Personal. Die Notiz erklärt außerdem, warum der Text aufzeigt, dass es nur wenige Leviten am Zweiten Tempel gab. Die Bemerkung, dass die Anteile der Leviten nicht gegeben wurden (Neh 13,10), lässt erkennen, dass unter persischer und hellenistischer Herrschaft die Abgaben freiwillig waren und vielleicht nur symbolisch erfolgten. Dem Tempel fehlten die Mittel, um das ideale Konzept aus Ezechiel, Tempelrolle, Esra/Nehemia sowie der Chronik umzusetzen.

Über weite Strecken ist damit die Tätigkeit der Leviten im Esra-Nehemiabuch als bekannt vorausgesetzt. Doch wird am Ende des Buches noch einmal eine nichtkultische Funktion erwähnt. Bei der Regelung des Sabbats setzt Nehemia Leviten zur Bewachung der Tore der Stadt ein (Neh 13,22). Nach dieser Notiz fungieren die Leviten als Wächter, und sie waren damit für den bewaffneten Schutz zuständig.

---

26 Vgl. Neh 11,17. Dies wird von der Chronik in 1Chr 6,16–32 systematisiert, anders als in der Liste in Esr 2 // Neh 7 und der Unterschriftenliste in Neh 10, wo die Sänger noch unabhängig stehen (Esr 2,41.70; Neh 7,44.72; Neh 10,29).
27 Vgl. unten, 169–176.

4.2 Chronik

Die Chronik ist eines der Bücher, die den Leviten besondere Aufmerksamkeit widmen. Man hat daraus die Schlussfolgerung gezogen, dass sie wie andere Bücher eine levitische Autorschaft habe.[28] Mitunter hat man auch überlegt, ob die Chronik in Gruppenauseinandersetzungen auf Seiten der Leviten stehe.[29] Während solche Thesen spekulativ sind, ist das besondere Interesse an den Leviten in der Chronik wie bei Esra-Nehemia, aber auch im Numeribuch unbestreitbar.

In einer den Leviten in der Chronik gewidmeten Arbeit stellt A. Labahn diese als „multi-funktionale Gruppe"[30] heraus. Sie hat „eine genaue Erfassung der verschiedenen levitischen Funktionen, wie sie in der Chronik dargeboten werden",[31] vor. Dass die Leviten in unterschiedlichen Funktionen erscheinen, ergebe „ein Porträt der Wirklichkeit, demzufolge Leviten aus dem engeren Tempelbereich heraustreten und in ihrem Handeln in der Gesellschaft breiten Bevölkerungsschichten begegnen."[32] Die Studie hat die Chronikbücher betreffend einen enzyklopädischen Anspruch. Dabei berücksichtigt die Studie allerdings nicht hinreichend den Metatextcharakter der Chronik, wonach diese als *rewritten history* in einem interpretativen Zusammenhang mit den Samuelis-/Königebüchern und dem Pentateuch steht. Die chronistische Konzeption der Leviten nicht systematisch bezogen auf ihre Vorlage zu untersuchen, verzerrt allerdings das Ergebnis der Untersuchung. Das hat bei Labahn auch dazu geführt, dass Innovationen der Chronik übersehen werden. In Bezug auf die Leviten ist das bspw. bei der kurzen aber bedeutsamen Notiz über die Übersiedlung der Leviten aus dem Gebiet des Nordreiches

---

28 Vgl. *vRad*, Levitische Predigt, 249; *Williamson*, Chronicles, 17; *Strübind*, Tradition, 25; zuletzt: *Christian*, Authorship, 235; *Min*, Authorship, 71; *Meng*, Ancestors, 268.

29 Zum Beispiel hält *Mathys*, Numeri, 558f., fest: „Das Sondergut des Chronisten berichtet weiter vom vorbildlichen Verhalten der Leviten bei der Reichstrennung: Sie verliessen ihre Weidegründe und ihren Besitz und zogen nach Juda, wobei sie auch Laien dazu motivierten, diesen Schritt zu vollziehen (2Chr 11,13–17). Zwar zogen auch Priester mit nach Juda; aber der Chronist erwähnt sie nur im ersten Verse dieses Abschnitts." Hierbei handelt es sich um ein Missverständnis. 2Chr 11,14b muss entsprechend der Chronik unter den Leviten, die als Priester agierten, also die aaronidischen Priester im Blick haben, die von Jerobeam verstoßen wurden. Die Chronik verarbeitet 1Kön 12,31. Daher fasst 2Chr 11,14a Leviten und Priester unter der Bezeichnung Leviten zusammen. V. 16a erwähnt die Leviten nicht, sondern bezieht sich mit dem Suff. 3. mask. Pl. auf jene zurück, die nach Jerusalem gezogen waren.

30 *Labahn*, Herrschaftsanspruch, 67. Eine umfassende Darstellung und Kritik dieser Arbeit findet sich bei *Maskow*, Tora, 241–245.

31 *Labahn*, Herrschaftsanspruch, 67.

32 Ebd., 65f.

nach Juda und Jerusalem in 2Chr 11,13–17 der Fall, in der Labahn nur „eine Aufgabenverlagerung, die den Leviten andere Tätigkeitsfelder zuweist",[33] sieht. Der kurze Bericht von der Flucht der Leviten nach Juda dient in der Chronik als Ausgangspunkt dafür, dass bspw. in 2Chr 17,8f. Leviten in bestimmten Funktionen in Juda unterwegs sind.

Ebenfalls problematisch an Labahns Konzept ist, dass es das seit Wellhausen vertretene Konzept der Entwicklung des Levitismus unhinterfragt voraussetzt.[34] Dadurch wird das kritische Potential des Befundes zu den Leviten als einer „multi-funktionale[n] Gruppe"[35] in der Chronik von vornherein entschärft und stattdessen als Subhypothese von einem „Herrschaftsanspruch" der Leviten gesprochen. Doch was eigentlich eine „indirekte Herrschaft an Schaltstellen der Gesellschaft"[36] im Konzept der Chronik sein soll, die die Herrschaft des Königs wie die Vorrechte der Priester unangetastet lässt, bleibt ebenso offen, wie eine Herrschaft so unterschiedlicher Untergruppen eigentlich realisiert werden sollte.[37] Auch bleibt im Rahmen der These ungeklärt, wie man einen solchen Anspruch als Innovation vermittelt haben soll.[38] Ob und inwiefern es sich bei den verschiedenen Rollenzuweisungen zu den Leviten überhaupt um eine Innovation handelt, kann nur der Vergleich mit den verarbeiteten Quellen erweisen. Trotz dieser methodischen Defizite der Arbeit von Labahn wird nach einer Diskussion der Herkunft der Leviten die thematische Aufarbeitung in Grundzügen rezipiert.

4.2.1 *Die Herkunft der Leviten*

Von 1Chr 6 ausgehend wird in der Chronik das Thema der Leviten konstruiert. Hier werden zunächst die Genealogien präsentiert. Eingeflochten sind dabei Aussagen über die Dienste der Leviten. Danach werden den Levitengruppen

---

33 Vgl. ebd., 224.
34 Vgl. *Labahn*, Herrschaftsanspruch, 69.
35 *Labahn*, Herrschaftsanspruch, 67.
36 *Labahn*, Herrschaftsanspruch, 66. Labahn verweist beispielsweise auf eine Tätigkeit der „Leviten in den Archiven" (ebd., 376), für die sie aber keinerlei Stellen anführt und nur auf Überlegungen aus der Sekundärliteratur verweist.
37 *Maskow*, Tora, 245, sieht es als zweifelhaft an, dass Machtansprüche der Leviten auf dem Wege einer literarischen Konstruktion der Vergangenheit durchgesetzt werden konnten: „Schon intratextuell stellt sich die Frage, wie man sich vorstellen soll, dass die Chronik ein großzügiges Angebot zur Identifikation mit den Leviten gestiftet haben und gleichzeitig deren Machtansprüche ausgeweitet und durchgesetzt haben soll."
38 Vgl. *Labahn*, Herrschaftsanspruch, 66: „Durch die Verbreitung des Levitenbildes der Chronik soll in der Bevölkerung ein positiver Aneignungsprozess der Realitätskonstruktion auslöst werden, der auf die Annahme des von der Chronik geschilderten Levitenbildes drängt."

ihre Wohnsitze in den Stämmen ausgehend von Hebron für Aaron zugewiesen. Dies geschieht, wie es in Num 35 vorgesehen ist. Rezipiert wird auch Jos 21.[39]

Das erste Mal nach der sog. genealogischen Vorhalle begegnen sie wieder in 1Chr 13,2. Hier werden sie von David herzugerufen, weil man die Bundeslade im Zentrum platzieren will. Dass die Leviten dann von David in ihre kultischen und nichtkultischen Aufgaben eingesetzt werden können,[40] hängt hiervon ab.

Nach der Reichsteilung findet sich bei der Darstellung von Rehabeams Königtums in 2Chr 10–12 eine der spannendsten Neuformulierungen der Darstellung der Königebücher (1Kön 12–14). Entsprechend der Konzeption der Chronik wird darin das Handeln und die Darstellung der „Sünde" Jerobeams nur vorausgesetzt bzw. summarisch erwähnt. Die Chronik harmonisiert und ordnet die Ereignisse um und behauptet nach dem Eingreifen des Propheten Schemaja (2Chr 11,3f.), die eine kriegerische Auseinandersetzung mit den Nordstämmen verhindert, dass Rehabeam die Städte in Juda ausgebaut und befestigt habe und dass er Vorräte angelegt hätte (2Chr 11,5–12). Dieser Einschub dient dazu, eine nachfolgende Migration vor allem der Priester und Leviten aus dem Gebiet des Nordreiches (2Chr 11,13–16) vorzubereiten, für die es ebenfalls keine Parallele in 1Kön 12–14 gibt. Der Abschlussvers der Passage 2Chr 11,17 hält noch einmal die militärische Ertüchtigung Judas fest, zu der die Migration offenbar beigetragen hat. Der Bericht vom Ausbau der Städte nimmt dabei mit hoher Wahrscheinlichkeit Verhältnisse der späten Königszeit auf.[41]

Die Übersiedelung der Leviten und Priester geht damit einher, dass sie ihre Orte und ihren Besitz verlassen (11,14a: כי עזבו הלוים את מגרשיהם ואחזתם וילכו ליהודה ולירושלם). Der Gebrauch der Begriffe מגרש und אחוזה signalisiert die

---

39   Vgl. *Japhet*, 1 Chronik, 167.
40   Siehe die nachfolgenden Abschnitte unten, 59–69.
41   *Alt*, Festungen, 307, datierte die Liste der Levitenstädte unter Josia, die Liste der judäischen Festungsstädte in 2Chr 11 hielt er aber für historisch. Ähnlich M. Noth, der für Jos 22 an die nachdeuteronomische Zeit dachte (vgl. *Noth*, Josua, 131f.) und für die Chronik ebenfalls an die Zeit unter Rehabeam denkt. Vgl. *Noth*, Geschichte, 217. *Japhet*, 2 Chronik, ist skeptisch und belässt es bei einer Datierung unter Rehabeam. Meiner Ansicht nach hat man zu berücksichtigen, dass man die Chronik in der Forschung seit dem Ende des 20. Jh. kaum noch als zuverlässige historische Quelle ansieht. So sieht *Boer*, Utopian Politics, 374f., die Auswahl der Städte als Konsequenz aus den in der Chronik erwähnten Truppenstärken. Leider bietet die Archäologie kaum Aufschluss. Nach *Fritz*, List, 49*f., stammt die Liste aus der Zeit Josias und sei aus literarischen Gründen an den Anfang der judäischen Geschichte gestellt worden. Vgl. ebd., 51*. Die Einschätzung von *Klein*, 2 Chronicles, 172, dass es sich um eine spätvorexilische Liste handelt, die zurückdatiert wurde, trägt den historischen Erwägungen und dem literarischen Charakter der Chronik am ehesten Rechnung.

literarische Querbeziehung nach Lev 25,34; Num 35,2ff. und Jos 21 und die Zugehörigkeit zum „Themenbereich ‚Priester- und Levitenstädte'."[42]

Der Zusammenhang des Chronikabschnittes mit dem Pentateuch und dem Josuabuch bei gleichzeitigem Fehlen des Sachverhaltes in 1Kön 12 lässt erkennen, dass es sich um eine literarische Konstruktion handelt.[43] Dargestellt wird eine „Massenauswanderung von Priestern und Leviten aus allen Teilen des Landes, die ihre Besitzungen aufgeben, um sich in ‚Juda und Jerusalem' niederzulassen".[44] Hinzu kommt in V. 16 noch die Auswanderung von Einzelpersonen. Dieser Vers lehnt sich an 1Kön 12,27 an, wobei die Pointe dort freilich ist, dass Jerobeam befürchtet, die Israeliten könnten sich während der Wallfahrt zum Jerusalemer Tempel Rehabeam zuwenden und ihn – Jerobeam – töten. Der Vers, der in 1Kön 12 zur Aufstellung der Stierbilder in Dan und Bet-El hinleitet, war somit Aufhänger für die Darstellung der Massenflucht von Priestern und Leviten sowie weiterer Israeliten aus dem Nordreich.

Der Abschnitt in der Chronik weitet damit gleichzeitig die Aussage von 1Kön 12,31 aus, Jerobeam habe Priester aus dem Volk eingesetzt, die nicht von den Söhnen Levi waren, was aber dort nur auf das von ihm eingesetzte Höhenheiligtum bezogen ist. Aus einer Wahl von illegitimen Priestern ist in der Chronik der vollständige Wegzug der legitimen Priester- und Levitenschaft aus dem Nordreich gemacht worden. Die Chronik behauptet, dass es im Nordreich von Anfang weder legitime Priester noch Leviten gegeben habe. Meiner Ansicht kann diese Behauptung nur unter der Bedingung für die Rezipienten akzeptabel gewesen sein, dass neben dem (aus judäischer bzw. Jerusalemer Sicht) legitimen Priestertum auch Leviten ausschließlich in Juda anzutreffen waren. Der Abschnitt ist somit als chronistische Ätiologie des Levitismus als judäisches Phänomen anzusehen. Die Chronik bezeugt damit, dass der Levitismus eine spätvorexilische Innovation ist.

2Chr 11 erklärt midraschartig, warum Jerobeam nach 1Kön 12,31f.; 13,33 überhaupt nichtlevitische Priester eingesetzt hat.[45] 2Chr 11 behauptet weiter, dass die Leviten bereits am Anfang der Königszeit in den Süden übergesiedelt seien. Der Text begründet somit, warum es sich bei den Leviten um eine auf

---

42 *Japhet*, 2 Chronik, 149.
43 Vgl. *Rudolph*, Chronikbücher, 230.
44 *Japhet*, 2 Chronik, 149. Die Aussage hängt an V.. *Willi*, Chronik, 211, beurteilt den Vers als sekundär und meint darin sei von „einer Niederlassung der Jahwetreuen in Juda nicht die Rede". Vgl. dagegen *Klein*, Chronicles, 174f. der demgegenüber auf den chiastischen Anschluss hinweist und schließt, dass „the idea of expulsion apparently arose from the Chronicler's reading and interpretation of 1 Kgs 12:31–33".
45 Vgl. *Rudolph*, Chronikbücher, 231, der darauf verweist, dass diese Ausformulierung der Stellen aus 1Kön herausstellt, dass in Jerusalem „die wahre Jahwereligion zu Hause war".

Juda beschränkte Gruppe handelt.[46] Völlig konsistent wird in der Chronik insgesamt, aber auch bei Esra/Nehemia davon ausgegangen, dass Priester und Leviten auf die Seite der Judäer bzw. später unter den Rückkehrern zu den Angehörigen des Stammes Juda und Benjamin gehören. Es fügen sich hier die chronistischen Konzeptionen über die besonderen Aufgaben der Leviten bei den Wallfahrten unter Hiskia und Josia ein.[47] Trotz des späten, sicher hellenistischen Ursprungs dieser Ätiologie ist sie von großer Bedeutung für die Erfassung des Phänomens der Leviten. Wie wir festgestellt haben, spricht nach der Analyse von Ezechiel und Jeremia einiges dafür, dass der Levitismus eine generell späte Gruppenkonzeption ist. Dies scheint den Autoren der Chronik bewusst zu sein, wenn sie den Levitismus zu einem auf Juda beschränktes Phänomen machen. Einen frühen Ursprung bzw. den frühest möglichen Ursprung seiner Verbindung mit Juda und dem judäischen Königtum postulieren sie, weil sie zugleich auch entsprechend dem Konzept des Pentateuchs den Ursprung der Leviten als Stamm vertreten.

Man hat zu überlegen, ob es sich wie bei der Rückprojektion der Ortsliste in 2Chr 11 auch bei der Massenflucht der Priester und Leviten sowie einiger Gottesfürchtiger um eine Rückprojektion aus der späteren vorexilischen Geschichte handelt. In Frage kommt dafür im Prinzip nur die auch archäologisch nachgewiesene bedeutsame Binnenmigration und Ansiedlung von Teilen der Nordreichsbevölkerung unter Hiskia, die einherging mit dem Ausbau sowohl Jerusalems als auch einer Reihe von Städten im judäischen Bergland, mit deren Einnahme sich die Assyrer nach Ausweis ihrer Aufzeichnungen schwertaten.[48] Die mögliche Vorwegnahme der späteren Migration ist ein erster Anhaltspunkt für die historische Verortung der Entstehung des Levitismus.

4.2.2 *Kultische Aufgaben der Leviten*

Im Einklang mit den priesterlichen Texten der Tora gehören nach Labahn auf die Grundschicht der Chronik die Stellen, an denen die Leviten im kultischen Dienst der Priesterschaft und des Tempels stehen.[49] Hier benennt sie die Fürsorge für die kultischen Geräte, Opfergaben und den Opferbedarf.[50] Im Hintergrund dieser Unterordnung der Leviten unter die Priesterschaft steht das

---

46 Gegen *Samuel*, Von Priestern, 303, der aufgrund von Ex 2,1 und Gen 29 an „eine Verankerung der Leviten ursprünglich eher im Nordreich Israel" denkt, obwohl er diese Zeugnisse in Anschluss an *Kratz*, Komposition, 279.288, für spätvorexilisch ansieht.
47 Vgl. dazu schon *vRad*, Levitische Predigt.
48 *Fritz*, List, 49*, hat aufgezeigt, dass die Liste in 2Chr 11 Verhältnisse der späten Königszeit widerspiegelt. Vgl. oben, 57, Anm. 41.
49 Vgl. dazu *Labahn*, Herrschaftsanspruch, 69.
50 Vgl. ebd., 72f.

schon im Numeribuch angelegte Raumkonzept der Chronik: Die Priester sind für den inneren Bereich des Heiligtums und den Umgang mit den Opfern verantwortlich, während die Leviten die praktischen Arbeiten im Grenzbereich zu den Opfern und zum Heiligtum wahrnehmen.[51]

Labahn sieht allerdings zusätzlich verschiedene redaktionell hergestellte Ausweitungen levitischer Kompetenzen. Ihrer Ansicht nach agieren die Leviten „selbständig, ohne das Zutun der Priester".[52] Zu Recht stellt L. Maskow die Frage, „inwiefern ‚Schlachten' und ‚Opfern' in der Chronik überhaupt gleichgesetzt werden dürfen".[53] Er weist in Bezug auf das Passa des Josia auf den ausgeklügelten Umgang mit dem Blut während des Kultaktes als Gegenargument hin: „Insbesondere in 2Chr 35 wird sichtbar, wie um jede einzelne Tätigkeit beim Opfervorgang gerungen wird, bis dahin, dass die Priester das Blut aus der Hand der Leviten sprengen. Da die Berührung mit Blut während des Altarrituals offenbar den Priestern vorbehalten bleibt, kann von einer allzu freizügigen Herrschaftskonstruktion der Leviten nicht die Rede sein."[54] Offenbar sind die Leviten nicht am eigentlichen kultischen Akt beteiligt.[55]

Auch bei anderen Opfern bestätigt sich die These der kultischen Kompetenzerweiterung nicht: An Stellen, an denen die Leviten beim Passa in der Chronik schlachten, heißt das keineswegs, „dass die Leviten opfern".[56] Wie oben zu Esr 6,20 bereits festgestellt, handelt es sich auch in 2Chr 30,17; 35,6.14f. um das Schlachten שחט / שחיטה als Hilfsarbeit zur Bereitung der Opfer, während die Priester die eigentlichen kultischen Aufgaben verrichten. Labahn bezieht sich außerdem auf 2Chr 23,18,[57] wo die Leviten ihrer Ansicht nach kultische Tätigkeiten übernehmen, weil sie zusammen mit den Priestern durch Jojada eingesetzt werden. Doch ist offenbar vorausgesetzt, dass distributiv die Priester zur Darbringung des Brandopfers entsprechend der Mosetora, die Leviten aber zur Freude und Liedern antreten. In 1Chr 16,1 vermutet Labahn die Leviten als Subjekt, doch dient der Pl. stattdessen dazu, das Problem des Opfers durch den König (2Sam 6,17) zu beseitigen.[58]

---

51 Vgl. ebd., 79; zum geographisch/räumlichen Konzept der Chronik generell siehe *Oeming*, Vorhalle, 200.210.
52 *Labahn*, Herrschaftsanspruch, 367.
53 *Maskow*, Tora, 242f.
54 Ebd., 243.
55 Siehe dazu die Darstellung bei *Japhet*, 2 Chronik, 488–490.
56 *Labahn*, Herrschaftsanspruch, 137.
57 *Labahn*, Herrschaftsanspruch, gibt offenbar irrtümlich 1Chr 23,18 an. Vgl. *Labahn*, Herrschaftsanspruch, 157.
58 Der Plural bei ויקריבו עלות ושלמים לפני האלהים „Und man opferte Brandopfer und Mahlopfer vor Gott" dient dazu, das später offenbar anstößige ויעל דוד עלות לפני יהוה ושלמים „Und David opferte Brandopfer und Mahlopfer vor *Jhwh*" abzumildern und ist entsprechend unpersönlich zu übersetzen. Nicht eine Innovation soll gemacht werden,

Ähnlich verhält es sich beim Räucheropfer. Hier meint Labahn, dass die Leviten nach 2Chr 29,11 das Räucheropfer übernehmen.[59] Doch auch hier handelt es sich um ein Missverständnis, denn zuvor wird in 2Chr 29,4 von Priestern und Leviten gesprochen, und 29,11 richtet sich entsprechend sowohl an Priester als auch an Leviten. Die aufgezählten Handlungen in dem Vers (לעמד לפניו לשרתו ולהיות לו משרתים ומקטרים) sind auf die beiden Gruppen bezogen. „Das Dienen" dürfte die Leviten meinen, während „das Räuchern" die Priester in den Blick nimmt.[60] Dass man in V. 12 explizit die Leviten mit ihrem Handeln erwähnt, signalisiert, dass in V. 11 noch die Gruppe insgesamt angesprochen ist. Dass es nicht dem Konzept der Chronik entsprechen kann, dass die Leviten Räucheropfer darbringen, zeigt sich in 2Chr 26,18f. in der Auseinandersetzung Asarjas und seiner Priesterkollegen mit König Usija:

ויעמדו על עזיהו המלך ויאמרו לו
לא לך עזיהו להקטיר ליהוה כי לכהנים בני אהרן המקדשים להקטיר

Da stellten sie sich gegen Usia, den König, und sprachen zu ihm:
Nicht ist es an dir Usija, *Jhwh* Rächeropfer darzubringen, sondern an den Priestern, den Söhnen Aarons, die geweiht sind, Räucheropfer darzubringen.
2Chr 26,18a

---

sondern es wird so formuliert, dass unter David der Opfervollzug als korrekt erscheint. Dasselbe gilt im vorangehenden Kapitel, wo in 1Chr 15,26 die Leviten scheinbar selbstständig Opfer darbringen. So an diesem Punkt auch *Maskow*, Tora, *365*: „Dass die Leviten in diesem Zusammenhang selbständig auch noch je sieben junge Stiere und sieben junge Widder darbringen, macht sie von den Priestern vollkommen unabhängig." Zunächst ist bei dem Vers zu beachten, dass er 2Sam 6,13 gegenübersteht: ויהי כי צעדו נשאי ארון יהוה ששה צעדים ויזבח שור ומריא „Als die Träger der Lade *Jhwh*s sechs Schritte gegangen waren, *opferte man (Sing.)* einen Stier und ein Kalb." Der Wechsel zum Singular und daher wohl zum unpersönlichen „man" signalisierte in der Vorlage, dass nicht die Träger der Lade opfern. Er ließe sich aber theoretisch mit David als Subjekt des vorangehenden Verses verbinden, der dann schon hier und nicht erst in 16,1 als Priester agieren würde. Die Chronik hat dieses Problem wie in 16,1 (!) durch die unpersönliche Wiedergabe mit 3. mask. Pl. ausgeräumt, sodass nun nicht mehr David als Opfernder in Frage kommt. Bei der Interpretation von 1Chr 15,26 ist zu beachten, dass im ersten Halbvers die Leviten als Träger der Lade nicht Subjekt sind. Ähnlich verhält es sich in 1Chr 29,20. Auch dort wird mit dem Plural von זבח nur allgemein das Darbringen der Opfer ausgedrückt. Es ist aber kaum anzunehmen, dass der Chronist hier tatsächlich das Volk als Subjekt aus dem vorangehenden Vers als Opfernde sieht. Ähnlich: 2Chr 5,6. In 2Chr 7,4f. liegt die gleiche Konstruktion vor. Hier stellt der Chronist in 7,6 unmissverständlich klar, dass es die Priester sind, die ihren Dienst bei diesem kultischen Akt tun, ebenso wie die anwesenden Leviten, die als Sänger agieren.

59 Vgl. *Labahn*, Herrschaftsanspruch, 133.
60 So *Japhet*, 2 Chronik, 368.

Die Szenerie in 2Chr 26,18 erinnert an das Geschehen mit den Korachiden in Num 16 und die abschließende Vorschrift dazu in Num 17,5, sodass danach für die Zulassung der Leviten eine Begründung erforderlich gewesen wäre. Die summarische Aussage in 2Chr 29,11 würde zur Vermittlung einer solch radikalen Veränderung im Opferkonzept nicht ausreichen. Zu beachten ist dabei auch der gerade bei den Opfern immer wieder gemachte Hinweis, dass sie gemäß der Tora vollzogen werden.

Ein weiteres Missverständnis liegt in der Auslegung von 2Chr 30,27 vor. Zwar sind die Leviten zuvor in speziellen Diensten erwähnt. So schlachten sie die Opfer, loben und danken *Jhwh*, wobei sie neben den Priestern erscheinen. Anders sieht es aber in 2Chr 30,27 aus. Dort sind es die levitischen Priester, die den Segen sprechen, was Num 6 und Dtn 21,5 entspricht. Ohne textkritisch zu analysieren, folgt Labahn allerdings der nur sehr schwach bezeugten Lesart הכהנים והלוים,[61] indem sie feststellt: „[E]s spenden sowohl Priester als auch Leviten dem Volk Segen (V. 27)",[62] wobei sie annimmt, die Chronik nehme „Dtn 10,8; 21,5 auf, wobei sie die dtr Wendung ‚levitische Priester' aus 21,5 auflöst und stattdessen von Priestern und Leviten spricht".[63] Da das *waw* in 2Chr 30,27 nur im Abschreibeprozess aufgrund der abweichenden Formulierung im direkten Kontext (30,15.21.25!) zustande gekommen ist, liegt eine unveränderte Aufnahme der Formulierung und Konzeption aus dem Deuteronomium nahe. Die Chronik hätte wiederum nicht durch einfache Zufügung eines *waw* das deuteronomische und priesterliche Konzept des Segens aushebeln können. Den Leviten wird also in der Chronik auch nicht die Kompetenz zum Segnen zugewiesen.

Die These einer kultischen Kompetenzausweitung der Leviten lässt sich also nicht halten. Hinfällig sind damit auch Labahns redaktionsgeschichtliche Überlegungen, die mit ihren inhaltlichen Systematisierungen verbunden sind. Dass die Leviten in der Chronik immer wieder ausführlich behandelt werden, zeigt allerdings, dass sie in der Abfassungszeit als Gruppe für wichtig gehalten wurden. Das führt aber nicht dazu, dass „sie in der kultischen Hierarchie in die gleiche Position wie die Priester gesetzt"[64] werden, und dass die Priester beim kultischen Geschehen des Passa in 2Chr 30,17; 35,6.14 nicht erwähnt

---

61 U.a. sechs bei Kennicott verzeichnete Handschriften, Codex Alexandrinus und die Vg. bezeugen dies zwar, doch haben *Rudolph*, Chronik, 303, und *Japhet*, 2 Chronik, 401f., klargemacht, dass diese Lesart nicht die schwierigere, sondern eine konzeptionell unmögliche ist. Sie kommt zustande, weil im vorangehenden Text mehrfach von den Priestern und den Leviten gesprochen wird.
62 *Labahn*, Herrschaftsanspruch, 142.
63 Ebd.
64 Ebd., 155.

werden, heißt auch nicht, dass diese „aus der Handlung verdrängt"[65] werden. Entsprechend kann man auch nicht sagen, dass die „Leviten [...] dadurch in eine entscheidende Position vor[rücken]"[66] und „die Durchführung des Passas allein bei ihnen liegt".[67] Man darf es dabei nicht missverstehen, wenn die Priester nicht überall erwähnt werden. Das ist kein Hinweis auf ihre veränderte Rolle, sondern dafür, dass sie in ihren Funktionen und ihrer Position als selbstverständlich vorausgesetzt werden. Wenn das Schlachten durch die Leviten betont wird, dient das dazu, die Abweichung vom Üblichen – hier vor allem: vom Schlachten durch die Laien[68] – hervorzuheben. Die Leviten werden also aufgrund einer weiteren Professionalisierung dafür herangezogen. Grund dafür, dass die Leviten diese Hilfsarbeit übernehmen, ist die Betonung der Reinheit des Opfers.[69] Im Hintergrund mögen kultische Vorbehalte gegen das einfache Volk stehen;[70] in jedem Fall zeigt sich hier der Versuch einer stärkeren Professionalisierung gegenüber der vorexilischen Kultpraxis.[71]

4.2.3 Die Einsetzung von Leviten in nichtkultische Aufgaben

Da Labahn damit rechnet, dass die Grundschrift der Chronik konzeptionell dem Bild der priesterlichen Texte des Pentateuchs entspricht, wonach die Leviten als „Tempelbedienstete [...] niedere kultische Aufgaben ausüben",[72] muss sie Tätigkeiten abseits des Tempels als eine Veränderung des Grundkonzeptes ansehen. Nur deswegen kann sie formulieren: „Die Chronik lässt die Leviten aus ihrem primären Funktionsbereich am Tempel heraustreten und weitere Aufgaben in der Administration ausüben."[73] Freilich missversteht sie die Konzeption des Pentateuchs. Denn gleichgültig, ob man von der Levitenkonzeption der priesterlichen Texte im Sinne eines *clerus minor* ausgeht oder nicht, setzten die Texte im Numeribuch voraus, dass die Leviten als Teilgröße des Volkes später (auf der Grundlage der Regelungen des Numeribuches) erst in eine kultische Funktion eintreten.[74] Die Unterschiede der Zählungen in Num 4 und 8 gegenüber von Num 3 machen dabei deutlich, dass es weitere Leviten gibt, die nicht am Tempel beschäftigt sind. Das Numeribuch

---

65   Ebd.
66   Ebd.
67   Ebd.
68   Vgl. dazu anhand des Beispiels von 2Chr 35, *Japhet*, 2 Chronik, 482.488.
69   Vgl. oben, 52.
70   In der Chronik könnten bereits Ressentiments gegen die fortschreitende Hellenisierung eine Rolle spielen.
71   Als Übersicht über diese Bestrebungen siehe die Zusammenfassung unten, 274–281.
72   *Labahn*, Herrschaftsanspruch, 366.
73   Ebd.
74   Siehe dazu unten, 142–153.

thematisiert nicht, was diese Leviten tun, doch sorgt es in Num 35 mit der Bestimmung für die Levitenstädte für ihren Unterhalt. Dieser Aspekt liegt in der Chronik dem Bericht von der Übersiedlung der Leviten in das Südreich zugrunde.[75] Dass Leviten weitere Aufgaben übernehmen können, wird also in der Chronik vorausgesetzt.

Allerdings geht Labahns zusätzlich davon aus, dass die Leviten in religiösen Funktionen abseits vom Heiligtum begegnen: „Die Leviten werden auf der letzten Redaktionsstufe schließlich als als Propheten (1Chr 23,14; 25,1–7; 2Chr 20,14b; 30,16; 35,5) und Lehrer (2Chr 17,7–9; 35,3) bestimmt."[76] Die angegebenen Stellen sind aber kaum auf eine Linie zu bringen und bestätigen die These nicht. 1Chr 23,14 betont das Levitsein der Mose-Söhne, sicher, um den Gegensatz zu den im Kontext genannten aaronidischen Priestern hervorzuheben und nicht, um sie zu Propheten zu machen. Bei 1Chr 25,1–7 scheint „die Tätigkeit der Sänger als ‚Prophetie'"[77] begriffen zu sein. Ob dadurch die Sänger Propheten werden, ist unklar. Bei 2Chr 20,14 geschieht der Geistempfang durch einen Leviten, den man daher als Propheten ansehen könnte. Was die Mitarbeit der Leviten beim Passaopfer mit einer prophetischen Funktion zu tun hat (2Chr 30,16; 35,5), erschließt sich mir nicht.[78] Dass die Leviten zu Lehrern in 2Chr 17,7–9; 35,3 werden, klingt bei Labahn[79] wie eine profane Aufgabe, doch schließt sich das Lehren der Leviten an die religiöse Reform Joschafat an, und wohl auch deshalb beinhaltet es explizit die Tora (V. 9: ועמהם ספר תורת יהוה). L. Maskow fragt zurecht, „ob sie auch in einem institutionellen Sinne den Tempel verlassen".[80] Meiner Ansicht nach ist an dieser Stelle auch zu fragen, wieso bei einer eigentlich religiösen Lehrtätigkeit in 2Chr 17,7 militärische Anführer beteiligt sind. Will die Chronik hier nicht eher die Lehre der Tora als einen Verwaltungsakt erscheinen lassen, ähnlich wie dies in Esr 7 der Fall ist?

Verschiedene nichtkultische Tätigkeiten am Tempel entsprechen zumindest partiell den Tätigkeiten der Leviten abseits des Tempels. Unter die Leviten werden in der Chronik die Sänger gerechnet. Sie treten außerdem als Torhüter und Verwalter auf. Dass sie auch Lehrer, Schreiber und Beamte sind, sowie prophetische Funktionen wahrnehmen und sogar als Elitesoldaten im Blick sind, zeigte nach A. Labahn die Kompetenzerweiterung: „Die von den Leviten ausgeführten Funktionen sind nicht mehr auf den theologisch bestimmten

---

75   Siehe dazu oben, 56–63.
76   *Labahn*, Herrschaftsanspruch, 369.
77   *Japhet*, 1 Chronik, 400.
78   Zur Kritik vgl. auch *Maskow*, Tora, 279, der darauf hinweist, dass Labahn die Levitisierung Samuels in der Chronik nicht berücksichtigt.
79   *Labahn*, Herrschaftsanspruch, 369.
80   *Maskow*, Tora, 242.

und kultisch gestalteten Bereich des Tempels begrenzt, sondern führen in weitere gesellschaftliche Kreise hinein. Daher werden neben den primären Tempelfunktionen neue Aufgaben an die Leviten gebunden, so dass die Gruppe nunmehr Kontaktpunkte für breitere soziale Kreise anbietet."[81] Doch was uns in der Chronik vorliegt, ist ja nur eine neue Darstellung der vorexilischen Vergangenheit. Nach dieser sind die Leviten sowohl am Tempel als auch abseits vom Tempel anzutreffen. Wenn dies von den Autoren als Innovation beabsichtigt wäre, erwartete man in der Chronik im Vergleich mit literarischen Quellen (vor allem Sam/Kön) hermeneutische Strategien und Begründungen, die diese Innovationen bei den intendierten Adressaten plausibel machen. Doch das ist bei dem Thema gerade nicht der Fall. Zunächst rezipiert die Chronik in 1Chr 5f. ganz selbstverständlich das genealogische Konzept und die Zuordnung von Leviten und Priestern, wie sie in den priesterlichen Texten des Pentateuchs vor allem im Numeribuch entwickelt werden. Dies nimmt Num 8,19 auf, und offensichtlich ist das Konzept des Heiligtums während der Wüstenwanderung im Blick, das sowohl bei den Sängern (1Chr 6,17) als auch bei den für den משכן bestimmten Leviten (1Chr 6,33) als Dienstort genannt ist, wobei dieser Dienst ebenfalls entsprechend dem priesterlichen Konzept des Numeribuches jenem der Priester zugeordnet wird (6,34). Die Chronik setzt mit dem genealogischen Einstieg und den Verweisen auf das Wüstenheiligtum voraus, dass es die Gruppe der Leviten bereits vor Existenz des Tempels gab. Gleichzeitig ist die Genealogie bezogen auf die spätere Geschichte. Die Einsetzung der Leviten durch David in ihren Dienst ist im Geschichtskonzept der Chronik ein Schlüsselthema, das in 1Chr 15f. und vor allem in 1Chr 23 behandelt wird. Auf die Einsetzung der Leviten als Sänger wird in der Genealogie vorausgeblickt (1Chr 6,16f). Die Chronik hat somit ein Gesamtkonzept vor Augen, zu dem die Einsetzung in die unterschiedlichen Dienste gehört.

Aufgelistet werden in der Chronik nur die über dreißigjährigen Leviten (1Chr 23,3). Dass es sich dabei um ein ideales Konzept handeln muss, ist an der Anzahl der 24000 Leviten, die in den Dienst am Tempel eingesetzt werden, erkennbar. Dies dürfte den 24 Vaterhäusern des Stammes Levi folgen (vgl. 1Chr 23,6–23)[82] Insgesamt handelt es sich um 38000 Leviten. Neben den 24000 werden 6000 als שטרים und שופטים eingesetzt, 4000 Leviten sind Torhüter, und weitere 4000 werden Sänger und Musiker. Die Höhe der Zahl und ihr konstruierter Charakter spricht nach S. Japhet dafür, dass „der Chronist die Ordnungen der Leviten im zahlenmäßig wie organisatorisch weitesten

---

81   Labahn, Herrschaftsanspruch, 65.
82   Dazu vgl. Japhet, 1 Chronik, 375.

Umfang darstellen"[83] wollte. Vergleicht man diese Zahl mit der Zahl, die über dreißig sind und einen Dienst am Heiligtum im Pentateuch versehen sollen (Num 4,48: 8580 Personen),[84] so haben wir ungefähr die 4,5-fache Anzahl. Einzuschränken ist, dass nach Num 4,47 nur jene Leviten gerechnet werden, die unter 50 Jahren alt sind. Dennoch dürfte die Zahl der Leviten unter David nach der Chronik die Zahl im Pentateuch mehrfach übersteigen.[85]

Eine mit dieser Statistik scheinbar konkurrierende Angabe findet sich in 1Chr 12,27f. Dort werden ein Teil der Leviten und ein Teil der Aaroniden unter die Krieger Davids gerechnet. In der Chronik ergibt sich insgesamt mit den Zuweisungen ein Ausgangspunkt für die späteren Tätigkeiten der Leviten in ihren verschiedenen nichtkultischen Tätigkeitsbereichen. Aber auch die Erwähnung von militärischen Aufgaben werden im Fortgang der Chronik aufgegriffen. Dies geschieht in 2Chr 23,1–15, wo der Aufstand des Priesters Jojada 2Kön 11,4–16 gegen die Herrschaft der Atalja rezipiert und entsprechend umformuliert wiedergegeben. Die Notiz in 1Chr 12,27f. bereitet somit diesen „militärischen Dienst" vor. Am Anfang im Gegenüber von 2Kön 11,4 zu dem erweiterten Abschnitt 2Chr 23,1–3 hat man zwar noch den Eindruck, als würden durch die Hauptleute und die Leibwache Leviten zur Unterstützung hinzugezogen. Der Bund in 2Kön 11,4b wird entsprechend in 2Chr 23,3 zu einem Bund der ganzen Versammlung. Doch mit dem Hinzutreten der Leviten in 2Chr 23,4f. wird deutlich, dass aus den Angehörigen der Wache Priester und Leviten werden. Eine bestehende Gruppe, die in der Vorlage nicht unter dem Label der Leviten erscheint, wird somit in der Chronik als Teil der Levitenschaft geführt. Dem entspricht die Integration der Sänger und Torhüter in die Leviten.

---

83   *Japhet*, 1 Chronik, 374.
84   Die Angabe eines Alters von dreißig Jahren an in 1Chr 23,3 entspricht Num 4,47. Es scheint ein Widerspruch zu bestehen zu den folgenden Angaben in 1Chr 23,24.27, wo von zwanzig die Rede ist. *Japhet*, 1 Chronik, 374, favorisiert gegenüber Vorschlägen, die von unterschiedlichen Quellen ausgehen, eine Textverderbnis. Zu beachten ist aber, was bereits in Bezug auf die Zahl in Esr festgestellt wurde (vgl. oben. 60, Anm. 6): Mit einem Alter von zwanzig Jahren ergibt sich eine nochmal umfangreichere Gruppe. Dies ist der Schlüssel für die Erklärung des Problems. Von David werden zunächst nur die 38000 in die bereits erwähnten Dienste und ihre Abteilungen eingeteilt. Ausdrücklich heißt es (V. 4), dass sie Aufsicht über die Arbeit haben und Amtleute und Richter sein sollen. Demgegenüber werden in der Liste 1Chr 23,3–24 jene aufgelistet, die den Dienst verrichten. Dies wird in den V. 27f. noch einmal genauer ausgeführt, sodass zu den 24000 für den Tempel vorgesehenen Leviten noch weitere hinzukommen, die neben den administrativen Aufgaben zu Reinigungsarbeiten und zum Dienst für die Aaroniden herangezogen werden. Dass der Unterschied der Intention des Chronisten entspricht, zeigt sich in 23,27, wo es ausdrücklich heißt, dass die Leviten nach den späteren Anordnungen Davids (בדברי דויד האחרנים) von zwanzig an gezählt wurden.
85   Vgl. *Japhet*, 1 Chronik, 374.

Denn auch hier muss man davon ausgehen, dass nicht Leviten in diese Berufe eingesetzt werden, sondern dass diese Berufe den Leviten zugeordnet werden.

Ähnlich verhält es sich mit dem Dienst der Leviten als Richter und Beamte, in den sie von David eingesetzt werden (1Chr 23,4). Die Zusammenstellung von Richtern (שפטים) und Beamten (שטרים) findet sich nicht in den Samuelis-/Königebüchern, doch schreibt das Deuteronomium in Dtn 16,18–17,13 ihre Einsetzung für die Zeit nach der Landnahme vor. Realisiert wird das explizit in der Chronik in der sog. Gerichtsreform des Königs Joschafat.[86] In ihrem Verlauf werden in Juda Richter eingesetzt (2Chr 19,5). Nur für Jerusalem wird dabei ein Gericht aus Priestern und Leviten als Gericht *Jhwhs*, was wohl das Gericht am zentralen Ort aus Dtn 17,8–10 aufnimmt und für die Streitfälle der Einwohner Jerusalems begründet. Anknüpfen konnte man dabei neben dem Deuteronomium daran, dass die Könige im Antiken Israel wie in seiner Umwelt als selbstverständlich verantwortlich für das Gerichtswesen galten, was bei der Figuration Salomos als Richter (1Kön 3,9–11) programmatisch ausformuliert wird. Die Chronik nimmt das auf (2Chr 1,10–12) und ergänzt es mit der Einsetzung von Leviten zu Richtern in Jerusalem durch Joschafat (2Chr 19), sodass nun eine als selbstverständlich vorausgesetzte Institution einen Ursprung erhält. Die Erzählung trägt einen ätiologischen Charakter, und das traditionelle Gerichtswesen und die Beamtenschaft werden so mit den Leviten verbunden. In der Erzählung über Joschafats Reform folgt in 2 Chr 19,11 die Einsetzung der Beamten. Diese sind nun ausschließlich Leviten. Für die Gruppierung dürfte dasselbe gelten. Der Staat hatte spätestens seit dem 7. Jh. eine stärkere Beamtenschaft,[87] die Chronik behauptet nun in ihrem Geschichtskonzept zwar, dass die Leviten in diese Aufgabe eingesetzt wurden, *de facto* aber erscheinen die Beamten als ebenso in die Levitenschaft integriert wie die Sänger und Torhüter.

In 2Chr 34,12f. wird dies in der Josiazeit noch einmal zusammenfassend dargestellt. Verantwortlich für die Arbeiten beim Ausbau des Tempels sind die Leviten. Hier ergibt sich ein Zusammenhang mit dem Auftreten der Leviten beim Tempelbau in Esr 3,8–10. Daneben wird erwähnt, dass Leviten auch als Schreiber, Beamte und Torhüter tätig waren. Besonders die Erwähnung der Schreiber ist signifikant, weil damit eine weitere besondere Gruppe mit den Leviten in einen Zusammenhang gebracht wird. Es scheint dabei so, als

---

86   *Rüterswörden*, Gemeinschaft, 19, hat gezeigt, dass 2Chr 19 auf der Basis vor allem von Dtn 16f. verfasst worden, wozu der Name Joschafat angeregt hat, wie zuvor schon *Wellhausen*, Prolegomena 186, vermutet hatte.

87   Die Entwicklung lässt sich an den Funden von Siegeln ablesen, die im siebten Jh. einen Höhepunkt erreicht. Vgl. *Niemann*, Herrschaft, 52.

habe man beispielsweise in 2Chr 34,13 die Notiz darüber eingetragen, dass ein Teil der Leviten Schreiber, Beamte und Torhüter waren, um den unmittelbar danach erwähnten Schafan und weitere Beamte mit den Leviten in einen Zusammenhang zu bringen.[88]

Die Integration bestehender Personengruppen in das Konzept der Leviten, die wir bei dem Aufstand gegen Atalja beleuchtet haben, ist bei der Figur Obed-Edoms in 1Chr 13,13 besonders evident.[89] Eine Figur, die in der Vorlage wahrscheinlich nicht einmal ein Israelit ist – Obed Edom wird in 2Sam 6,11 als Gatiter bezeichnet –, wird genealogisch zum Leviten erklärt.[90] Was nach Labahn eine chronistische Behauptung ist, zeigt wie man die Überlieferung im genealogischen Konzept der levitischen Herkunft interpretiert hat (2Chr 11,14). Ebenso verhält es sich mit Samuel. Dieser ist in der Vorlage der Chronik (1Sam 1,1) Ephraimit. Offenbar, weil er *Jhwh* unter Eli dient (1Sam 3,1), integrierte man ihn in die levitische Genealogie.[91] Bestimmte Rollen bzw. bestimmte Funktionen von Personen sind dafür verantwortlich, dass sie in der Chronik in den Stammbäumen der Leviten aufführt.

Wächter, Richter, Beamte und Schreiber werden in der Chronik zu Leviten. Damit werden sie ähnlich behandelt, wie die Musiker, die insgesamt zu Leviten erklärt werden. Existierende Gruppen bzw. Berufsgruppen werden offenbar den Leviten zugeordnet, Gruppen, die es gegeben hat, sogar Personen, die in den Quellen nicht als Leviten erscheinen, schon deswegen, weil sie dort noch keine Rolle spielen, erscheinen als Leviten. Diese Dienste sind eng mit der Verwaltung des Staates und dem Königshof verbunden und entsprechen den nichtkultischen Diensten am Tempel. Das lässt sich nicht mit einem ursprünglich rein kultischen Hintergrund der Leviten vereinbaren. Auch militärische Aufgaben lassen sich so nicht erklären. Doch scheint es so zu sein, als sei diese Thematisierung der Leviten als einer Gruppierung, in die Personen und Gruppen integriert werden konnte, für die intendierten Adressaten akzeptabel gewesen. D.h. noch in der hellenistischen Zeit, aus der die Chronik stammt, war das Wissen um die Offenheit der Gruppe der Leviten bekannt. Andernfalls

---

88 Vgl. *Labahn*, Herrschaftsanspruch, 303, die feststellt, man habe an die Existenz von „Personen in den Funktionen von Schreibern und Beamten" angeknüpft.

89 Vgl. dazu unten, 69–73.

90 Siehe 1Chr 15,24f.; 26,8. Vgl. *Steiner*, Obed-Edom, 53. Nach *Labahn*, Herrschaftsanspruch, 106, werde in der Chronik die Herkunftsangabe „eliminiert" und „eine levitische Herkunft behauptet". Tatsächlich heißt es in 1Chr 13,13 wie in der Vorlage עבד אדם הגתי. Die Chronik hat also kein Problem mit seiner Herkunft aus der Philisterstadt. Diese schließt offenbar die Zuordnung Obed-Edoms zu den Leviten nicht aus.

91 Vgl. dazu *Maskow*, Tora, 279. Nach Japhet, 1 Chronik, 173f., handelt es sich um eine mechanische Zufügung durch einen späteren Bearbeiter.

hätte man gegenüber den Vorlagen stärker vermitteln müssen. Die Notizen über ihre Einsetzung der Leviten durch die Könige reichten jedenfalls nicht aus, um dies als eine Innovation einzuführen, wenn die Leviten als Kultpersonal angesehen worden wären. Ebenso wie der Begründung der mit dem Heiligtum verbundenen Dienste der Leviten in der Untersuchung weiter nachgegangen werden muss, ist der Hintergrund für die nichtkultischen Funktionen der Leviten zu klären. Wenn mit der Eintragung des Konzeptes der Leviten in die Geschichtsdarstellung eine konzeptionelle Veränderung vorgenommen worden ist, konnte die „Wirklichkeitskonstruktion"[92] der Chronik nur einleuchtend sein, wenn eine Innovation gegenüber den verarbeiteten Quellen plausibel war. Das macht es unwahrscheinlich, dass es als Innovation zu einer Zuweisung von nichtkultischen Funktionen zu den Leviten gekommen ist. Stattdessen wird bei den Adressaten am Anfang der hellenistischen Zeit ein Levitenkonzept vorausgesetzt, welches die nichtkultischen Tätigkeiten am Tempel und die administrativen Funktionen abseits des Tempels umfasst.

4.2.4 Die Leviten als Träger der Lade in der Chronik

In 1Chr 23,3f. werden von David die Leviten gezählt, die älter sind als 30 Jahre; in 1Chr 23,24 wird ein Alter von 20 Jahren genannt. Hier scheint ein Widerspruch zu bestehen.[93] Doch handelt es sich bei V. 24 sowohl um die Unterschrift unter die (genealogische) Gliederung der Leviten in Abteilungen durch David (23,6–23) als auch um die Überschrift über die Aufgaben der Leviten (23,25–32).[94] Der Widerspruch löst sich somit damit auf, dass David nur die Leviten zählt, die älter sind als 30, während in die Abteilungen die erwachsenen Leviten über 20 Jahren eingeschlossen sind, von denen allerdings keine Zahl gegeben wird. Allerdings wird das Alter der 20 Jahre noch einmal in V. 27 als eine Innovation Davids genannt. Sämtliche erwachsene Leviten über 20 Jahre sind potentiell der Priesterschaft beim Dienst im Tempel unterstellt. Diese allgemeine Zuweisung löst die Aufgabe des Tragens der Wohnung und der Kultgeräte ab (23,26).[95] Dies ist auch schon in der Genealogie in 1Chr 6,16f.

---

92 Vgl. *Labahn*, Herrschaftsanspruch, 65.
93 Japhet, 1 Chronik, 374, überlegt eine Textverderbnis.
94 Ebd., 379.
95 Der Transport der Geräte wird in der Chronik unterschiedlich ausgedrückt: Die Rede vom „Tragen der Lade" kommt häufiger, das „Tragen der Wohnung" seltener vor. Der Begriff משכן begegnet in der Chronik nur selten, doch wird er an seiner ersten Belegstelle mit der Apposition אהל מועד versehen, was der Identifikation der beiden Größen im Buch insgesamt dient. Vgl. *Maskow*, Tora, 282. Die Rede vom Tragen der Wohnung hat ihren Ursprung im Buch Numeri. Denn in Num 1,50 wird ausdrücklich festgehalten, dass den Leviten die Wohnung anvertraut ist und sie von ihnen getragen werden soll.

zusammenfassend so vorweggenommen. Die Ankunft der Kultgeräte an ihrem Platz in Jerusalem ist somit eine Zäsur, weswegen die Leviten in der von der Chronik erzählten weiteren Geschichte andere Aufgaben übernehmen. Damit hängt auch schon in 1Chr 23,3f. die Einführung einer zahlenmäßig abgegrenzten Auswahl von Leviten (30 Jahre) in Aufsichtsfunktionen beim Bau des Tempels und im Staat zusammen. Das Tragen der Kultgeräte als Markenzeichen der Leviten bis zur Zeit Davids steht somit den verschiedenen Tätigkeiten der Leviten gegenüber. Deshalb ermöglicht das Thema in besonderer Weise Einblick in die chronistische Konzeption des Levitismus.

Dass nach dem Zeugnis der Chronik die Leviten die Kultgeräte tragen (1Chr 15,2.15.26f.; 2Chr 5,4f.; 2Chr 35,3), fällt besonders gegenüber 2Sam 6 auf (dort spielen die Leviten kaum eine Rolle[96]). Paradigmatisch wird am Anfang des chronistischen Paralleltextes 1Chr 15,2 festgehalten, dass die Leviten von *Jhwh* erwählt sind, die Lade zu tragen und ihm zu dienen. Hier ist ein Zusammenhang mit Dtn 10,8 deutlich. Man hat oft vermutet, 1Chr 15,2 spiele auf Dtn 10 an,[97] wofür spricht, dass man anstelle von בדל (Hif.) in der Chronik בחר verwendet und dass die Formulierung gegenüber Dtn 10,8 verkürzt ist. L. Maskow hat demgegenüber darauf verwiesen, dass im Kontext von 1Chr 15 auch Formulierungen aus Num 1; 3 und 5 aufgenommen werden. Beachtet man den Wortlaut von 1Chr 15,2 genau, so wird hier das durchgesetzt, was in der Vergangenheit geregelt worden ist. David sorgt dafür, dass die Leviten die Lade tragen, weil sie dazu erwählt worden sind. Es handelt sich somit um die Aufnahme der Erwählung der Leviten durch Gott, und diese liegt natürlich nicht in Dtn 10, sondern – wie sich zeigen wird[98] – im Numeribuch. Dtn 10,8 verweist darauf ebenso wie 1Chr 15. Dass dabei allerdings die Formulierung in Dtn 10,8 der Formulierung in 1Chr 15 entspricht, aber die abweichenden dtn / dtr Formulierungen nicht aufgenommen werden, zeigt den konzeptionellen Zusammenhang von Dtn 10,8; 1Chr 15 mit dem Numeribuch.

Besonders Num 1,50 muss im Blick sein, wo mehrere Einzelheiten aufgelistet werden, aber auch Num 4,15 mit der konkreten Übertragung der Dienste.[99] Erkennbar ist das an den Veränderungen der Episode mit der Berührung der Lade durch Ussa (2Sam 6,6f.) in 1Chr 13,7–10 und deren Kommentierung in 1Chr 15,13. Vorausgesetzt ist somit, dass die Leviten die Geräte entsprechend Num 1,50 tragen. Allerdings sind die Geräte verhüllt (vgl. bei der Lade Num

---

96   1Sam 6,15 dürfte eine punktuelle Harmonisierung sein, was durch die von Josephus wiedergegebene Version der Stelle bestätigt wird. Vgl. *Auld*, I/II Samuel, 81; *Samuel*, Von Priestern, 339.
97   Vgl. *Maskow*, Tora, 363.
98   Siehe dazu unten, 203–215.
99   So zuletzt *Maskow*, Tora, 358.

4,5f.) bzw. technisch so angeordnet, dass eine Berührung ausgeschlossen ist. Das folgt grundsätzlich dem Konzept von Num 3f.[100] L. Maskow verweist dazu auf den Gebrauch von מוטה, das in der femininen Form das „Joch" bezeichnet. Es ersetzt das u.a. in Ex 25,13 gebrauchte בד „Tragestange". In 1Chr 15,15 wird durch den Wechsel des Lexems deutlich, dass mit der Beauftragung der Leviten zum Tragen diese „zu ‚Lasttieren' der Lade umstilisiert"[101] worden sind. Der Gegenstand dient offenbar in der Chronik dazu, die Leviten technisch vor der Berührung der Geräte zu bewahren.[102] Die Chronik setzt die Leviten in den Dienst des Tragens ein, überschreitet dabei aber nicht den gebotenen Abstand zur Lade.[103] Dem entspricht auch 2Chr 5,4, wo zunächst die Leviten als Träger der Lade erscheinen. Labahn ist allerdings der Meinung, dass danach in 2Chr 5,5 „Leviten und Priester [...] die Lade [tragen]".[104] Tatsächlich muss an dieser Stelle der Umgang der Chronik mit der Vorlage beachtet werden:[105]

1Kön 8,2–5	2Chr 5,3–5
2 ויקהלו אל המלך שלמה כל איש ישראל בירח האתנים בחג הוא החדש השביעי	3 ויקהלו אל המלך כל איש ישראל בחג הוא החדש השבעי
3 ויבאו כל זקני ישראל וישאו **הכהנים** את הארון	4 ויבאו כל זקני ישראל וישאו **הלוים** את הארון
4 ויעלו את ארון יהוה ואת אהל מועד ואת כל כלי הקדש אשר באהל ויעלו אתם **הכהנים והלוים**	5 ויעלו את הארון ואת אהל מועד ואת כל כלי הקדש אשר באהל העלו אתם **הכהנים הלוים**
5 והמלך שלמה וכל עדת ישראל הנועדים עליו אתו לפני הארון מזבחים צאן ובקר אשר לא יספרו ולא ימנו מרב	6 והמלך שלמה וכל עדת ישראל הנועדים עליו לפני הארון מזבחים צאן ובקר אשר לא יספרו ולא ימנו מרב

Entscheidend für das Verständnis sind die textkritischen Entscheidungen zur Kopula in 1Kön 8,4b und 2Chr 5,6b. Deren Klärung kann allerdings nur im Gesamtkontext erfolgen, wozu auch der jeweilige Paralleltext gehört.

---

100 Siehe dazu unten, 153–155.
101 *Maskow*, Tora, 367.
102 Gegen *Labahn*, Herrschaftsanspruch, 109, die einerseits nicht berücksichtigt, dass hier das Konzept von Num 4 umgesetzt wird, andererseits meint, dass „die Leviten von der Chronik durch eine körperliche Berührung mit den Tragstangen der Lade in Kontakt gebracht werden". Sie nähmen dadurch „eine besondere Nähe zu der Lade wahr, durch die sie ausgezeichnet werden" (ebd.).
103 Das entspricht der Beobachtung von *Milgrom*, Levitical Terminology, 60, in Num 4,15, wonach die heiligen Geräte, bevor die Leviten mit ihnen umgehen, von Priestern verpackt werden müssen.
104 *Labahn*, Herrschaftsanspruch, 151, Anm. 123.
105 Wortlaut des Konsonantentextes von Codex Leningradensis.

Zwei inhaltliche Eigenheiten der parallelen Texte sind zu beachten. Erstens: In 1Kön 5,3b tragen die Priester die Lade und in 2Chr 5,4b die Leviten. Zweitens: Die Satzgrenze verläuft in 1Kön 8,4 an einer anderen Stelle als in 2Chr 5,5. 1Kön 8,4 besteht aus zwei Verbalsätzen. Die Chronik hat gegenüber der Vorlage die Aufzählung aufgelöst. Satz 1 umfasst nur ויעלו את הארון. Die restliche Aufzählung gehört nun zu dem nachfolgenden invertierten Verbalsatz. In diesem werden nun die heiligen Geräte mit einer Pendenskonstruktion hervorgehoben.[106]

Das Subjekt von 2Chr 5,5aα kann nur das vorangehende הלוים sein. V. 5b hat ein eigenes Subjekt. An dieser Stelle ist die Frage nach den abweichenden Lesarten in der masoretischen Überlieferung zu stellen. Zunächst dürften beiden Stellen jeweils wechselseitig Einfluss auf die Lesart ausgeübt haben. Die äußere Bezeugung ist vom Gebrauch von Chronik und Königebüchern seit der Antike und von der Beurteilung des Verhältnisses der beiden Stellen zueinander seit der Antike abhängig und bietet keinen Aufschluss. Die Lesarten ergeben aber im jeweiligen Kontext einen unterschiedlichen Sinn. Codex L von 1Kön 8,3f. betont zunächst, dass die Lade von den Priestern getragen wird, stellt aber danach fest, dass die Lade und die Kultgeräte von Priestern und Leviten getragen wurden. Ein Widerspruch bestünde hier zwar nicht. Denn 1Kön 8,4 könnte summarisch die Leviten mit eintragen und hielte dann offen, an welcher Stelle sie tätig werden. Weil auch die Kultgeräte genannt sind, wäre diese Offenheit überraschend. Konsistenter wäre in 1Kön 8,4 die abweichende Lesart, wonach Leviten im Sinne der Chronik hier nicht agieren und vielmehr ohne Kopula von levitischen Priestern die Rede wäre. הכהנים הלוים wäre synonym mit הכהנים in V. 3. Lade, Zelt und Kultgeräte würden von ihnen getragen.

In 1Chr 5,5 müssen die in V. 4 genannten Leviten Subjekt des Satzes ויעלו את הארון sein. Konsistent aber zunächst überraschend im Konzept der Chronik wäre die Aussage von Codex L im nachfolgenden Satz, wonach die levitischen Priester, d.h. auch hier die Priesterschaft, Zelt und Kultgeräte tragen. Die abweichende Lesart würde ein gemeinsames Agieren von Priestern und Leviten ausdrücken. Man könnte nun im Blick auf Num 4 (siehe bes. 4,15) überlegen, ob die Kultgeräte in 1Kön 8 nicht für den Transport verpackt sind, sodass sie auf dem Weg von der Davidsstadt in den Tempel von den Priestern getragen werden müssten. Da das Gleiche für das Zelt gelten würde, würde הכהנים הלוים Sinn ergeben. Es ist die Frage, ob hier zu viele Implikationen zum Verstehen erforderlich sind. Doch auch eine summarische Aussage, dass hier Priester und Leviten gemeinsam handeln, ergibt Sinn, da ja vorher explizit die Leviten als Träger der Lade genannt sind. Daher ist es die wahrscheinlichste Konstellation,

---

106 Gegen *Groß*, Pendenskonstruktion, 12.

dass die Kopula ursprünglich in 2Chr 5,5 stand, doch ist sie in den Paralleltext übernommen worden, um zwischen den abweichenden Konzepten von 1Kön 8 und 2Chr 5 zu vermitteln. 2Chr 5 bietet also kein abweichendes Konzept.[107] Die Stelle macht deutlich, dass die Autoren der Chronik aus der Rede von den levitischen Priestern in der dtn/dtr Vorlage eine differenzierte Tätigkeitszuweisung entsprechend dem späteren Levitenkonzept unter Priester und Leviten herausgelesen haben. Der Transport der Lade bzw. der Kultgeräte durch die Leviten ist also charakteristisch für die Chronik, er hat aufgrund der Unterbringung der Lade in 1Chr 13,13f. bei Obed Edom bewirkt, dass man ihn in der Chronik gegenüber der Vorlage unter die Leviten rechnet.[108]

Es sind die Aufbewahrung und der Transport der Lade und der anderen Kultgeräte, die mit dem Dienst der Leviten verbunden werden. Angesichts dieser chronistischen Systematisierung wird ein Konflikt mit der dtr Darstellung des Josuabuches (und scheinbar mit Dtn 31,9[109]) deutlich, wo davon die Rede ist, dass es levitische Priester oder Priester sind, die die Lade tragen. Die Veränderungen des Konzeptes ist im Gegenüber von 1Kön 8 und 2Chr 5 greifbar.

4.3 Resümee

Nach dem Zeugnis des Esra-Nehemia-Buches wurden die Leviten in der spätnachexilischen Zeit als eine wichtige Gruppe wahrgenommen. Esra-Nehemia setzt gemeinsam mit der Chronik ein Konzept des Levitentums voraus, wonach die Leviten eine aus dem ehemaligen Südreich stammende Gruppierung sind. Nach dem Kyros-Edikt wird in Esr 1,5 festgehalten, dass es Judäer, Benjaminiten und Leviten sind, die ins Land zurückkehren. Die gesamte Handlung des Esra-Nehemia-Buches ist auf diese Rückkehrer bezogen. In 2Chr 11,16f.; 13,9 wird erwähnt, dass Leviten zur Zeit Jerobeams I. in den Süden geflohen seien. Davon findet sich in den dtr Geschichtsbüchern keine Spur, wo sie in den Samuelis-/Königebüchern kaum eine Rolle spielen.[110]

---

107 Gegen *Labahn*, Herrschaftsanspruch, 151, Anm. 123.
108 Siehe dazu oben, 68f.
109 Dtn 31,9 scheint außerdem noch Dtn 31,25 zu widersprechen, wo wie in der Chronik die Leviten die Lade tragen. Siehe dazu unten, 212–214.
110 *Samuel*, Von Priestern, 303, hat zuletzt aufgrund der Herkunft der Jakobtradition überlegt, ob der Levitismus aus dem Norden stammt. Doch zumindest die Chronik lässt diese Sicht nicht zu. Zu beachten ist auch, dass die dtr Geschichtsbücher, die die Annahme einer nördlichen Herkunft stützen könnten, durchgängig in Jerusalemer Perspektive verfasst sind. Vgl. dazu unten, 266f.

Die Übersiedelung der Leviten ist offenbar eine chronistische Ätiologie der sich spät formierenden Gruppe. Die Autoren der Chronik suchen für die späte und wohl auch judäische Veränderung im Konzept des Volkes einen gesamtisraelitischen Ursprung plausibel zu machen, sodass die Herkunft der Leviten am Ursprung des Volkes akzeptiert werden kann. Der traditionsgeschichtliche Ausgangspunkt dürfte die Polemik gegen das Priestertum in Bet-El und Dan aus der Perspektive des Zentralisationsgesetzes gewesen sein. Das Konzept, wonach das legitime Priestertum und die Leviten exklusiv zu Juda und Jerusalem gehören, bestätigt sich auch in der Darstellung der Rückkehr nach dem Exil im Esra-Nehemiabuch. Das Buch setzt voraus, dass Judäer, Benjaminiten und Leviten in ein leeres Land zurückkehren.

Nach dem Konzept der Chronik und von Esra-Nehemia sind die Leviten für nichtkultische Tätigkeiten am Tempel, aber auch außerhalb des Tempels verantwortlich. Vom Kult hält man die Leviten getrennt. Sie treten entsprechend dem Raumkonzept der Chronik zwischen Priester und Volk und vertreten das Volk im Kult. Dass die Leviten anders als in der Chronik bei Esr/Neh abseits des Kultes nur beim Tempelbau und bei der Sicherung der Tore auftreten, hängt mit der nur eingeschränkten Autonomie der Juden und auch mit der nur geringen Zahl der Leviten zusammen. Dass sie dort aber vor allem am Tempel in Funktionen auftauchen, die ihnen auch in der Chronik am Tempel und abseits vom Tempel zugewiesen werden, lässt erkennen, dass der Darstellung von Chronik und Esra-Nehemia die Verhältnisse der Abfassungszeit bzw. genauer: das akzeptierte Konzept des Levitismus der Abfassungszeit zugrunde liegt.[111]

Die Reformulierung der vorexilischen Geschichte durch die Chronik hat unter dem Label der Leviten eine ganze Reihe von existierenden Gruppen zusammengefasst. Anders, als von A. Labahn beschrieben wird, handelt es sich nicht um eine Ausweitung der Kompetenzen der Leviten, sondern um eine Integration von bestehenden Gruppen und auch von Einzelpersonen. Alles andere würde auch nicht den antiken sozialen Strukturen gerecht. Berufe wurden in der Antike in der Regel vom Vater auf den Sohn übertragen. Bestimmte Berufsgruppen bildeten gemeinsame Identitäten aus. Beide Aspekte dürften die genealogische Integration von Gruppen in die Leviten erleichtert haben.

Es kann daher allerdings auch nicht von einem Herrschaftsanspruch und auch nicht von der Konstruktion einer Identität gesprochen werden, sondern hier werden die Verhältnisse der nachexilischen Zeit, in der eine ganze Reihe

---

111 Das uns vorliegende Esra-Nehemia-Buch hatte als eine Quelle die Chronikbücher. Es wurde geschaffen, um eine Brücke zwischen der Chronik und der Nehemiageschichte zu schlagen. Vgl. *Heckl*, Neuanfang, 387–398.

von Berufsgruppen im Konzept Levitenschaft auch genealogisch verbunden sind, in die vorexilische Zeit zurückprojiziert. Wir haben es mit einer Systematisierung der geschichtlichen Überlieferungen[112] auf der einen und der Berufsgruppen am Zweiten Tempel auf der anderen Seite zu tun. Die Chronik sucht dabei allerdings ätiologisch jeweils einen Ursprung der Übernahme der Funktionen zu bieten. Dabei handelt es sich um eine Konsequenz aus dem genealogischen Konzept, wonach die Leviten auf Levi zurückgehen und ihre Existenz als Gruppe damit allen staatlichen Funktionen vorausgehen.

Das Auftauchen von Leviten mit nichtkultischen Tätigkeiten sowohl am Tempel als auch außerhalb lässt sich nicht vereinbaren mit einer Sicht, wonach die Leviten ursprünglich ausschließlich mit dem Tempel in Verbindung standen oder als Priester am Tempel bzw. an den Heiligtümern gewirkt hätten. Abgesehen von den Diensten am Tempel handelt es sich um Wächter, Richter, Beamte und Schreiber. Als Levitenschaft werden damit offensichtlich die Eliten und insbes. die intellektuellen Eliten zusammengefasst.[113] Daher verwundert es nicht, dass die späten Texte ein besonderes Interesse an den Leviten haben, woraus man immer wieder geschlussfolgert hat, dass die Verfasser dieser (Chronik/Esra-Nehemia) und weiterer Bücher[114] Leviten waren.

Bei dem, was die Chronik präsentiert, handelt sich um ein ideales Konzept. Ihm entspricht es, dass in der nachexilischen Zeit nur relativ wenige Leviten auftauchen. Die seit Wellhausen vertretenen Thesen, dass die Traditionsgeschichte des Levitentums auf deren vorexilischen Priesterschaft aufbaut, wird von der Konzeption der Chronik nicht gestützt. Nach der Chronik handelt

---

112   Zum Verfahren vgl. die Überlegungen von *Ben Zvi*, Conceptual Gap, bes. 85f., der kritisiert, dass die Auslegung zu sehr auf die Differenzen fokussiert und die großen Übereinstimmungen vernachlässigt. Zum hermeneutischen Verfahren der Chronik vgl. *ders.*, Another Look, 266f.

113   Siehe *van der Toorn*, Scribal Culture, 90: „Though Chronicles rarely designates Levites as scribes, there is no doubt that responsibilities for Torah instruction and jurisdiction could be held only by people who had had the proper scribal training. For those Levites who worked as liturgists, magistrates, tax collectors, or clerks, literacy was also a basic requirement. It can be concluded, in view of their various responsibilities, that the Levites were part of the literate elite of the Second Temple period."

114   Beispielsweise wurde das Deuteronmium von A. Bentzen und G. v. Rad mit den Leviten in einen Zusammenhang gebracht. Vgl. *Bentzen*, Reform, 95; *vRad*, Levitische Predigt, 248f. *Weinfeld*, Deuteronomic School, 54f., wies das zurück, indem er darauf aufmerksam machte, dass der Levitismus ein nachexilisches Phänomen sei. Vorexilisch seien die Priester bspw. in der Lehrerfunktion gewesen. Sodann nimmt er das Deuteronomium als historisches Zeugnis und meint, dass die Leviten als *personae miserae* nicht in Frage kämen. Seine eigenen Thesen zum weisheitlichen Charakter des Deuteronomiums und der besonderen Rolle der Schreiber (vgl. ebd., 158–171) ließen sich aufgrund der späten Identifikationsprozesse der Chronik eventuell doch mit den Leviten verbinden.

es sich bei den Leviten um eine der Priesterschaft „übergebene" Gruppe. Sie setzt voraus, dass die Leviten als Gruppe existiert haben, bevor sie Aufgaben im kultischen Bereich erhielten. Dass man sie dabei von den eigentlichen kultischen Tätigkeiten fernhält, ist signifikant. Die Chronik nutzt wahrscheinlich das Konzept der Netinim zur Erklärung der Stellung der Leviten.[115] Doch identifizierte man sie nicht mit jenen, obwohl Gruppen von Netinim in Esr/Neh erwähnt sind.[116] Das Phänomen der Leviten lässt sich also nicht mit dieser (älteren?) Gruppe von Tempelpersonal in Deckung bringen.[117] Dagegen spricht vor allem auch, dass die Bezahlung der Leviten zwar als Abgabe realisiert wird, doch offensichtlich die Leviten nicht am Tempel zu halten sind, wenn keine Bezahlung erfolgt (Neh 13).[118] Hier könnte sich zeigen, dass die verschiedenen Berufsgruppen der Levitenschaft im Tempel ihre Einkommensquelle hatten und noch in spätnachexilischer Zeit lediglich konzeptionell als genealogische Gruppierung zusammengefasst worden sind.

Besonders signifikant ist dieser Identifikationsprozess bei bestimmten Personen, die gegen das Zeugnis der Vorlage in der Chronik unter die Leviten gezählt werden. Für eine Zurückdrängung der Leviten, sodass sie zu einem *clerus minor* werden, spricht all das nicht. Die Revision der Darstellung der Exilierung Judas in der Chronik, die auch im Esrabuch präsupponiert ist, hat die Beschreibung der Ereignisse der Jahre 597/587 in 2Kön 24f. revidiert, was die dargestellten Identifikationsprozesse bestätigt. 2Kön 24f. berichtet von einer Deportation der Eliten, während die Chronik und auch Esra-Nehemia von einer Deportation der Gesamtbevölkerung ausgehen.[119] Gegenüber der expliziten Thematisierung der Leviten bei der Rückkehr fehlen die Leviten in 2Kön 24f. Weder im 2. Buch der Könige noch bei Jeremia oder bei Ezechiel wird von einer Deportation von Leviten berichtet. Allerdings tauchen die Leviten dann in Esr 1,5; 2,20.70 bei der Rückkehr aus dem Exil auf. Wenn man nun die Quellen der Chronik und die Darstellung der Rückkehr miteinander vergleicht, so findet man als eigenständige Gruppe zwar die Priester, doch daneben werden Eliten aufgezählt, wobei die שרים besonders hervorgehoben werden (vgl. 2Kön 24,14). Es lässt sich daher schließen, dass man die Nachrichten über die Deportation der Eliten mit der Rückkehr der Leviten verbunden hat. Es

---

115 Vgl. dazu die Überlegungen unten, 147f.
116 Vgl. Esr 2,43.58.70; 7,7; (8,17); 8,20; Neh 3,26.31 u.ö. und oben, 53.
117 Besonders interessant ist, dass die Netinim nach Esr 8,20 von David und die Anführer (שרים) zum Dienst der Leviten übergeben worden seien. Die Konstruktusverbindung לעבדת הלוים ist als „Dienst für die Leviten" zu interpretieren, da der Kontext das Nebeneinander der beiden Gruppen voraussetzt.
118 Vgl. oben, 54.
119 Vgl. *Barstad*, Myth, 39f.

handelt sich um ein ähnliches Verfahren wie jenes der Integration von Einzelpersonen und Gruppen in das nachexilische Konzept des Levitismus. Dass die nachexilischen Texte die Leviten so stark betonen, dürfte damit zusammenhängen, dass die Leviten mit Angehörigen der kulturellen Elite identifiziert werden, zu denen sicher auch die Schreiber, die für Chronik und Esra Nehemia verantwortlich sind, gehörten.

Die Forschung hat in den letzten 100 Jahren immer wieder Auseinandersetzungen zwischen verschiedenen Gruppen vermutet. Doch von Rivalitäten zwischen Priestern und Leviten während der Zeit des Zweiten Tempels ist in der Chronik und bei Esr/Neh nichts zu spüren.[120] Die Verantwortlichkeit und vor allem die Hierarchie dürfte kaum im Gegeneinander von größeren Gruppierungen ausgetragen worden sein. Angesichts des negativen Befundes bei Jeremia und Ezechiel ergibt sich aus der Betrachtung von Esra-Nehemia und Chronik, dass die Leviten ein in der Geschichte Israels spätes Phänomen sind. Das differenzierte Bild von den Leviten, das diese spätnachexilischen Zeugnisse präsentieren, lässt sich nicht mit der Hypothese verbinden, dass die Leviten vorexilisch Priester waren, aber auch nicht mit der Subhypothese, dass sie seit der josianischen Reform zu einem *clerus minor* geworden seien.

So werden in den spätnachexilischen Geschichtsdarstellungen nicht die Leviten in der Geschichte platziert, sondern die rezipierten Quellen werden entsprechend dem Konzept der Chronik, die die Leviten kennt und schätzt, interpretativ angepasst. Hier bestätigt sich die Sicht von T. Willi, wonach die Chronik Tradition und nachexilische Realität zu vereinbaren gesucht hat.[121] Dass dies ein Anachronismus ist und es diese Zusammenfassung der Berufe und Gruppen nicht durchgängig durch die vorexilische Zeit gegeben haben kann, zeigt das weitgehende Fehlen des Levitismus in den Samuelis-/ Königebüchern. Die breite Zuordnung der Eliten zu den Leviten lässt sich jedenfalls nicht damit erklären, dass die Leviten bis in der vorexilische Zeit Priester gewesen wären.

---

120 Solche hatte schon *Noth*, Überlieferungsgeschichtliche Studien, 204, vermutet. Er meinte, dass Num 16–18 diese reflektiere. *Weyde*, Prophecy, 303, zog Mal 3,3 und Neh 12,30.45 zusammen und interpretierte: „Mal 3:3 perhaps bears witness to a struggle between apostate Zadokite priests and others, presumably Levites, the latter seeking to restore the community and the temple service on the basis of an earlier ideal from the days of old, from former years (3:4b)." Ich halte es auch an dieser Stelle für Überinterpretation, eine Auseinandersetzung zu vermuten. So auch *Eidevall*, Sacrificial Rhetoric, 210. In der Literatur der Zeit des Zweiten Tempels sind Auseinandersetzungen ebenfalls nicht bezeugt, weswegen *Leuchter*, Levites, 253, vermutet, dass „tensions between Levites and the Aaronide temple culture in which they operated seem to have subsided during the course of the Hellenistic era".

121 Vgl. *Willi*, Chronik als Auslegung, 59.

In der weiteren Untersuchung ist zu klären, wo der Ursprung für die nichtkultischen Funktionen der Leviten bzw. der Identifikation der kulturellen Eliten mit den Leviten liegt. Wieso müssen ihre Aufgaben am Heiligtum im Numeribuch ausdrücklich eingeführt und begründet werden, was auch so von der Chronik aufgegriffen wird, während die nichtkultischen Tätigkeiten und die Zugehörigkeit anderer Gruppen zu den Leviten weder in der Chronik noch im Numeribuch begründet werden müssen?

KAPITEL 5

Mose als Levit

Die bisherige Untersuchung hat zwei Anhaltspunkte für die Klärung der Frage nach dem Ursprung der Leviten herausgearbeitet: 1. Es ergibt sich für die Exilszeit der negative Befund, dass sie insbes. in der Sicht von Jeremia und Ezechiel keine Rolle spielen. Texte, die aus der frühnachexilischen Zeit stammen, bestätigen dies. Historisch gehören die Leviten wahrscheinlich in vorexilischer Zeit nicht zu den *personae miserae*. Die Thematisierung der Leviten als solche gehört lediglich zur Programmatik des Deuteronomiums aufgrund seiner historischen Verortung. Die entsprechenden Abschnitte im Richterbuch müssen daraufhin noch einmal untersucht werden. 2. Allerdings müssen die Leviten in der spätnachexilischen Zeit eine wichtige Gruppe gewesen sein. Bei der Levitenschaft handelt in der Sicht der aus der hellenistischen Zeit stammenden Bücher Esra-Nehemia und Chronik um einen Oberbegriff, der Gruppen unterschiedlicher Funktionen und Aufgaben am Tempel und abseits vom Tempel zusammenfasst. Der Schwerpunkt liegt dabei auf dem Tempel und der Priesterschaft, was mit der politischen Situation in spätnachexilischer Zeit zusammenhängen muss. Die Konzepte werden in der nachexilischen Zeit außerdem genealogisch ausformuliert. Integriert werden in der Gruppe der Leviten nach der chronistischen Geschichtsdarstellung existierende Funktionsträger und Berufsgruppen.

Das fast vollständige Fehlen der Leviten in der vorexilischen Zeit, das Fehlen von Nachrichten über Auseinandersetzungen in der Priesterschaft in jener Zeit und die Einsicht, dass es sich bei den Leviten wohl nicht um eine der sozialen Fürsorge anheimgestellte Gruppe gehandelt hat,[1] lässt es als unwahrscheinlich erscheinen, dass die Leviten ihre Geschichte vor und in der Königszeit als Priester begonnen haben.

Im Folgenden soll nun vor allem aus zwei nichtpriesterlichen Zusammenhängen erhoben werden, was man in spätvorexilischer Zeit unter Levi und den Leviten verstanden hat. Zunächst wird der Anfang der Mosegeschichte, wo dieser als Levit eingeführt wird, zusammen mit der nichtpriesterlichen Berufungsgeschichte untersucht. Danach tauchen die Leviten als Gruppierung oder auch als Einzelpersonen im Pentateuch zunächst verhältnismäßig selten auf. Erst im Buch Numeri, wo sie den Priestern unterstellt werden, werden sie

---

1 Zum Nachweis, dass es sich dabei um ein dem geschichtlichen Rückblick geschuldetes Konstrukt handeln muss, vgl. oben, 22–47.

ausführlich behandelt. Zwei Ausnahmen davon in nichtpriesterlichen Texten fallen umso stärker ins Gewicht: die Einsetzung des Leviten Aaron (Ex 4,14–16; 4,27–30), die an Moses Berufung geheftet ist,[2] und die gewaltsame Bestrafung der Israeliten wegen der Verehrung des Stierbildes (Ex 32,26–29). Relevant für die Frage nach dem Konzept der Leviten ist auch der Vers Ex 38,21,[3] weil er eine weitere Funktion der Leviten zwischen Ex 32,25–29 und den konzeptionellen Abschnitten im Numeribuch platziert.[4]

5.1 Moses Herkunft

Im ersten Kapitel des Exodusbuches wird auf den Zug der Jakobsfamilie nach Ägypten zurückgeblickt und berichtet, dass dort aus der Familie des Patriarchen das Volk Israel geworden sei (Ex 1,7).[5] Verbunden mit diesem summarischen Anschluss an die Genesis ist eine Situationsbestimmung des Volkes, die die Begründung für den Auszug der Israeliten aus Ägypten liefert. Es folgt in Ex 2 die Einführung der ersten Einzelperson des in Ägypten entstandenen Volkes Israel: Mose. Dieser bleibt die Hauptfigur der Bücher Exodus bis Deuteronomium. Das Kapitel hat also eine grundlegende Bedeutung für die gesamte nachfolgende Handlung im Pentateuch. Die Bücher Exodus bis Deuteronomium können so als Mosegeschichte gelesen werden, die mit Moses Geburt (Ex 2,1f.) beginnt, wobei die Namen seiner Eltern nicht genannt werden.[6] Moses Vater wird in Ex 2,1 lediglich als איש מבית לוי „ein Mann aus dem Hause Levis oder eines Leviten", seine Mutter als בת לוי „Tochter Levis" eingeführt. Als einzige bestimmte Herkunftsangabe muss das zweimal vorkommende לוי als ein starkes Signal für die beginnende Mosegeschichte gewertet werden. Für die Frage nach den Leviten ist es von besonderer Bedeutung. Bevor man die Implikationen jenes לוי am Kontext diskutieren

---

2 Aaron und die sich an ihn heftenden Gruppen werden in einem eigenen Hauptkapitel behandelt. Siehe unten, 120–188.
3 Vgl. zu Ex 38,21 zuletzt *Albertz*, Exodus II, 359f. Weitere Schwerpunkte im priesterlichen Textbereich sind die Levitengenealogie (Ex 6,16–26) und eine Regelung der Rückgabe von Grund und Boden der Levitenstädte in Lev 25,32–34, obwohl die Aussonderung der Levitenstädte paradoxerweise erst in Num 35,1–8 geregelt wird. Zuletzt hat *Hieke*, Levitikus 16–27, 1016, dies als Hinweis angesehen, dass es sich in Lev 25 um einen sehr späten Zusatz handelt.
4 Siehe zum Zusammenhang mit Ex 32,26–29 unten, 116.
5 Der Abschnitt weist zwar deutlich harmonisierende Tendenzen auf, die dafür sprechen, dass in Ex 1 priesterliche Autoren gearbeitet haben, doch wird die Entstehung des Volkes aus den Familien der Eponymen bei den intendierten Adressaten vorausgesetzt. Vgl. dazu *Heckl*, Vom Mythos zur Geschichte, 131–133. (zusammenfassend).
6 In den priesterlichen Texten (bes. Ex 6) und in 1Chr 5 wird er genealogisch eingeordnet.

kann, muss aber beachtet werden, dass am Beginn der Mosegeschichte selbst nichts darüber mitgeteilt wird, was ein Levit ist oder wer mit Levi gemeint ist.

Synchron betrachtet – d.h. in der uns vorliegenden literarischen Konfiguration des Pentateuchs – ist das לוי mit dem in Ex 1,2 erwähnten dritten Sohn Jakobs verbunden. Mose erscheint so als der erste Angehörige einer Gruppe, die auf den eponymen Vorfahren Levi zurückgeführt wird. Sein Vater und seine Mutter sind dabei direkte Angehörige der Familie des Vorfahren der Leviten. Der Zusammenhang mit dem Eponym scheint allerdings in Ex 2 auch unabhängig von der Überleitung in Ex 1 zu bestehen. Dafür spricht, dass bei der Erwähnung von Moses' Mutter לוי Eigenname zu sein scheint. Zumindest weist die vorangestellte *nota acc.* die Phrase בת לוי als determiniert aus.[7] Um dies zu korrigieren und die literarische Unabhängigkeit von Ex 2 zu erweisen, sind verschiedene Anstrengungen unternommen worden.[8] Eine textinterne Interpretation der Determination hat E. Blum vorgeschlagen. Er vermutet, dass sie sich auf die danach thematisierte Mutter des Mose bezieht, nämlich auf „eine bestimmte Levitin".[9] Zwar sieht Blum auch die Möglichkeit, dass der Eigenname Levi im Blick sein kann, wie es die „Tradenten in Ex 6,20; Nu 26,59 verstanden".[10] Doch sprächen das Alter von Jochebed bei Moses Geburt und der Widerspruch mit den Ehevorschriften von Lev 18 eher für das Vorliegen

---

7   Vgl. *Samuel*, Von Priestern, 247.
8   Nach *Noth*, Überlieferungsgeschichte des Pentateuchs, 219, ist „die nota acc. [...] hier sekundär". So auch *Schmidt*, Exodus I, 49; *Kratz*, Komposition, 288; *Berner*, Exoduserzählung, 49. Die Phrase איש מבית לוי ist demgegenüber zwar grammatisch weniger eindeutig, sodass eine Korrektur nicht nötig zu sein scheint. Doch ist zu beachten, dass für beide Phrasen dieselbe Bedeutung vorliegen muss. Wenn man also in Ex 2,1b konjiziert, müsste man auch in 2,1a ändern: Theoretisch könnte „aus einem Hause eines Leviten" bzw. „aus einem levitischen Hause" gemeint sein. „Doch warum hat man in dem Fall, dass mit לוי kein Eigenname gemeint ist, nicht einfach איש לוי wie in Ri 19,1 geschrieben?" Diese Formulierung ist aber unmöglich, wenn לוי in Ex 2,1b Eigenname ist. Zu beachten ist die Interpretation der LXX, die mit demselben Problem ringt. Sie übersetzt איש מבית לוי mit τις ἐκ τῆς φυλῆς Λευι. Dies macht sie, weil sie danach anstelle von את בת לוי ganz offen formuliert: τῶν θυγατέρων Λευι. Sie fasst לוי an beiden Stellen als Bezeichnung des Stammes auf. Die Phrase mit der *nota acc.* in V. 1b fasst LXX also als Determination nur des Stammes Levi auf, so als stünde מבנות לוי oder מאת בנות לוי da. Vgl. Num 3,9; Gen 28,1.
9   E. Blum verweist dort auf die Diskussion des grammatischen Phänomens in seiner Dissertation (*Blum*, Vätergeschichte, 13) und bezeichnet es als „*kata*phorische Determination" (*Blum*, Studien, 231). Dieser Hinweis erklärt zwar den Gebrauch der nota acc., macht aber לוי im direkten Kontext der Genesis zur Gruppenbezeichnung. Ein solcher sing. Gebrauch ist in der Bibel nicht belegt, ebensowenig wie sing. בן/בת ישראל. Vgl. aber z.B. bGit 28a; 43a.
10 *Blum*, Studien, 231.

„eine[r] Art innerbiblische[n] Midrasch[s]"[11] in der Rezeption von Ex 2 durch Ex 6,20. Doch wie wahrscheinlich ist es, dass eine syntaktische Konstruktion, die normalerweise Eindeutigkeit ausdrückt, im vorliegenden Fall signalisieren soll, dass die erwähnte Frau *eine* Tochter aus dem Haus *eines* Leviten gewesen ist, um die es dann im Folgenden geht? Dass die priesterlichen Texte die Determination als Hinweis auf die Identität von Moses Mutter auffassen, ist kein Gegenargument, sondern Bestätigung, denn deren Verfasser sind frühe Rezipienten und haben לוי offensichtlich als Eigennamen verstanden. Und auch, dass Moses Eltern entsprechend Lev 18,12 eigentlich in einer nicht erlaubten verwandtschaftlichen Beziehung zueinander stehen, spricht für die Annahme, dass in Exodus 2,1 von Anfang an mit בת לוי die Tochter Levis im Blick ist. Warum sollten die priesterlichen Autoren einen Midrasch auf eine Stelle geschaffen haben, die möglicherweise mehrdeutig war, wenn sie damit eine im Sinne der Tora problematische Herkunft für Mose, den Mittler der Tora bewirkten? In jedem Fall geben die priesterlichen Autoren mit der genealogischen Verbindung zwischen Mose und Levi zu erkennen, dass sie die Mose-Geschichte an diesem Punkt als selbstverständlich mit der Erzelterngeschichte verknüpft sahen, wo im Übrigen entsprechende Beziehungen auch in den priesterlichen Texten der Genesis noch kein Problem sind. Die Mose-Geschichte am Anfang des Exodusbuches aber enthält noch weitere Affinitäten zu den Erzelterngeschichten. Dies sind die beiden Erzählungen von Moses Berufung, die sich bei den Midianitern zuträgt (Ex 2,15–4,12) und vom „Blutbräutigam" (Ex 4,24–26), die dem Stil der Genesis entsprechen. So ist festzuhalten, dass es für die priesterlichen Autoren bereits eine Selbstverständlichkeit war, dass Moses Familie noch in den Bereich der Erzelternüberlieferung gehört, für die die Vorschriften der Tora nicht gelten, während mit Mose, dessen Geburt in Ex 2 berichtet wird, die Exodusgeneration thematisiert wird. Mose markiert damit den Umschwung, der in der priesterlichen Genealogie zusätzlich mit den abnehmenden Lebensaltern ausgedrückt wird, indem sein Vater Amram noch 137 Jahre erreicht, Mose selbst aber nur 120 Jahre (Dtn 34,7; vgl. Gen 6,3). Meiner Ansicht nach ist es daher wahrscheinlich, dass mit בת לוי von Anfang an an die Tochter Levis gedacht ist. Damit wäre Mose direkt mit Levi, dem dritten Jakobsohn (Ex 1,2; vgl. Gen 29,34, 35,23, 49,3) verbunden, wie dies auch in den Genealogien dargestellt wird (vgl. Ex 6,20; Num 26,57). Dafür spricht, dass die späteren Autoren abgesehen von der Nennung Levis in Ex 1,2 nichts unternommen haben, um den intendierten Adressaten eine veränderte Sicht

---

11   Ebd.

von Ex 2 zu vermitteln.[12] So dürfte die spätere genealogische Verbindung des Mose mit dem Levi der Genesis auch schon in den Präsuppositionen in Ex 2,1 vorabgebildet sein.[13]

Da zumindest die späte Erklärung von לוי als Gattungsbezeichnung nicht unabhängig von der Geburtsgeschichte Levis entstanden sein kann und die Namengebung auch Levis eine ältere Tradition sein dürfte,[14] ist die eigentümliche Herleitung Moses sowohl mütterlicher- als auch väterlicherseits von Levi sicher ein Signal,[15] das bei den Adressaten nicht nur die Kenntnis des eponymen Vorfahren, sondern auch schon die Kenntnis der Gruppenidentität der Leviten voraussetzt. Die Präsupposition am Anfang der Mosegeschichte ist damit ein Anhaltspunkt zum Verständnis der Hauptfigur: Mose wird zusätzlich zu seiner Herkunft von Levi betont als Levit eingeführt. *Ähnlich wie in den spätnachexilischen Zeugnissen aus Esra/Nehemia und Chronik wird somit auch in diesem älteren Text ein Wissen darüber vorausgesetzt, was ein Levit ist.*

Unabhängig, ob man mit einem ursprünglichen Bezug der Mosegeschichte zur Erzelternüberlieferung, einer literarischen Verbindung von Genesis und Exodus oder aber mit der ursprünglichen Unabhängigkeit des Anfangs der Mosegeschichte von Ex 1 rechnet,[16] ist bei den intendierten Adressaten vorausgesetzt, was unter לוי zu verstehen ist. *Diese* Präsupposition kann uns unabhängig von der Frage nach der Verbindung der Mosegeschichte mit der Genesis Aufschluss darüber geben, was man bei der Abfassungszeit des Textes unter einem Leviten verstanden hat. Denn mit dem Bezug auf Levi sowohl bei Vater als auch bei der Mutter wird Mose betont als Nachfahr Levis – und wenn Levi etwas mit den Leviten zu tun hat: als Levit – eingeführt und dies schon vor seiner Geburt.[17] Die Charakterisierungen Moses in seiner Kindheits- und

---

12 Aus diesem Grunde ist es sehr unwahrscheinlich, dass Levi erst im Blick auf Ex 2 in die Genesis eingetragen worden ist, wie *Levin*, Stämme, 177, meint. Diese Annahme setzt voraus, dass eine andere Präsupposition durch die Voranstellung von Gen 29; 34; 49 einfach ersetzt worden ist. Doch eine solche ist nicht im Text erkennbar. Die Annahme Levins, dass Leviten zuvor Priester waren, wird zwar in der Wissenschaft seit Wellhausen angenommen, dürfte aber aus methodischen Gründen eigentlich nicht von vornherein der Analyse zugrunde gelegt werden.

13 Das Schweigen zu den Namen der Eltern spricht allerdings für eine lockere Verbindung mit der Erzelterngeschichte ohne exakte genealogische Verknüpfung. In der Forschung findet sich allerdings eine Tendenz, Mose nicht konkret mit der Person Levi verknüpft zu sehen. So schon *Meyer*, Israeliten, 79: „Der Vater ist ein beliebiger Mann aus dem Hause Lewi." Vgl. *Schmidt*, Exodus I, 49f.; *Blum*, Studien, 231.

14 Siehe dazu oben, 16–21.

15 Vgl. *Dohmen*, Exodus 1–18, 109.

16 Vgl. *Otto*, Mose und das Gesetz, 49.

17 Nach *Gerhards*, Tochter, 117, werden „beide namenlosen Eltern in Ex 2,1 als Leviten charakterisiert".

Jugendgeschichte sowie in seiner Berufung sind nicht von der Nennung Levis in Ex 2,1 und von der Bezugnahme auf den Levi der Erzelterngeschichten zu trennen.

5.2 Moses gesicherte Herkunft (Ex 2) als Kontrast von Sargons zweifelhafter Herkunft nach der Sargonlegende

Die Charakterisierung Moses als Levit enthält zusätzlich zu dem präsupponierten Wissen darüber, was man unter Leviten verstand, eine wesentliche Implikation für die nachfolgende Erzählung. Denn mit der Erwähnung eines levitischen Vaters und einer levitischen Mutter für Mose wird den israelitischen bzw. jüdischen Adressaten von Anfang an auch schon signalisiert, dass dieser nicht nur Levit, sondern auch Israelit ist. Das ist für die nachfolgende Erzählung deswegen von Bedeutung, weil dort von seiner Aussetzung die Rede ist und weil er von der Tochter des Pharaos gerettet wird. Im Verlauf der Erzählung wird Mose von ihr sogar zu ihrem Sohn erklärt, was durch die Namensgebung unterstrichen wird (Ex 2,10). In der Geschichte würde ohne die Betonung von Moses israelitischer Herkunft die Frage seiner Identität offenbleiben.[18] Da auf Levi verwiesen wird, wurde für die intendierten Adressaten klargestellt, dass Mose Nachkomme von Israeliten und er somit selbst Israelit ist.[19]

Dass man Moses levitische Herkunft so betont, ist ganz sicher seiner Bedeutung in der Pentateuchüberlieferung und in der religiösen Tradition Israels geschuldet. Hierbei handelt es sich um einen Grund, warum man so seine Zugehörigkeit zu Israel unzweifelhaft machen will. Weitere Implikationen der Geburts- und Aussetzungsgeschichte lassen allerdings zusätzliche Implikationen erkennen: Überzeugend hat E. Otto die Geburtsgeschichte des Mose als Reflexion der Legende von Sargon von Akkade erwiesen.[20] Mose steht

---

18 *Jacob*, Exodus, 20, stellt fest, dass die Eltern nicht mit Namen genannt werden, weil zunächst nur die Beziehung zu Levi hervorgehoben werden soll.

19 Meiner Ansicht nach kann es daher auch kaum Zweifel daran geben, dass die Bekanntheit auf der Zugehörigkeit Levis zu Jakob beruht. Zwar wird oft überlegt, ob die Verbindung zur Genesis sekundär ist, doch ist zu beachten, dass nach einer Hinzusetzung von Ex 1 die Identität des Levi und damit Moses geändert hätte. Wäre das für die intendierten Adressaten wirklich nachvollziehbar gewesen? Wahrscheinlicher ist es, dass man Mose auf Levi und damit auf eine bekannte Figur fußen ließ, was dann in späteren Texten genealogisch ausformuliert wurde.

20 *Otto*, Mose und das Gesetz: 75: „Das Paradigma der spätvorexilischen Zeit, das durch die subversive Rezeption zentraler Texte der neuassyrischen Königsideologie Mose zum Gegenbild des assyrischen Großkönigs werden ließ, hat sich im Pentateuch durchgesetzt."

Sargon, dem Sohn einer Priesterin und eines unbekannten Vaters gegenüber.[21] Otto stellt die Annahme einer erst exilischen Entstehung der Geschichte, die auf einer Parallelität zur Jerobeamgeschichte beruht,[22] in Frage[23] und sieht in ihr stattdessen eine „subversive Rezeption einer neuassyrischen Königsüberlieferung"[24]. Er hat für die Betonung der Herkunft aus dem Hause Levis geschlossen, es werde damit für die Leser signalisiert, dass Moses Eltern zu einer sozial niedrigen Gruppe gehört hätten: „Der Sohn von Leviten, die im dtn Deuteronomium unter die der sozialen Solidarität bedürftigen landlosen *personae miserae* gerechnet werden, ist [...] gerade niederer Herkunft und steigt durch die Aufnahme an den Hof des Pharaos in die höchsten Kreise des Staatsgefüges auf, wo er als Hebräer eigentlich nicht hingehört."[25] Die zeitliche Nachbarschaft der Abfassung von Ex 2, wenn man die Sargonlegende als Parallele ernst nimmt, mit der Erwähnung der Leviten im Deuteronomium darf allerdings nicht darüber hinwegtäuschen, dass das dtn Levitenkonzept erst im Lande in Kraft treten wird. Dies wird im Deuteronomium an mehreren Stellen mit einer Formel wie כי אין לו חלק ונחלה אתכם (Dtn 12,12; vgl. 14,27.29) ausgedrückt. Es ist daher nicht verwunderlich, wenn von den Leviten als bedürftige Gruppe im Pentateuch das erste Mal im Deuteronomium die Rede ist.[26] Am Anfang der Geschichte des Volkes vor der Landgabe kann die besondere Bedürftigkeit der Leviten somit noch nicht im Blick sein. In der Sondersituation des Volkes am Anfang des Exodusbuches (Bedrückung in Ägypten) sind soziale Unterschiede, die mit dem späteren Landbesitz der Stämme zusammenhängen, ausgeschlossen.[27] An späterer Stelle in der Mosegeschichte (Ex 2,22), wird das Thema der Landlosigkeit bei der Namensgebung von Moses Sohn auf

---

Zur Entdeckung der Parallelität und der Diskussion im 19. und 20. Jahrhundert vgl. *Gerhards*, Aussetzungsgeschichte, 149–151.

21 Vgl. TUAT-E, 56.
22 Vgl. *Albertz*, Religionsgeschichte, 217f.
23 *Otto*, Mose und das Gesetz, 48, stellt fest, dass die Parallelen „sich bei genauerem Hinsehen darauf [reduzieren], daß Mose wie Jerobeam gegen den Frondienst rebellierte." Darüber hinaus ist es eine Überinterpretation, wenn Albertz annimmt, dass Mose „den Aufstand wagt, indem er einen ägyptischen Vorarbeiter erschlägt" (*Albertz*, Religionsgeschichte, 217f.; vgl. auch *Albertz*, Exodus I, 20) Die Geschichte lässt keinen Zweifel daran, dass es sich um eine einzelne Handlung, die eigentlich im Verborgenen bleiben sollte, handelt.
24 *Otto*, Mose und das Gesetz, 59.
25 Ebd., 58.
26 Zum Konzept in den deuteronomistischen Geschichtsbüchern bspw. in Ri 17; 19 vgl. unten, 238–257.
27 Natürlich waren die antiken Autoren nicht an unsere Vorstellungen von Chronologie gebunden, wie die in den biblischen Texten enthaltenen Anachronismen zeigen. Allerdings ist die Bedürftigkeit der Leviten in der Antike mit der Konzeption ihrer Landbesitzlosigkeit verbunden gewesen.

die Mosefigur angewendet. Den Autoren war die konzeptionelle Gebundenheit des Motivs der Fremdlingschaft der Leviten an die Zeit des Landbesitzes bewusst.[28] Dennoch ist Otto Recht zu geben, dass in der Erzählung die niedere Stellung des Mose konstitutiv ist. Nur indirekt wird das allerdings durch den Verweis auf Levi signalisiert, und zwar, weil er so mit den Hebräern verbunden ist, was von der Pharaonentochter auf der Figurenebene mit dem Ausruf „von den Kindern der Hebräer ist dieser" (מילדי העברים זה) bestätigt wird. Sie wird dadurch zur außenstehenden Zeugin für Moses Identität und Legitimität. Der Sachverhalt, dass Mose Hebräer ist, definiert ihn als sozial unten stehend. Diese Charakterisierung aus der Perspektive der Pharaonentochter zeigt, dass dies so für Ägypten generell gilt. Indem die Tochter des Pharaos die hebräische Identität des Knaben feststellt, wird im jetzigen Kontext zusätzlich ein Zusammenhang mit den Willkürakten gegen die Israeliten (vgl. Ex 1,15f.19) hergestellt.[29] Spätestens in Ex 2,11 zeigt sich, auch wenn man keinen direkten Zusammenhang von Ex 2 zu der Verfolgung der männlichen Nachkommenschaft in Ex 1,15–20 und 1,21f. akzeptieren mag, dass die Bedrückung der Hebräer schon am Anfang der Mosegeschichte impliziert ist.[30]

Die Erzählung nennt keinen Grund für Moses Aussetzung. Allerdings wird in Ex 2,3aα festgestellt, dass seine Mutter ihn nicht länger verbergen konnte. Auf der Grundlage der Annahme, dass die Geschichte unabhängig von Ex 1 und damit unabhängig vom jetzigen Plot der Exoduserzählung ist, wird die Herkunft des Jungen als Grund vermutet.[31] Man meint, ein Problem bestehe in der Beziehung der Eltern zueinander, und die Phrase ויקח את בת לוי „und

---

28 Siehe dazu unten, 94f.
29 Vgl. *Utzschneider/Oswald*, Exodus, 85.
30 Im jetzigen Kontext wird das – wie festgestellt – mit der Aussetzung impliziert. Bei der Annahme einer Unabhängigkeit der Geschichte stellt sich die Frage wie Ex 2,2 zu interpretieren ist. Meiner Ansicht nach lässt sich das Dilemma ohne die Konstruktion einer von Ex 1,16–22 abweichenden Intention in Ex 2,2 lösen, indem man annimmt, dass die priesterliche Eröffnung der Exoduserzählung kreativ mit ihren Quellen umgegangen ist, wie ich an Ex 1,1–14 gezeigt habe. Vgl. *Heckl*, Vom Mythos zur Geschichte. Die Verse, die einen Zusammenhang mit der vorangehenden Situation vorauszusetzen scheinen, werden von *Berner*, Exoduserzählung, 50, für sekundär gehalten. Dass solche literarkritischen Operationen an der Stelle nicht sinnführend sind, hat schon *Schmid*, Erväter, 155, aufgezeigt: „Wollte man Ex 2,2f allein vom Kindermord von Ex 1 her verstehen, müßte man hier mit der abstrusen Annahme rechnen, daß die Mütter nur ihre schönen, nicht aber ihre häßlichen Kinder vor Pharao und seinen Leuten verborgen hätten."
31 Vgl. *Schmid*, Erzväter, 155f., der von der „geplanten Beseitigung eines unehelichen Kindes" ausgeht. An Ex 2,6–10 lasse sich die Unabhängigkeit von Ex 2 gegenüber Ex 1 zeien: „Ex 2,6–10 verliert kein Wort darüber, daß die Pharao-Tochter den aufgefundenen Mose versteckt hätte oder daß sie sich willentlich dem Befehl ihres Vaters widersetzt hätte – offenbar ist hier Ex 1 nicht als bekannt vorauszusetzen" (ebd., 156).

er nahm die Tochter Levis" in Ex 2,1b spiele auf eine Vergewaltigung an.[32] C. Berner schlussfolgerte daher, dass „Ex 2,1 mit der Herkunft Moses zugleich den Grund seiner Aussetzung [nennt] und [...] damit bestens als Einleitung der mosaischen Geburtserzählung [taugt], die zugleich den Beginn der vorpriesterschriftlichen Exoduserzählung markiert."[33] Es kann aber nicht davon die Rede sein, dass Moses Herkunft in der Erzählung in Frage steht.[34] Die Forschung scheint in der Diskussion der Stelle in einen Anachronismus verfallen zu sein. Denn ob der Text eine Vergewaltigung in den Blick nimmt, oder nicht, spielt bei der Frage nach Moses Legitimität keine Rolle. Die entsprechende Vorschrift (Dtn 22,28f.) spiegelt die patriarchalischen Verhältnisse, denen das Deuteronomium entstammt, wider. Darin wird die Vergewaltigung lediglich mit einer Entschädigungszahlung zugunsten des Vaters der Frau bestraft.[35] Für die Interpretation des Sachverhaltes in Ex 2 ist aber relevant, dass eine so gewaltsam hergestellte Verbindung im Deuteronomium als nicht auflösbar gilt.[36] Die Legitimität von Nachkommen steht so nicht in Frage. Sie stünde eventuell in Frage, wenn man Moses Vater nicht kennen würde.[37]

---

32 So *Schmid*, Erzväter, 155; *Otto*, Mose und das Gesetz, 49; Berner, Exoduserzählung, 49f. Dagegen hat zuletzt *Gerhards*, Tochter Levis, 116, die verwandte Phraseologie geprüft und dafür plädiert, „Ex 2,1 in der herkömmlichen Weise zu verstehen, nach welcher der Mann aus dem Hause Levi die Tochter Levi heiratete".

33 *Berner*, Exoduserzählung, 50. Die Vorschriften Ex 22,15; Dtn 22,28f. gehen in eine andere Richtung. *Schmid*, Erzväter, 155, weist als „engste Parallele" auf Hos 1,2f. hin, doch ist dort die Mutter das Problem. Sie wird von vornherein als זנונים אשת „hurerische Frau" beurteilt. Doch dies geschieht im vorliegenden Text nicht. Schmids Feststellung, „[w]enn also Mose nach Ex 2,1 ein uneheliches Kind einer gewaltsamen Vereinigung eines Leviten mit der Tochter Levi war, ist damit für die Mutter [...] Grund genug für eine Aussetzung gegeben", ist auf diesem Hintergrund nicht zu erklären. Weder wird Mose zum ‚hurerischen' (dafür scheint der unbekannte Vater das entscheidende Kriterium zu sein: Hier ist der konzeptionelle Unterschied zu Hos 1,2f. aufgrund der Formulierung וגם הנה הרה לזנונים deutlich) noch in anderer Weise zum illegitimen Kind. Die soziale und juristische Stellung von unehelichen Kindern wurde zwar bis in das 20. Jh. in Mitteleuropa diskutiert, doch die Ehevorschriften der Tora gehen in eine andere Richtung.

34 Es ist auch kein exegetisches Argument, dass ein hypothetischer Textanfang „bestens" (*Berner*, Exoduserzählung, 50) für die Einleitung einer ebenso hypothetischen Kurzerzählung „taugt" (ebd.).

35 So schon Ex 22,15.

36 Dtn 22,29b ist gegenüber Ex 22,15 als Innovation zu beurteilen. Hier wird offenbar die dauerhafte Versorgung der missbrauchten Frau sichergestellt.

37 Ein gutes Beispiel dafür findet sich in der Tamargeschichte, in der die schwangere Frau nur aufgrund des Schuldbekenntnisses ihres Schwiegervaters Juda gerettet wird. (Gen 38,24–26). Der Aufruf zur Tötung der Frau, den man heute in die Nachbarschaft zum Aufruf zum sog. Ehrenmord stellten könnte, wird dort nicht infrage gestellt. Dieser Umgang mit dem Thema könnte über weite Strecken zu den kulturellen Rahmenbedingungen der Ehevorschriften gehören, was sich in Dtn 22,13–29 zeigt und damit auch im Hintergrund

Von daher wird man festhalten müssen, dass selbst wenn die Formulierung eine Vergewaltigung implizieren würde, für das aus dieser Beziehung hervorgegangene Kind im Kontext des Alten Israels keine Aussetzung gerechtfertigt wäre. Da eine Vergewaltigung zwar im Kontext der Kultur der Neuzeit ein Problem war und die aus ihr hervorgehenden Kinder nur in Europa bis ins 20. Jh., aber nicht im Alten Israel ein Legitimationsproblem hatten, fehlt der Grund, warum man darauf an dieser Stelle angespielt haben sollte.[38] Das monierte Fehlen von לאשה in Ex 2,1[39] ist der knappen Erzählweise geschuldet. לקח als Verbum mit einem breiten Bedeutungsspektrum[40] verlangt in bestimmten Kontexten und Textsorten[41] eine Konkretion. Im vorliegenden Fall muss nicht klargestellt werden, um was es sich handelt.[42]

In Ex 2,1 werden Moses Vater und Mutter also zunächst als Israeliten ausgewiesen. Ex 2,1 betont die Legitimität von Moses Herkunft. Als Problem ausgeschlossen ist, dass es sich um eine Beziehung zwischen Fremden handelt. Seine Herkunft wird angesichts der Namensgebung durch die Tochter des Pharaos und seines Aufenthalts am königlichen Hof (Ex 2,10) für die intendierten Adressaten betont und später in Ex 2,6b von der Pharaonentochter bestätigt, was natürlich der Bestätigung gegenüber den intendierten Adressaten dient. Mose ist unzweifelhaft Israelit – so die Botschaft, obwohl man aufgrund der Umstände Zweifel haben könnte.[43] Man bedenke nur umgekehrt die

---

der Mosegeschichte eine Rolle spielen dürfte. Daher wäre aus der Perspektive der Mosegeschichte Sargons Mutter entsprechend Dtn 22,21 der „Unzucht" schuldig, nicht aber Moses Mutter.

38 Man hätte dies andererseits sicher kaum in so hintergründiger Weise getan, sondern das dabei der Klärung dienende ענה pi. „Gewalt antun, vergewaltigen" verwendet. Vgl. Gen 34,2; Dtn 21,14; 22,24.29; Ri 19,24; 20,5; 2Sam 13,12. Besonders aufschlussreich ist Gen 34,2: ויקח אתה וישכב אתה ויענה. Zwar findet sich hier auch das ויקח, doch wird abschließend geklärt, was es damit auf sich hat.

39 Vgl. u.a. *Schmid*, Erzväter, 154; *Otto*, Mose und das Gesetz, 50.

40 Vgl. *Gerhards*, Und nahm die Tochter, 110.

41 In Gesetzen wie in Dtn 21,11; 22,13; 23,1.3.5 wird Eindeutigkeit durch die Hinzufügung von לאשה festgeschrieben. Meiner Ansicht nach wird an diesen Stellen mit לאשה festgeschrieben, dass es sich um eine Ehe handelt, damit der Fall des Menschenraubes wie in Dtn 24,7 ausgeschlossen ist.

42 Vgl. dazu ausführlich *Gerhards*, Und nahm die Tochter.

43 Dazu gehört auch, dass von Moses Geschwistern in Ex 2,1f. noch keine Rede ist. Zu weit geht aber die Einschätzung, wonach „[d]ie Handlungsfolge der V. 1f. ‚da ging ein Mann ... nahm die Tochter ... die Frau wurde schwanger' [...] die Annahme nahe [legt], dass Mose als erstes Kind seiner Eltern dargestellt werden soll" (*Utzschneider/Oswald*, Exodus, 84). Wahrscheinlich soll in Ex 2,1f. Mose als erster Sohn seiner Eltern dargestellt werden. Aaron, der sicher erst später in der Überlieferung als Moses Bruder gilt, ist hier nicht im Blick. Anders verhält es sich bei Moses Schwester. Selbst wenn Ex 2,4 ein Zusatz wäre, war das unvermittelte Auftreten der Schwester in der Erzählung nicht problematisch. Es ist

Problematik der Geschichte, wenn es möglich wäre, dass der nicht namentlich erwähnte Vater des Mose unbekannt oder gar ein Ägypter wäre. Dies und nicht die Legitimität von Moses eigener Beziehung, was durch Num 12 bezeugt wird,[44] wäre dann in der Tradition diskutiert worden. Meiner Ansicht nach ergibt sich somit auch ein Grund, warum man die Namen von Moses Eltern in Ex 2 nicht nennt.[45] Man ahmt an diesem Punkt mit der Mosegeschichte die Sargonlegende nach, stellt aber zugleich sicher, dass der größtmögliche Kontrast zwischen Mose und Sargon besteht.

Wie verhält sich nun der Erzählzug, der die klare israelitische Herkunft betont, zu der Sargongeschichte, die aufgrund der Übereinstimmung einer Reihe von Aspekten sicher im Blick ist? Von Mose wird in Ex 2,1–10 erzählt, wie er an den Hof des Pharaos kommt und dort zum Sohn der Pharaonentochter wird. Im weiteren Erzählverlauf wäre eigentlich mit der Sargongeschichte als Hintergrund der Fortgang einer Hofgeschichte und Moses Aufstieg zur Macht zu erwarten. Entsprechend hätte Mose in Blick auf die Sargongeschichte das Potential, zum Herrscher über Ägypten aufzusteigen. Dass dies nicht geschieht, ist ein Überraschungsmoment, wie auch, dass Mose zum Führer jener in Ägypten lebenden unterprivilegierten Gruppe der Hebräer wird. Es liegt also auch im Fortgang keine Adaption der Sargongeschichte vor, wie aufgrund des Gegenübers der Priesterin dort und der levitischen Eltern in der Mosegeschichte vermutet worden ist, sondern weiter eine Kontrastparallele. Kontrastiert und damit kritisiert wird indirekt die illegitime Herkunft Sargons.[46] Denn der illegitimen Herkunft des Assyrerkönigs, dessen Mutter den Vater nicht benennen kann, wird Moses Legitimität gegenübergestellt. Während die Priesterin ein Kind zur Welt bringt, dessen Vater nicht bekannt ist und es deswegen aussetzt, wird Mose in doppelter Weise sowohl von der Seite seines Vaters als auch von der Seite seiner Mutter her als Israelit eingeführt und so die Legitimität seiner Herkunft unterstrichen.[47] Meiner Ansicht nach geht die Kontrastparallele auch noch weiter, wenn man die Berufungsgeschichte des Mose einbezieht. Otto verweist darauf, dass der Grund der Einsetzung

---

sicher ein Kennzeichen der patriarchalen Gesellschaft, dass nur sehr selten überhaupt von der Geburt von Töchtern erzählt wird.

44 Vgl. *Knauf*, Midian, 160, zu Num 12.

45 *Jacob*, Exodus, 20; *Dohmen*, Exodus 1–18, 109, zeigen auf, dass das Interesse auf Levi liegt, sie stellen aber nicht die Frage, warum man auf die Namen verzichtet. Angesichts der Bedeutung des Mose ist das erklärungsbedürftig.

46 Bei dieser Sicht wird auch die Annahme einer sekundären Ergänzungsschicht in der Geschichte unnötig, die die Verfolgung aufgrund der Tatsache, dass es sich um einen hebräischen Knaben handelt, erklärt. Zur Ergänzung vgl. *Otto*, Mose und das Gesetz, 51.

47 Siehe dazu oben, 87, Anm. 37.

Sargons in die Königsherrschaft die Liebe der Ischtar ist, was einerseits auf „die Liebe der Göttin Ištar zum Gärtner ihres Vaters Išullānu im Gilgameš-Epos"[48] anspiele, andererseits aber mit der politischen Loyalität gegenüber dem assyrischen König verbunden sei, den das Volk so lieben solle, wie die Gottheit ihn liebe.[49] Freilich dürfte die Zuneigung der Göttin Ischtar ambivalente Assoziationen geweckt haben. Denn bekanntlich schlägt Gilgamesch die Liebe der Gottheit unter Verweis auf das Geschick von deren Liebhabern und auf das Ritual für Tammuz aus.[50] Die unverbrüchliche Berufung des Mose durch den Gott Israels, die insbes. durch Moses Einsprüche und *Jhwh*s Bekräftigungen betont wird, steht einer zweifelhaften Erwählung Sargons durch die Liebesgöttin gegenüber. Die Kontrastierung hat somit das Potential einer Satire. Wenn man mit einer politischen und religiösen Auseinandersetzung mit der neuassyrischen Reichsideologie rechnet, ist der von mir vorgeschlagene satirische Bezug auf die Erwählung Sargons durch Ischtar wahrscheinlicher als eine neutrale Gegenüberstellung des Handelns zweier Gottheiten.

Die Mosegeschichte ist eine Gegengeschichte zur Sargonidenlegende. Dies macht die Verortung am Ende der neuassyrischen Zeit wahrscheinlicher als eine Spätdatierung.[51] Die Kontrastierung der Sargongeschichte erfolgt außerdem durch eine gegenläufige Entwicklung der Hauptfiguren: Während Sargon beim Wasserschöpfer Akki groß gezogen und danach von Ischtar zum König erwählt wird, wächst Mose am Hof des Pharaos auf, doch ist sein Aufenthalt am Hofe mit seiner gewaltsamen Parteinahme für die Israeliten beendet, wonach er von *Jhwh* zum Retter der Israeliten erwählt wird.

---

48 *Otto*, Mose und das Gesetz, 56.
49 Vgl. *Otto*, Mose und das Gesetz, 57.
50 Siehe Gilgamesch VI:44–46; vgl. TUAT III, 700.
51 *Gerhards*, Aussetzungsgeschichte, 250–264, hat überlegt, ob es sich um eine Hoffnungsgeschichte unter der babylonischen Herrschaft handelt. Dafür führt er u.a. eine Deutung des Mosenamens an, die auf dem pt. akt. von משה beruht. Vgl. ebd., 142.252. Doch abgesehen davon, dass eine Namensetymologie als Argument der Auslegung schwach ist und aufgrund der Tatsache, dass משה als Verb nie in Bezug auf das Exil verwendet wird, ließe sich diese Namensdeutung genauso gut in die dargestellte Szenerie plausibel machen. Daher gilt die zentrale Schlussfolgerung nicht: „Die Exilierung breiter Bevölkerungsschichten bildet den plausibelsten Hintergrund für die Darstellung des Exodus-Anführers als ‚Retter'" (ebd. 252f.). Vielmehr passt ja die Figur Mose als Retter zuallererst in den Kontext des Exodus aus Ägypten! *Oswald*, Staatstheorie, 84f., denkt an die Herrschaft der Saiten über Palästina im 7. Jh. Die offensichtliche Nähe zur Sargongeschichte und vor allem die Absicht, die Sargoniden zu kritisieren, führt am ehesten in die neuassyrische Zeit.

5.3 Die Charakterisierung des Mose in Ex 2f.

Wir lassen es an dieser Stelle zunächst auf sich beruhen, ob in Ex 2,1 mit dem „Haus Levis" und mit der „Tochter Levis" ein direkter Bezug zur Genesis hergestellt werden soll oder nicht.[52] Dass in Ex 2,1 die Legitimität des Mose mit dem Verweis auf Levi bzw. der levitischen Herkunft der Eltern ausgedrückt wird, lässt weitere damit verbundene Implikationen erwarten. Mose wird über *beide* Eltern mit einer als bekannt vorausgesetzten Figur Levi verbunden.[53] Hier ist zunächst zu überlegen, welche alternativen Ausdrucksmöglichkeiten ein Autor hatte: Grundsätzlich wäre es möglich gewesen, den Eltern eine unterschiedliche Herkunft zuzuweisen. Sie wären dann als nicht so eng miteinander verwandt erschienen und eine Spannung zu den (späteren) Regeln der Tora aufgrund der verwandtschaftlichen Beziehung wäre vermieden worden. Vorausgesetzt, dass es sich bei den Gesetzen in Lev 18 nicht um nachexilische Innovationen handelt (vgl. dazu Gen 19), hat der Verfasser von Ex 2 also einen Widerspruch mit den familienrechtlichen Regelungen der Tora in Kauf genommen bzw. so aus der Tradition übernommen, dass Mose Nachkomme jenes Levi über beide Elternteile ist.[54] Es liegt aufgrund dessen nahe, dass

---

52 Die Entscheidung darüber war für die Interpretation von Moses Geburtsgeschichte noch nicht erforderlich, obwohl einige Indizien bereits einen Zusammenhang zwischen Mose und dem Levi der Erzelterngeschichten nahe legten. Die Diskussion von Ex 2f. wird genügend Anhaltspunkte ergeben, die Frage abschließend zu beantworten.

53 Aus konzeptionellen Gründen werden von *Albertz*, Exodus I, 57, daran Korrekturen vorgeschlagen: „Da die politische Mose-Erzählung sonst gar keine Stämme kennt, sondern alle Hebräer unterschiedslos als ‚Brüder' bezeichnet (2,11–12), ist es unwahrscheinlich, dass sie auf eine levitische Abstammung des Mose derart Wert gelegt hat. Wahrscheinlich hat sie die Namen der Eltern genannt, wobei sie möglicherweise erwähnte, dass der Vater des Mose den Beruf eines Leviten ausübte." Doch wissen wir weder, was Leviten sind, noch ist ein Szenario vorstellbar, warum in dieser Geschichte die Namen unterdrückt worden sein sollten. Zudem ist die Bezeichnung „Bruder" keine Alternative zu der Stammeskonzeption. Man vergleiche nur den häufigen Gebrauch von אח im Deuteronomium, obwohl dort die Stammeskonzeption vorausgesetzt ist. Einen weiteren Vorschlag zur levitischen Herkunft hat *Meyer*, Israeliten, 119, ins Spiel gebracht, indem er aus der Hervorhebung Ephraims im Segen durch Jakob vermutet, dass dieser „die Tochter Lewis heiratet und Moses Vater ist". Doch ist dies ebenso Spekulation wie die Überlegung von Albertz zum Beruf von Moses Vater in Ägypten.

54 So schon *Noth*, Überlieferungsgeschichte des Pentateuchs, 219.236, der aber die *nota accusativi* für sekundär hält. *Dohmen*, Mose, 86f., sieht ebenfalls die Herkunft von Levi betont. Aufgrund des כי טוב הוא macht er zugleich einen Zusammenhang mit dem Schöpfungssegen aus. Die Formulierung deute an, „dass er [Mose, R. H.] vollständig in dieser levitischen Linie steht, die den Schöpfungssegen vermittelt" (ebd., 87). Doch auch so wird eine Deutung an den Text herangetragen. Denn von der Vermittlung von

die doppelte Bezugnahme zu Levi der Charakterisierung des Mose dient.[55] Um zu beschreiben, was für einen Leviten charakteristisch ist, könnte man unterschiedliche Informationen aus dem Pentateuch oder der Hebräischen Bibel hinzuziehen, und so zu unterschiedlichsten Lösungen gelangen. Doch ist die Übernahme eines Konzeptes aus einem anderen Zusammenhang dann problematisch, wenn es konkurrierende Konzepte gibt.[56] Um dieser Problematik zu entkommen, soll der Zusammenhang zwischen Mose und den Leviten von den in Ex 2 gegebenen Informationen her bestimmt werden.

Moses Weg an den Hof des Pharaos in Ex 2 ist einer Aufstiegsgeschichte wie der Josefsgeschichte ähnlich. Eigentlich erwartet man Moses Weg zur Macht über Ägypten, doch stattdessen kehrt er vom Hof des Pharaos zu den Israeliten zurück.[57] Die erste Szene Ex 2,11f. zeigt ihn, wie er spontan Partei ergreift und Gewalt anwendet. Er erschlägt einen Ägypter, der einen Israeliten schlug bzw. erschlug.[58] In der sich daran anschließenden Szene greift Mose in einen Streit zwischen zwei Israeliten ein (2,13f.), wobei er den Schuldigen zurechtweist. Jener wird auf der Erzählebene als רשע „Frevler" eingeführt, und Moses Handeln erscheint deshalb für die intendierten Adressaten von vornherein als gerechtfertigt. Der Beschuldigte weist Moses Eingreifen allerdings zurück und gibt dabei zu erkennen, dass ihm dessen Tat bekannt ist:

הלהרגני אתה אמר כאשר הרגת את המצרי – Redest du, weil du mich auch töten willst, wie du den Ägypter getötet hast?

Die Reaktion und Zurückweisung von Moses Eingreifen geschieht in Form einer rhetorischen Frage:

Segen durch Levi ist im Pentateuch erst in Dtn 10,8 die Rede. Siehe zu dieser Stelle unten, 203–215.

55 *Utzschneider/Oswald*, Exodus, 85f., meinen: „Für die Zeugung des Kindes ist ein Vater vonnöten; nur deshalb wird ein solcher in Ex 2,1 erwähnt." Doch dafür hätte man bei den Eltern nicht denselben Vorfahren nennen müssen.

56 Auch die Verbindung, die *Otto*, Mose und das Gesetz, 58, zu den Erwähnungen des Leviten im Deuteronomium hergestellt hat, ist lediglich eine von verschiedenen durch fremde Kontexte eröffneten Möglichkeiten. Vgl. oben, 85, Anm. 27.

57 Mit aller Vorsicht ist hier eine Kontrastierung der Josefsgeschichte zu überlegen. Jene wäre dann ein bekanntes Werk des vorexilischen Israels, auf das man sich später kritisch bezogen hat. Zwar ist das Alter der (ursprünglichen) Josefsgeschichte umstritten (vgl. dazu *Schmid*, Josefsgeschichte, 107–112), doch lässt sie sich auch aufgrund ihrer Bezüge zur ägyptischen Literatur leicht als Mustertext für die nachexilischen Diasporanovellen verstehen. Vgl. dazu *Heckl*, Nachahmung, 11f.

58 Zur Bedeutung vgl. *Utzschneider/Oswald*, Exodus, 95.

מי שמך לאיש שר ושפט עלינו – Wer hat dich zum Anführer und Richter über uns eingesetzt? (2,14).[59]

Diese impliziert auf der Figurenebene die Antwort „niemand", nimmt aber wichtige Aspekte von Moses Charakterisierung aus dem Fortgang des Pentateuchs vorweg, sodass die beiden Aussagen der rhetorischen Frage des Frevlers für den eingeweihten Leser wie Vorwegnahmen wirken. Dass dies intendiert ist, bestätigt sich in den Konsequenzen, die die kurze Szene nach sich zieht. Mose muss vor dem Zorn des Pharaos fliehen, was in der Endkonsequenz Israels Exodus aus Ägypten einleitet.[60] Dies lässt auch den Wortlaut der Frage in einem anderen Licht erscheinen. „Über uns" (עלינו) mit dem Suffix 1. Pl., das zwar vordergründig auf die beiden im Streit befindlichen Israeliten weist, lässt sich so bereits auf die Gruppenidentität der Hebräer / Israeliten beziehen.[61]

Mose wird also in Ex 2,14 als שר ושפט „Beamter (bzw. militärischer Anführer[62]) und Richter" bezeichnet, was die spätere richterliche Funktion des Mose vorwegnimmt, die er während der Wüstenwanderung (Ex 18) einnimmt. Auch seine militärische Rolle beim Exodus, der Wüstenwanderung und am Anfang der Landnahme und seine Funktion als Mittler des Rechts für das spätere Israel wird dadurch bereits angedeutet. Die Frage, die den Mord an dem Ägypter aufnimmt, verleiht den Vorwegnahmen der (eigentlich) rhetorischen Frage zusätzliches Gewicht. Nur als שר oder שפט hätte Mose Macht über Leben und Tod, auch wenn ihn dies nicht zum spontanen Totschlag ermächtigen würde, und später entscheidet er auf der Wanderung durch die Wüste dann tatsächlich in mehreren Situationen über Tod und Leben unter den Israeliten. Dass

---

59 Möglicherweise handelt es sich um eine geprägte Wendung vor. Diese würde sich auch in dem Ausspruch Abschaloms in 2Sam 15,4 widerspiegeln, mit dem dieser die Israeliten für sich zu gewinnen sucht: מי ישמני שפט בארץ „Wer wird mich zu einem Richter im Lande einsetzen?" Die Formel zielt auf die königliche Herrschaft ab. Vgl. den Gebrauch von שפט als Synonym für den König in Mi 4,14.

60 So auch die letzte ausführliche Untersuchung des Zusammenhangs *Gertz*, Exoduserzählung, 258: „Der Übergang nach Midian wird aber in 2,11ff geschildert, einem Abschnitt, der von 2,15–23aα; 4,19 nicht zu trennen ist." Anders zuletzt *Utzschneider/Oswald*, Exodus, 117, die zwar die Flucht und die Ankunft bei den Midianitern und Moses Heirat, aber nicht Moses Berufung der älteren Exoduserzählung zurechnen.

61 In Ex 3,18 begegnet die 1. Pl. auf Israel bezogen (wieder bei עלינו) in den Worten, die Mose dem Pharao sagen soll.

62 Vgl. *Rüterswörden*, Beamte, 20–56. Einen Zusammenhang sieht *Magonet*, Korah Rebellion, 7, auch mit der rhetorischen Frage Datans und Abirams in Num 16,13, ob Mose nun auch noch über das Volk herrschen wolle, doch setzt dies voraus, dass man das Nomen שר eng mit dem in Num 16,3 gebrauchten שרר verbunden hat. Doch שר wird sonst nicht mit Herrschaft, sondern mit speziellen Funktionen verbunden.

man in dieser Antizipation Mose allerdings spontan handeln lässt, ist im Gegenüber zu den Erzählungen der Wüstenwanderung erklärungsbedürftig.

In der vordergründig als Zurückweisung dienenden vom Frevler geäußerten Frage, klingt bereits mit „wer hat dich eingesetzt" (מי שמך) die sich in Ex 3 anschließende Berufung des Mose durch Gott an. Zunächst könnte man überlegen, ob damit eine priesterliche Funktion im Blick ist, doch gehen שר und שפט in eine andere Richtung, und es dominieren in der Berufungsgeschichte andere Aspekte. Es geht in ihr primär um das Elend des Volkes und um seine Befreiung aus Ägypten. Mose wird zum Sprecher und Führer des Volkes aus Ägypten erwählt. Die Erwählung mit ihrer besonderen Nähe zur Erwählung Sauls und Gideons,[63] aber auch zu Prophetenerwählungen lässt Mose als Gestalt mit einer besonderen militärischen und politischen Funktion erwarten. Hier ist die weitere Kontrastierung von Sargons Erwählung durch Ischtar mit der Berufung des Mose durch *Jhwh* zu beachten. Während Ischtars Erwählung aufgrund des zwielichtigen Charakters ihrer Werbung im Gilgameschepos anrüchig ist,[64] wird die Legitimität von Moses Berufung durch seinen wiederholten Einwand in besonderer Weise gesichert. Die Berufung lässt sich so bruchfrei mit der Vorwegnahme durch die scheinbar rhetorische Frage des Frevlers verbinden. Der Frage מי שמך „wer hat dich eingesetzt" steht Moses Frage מי אנכי כי אלך אל פרעה „wer bin ich, dass ich zum Pharao gehe" gegenüber. Gerade Moses Einsprüche bestätigen und unterstreichen die Legitimität von Moses Handeln, indem so unmissverständlich klargestellt wird, dass er sich nicht selbst eingesetzt hat, sondern Gott. Die vorwegnehmende Benennung von Mose als Richter wird aufgrund der Erwählung nicht nur als Antizipation bestätigt, sondern über seine immer stärker Gestalt gewinnende Mittlerfunktion zielt sie auf Moses Mittlerschaft der Tora.

Die beiden Antizipationen in der rhetorischens Frage des Frevlers zielen allerdings über die Zeit des Auszugs und die Wüstenzeit hinweg auf Institutionen, die ihren eigentlichen Ort erst im Land haben. Dieser Aspekt ist für die Frage der Charakterisierung des Mose als Levit relevant, wenn man davon ausgeht, dass es sich bei der Levitenschaft um eine Institution oder Gruppierung der späteren Geschichte des Volkes Israel handelt.

Der Kontext der Berufungsgeschichte enthält einen weiteren Aspekt, durch den ein Zusammenhang mit einer Charakterisierung der Leviten hergestellt wird. Denn Mose muss aus Ägypten fliehen, und er wird fern von Ägypten und fern vom eigenen Volk aufgenommen. Sein fremdes ‚Zuhause' wird danach bei Geburt und Namensgebung seines Sohnes beurteilt: ותלד בן ויקרא את שמו גרשם

---

63   Vgl. dazu zuerst die Studie *Richter*, Berufungsberichte. Die Nähe zur Erwählung bspw. von Jeremia ist allerdings ebenso signifikant.
64   Siehe dazu oben, 90.

כי אמר גר הייתי בארץ נכריה – „Und sie [Zippora] gebar einen Sohn, und er nannte seinen Namen Gerschom, denn er sprach: Ein Fremdling bin ich gewesen in einem fremden Land" (Ex 2,22). Die Charakterisierung seines Aufenthaltsortes als fremdes Land seiner Fremdlingschaft zieht in Betracht, dass Mose generell (auch in Ägypten) Fremdling ist. Der Umkehrschluss eines Fremdlings im eigenen Land entspricht der Bewertung der späteren Lebensweise der Leviten in Gen 49,5–7, sodass diese ebenfalls indirekt in Mose antizipiert wird. Die Anspielung ist ein wichtiges Indiz, dass die Mosegeschichte mit dem Levi der Jakobsgeschichte verbunden ist.

Die doppelte Nennung des Eponyms Levi, die Parteinahme für die Israeliten in der spontanen Tat des Mose und die in Form einer rhetorischen Frage vorgebrachte Beurteilung dessen als das Handeln eines שר und משפט, was Moses spätere Funktion vorwegnimmt, sowie die Betonung der Fremdlingschaft des Mose bilden einen konzeptionellen Zusammenhang. Daher können abgesehen vom Bezug auf den Eponym Levi und die Leviten überhaupt weitere Präsuppositionen der Erzählung erschlossen werden. Offensichtlich sind die Richter- und Beamtenschaft, Beauftragung zur politischen Führung in der Auseinandersetzung mit den Ägyptern und damit eine besondere Verantwortung für Israel mit Mose als Leviten verbunden. Mose ist als Prototyp eines Leviten figuriert. Er wird mit seiner Beauftragung in Ex 3 *de facto* zu einem Beamten des Gottes Israels, weswegen er traditionsgeschichtlich später auch zum Schreiber geworden ist. In der Mosegeschichte werden ihm verschiedene Funktionen zugewiesen, doch bis zur Ankunft am Gottesberg fehlt jede Spur eines priesterlichen Handelns durch ihn.

Angesichts dessen verdichten sich die Hinweise auf einen Zusammenhang mit den Handlungen Levis der Genesis. Denn über Gen 49,5–7 besteht eine Affinität zwischen der Charakterisierung des Mose durch seine Taten und den Handlungen Levis und Simeons in der Genesis. Moses Selbstjustiz erinnert an den von Simeon und Levi verübten Mord an den Sichemitern in Gen 34,25. In dieser Erzählung dulden Simeon und Levi die Vereinbarung Jakobs mit der Sippe Hamors nicht und rächen die Vergewaltigung Dinas grausam. Dies wird im Segen Jakobs (in Gen 49,5) zwar negativ beurteilt und mit einem Fluch belegt, der die spätere Lebensweise Levis und Simeons, die kein eigenes Territorium in Israel haben sollen, begründet. Doch handelt es sich um ein Vorgehen gegen gegen Israel verübte Gewalt. Das Handeln des jungen Mose erscheint so mit jenem Levis verbunden.[65] Ein weiteres verbindendes Element ist Moses Flucht nach Midian, was ihn als ersten Repräsentanten der Leviten

---

65   *Schmidt*, Exodus I, 67, hat ebenfalls überlegt ob Ex 2 mit dem Selbstverständnis der Leviten zusammengehört: „Näher liegt die Annahme, daß die Beziehung zwischen Mose und den Leviten ursprünglich keine genealogische, sondern eine sachliche (und damit

auch die spätere Lebensweise des Stammes entsprechend von Gen 49 vorwegnehmen lässt, was die Deutung des Namens seines Sohnes entsprechend ausformuliert wird. Die Stelle dürfte das dtn/dtr Konzept der Fremdlingschaft der Leviten nach sich gezogen haben.[66]

Weil Mose mit seiner Herkunfts- und Berufungsgeschichte so eng an die Levifigur gebunden ist, erscheint die Unabhängigkeit von Ex 2f. von den Überlieferungen der Genesis oder den Überlieferungen im Hintergrund der Genesis als unwahrscheinlich.[67] Kein anderer Träger des Namens Levi als der dritte Sohn Jakobs dürfte in Ex 2,1 im Blick sein. Mose wird über die beide Elternteile mit Jakobs drittem Sohn in einen Zusammenhang gebracht. Seine spontane Aktion gegen den Ägypter dient auf der Erzählebene damit nicht nur dazu, die Handlung, die Mose aus Ägypten weg und nach Midian führt, in Gang zu bringen. Sie zeigt auch, was man von einem Leviten erwartet: ein engagiertes Eintreten für das eigene Volk und die Übernahme von bestimmten herausgehobenen Funktionen.[68] Der Zusammenhang mit Gen 34,25–31 und Gen 44,5–7 ist konstitutiv für Ex 2f.[69] Offenbar hat man an das durch Jakob kritisierte Handeln Levis (und Simeons) angeknüpft und Levi so zum Vorbild für Mose und zum Eponym der Leviten als Gruppierung gemacht. Die überraschende[70] Spontanität von Moses Handeln dürfte daher mit der doppelten Charakterisierung einer Verwandtschaft mit dem Levi der Genesis zusammenhängen.

5.4 Die Beauftragung der Leviten durch Mose (Ex 32,26–29)

Im Folgenden geht es um die Rolle der Leviten bei der Bestrafung der Israeliten nach der Verehrung des Stierbildes. Es kann an dieser Stelle zunächst auf sich

---

auch überlieferungsgeschichtliche) ist, nämlich die Übereinstimmung im Eifer für Jahwe. Die Leviten berufen sich – zur Begründung ihres Einsatzes für Jahwe – auf Mose."

66 Siehe dazu unten, 271.
67 Dagegen spricht auch, dass die kurzen und relativ abgeschlossenen Moseerzählungen in Ex 2–4 eher dem Stil der Genesis entsprechen.
68 Damit ist der Text keineswegs ein Programm für Selbstjustiz und spontane Gewalt.
69 Die gegenwärtige Auslegung verunklart diese Bezüge, indem man an dem überholten Konzept der ursprünglichen Priesterschaft der Leviten festgehalten wird: „Levi, der *heros eponymos* der Leviten, kann also durchaus eine alte Figur sein (Gen 29), die jedoch literarisch weitgehend blaß bleibt. Mit ihrer ersten Fleischwerdung zu Levi dem Patriarchen (Gen 34) ist kein Ausbau, sondern eher eine Zurückdrängung des kultischen Moments verbunden" (*Samuel*, Von Priestern, 307). Diese *ad-hoc*-Hypothese sucht den sperrigen Eindruck, den die Levifigur als Gewalttäter macht, mit der Annahme abzumildern, man habe ihm sekundär Gewalttaten zugeschrieben, um ihn für das Priesteramt zu delegitimieren, um so die These der ursprünglichen Priesterschaft der Leviten aufrechterhalten zu können. Der Zusammenhang mit Ex 2f. wird dabei außer Acht gelassen.
70 Vgl. oben, 94.

beruhen, ob wir es dabei mit einem jungen nachpriesterlichen oder aber älteren vorpriesterlichen Textabschnitt zu tun haben.[71] Denn er geht synchron betrachtet einer Fülle von vor allem priesterlichen Textstellen voraus, in denen Leviten thematisiert sind. Wenn wir es bei Ex 32,26–29 mit einer späteren Konstruktion zu tun hätten, wären die enthaltenen Implikationen dennoch relevant, weil die Übereignung der Leviten an die Priester im Numeribuch erst später folgt. Wenn es sich um einen vorpriesterlichen Abschnitt handelt, würde sich ergeben, wie man die Leviten vor ihrer Unterstellung unter das Priestertum (vgl. Num 3) gesehen hat. So ergäben sich Rückschlüsse auf das Konzept, auf dem das Numeribuch aufbaut.

71   Schon *Wellhausen*, Composition, 92, sah in dem Kapitel mehrere Überarbeitungen und in 32,21–29 die jüngsten Zusätze. *Holzinger*, Exodus, 109, wies die Passage E zu. Nach *Noth*, Exodus, 201, gibt es eine Reihe von Widersprüchen, womit er die Argumente von Wellhausen (ebd.) aufnahm. Der Abschnitt konkurriert insbesondere mit der nachfolgenden Aufschiebung einer Bestrafung: „Nach V. 20 gab Mose dem Volk ein ‚Fluchwasser' zu trinken, nach V. 25–29 vollzogen die Leviten mit dem Schwert die Ahndung des Abfalls, und in V. 34 ist davon die Rede, daß Jahwe die ‚Heimsuchung' der Sünder auf eine unbestimmte Zeit vertagt, die er sich selbst vorbehält." *Noth* (ebd.) sah eine vorpriesterliche Redaktion. *Gunneweg*, Leviten, 35f., meinte einen ursprünglich kritisch gegen Aaron gerichteten Abschnitt zu erkennen. Dieser habe Aarons Priesterschaft nicht ausgeschlossen, was in seiner Einbindung in den Kontext noch erkennbar sei. Nach *Blum*, Studien, 184, ist Dtn 10,8f. ein Reflex von Ex 32,26–29 und bezeugt so die Zugehörigkeit der Passage zu der vorpriesterlichen Komposition. *Dahmen*, Leviten, 93, wies einen Grundtext des Abschnittes dem Pentateuchredaktor zu. Auf den Widerspruch auch zu Ex 32,35 hat *Dohmen*, Exodus, 312, hingewiesen. Auch er sieht eine späte Fortschreibung (vgl. ebd., 293), die priesterliche Konzepte aufgreift (dazu vgl. ebd., 313f.). Aufgrund des Widerspruchs zu V. 34 schloss sich auch *Konkel*, Sünde und Vergebung, 114, der Annahme eines späten Zusatzes an. Er sieht wie *Dahmen*, Leviten, 90.93, einen Zusammenhang mit Num 25,5–15 und vor allem deswegen einen nachpriesterlichen Redaktor. Vgl. *Konkel*, Sünde und Vergebung, 165f. *Perlitt*, Bundestheologie, 209, wies Noths literarkritische Beurteilung des Abschnittes zurück, aber übernahm seine Datierung der Passage, ohne auf die Probleme im Kontext einzugehen: „In Aaron sind die Aaroniden in den Abfall verstrickt; die Leviten aber bekommen das höchste Lob [...] Ihr Lohn ist groß; sie erlangen, was sie wollten: die Priesterwürde (32,29). Das ist, wie gesagt, alles andere als ein Zusatz [...]." Diese Beurteilung nahm *Samuel*, Von Priestern, 278, wieder auf, wobei er die Argumentation von Noth zu den Widersprüchen als dunkel zurückwies. Den Widerspruch mit dem nachfolgenden Kontext sucht er auszuräumen, indem er Ex 32,30–34 als redaktionell beurteilt. Die unterschiedliche Rede von einer Bestrafung führt er darauf zurück, dass Ex 32,26–29 auf den Kontext ausgerichtet sei, der nachfolgende Abschnitt aber auf die weitere Geschichte Israels: „Trotz der Strafe, welche die Israeliten unmittelbar für ihr Tun zu erleiden hatten, ist ihre Schuld noch nicht getilgt, die eigentliche Sühne steht noch aus." Doch passt zu dieser Deutung der nachfolgende Vers Ex 32,35 nicht. Zuletzt hat *Albertz*, Exodus II, 279f., den Sondercharakter des Abschnittes u.a. aufgrund der Übereinstimmung der Formulierung ... מלאו ידכם mit 1Chr 29,5; 2Chr 29,31 zum Anlass genommen, ihn als spätere Ergänzung anzusehen. Er sieht eine chronistische Ergänzung.

Ex 32 erzählt von der Herstellung des goldenen Stierbildes als Kultbild durch Aaron. Die Initiative geht vom Volk aus, wobei die Aufforderung קום עשה לנו אלהים אשר ילכו לפנינו „Los, mache uns Götter, die vor uns gehen!" (Ex 32,1) polemisch ist. Bei der anschließenden Herstellung des *einen* goldenen Kultbildes durch Aaron fehlt diese Polemik, was für die Existenz einer älteren Vorlage spricht, die noch positiv davon berichtete.[72] Im Fokus der Kritik der vorliegenden Fassung steht das Volk. Dies ist bereits der Fall in einer an Mose gerichteten Gottesrede in Ex 32,7–10, an deren Ende angekündigt wird, dass Mose stattdessen zu einem großen Volk werden soll. Moses anschließende Fürbitte verhindert die Vernichtung des Volkes. Nach seiner Rückkehr vom Gottesberg im Anschluss an die Zerstörung der Dekalogtafeln und nach der Beseitigung des Kultbildes stellt Mose Aaron zur Rede. Danach folgt in Ex 32,26–29 ein „Strafgericht" an den Israeliten, zu dem Mose aufruft, was in Spannung zu Moses deeskalierendem Handeln steht:[73]

26 Und Mose stellte sich ins Tor des Lagers und sprach:
„Wer zu *Jhwh* gehört, (komme) zu mir."
Da versammelten sich bei ihm alle Söhne Levis.
27 Und er sprach zu ihnen:
„So hat *Jhwh*, der Gott Israels, gesprochen:
‚Nehmt ein jeder sein Schwert an seine Hüfte und geht hindurch und geht hindurch von Tor zu Tor[74] im Lager und erschlagt, ein jeder seinen Bruder, ein Mann seinen Freund und jeder seinen Nächsten.'"
28 Da taten die Söhne Levis entsprechend Moses Wort. Und es fiel vom Volk an jenem Tag die Zahl von dreitausend Mann.
29 Und Mose sprach: „Füllt eure Hände heute für den Herrn, denn ein Mann ist gegen seinen Sohn und gegen seinen Bruder gewesen, damit heute Segen auf euch gelegt wird."[75]

---

[72] Was in der Erzählung als eine Infragestellung der Gottesbeziehung durch das Volk erscheint, könnte einst Kern einer noch positiv mit Aaron verbundenen Erzählung gewesen sein. Dafür spricht, dass man Aaron hier, anders als in Dtn 9f. ohne Fürbitte durch Mose davonkommen lässt. Vgl. zur Argumentation *Heckl*, Religionsgeschichte, 208f.

[73] V. 13f. Moses Fürbitte; V. 20b Fluchwasser; V. 30–32 erneute Fürbitte; V. 34b Ankündigung späterer Strafe.

[74] In der Phrase sind die Tore des Lagers als Umkehrpunkte gedacht.

[75] Die antiken Übersetzungen haben die Kopula nicht wiedergegeben. Zur Übersetzung der elliptischen Formulierung vgl. *Gesenius/Kautzsch/Bergsträsser*, Grammatik, 365f. §114p. Der Versuch die *hypothetische* Bedeutung ohne die Kopula zu erfassen, erschließt die Funktion des Anschlusses von ולתת. Ohne die Kopula müsste man die Infinitivkonstruktion als Fortsetzung des vorangehenden Begründungssatzes verstehen. Es würde dann der Eindruck erweckt, der Verzicht auf die Verschonung von Angehörigen brächte Segen

Der Abschnitt lässt sich inhaltlich in folgende Abschnitte gliedern: 1. den Aufruf des Mose und die Versammlung der Söhne Levis (V. 26), 2. die Beauftragung der Leviten durch Mose zur Tötung von Israeliten im Lager mit anschließender Ausführung des Befehls (V. 27f.) und 3. eine abschließende Aufforderung und Segenszusage durch Mose (V. 29).

Die Verse enthalten mehrere Präsuppositionen, die Aufschluss über das Konzept des Levitismus geben: 1. Mose steht im Tor des Lagers (שער המחנה), doch von einem solchen ist bisher in der Exodusgeschichte und während der Wüstenwanderung nicht die Rede. Der nachfolgende Vers geht sogar noch weiter und beschreibt die Ausdehnung des Lagers als von Tor zu Tor, und damit als Ort mit mindestens zwei Zugängen. Das ruft das Konzept einer befestigten Stadt auf. Dadurch werden die Handlungen des Mose und der Leviten in einen bestimmten Kontext gestellt und charakterisiert. Das Stadttor gilt als Ort des Gerichts. Wenn Mose von dort die Anhänger *Jhwh*s zum Strafgericht auffordert, nimmt er die Rolle eines Richters, einer militärischen Autorität oder gar eines Königs ein. Doch Mose *ist* natürlich nicht Richter oder König, sondern in ihm als Figur der Exoduserzählung werden spätere Funktionen des Staates ebenso vorweggenommen,[76] wie das Lager der Israeliten die urbane Situation der Abfassungszeit spiegelt. Die Leviten werden von Tor zu Tor gesandt. Die Tore begrenzen somit die Polizeiaktion. 2. Die Aufforderung an diejenigen, die zu *Jhwh* gehören, sich zu ihm zu gesellen, überrascht nach dem bereits vorangehenden Vorwurf des Abfalls von *Jhwh* zunächst nicht. Doch der Kontext impliziert ein Handeln des Volkes insgesamt, sodass die Existenz einer solchen Gruppe den radikalen Vorwurf der Schuld des ganzen Volkes aufhebt. Dass *alle* Leviten sich Mose zugesellen und von ihm beauftragt werden, ist demgegenüber überraschend.[77] Zunächst einmal setzt es voraus, dass die Leviten als Gruppe schon vorher existiert haben, wobei der Gruppencharakter

---

hervor. Die Kopula trennt die finale Infinitivkonstruktion vom כי Satz und verbindet sie so mit der vorangehenden Aufforderung des Mose. Die Leviten sollen also ihre „Hand füllen" und so Segen empfangen.

76 Vgl. dazu die Überlegungen von *Römer*, Royal Lawgiver. Allerdings ist es fraglich, ob die Rückdatierung einer königlichen Funktion in die Gestalt des Mose unbedingt auf den Verlust der Eigenstaatlichkeit reagieren muss, wie T. Römer behauptet: „The loss of political autonomy, the deportation of the royal family to Babylon, and the acceptance of Persian rule after 539 BCE provoked the transfer of royal ideology to the figure of Moses during the sixth and fifth centuries BCE" (ebd., 82). Meiner Ansicht nach konnten die Ideale des Königtums über Mose auch positiv auf die Könige des späten Juda bezogen werden.

77 Eine Spannung besteht zu den Handlungen Aarons und zum Umgang mit ihm im vorangehenden Kontext.

durch die genealogische Bezeichnung בני לוי „Söhne Levis" unterstrichen wird.[78] Dass aber eine Gruppe vollständig dem Befehl folgt und sich ausschließlich diese Gruppe zu Jhwh hält, ist für das Verständnis der Leviten von besonderer Bedeutung: Dem Ungehorsam des ganzen Volkes gegenüber stellt man die Leviten als eine Gruppe heraus, die sich (an diesem Punkt der Überlieferung) idealer Weise zu Jhwh und zu Mose hält. Und als solche werden sie von Mose in Dienst genommen. Meiner Ansicht nach lässt sich diese Spannung kaum anders als mit einer konzeptionellen Hervorhebung der Leviten erklären.[79] 3. Die Hervorhebung aller Leviten und ihre Beauftragung durch Mose ist nicht losgelöst von der Mosefigur zu sehen. Das Levitsein Moses (nach Ex 2,1) dürfte im Blick sein.

Der Auftrag lässt keinen Zweifel an der Funktion, die die Leviten hier übernehmen. Es geht um Gewalt, in diesem Fall um Gewalt gegen das übrige Volk. Die Formulierung von Moses Auftrag ist aber angesichts dessen, dass es *alle* Leviten sind, die ihn übernehmen, erklärungsbedürftig: Ein jeder soll u.a. seinen Bruder (איש את אחיו) und seinen Verwandten (איש את קרבו) erschlagen. In Moses Beurteilung in V. 29 heißt es dann sogar, dass sie weder Sohn noch Bruder (איש בבנו ובאחיו) geschont hätten. Mit den Phrasen kann im vorliegenden Kontext nicht an persönliche Angehörige der Leviten gedacht sein, da sich konzeptionell *alle* (siehe Ex 32,26b) Leviten Mose zugesellt haben.[80] Daher muss es sich bei der Rede von den Verwandten, von Bruder, Sohn und Tochter um formelhafte und für die Levitenkonzeption charakteristische Wendungen handeln, mit denen ihr Handeln beschrieben wird: Sie sollen keinen Unterschied zwischen den Personen machen, und nach V. 29 haben sie das auch nicht getan. Mit den Phrasen wird der im Alten Israel wie im

---

78 Das priesterliche genealogische Konzept von Ex 6,16–27 muss dafür noch nicht vorausgesetzt sein, wohl aber die Existenz eines eponymen Vorfahren mit Namen Levi.

79 Ob man von einer chronistischen Ergänzung sprechen muss (so *Albertz*, Exodus II, 279), ist die Frage. Eher hat man einen literarischen Zusammenhang mit der Einführung Moses als Levit zu vermuten.

80 In der älteren Forschung wurden verschiedene Spannungen in diesem Abschnitt literarkritisch erklärt. Später sah man nur noch überlieferungsgeschichtliche Probleme. Vgl. zu den Positionen und ihre Zurückweisung *Dahmen*, Leviten, 85f. Dieser (ebd., 85) moniert eine „Konzentration zahlreicher und schwerwiegender Kohärenzstörungen in v. 29aβ". Insgesamt sieht er als Problem eine Differenz in den erwähnten Beziehungen. אח in V. 27b interpretiert er dabei als „Stammesbruder/Mitisraelit" und in 29aβ als „leiblicher Bruder" (ebd., 86). Mit der Ausscheidung von 29aβ sucht er das Problem zu lösen, dass alle Leviten der Aufforderung Moses folgen. Doch selbst wenn man 27b für sich nimmt, liegt ein Gefälle vom Bruder (im weiteren Sinne) > Nachbar, Freund > nahestehender (= Verwandter) vor, sodass die beiden Beziehungen in 29aβ in der Beurteilung wohl eher Beispiele für den weitestgehenden Gehorsam bieten.

Alten Orient wichtige Bereich der Familienbeziehungen verlassen. Die Leviten handeln außerhalb und unabhängig von den Familien- und anderen persönlichen Bindungen, indem sie unterschiedslos tödliche Gewalt auf Befehl anwenden. Das entspricht der Stilisierung des Lagers als Stadt.

Die Leviten werden durch die Charakterisierung als loyale Beauftragte des Mose und *Jhwh*-Verehrer in die Nachbarschaft von Richtern und Amtleuten gerückt, wie diese bspw. im Deuteronomium beschrieben werden. Deren Beauftragung ist mit denselben Idealen verbunden. Das Ideal der richterlichen Neutralität wird mit dem Verbot des Ansehens der Person im Gericht unterstrichen (Dtn 1,17; 16,19 נכר פנים [Hif.]; vgl. Ex 23,7). Der programmatische Text des Deuteronomiums hat mit שפטים ושטרים in Dtn 16,18 (vgl. Dtn 1,15–17) Personengruppen im Blick, die für das Volk insgesamt als Richter agieren, wobei der Bezug zur Stadt ebenfalls maßgeblich ist (Dtn 16,18a: בכל שעריך). Übertragen auf die Situation des altorientalischen Staates handelt es sich dabei um königliche Beamte, womit sich ein Zusammenhang auch mit dem Ausgangspunkt des Abschnittes in Ex 32 ergibt, denn die königlichen Beamten dürften in vorexilischen Juda und Israel in besonderer Weise der *Jhwh*-Verehrung als der Religion des Staates verpflichtet gewesen sein. In Ex 32,26–29 wird damit bei den Leviten ähnlich wie bei der Charakterisierung des Mose in Ex 2 das Handeln der Beamtenschaft vorweggenommen. Im Kontext des Pentateuchs wird man sie als eine Mose unterstellte Institution sehen dürfen. Diese Konnotationen des Abschnittes werden durch uns bekannte Beamtenverpflichtungen aus der Zeit der neuassyrischen Herrschaft bestätigt.[81] In den Zitaten aus entsprechenden Vereidigungen findet sich der Hinweis, dass den König betreffende Informationen aus welchen Quellen auch immer weitergegeben werden müssen. Die im späteren Staat von den Beamten geforderte uneingeschränkte Loyalität wird in der Aufforderung des Mose, auch Angehörige nicht zu schonen, von den Leviten verlangt. In dem aufgrund des Massakers erschreckenden Text geht es um institutionelle Gewaltanwendungen.[82] Ein Zusammenhang ergibt sich auch über die möglicherweise bei der Entstehung des Deuteronomiums rezipierten neuassyrischen Vasallenverträge. Denn diese hängen unmittelbar mit den erwähnten

---

81   Entsprechend einem literarischen Text über die Untaten von Nabû-šuma-iškun mussten dessen Beamte Loyalitätseide leisten. Siehe *Cole*, Crimes and Sacrileges. Nach *Radner*, Assyrische *ṭuppi adê*, 360f. wurde jeder Beamte einer Vereidigung unterzogen. So im Übrigen schon *Meissner*, Babylonien und Assyrien, 134.
82   Anders noch *Albertz*, Exodus II, der eine „blindwütige Vergeltungsaktion" sieht. Die Erzählung bleibt allerdings „theologisch hochproblematisch" (ebd.), auch wenn sich die Darstellung vor dem kulturellen Hintergrund des antiken Staates verstehen lässt.

Beamtenverpflichtungen zusammen.[83] Damit werden bei der Beauftragung der Leviten zum „Strafgericht" deren Familien- und Clanbeziehungen ebenso suspendiert, wie dies in Assur für die Beamten bezeugt ist.

Entsprechend muss dann auch die abschließende Aufforderung des Mose interpretiert werden: Nach Ex 32,29 sollen die Leviten ihre Hand füllen, weil ein jeder gegen seinen Sohn und seinen Bruder gewesen sei. Verbunden ist dies mit der Zusage von Segen durch das היום „heute" direkt mit dem vorangehenden Handeln verbunden ist. Losgelöst von der Beauftragung zur Anwendung von Gewalt deutete man die Aufforderung מלאו ידכם היום ליהוה („füllt eure Hand heute für *Jhwh*") allerdings dahingehend, dass die Leviten an dieser Stelle in einen priesterlichen Dienst eintreten.[84] H. Samuel hat die Aufforderung zuletzt ebenfalls direkt mit dem Priestertum verbunden: „Sie erschlagen das sündigende Volk und sollen daraufhin ‚ihre Hände füllen', d.h. sie werden zum Priesterdienst bestellt."[85] Er meint also, dass das „Hand-Füllen" verbunden mit dem ליהוה „für *Jhwh*" auf die Übernahme des Priesterdienstes zielt, wobei er eine in der Forschung häufige Deutung der priesterlichen Stellen der Phrase anwendet. Die Annahme, dass hier eine Bestellung der Leviten in einen priesterlichen Dienst erfolgt, würde im vorliegenden Kontext des Exodusbuches allerdings zu einer massiven Spannung mit den Texten führen, die auf eine Einführung Aarons in den Priesterdienst hinauslaufen. Da in Ex 32,26–29 weder von Priestern noch von kultischen Handlungen die Rede ist, während Aaron mit der Ausrufung eines Festes (חג ליהוה) in V. 5 eine priesterliche Rolle einnimmt und er danach nicht zurückgesetzt wird, muss geprüft werden, ob die Semantik der Phrase es rechtfertigt, dass man den Ursprung eines levitischen Priestertums in Ex 32,29 ausmacht.

---

83   Nach *Koch*, Treueid, 46, wurden auch die assyrischen Beamten in dieser Weise vereidigt. So auch *Brinkman*, Political Coventants, 95. Der traditionsgeschichtliche Hintergrund der VTE sind nach E. Otto die hethitischen Dienstanweisungen für Beamte. Vgl. dazu *Schuler*, Dienstanweisungen, bes. 2f. Ich danke E. Otto für diesen Hinweis. Zu dem Zusammenhang vgl. auch *Mayer*, Kriegskunst, 223. Der Sachverhalt lässt sich in der Antike bis zum Kaisereid in Rom verfolgen. Vgl. *Herrmann*, Kaisereid, bes. 15.

84   So schon *Beer*, Exodus, 155. Als Begründung gibt er (ebd.) an: „Denn Priester Jahwes darf nur sein, wem Jahwe mehr als der nächste Verwandte gilt." Ohne eigene Begründung für die Annahme sieht auch Noth (siehe Zitat oben, 97, Anm. 71) den Sinn des Abschnittes darin, das Priestertum der Leviten zu begründen. *Clements*, Exodus, 209, sieht die Segensformulierung als Hintergrund: „The *blessing* was understood by the author to consist in the special right of serving as priests, which the Levites of his day had come to enjoy." Er verweist dabei auf Dtn 33 und Ri 17.

85   *Samuel*, Leviten, 26f.; siehe ebd., 282–284.

Exkurs: Die Semantik von מלא יד und Ex 32,29
Die ältere Forschung hat zum Verständnis der Phrase Zugang über die Metaphorik gesucht, wonach מלא את יד „eig. die Hand jem. voll machen, also etwas in sie thun und ihr übergeben, sodass sie etwas hat und vermag oder vermögend wird d.i. ihn bevollmächtigen, einsetzen [ist] (Lev 8,33; 16,32; 21,10; Ex 28,41; 29,9.29.33.35; Num 3,3; Ri 17,5.12) Die Hand ist die handelnde und waltende und an sie geschieht die Ertheilung der Amtsbefugniss (Jes 22,21)."[86]

Großen Einfluss hatte die Interpretation der Vg., nach der die Phrase מלא יד die Einführung in das Priestertum bezeichnet.[87] Vielleicht ist aufgrund ihrer Wirkung die offene Phraseologie von Knobel verdrängt worden. Zu beachten ist, wie weit sich die Vg. von der ursprünglichen Formel, aber auch von LXX entfernt. Sie interpretiert die Formulierung מלא יד / τελειώσει(ς) τὰς χεῖρας unterschiedlich: Ex 29,9: initiaveris manus; 29,29: consecrentur manus; Lev 8,33: finitur consecratio. Während die LXX mit der Rede von der „Vollendung der Hände" auch eine Metapher für die Übernahme einer Verpflichtung oder eines Amtes erkennen lässt und sich an die zugrunde liegende Phraseologie anlehnt, löst Vg. die Metaphorik auf, indem sie von einer Weihung spricht. Auffällig ist, dass die LXX Ex 32,29 mit ἐπληρώσατε τὰς χεῖρας ὑμῶν abweichend interpretiert,[88] während Vg. Ex 32,29 mit consecrastis manus vestras auf einer Linie mit den priesterlichen Stellen sieht.

Wellhausen verband Veränderungen in den priesterlichen Konzeptionen mit Veränderungen im Verständnis der Formel. Die ältesten Belege sah er in Ri 17. Dort bedeutet die „Formel *die Hand füllen*, welche zu allen Zeiten für die Ordination gebraucht worden ist [...] bevollmächtigen"[89]. Eine Zwischenstufe sieht er in unserer Stelle, wo die Leviten – Wellhausen spricht nur allgemein von Klerus – „*sich auf Gottes Geheiß selber die Hand [füllen]*"[90] „Sie sind also nicht bloß das Objekt, sondern auch das Subjekt des Bevollmächtigens."[91] „Zuletzt verliert die Formel vollständig ihren ursprünglichen Sinn (bevollmächtigen) und bedeutet nur noch *einweihen*. Bei Ezechiel wird nicht nur dem Priester, sondern sogar

---

86   Knobel, Exodus-Leviticus, 414 (Bibelstellen an heutigen Standard angepasst).
87   Schon die modernen Übersetzungen der Geneva Bible und der King James Version haben die Interpretation der Vg. überall zur Grundlage der Formulierung gemacht.
88   So auch LXX zu Ri 17,5.12; 1Chr 29,5; 2Chr 13,9; 29,31.
89   Wellhausen, Prolegomena, 146 (Hervorh.: dort gesperrt, Bibelstellen an heutigen Standard angepasst).
90   Ebd.
91   Ebd.

dem Altare die Hand gefüllt (43,26); im Priesterkodex ist hauptsächlich das Abstractum *milluim* im Gebrauch, mit ausgelassenem Subjekt und Objekt, als Name einer bloßen Inaugurationsceremonie, die mehrere Tage dauert (Lev. 8,33; Exod. 29,35) und wesentlich in der Darbringung eines Opfers von seiten des Einzuweihenden besteht (2. Chron. 13,9 vgl. 29,31). Das Verbum bedeutet dann nicht mehr und nicht weniger als diese Ceremonie vollziehen, und das Subjekt ist dabei ganz gleichgiltig (Lev. 16,32; 21,10; Num. 3,3); nicht von der den Ritus ausführenden Person hängt die Einsetzung ab, sondern von dem Ritus selber, von der Salbung, Investitur und den übrigen Formalitäten (Exod. 29,29)."[92]

Trotz seines Grundkonzeptes, wonach die Leviten ursprünglich Priester waren, stellt Wellhausen die Besonderheit der Formel in Ex 32,26–29 heraus.[93] Entsprechend ergänzt Dillmann in seinem kurzgefassten exegetischen Handbuch gegen Knobel[94]: „So Kn.; doch kommt der Ausdruck nur von der Bevollmächtigung zum Priesterthum vor."[95] Allerdings zählt Dillmann Ex 32,29 weiterhin nicht unter diese Verse. Baudissin formuliert am Ende des 19. Jh. als Konsens der Forschung: „Zu solchem Amte sind Aaron und seine Söhne eingesetzt durch eine feierliche Weihung mit ‚Füllung der Hand', d.h. Darbringung eines in ihre Hand gelegten Weiheopfers, des ‚Füllopfers' (Ex. 28,41; c. 29. Lev. c. 8. Num. 3,3)."[96] Er sieht die Formulierung in Ex 32,29 wie Wellhausen als sekundär an[97] und spricht jetzt allerdings schon von einer „Belehnung mit dem Priesterthum als der Lohn der Söhne Levi's für ihre dem Jahwe bewiesene Treue"[98]. H. Gressmann formuliert: „In Anerkennung für diese Tat werden sie zu ‚Leviten', d.h. zu Priestern, ernannt. [...] Weil sie sich selbst ‚die Hand für Jahve gefüllt' haben, darum soll nun fortan ihre Hand (mit Opfergaben) gefüllt sein."[99] Es bleibt für die ältere Forschung festzuhalten, dass von dem Gebrauch in den priesterlichen Texten her auch Ex 32,29 interpretiert wird, wobei man den Sondercharakter der Stelle berücksichtigt hat.

---

92   Ebd.
93   Nach Wellhausen sind Ex 32,26–29 sekundär und liegen auf einer Stufe mit dem Deuteronomium.
94   Siehe Zitat 112, bei Anm. 86.
95   *Dillmann*, Exodus-Leviticus, 455.
96   *Baudissin*, Geschichte, 25.
97   Ebd., 60.
98   Ebd.
99   *Gressmann*, Mose und seine Zeit, 212.

Den Ausgangspunkt bei der Beauftragung hat man seit dem Anfang des 20. Jh. aufgrund der akkadischen Phraseologie[100] bestätigt gefunden. Soweit ich sehe, war es zuerst Gray, der in Anschluss an F. Delitzsch den Zusammenhang mit der auch im Akkadischen häufig verwendeten Phrase erkannte.[101] Gray akzeptiert die Sicht, wonach Ri 17,5.12 Ausgangspunkt der innerbiblischen Begriffsgeschichte ist. Die Stellen vergleicht er mit Stellen im Akkadischen, wo die Phrase sowohl wörtlich als auch metapharisch vorkommt und die Übereignung einer Summe oder eines Amtes bezeichnet. Seiner Ansicht nach sei in den priesterlichen und chronistischen Stellen die Bedeutung in Vergessenheit geraten, wofür Ez 43,26 spreche: „hence in P the phrase may be rendered ‚installed' or ‚instituted."[102] Damit stimmt er dem Konsens zu,[103] doch gibt er in Bezug auf Ex 32,29 zu Bedenken, dass „elsewhere it is not the priest to be installed who fills his own hand, but another fills it for him; it is doubtful, therefore, whether Moses would have said ‚fill your own hands' if he meant ‚make yourself priests': and (2) even if the Levites are thus called upon to instal themselves, is it natural to call upon them to do so in hot haste at the fag-end of a full day culminating in presumably a prolonged slaughter of their kinsmen?"[104] Er schließt, dass mit der Formulierung lediglich auf die künftige Priesterschaft angespielt werde: „Put ye every man his sword upon his thigh' in v. 27: then the command in its direct and oblique sense is this: ‚Fill your hands to-day on behalf of Yahweh with your swords, and hereafter your hands shall be filled by another with the priesthood'."[105]

---

100 Siehe *Meissner*, Babylonien und Assyrien I, 134. Meißner verweist auf eine Abbildung der Einführung eines Beamten, bei der dieser einen Gegenstand überreicht bekommt, vgl. ebd., 116f.; *de Vaux*, Lebensordnungen, 179; *Mayer*, Kriegskunst, 223; und *Berlejung*, Amt, 84, zeigen die Notwendigkeit auf, die biblische Formel von den assyrischen Belegen her zu deuten. *De Vaux*, Lebensordnungen, 178f., nahm zwar an, dass die Bedeutung der Metapher verloren gegangen sei, doch die verschiedenen Beispiele in nichtpriesterlichen Zusammenhängen zeigen, dass man den Hintergrund durchaus verstehen konnte.
101 Vgl. *Gray*, Numbers, 21, und dazu bei *Delitzsch*, Handwörterbuch, 409; Vgl. *Milgrom*, Leviticus I, 539.
102 Ebd.
103 An anderer Stelle betont *Gray*, Sacrifice, 249: „to fill the hand is certainly a technical term for instituting in an office, particularly the priesthood".
104 Ebd.
105 Ebd., 250. Vgl. aktuelle Vorschläge, die Spannung aufzulösen: *Konkel*, Sünde und Vergebung, 165, überlegt aufgrund der Stellen, ob ein „den eigentlichen Tempelkult vorbereitende[r] (reinigende[r]?) Ritus" bezeichnet wird. Vgl. *Dahmen*, Leviten, 85.

M. Noth hält an der Bewertung aufgrund des vermeintlichen Alters der Stellen fest und zieht einen Beleg aus Mari hinzu und grenzt die Bedeutung dahingehend ein, dass es ursprünglich um „die Zuweisung bestimmter Einkünfte aus einer bestimmten Amtstätigkeit"[106] gehe.[107] Durchgesetzt hat sich die Ablehnung der Eingrenzung der Bedeutung durch de Vaux: „Der Ausdruck ist auf alle Fälle sehr alt und kam zu den Israeliten, als er seines konkreten Sinnes bereits entleert war; er beschreibt keinen Weiheritus."[108] Er meint somit, der Begriff bezeichne nur die Einführung in das Amt.[109] Ähnlich hat das Cody als Beschreibung des „entrance upon a priestly office"[110] gesehen, wobei er ähnliche Phrasen in Ps 26,10 und 48,11 hinzuzieht. Cassuto sieht demgegenüber eine symbolische Handlung bei der Amtseinführung, sodass die Phrase ausdrückt „to fill the hands of the appointed person with the material for the work entrusted to him and with the tools required for executing it"[111]. Ebenfalls wenig beachtet wurde der ähnliche Vorschlag von G. Wallis, der hethitische Amtseinführungen als Vergleich anführt. Bei der Handfüllung handelt es sich seiner Ansicht nach um die symbolische Verpflichtung auf das Priestertum durch die Übergabe von Opfergaben, die als Amtseid aufgefasst werden könne.[112] K. Rupprecht und L.A. Snijders lehnen eine solche Eingrenzung der Bedeutung ab. Nach Ruprecht handelt es sich nur um einen Weiheritus, dessen Gestalt aber für die ältere Zeit verborgen sei, während die priesterlichen Texte „eine nachsymbolische inhaltliche Füllung der Redewendung darstellen"[113]. Snijeders führt vor, dass man aus den Stellen kein einheitliches Konzept erheben kann. Er warnt davor „an das buchstäbliche ‚in die Hand geben' zu denken"[114]. Sein Ergebnis

---

106   *Noth*, Exodus, 189; vgl. ders., Amt 312f.
107   Zur Zurückweisung dieser engen Semantik vgl. *Rupprecht*, Quisquilien, 74f.; *Wallis*, Amtseid, 341.
108   *De Vaux*, Lebensordnungen, 179.
109   Ebd., 180.
110   *Cody*, Priesthood, 153.
111   *Cassuto*, Exodus, 386.
112   Vgl. *Wallis*, Amtseid, 345.
113   *Rupprecht*, Quisquilien, 91. Mir ist unverständlich, wie man einerseits die dominierenden priesterlichen Stellen als sekundäre Interpretation abtun kann, während man gegen Noths Vorschlag behauptet, es gebe in der Bibel keine Stelle, an der ein Zusammenhang mit der Opferanteilpraxis bestehe: „Wenn Noth die richtige Erklärung gefunden haben sollte, dann müßten die biblischen Belege doch wenigstens andeutungsweise noch etwas davon erkennen lassen, daß das ‚Füllen der Hand' etwas mit der Opferanteilpraxis zu tun hatte" (ebd., 75).
114   *Snijders/Fabry*, מלא, ThWAT IV, 882.

ist resignierend: „Unsere Schlußfolgerung muß sein, daß *mille' 'æt jād* entweder eine allgemeine Bezeichnung der Priesterweihe ist oder ein wichtiger Teil davon, nämlich Blutapplikation, Zuteilen von Opferfleisch und Mahlzeit. Der Handfüllungsritus ist *pars pro toto* die Priesterweihe."[115]

Dieser Gang durch die Forschungsgeschichte wirft mehrere Fragen auf: 1. Weil die Abfassungszeit der Belegstellen aufgrund der heutigen Kenntnis von den Verschriftungsprozessen nicht mehr Jahrhunderte weit auseinanderliegen kann, ist die Argumentation abzulehnen, wonach das Wissen um den ursprünglichen Sinn der Phrase verloren gegangen ist.[116] Dass der oft als Konsens angenommene allgemeine Verweis auf die Priesterweihe oder Ordination erst mit der Vg. aufkommt, ist ein Indiz dafür, dass man sich mindestens bis zur Entstehung der LXX über die Metaphorik der Phrase nicht im Unklaren war.[117] 2. Dem immer wiederholten Vorschlag, die Phrase verweise auf die Priesterweihe, steht entgegen, dass es mindestens zwei Begriffe gibt, die dies ausdrücken: משח „salben", קדש „heiligen" die auch in mehreren Kontexten gebraucht werden. 3. Seit dem Ende des 19. Jh. ist immer Ex 32,29 als Belegstelle mit mehreren Besonderheiten aufgefallen. Diese müssen auf der Grundlage der vorliegenden Überlegungen wieder erwogen werden. 4. Dabei ist besonders relevant, dass die Leviten sich selbst ihre Hand füllen sollen (Subjekt), während man den angehenden Priestern sonst die Hand füllt.

1. 2Kön 9,24

Ich beginne den Durchgang durch die Belegstellen mit 2Kön 9,24. Die Formulierung unterscheidet sich von der überwiegenden Anzahl der Belege darin, dass Jehu als Subjekt seine Hand füllt. Die Formulierung entspricht dem Gebrauch in Ex 32,29, da Jehu sich die Hand selbst mit dem Bogen füllt (... ויהוא מלא ידו בקשת ויך את יהורם „Und Jehu nahm den Bogen in seine Hand und schoss Joram..."). Die Formulierung ist nichtmetaphorisch gebraucht. Deutlich wird im Vergleich auch der elliptische

---

115 Ebd., 883. Ähnlich formulieren das *Milgrom*, Leviticus I, 494, der die Phrase ימלא את ידכם mit „your ordination" wiedergibt. Ähnlich *Eberhart*, Opfer als Gabe, 99, der darauf verweist, dass die Forschung bislang keine Lösung hat, ob es die Phrase die Einführung allgemein, oder einen bestimmten Aspekt bezeichnet.

116 So schon *Wellhausen*, Prolegomena, 146. Vgl. auch *Noth*, Amt, 313.

117 Nach *Dahmen*, Leviten, 82, will die Differenz in der LXX den Unterschied „von rechtmäßige[r] Einsetzung der aaronidischen Priester in ihr Amt durch die Priesterweihe und der Einsetzung anderer Personen ins Priesteramt" deutlich machen, sodass „sie Ex 32,29 und damit den gesamten Abschnitt vv. 26–29 nicht (mehr) in dem ersten Sinne verstanden hat und verstanden wissen wollte oder in dieser Bedeutung abwerten wollte."

Charakter an nahezu allen Belegstellen: Womit wird dem Priester die Hand gefüllt, ist zu fragen, gerade, auch wenn ein metaphorischer Gebrauch der Phrase vorliegt.[118] Ellipsen müssen entweder pragmatisch anhand des Hintergrundwissens der Rezipienten oder anhand des Kontextes aufgelöst werden. Der Kontext lässt erkennen, dass der Gebrauch der Phrase im biblischen Hebräisch nicht auf den priesterlichen Gebrauch beschränkt ist.

2. Ex 28f.; Lev 8,33; Num 3,3:
In Ex 28,41; 29,9.29.33.35 steht die Formulierung מלא יד im Zusammenhang der Regelungen zur Einführung Aarons und seiner Söhne in das Priestertum. Lev 8,33 steht im Kontext der darauf fußenden Erzählung von der Einführung, wobei insbes. Ex 29,35 aufgenommen wird. Num 3,3 bezieht sich zusammenfassend auf die Einsetzung der Priester zurück. Der Zusammenhang von Ex 28f. beginnt in Ex 28,1 mit der Aufforderung, dass Aaron und seine Söhne herzutreten sollen. Der Grund wird in der Infinitivkonstruktion לכהנו לי „um ihn zum Priester zu machen für mich" genannt. Zu Aarons Einführung zum Priester wie zur Einführung seiner Kinder gehört die Ausstattung mit Kleidern und Schmuck. Alles was in Ex 28,1–40 zusammengetragen ist, wird in Ex 28,41a in der an Mose gerichteten Aufforderung, Aaron und seine Söhne damit zu bekleiden, zusammengefasst. Danach folgen vier Aufforderungen: Mose soll sie salben, ihre Hand füllen, sie heiligen und sie zu Priestern für *Jhwh* machen. Während die letzte Aufforderung wieder zum Ausgangspunkt zurücklenkt, bezeichnen die anderen Aufforderungen die Einführung Aarons und seiner Söhne. Die Salbung ist dabei ein kultischer Akt. Die Heiligung im Sinne eines Statuswechsels bezeichnet wahrscheinlich die Priesterweihe insgesamt. Die Rede von der Füllung der Hand, die man oft auch als *terminus technicus* für die Priesterweihe auffasst, ist wegen der elliptischen Formulierung schwerer zu fassen. Da Salbung und Heiligung eigens erwähnt werden, wird die ältere Forschung eher richtig liegen, dass es sich um einen *Teilaspekt* der Einführung in den Priesterdienst handelt. Wichtig ist, dass sowohl die elliptische Formulierung des Füllens der Hand durch den Kontext auf die Einsetzung in die Priesterschaft bezogen ist. Und das gilt nun auch an allen nachfolgenden Belegstellen der

---

118 Gegen *Snijders/Fabry*, מלא, ThWAT IV, 882, die warnen: „Man soll sich nicht verführen lassen, bei der ‚Füllung der Hand' an das buchstäbliche ‚in die Hand geben' zu denken." Bevor die Funktion der Metaphorik im Kontext bestimmt werden kann, ist die wörtliche Bedeutung zu entschlüsseln.

Formel in Kap. 29. In V. 9 schließt sich die Handfüllung an die Bekleidung der Priester an. Hier symbolisiert die Einkleidung das ewige Priestertum, woran sich die Handfüllung anschließt. V. 29 reflektiert die Weitergabe der Kleider, in denen dessen Nachkommen jeweils gesalbt werden und ihnen die Hände gefüllt werden. Im Blick dürfte am ehesten ein Detail sein. In V. 31–33 wird dieses deutlich. Es scheint um die Darbringung des Einsetzungsopfers (מלואים) zu gehen. Dass das Opfer nur zum Verzehr der Priester zugelassen ist, ist nicht weiter auffällig, wohl aber die Begründung in V. 33a. Offenbar wird mit dem Einsetzungsopfer der einzusetzende Priester entsühnt und so geheiligt. Die priesterlichen Texte verbinden die Formulierung also mit der Darbringung des Opfers. Im Hintergrund steht dabei wahrscheinlich eine Versorgungszusage: „Die Bezeichnung des Opfertieres als ‚Widder der Handfüllung' (V. 22) deutet das zentrale Motiv an. ‚Handfüllung' ist die ordentliche Bestallung eines Priesters durch einen kapitalkräftigen Auftraggeber (vgl. Ri 17,5.12). Es geht primär um die Festlegung der Einkünfte."[119] Dies wird in V. 35 noch einmal damit betont, dass der kultische Akt sieben Tage geschehen soll. Ähnlich aufschlussreich ist Lev 8,33, wo der Sachverhalt der siebentägigen Einsetzung aus den Stiftshüttengesetzen (Ex 29,35) aufgenommen wird und der Zusammenhang zwischen der Formulierung und dem Einsetzungsopfer bestätigt wird, das eine Versorgungszusage symbolisiert.[120] Da die Handfüllung auf ein Opfer und einen siebentägigen Ritus bezogen ist, dürfte aufgrund des Verzehrs der Opferanteile die Wahrnehmung eines Versorgungsanspruches ausgedrückt sein. Der Plural מלואים rührt möglicherweise von der mehrfachen Wiederholung des Ritus her.

3. Ri 17

Die beiden Stellen Ri 17,5 und Ri 17,12 führen in Bezug auf die erzählte Zeit weit zurück. Aufgrund dessen hat man in dem Kontext besonders frühe Informationen zu finden gemeint.[121] Dabei hat man die Stelle auch als Beleg für die ursprüngliche Priesterschaft der Leviten angesehen.[122] Und so vermutete H. Holzinger, dass die Formel hier ausdrücke, „jemand

---

119 *Gerstenberger*, Levitikus, 101.
120 *Rupprecht*, Quisquilien, 81, ist der Ansicht, dass keine Teile des מלאים-Opfer an die Priester gehen. Ex 29,27f., wo es konkret um die Anteile geht, sieht er für sekundär an. Vgl. ebd., 83.
121 Vgl. dazu die Forschungsgeschichte oben, 3–7.
122 Siehe zu dem Abschnitt unten, 239–245.

(als Priester) anstellen durch Zuweisung eines Einkommens"[123]. Die Hauptargumentation auch von M. Noth war auf Ri 17 bezogen. Er verweist auf die Anstellung des Leviten und vorher von Michas Sohn und auf die Entlohnung. Rupprecht wies dies zurück, indem er den direkten Zusammenhang zwischen der Handfüllung und der Bezahlung leugnete, dass man über den „jährlich fälligen Geldbetrag und von der Kleidung und Nahrung kaum sagen können, daß sie als Einkünfte aus der anvisierten Tätigkeit als Priester unmittelbar heraus erwachsen." Ich halte diesen Einwand für wenig stichhaltig. Gegen ihn spricht, dass die Darbringung des Einsetzungsopfers als Handfüllung in priesterlichen Texten in dieselbe Richtung weist wie die Versorgungszusage in Ri 17.[124] Dass sich die Metaphorik auf die symbolische Übernahme der Versorgung durch den Besitzer des Tempels bezieht, ist möglich. Dabei kann Ri 17f. als polemisch gegen den Tempel in Dan gerichteter Zusammenhang keine Verhältnisse der vorstaatlichen, sondern frühestens der spätvorexilischen Zeit reflektieren. Für die Frage der Priesterschaft des Leviten ist relevant, dass er ebenso wie Michas Sohn erst mit der Handfüllung in sein priesterliches Amt eingeführt wird. Die Reflexion Michas über die Anstellung des Leviten Ri 17,13 weist eine Nähe zu den Heilszusagen des Deuteronomiums auf (עתה ידעתי כי ייטיב יהוה לי). Die Feststellung כי היה לי הלוי לכהן „denn der Levit ist mir zum Priester geworden" präsupponiert wie die Formulierung הכהנים הלוים im Deuteronomium, dass es Leviten gibt, die nicht Priester sind, aber auch dass es Priester gibt, die nicht Leviten sind.

4. 1Kön 13,13
Ähnlich ist auch die Einsetzung von Priestern durch Jerobeam I. in 1Kön 13,33 zu interpretieren. Allerdings werden in dem ebenfalls polemischen Zusammenhang gerade keine Leviten zu Priestern gemacht, sondern Israeliten von den Enden des Volkes. In dem Vers könnte sich die Handfüllung auf die Beauftragung beziehen. Möglich ist aber auch der Teilaspekt der Versorgung. Dies legt sich aufgrund des Kontextes nahe, denn es handelt sich um Reichsheiligtümer, die vom König unterhalten werden. Die Stelle trägt aber aufgrund der Kürze der Behandlung des Themas zur Disambiguierung der Phrase nichts aus.

---

123 *Holzinger*, Exodus, 112.
124 So *Gerstenberger*, Levitikus, 101.

5. Ez 43,26
Die Stelle beweist, dass die übliche Engführung der Phrase im biblischen Hebräisch auf den Priesterdienst nicht richtig sein kann: In Ez 43,26 wird die Formulierung auf den Altar angewendet. Man kann einen Altar weihen und ihn in Betrieb nehmen. Man kann auch davon sprechen, ihn mit Opfern zu versorgen. Aber dadurch wird er nicht zum Priester, sondern lediglich als essentielles Kultobjekt in Gebrauch genommen. Wenn die Phrase nicht synonym mit der Bestellung zum Priesterdienst ist, kann es an den übrigen Stellen ebenfalls nur um einen Teilaspekt gehen, wie dies bei der Inbetriebnahme des Altars der Fall ist.

Auch die Weihung des Altars wird in mehreren Stufen vollzogen. Die Einweihung dauert wie das Ritual der Priesterweihe sieben Tage. Zunächst erfolgt eine Entsündigung des Altars mit einem Stieropfer (Ez 43,19–21) und einem Ziegenbock (43,22). Danach werden sieben Tage lang ein weiterer Stier und ein Widder als Brandopfer geopfert (43,23–25). Dies fasst Ez 43,26 zusammen: Nun sei Sühne geschaffen für den Altar und ‚seine Hand gefüllt' worden. Der Altar wird also zunächst mit Opfern versorgt und entsühnt, und so wird am darauffolgenden, achten Tag seine Inbetriebnahme und erst damit die sühnende Funktion des Opferkultes möglich (siehe Ez 43,27). Vor diesem Hintergrund lässt sich auch die Formulierung in Lev 8,33 verstehen. R. Rendtorff übersetzt כי שבעת ימים ימלא את ידכם zwar mit: „denn sieben Tage lang dauert die Einsetzung."[125] Wesentlich ist aber, dass ימלא keine Passivkonstruktion ist. Und auch eine unpersönliche Wiedergabe ließe eher einen Plural erwarten. Wenn man als Subjekt des Satzes weiter das Opferfleisch sieht, das zuvor in 8,31f. thematisiert wird, ergibt sich abschließend: „denn sieben Tage füllt es (das Opfer) eure Hand" – mit anderen Worten sieben Tage versorgt das Opfer die Priester. Die Opferanteile dürften daher an dieser Stelle die Versorgungszusage ausdrücken. Hier liegt keine elliptische Formulierung vor.

6. 1Chr 29,5; 2Chr 13,9; 2Chr 29,31
Die Texte der Chronik sind in Bezug auf das Priestertum konzeptionell bekanntlich den Texten des Numeribuches nahe. Die Belegstellen der

---

125 *Rendtorff*, Levitikus, 267. *Hieke*, Levitikus 1–15, 335, sieht eine Zusammenfassung „denn sieben Tage lang fülle man eure Hand".

Phrase lassen sich daher nicht mit der *ad-hoc*-Hypthese, die Chronik kenne die ursprüngliche Semantik der Phrase nicht mehr zurückweisen.[126]

2Chr 13,9 reflektiert in der Rede des Abija den Kult des Nordreiches und die Sünde des Jerobeam und setzt dabei das chronistische Konzept der Übersiedlung der Priester und Leviten voraus. Die Polemik der Formulierung ist 1Kön 13,13 nahe. Zusätzlich ist noch 2Chr 23,18 relevant, wo der Hohepriester die Ämter des Tempels in die Hände der Priester und Leviten legt (וישם יהוידע פקדת בית יהוה ביד הכהנים והלוים)[127]. Die Nähe zu der Phrase מלא יד ist dadurch gegeben, dass hier auch von der Hand im Sing. die Rede ist. Da von den Ämtern die Rede ist, ist in dieser Phrase eindeutig die Beauftragung im Blick.

1Chr 29,5 gehört zu der Rede Davids, mit der dieser die Israeliten davon überzeugen will, sein Tempelbauprojekt zu unterstützen. Darin werden die Stiftungen des Königs angeführt, und danach werden auf die Frage ומי מתנדב למלאות ידו היום ליהוה „Und wer füllt heute seine Hand freiwillig für *Jhwh*" (V. 5b) freiwillige Gaben der Anführer des Volkes zusammengetragen (V. 6f.). Die Honoratioren füllen sich aktiv die Hände, wie dies in Ex 32,29 in Bezug auf die Leviten formuliert ist. Man hat versucht, die Formulierung übertragen im Sinne der Priesterweihe zu verstehen: „to fill the hand' is the technical term for consecrating a priest or Levite, whether by oneself or by another (e.g. Exod. 28.41; 29.29; 32.29 etc.; cf. 2 Chron. 13.9; 29.31). By their free-will offerings, the leadership and, by extension, the whole community, are dedicating themselves, as it were, by ordination as the priestly people of God. Holiness, as sacramentally focused on the Temple, is the realized ideal for the community as a whole." Da es in dem Abschnitt nicht um die Verwirklichung eines Ideals des Volkes geht, der Kontext des Kultes nicht gegeben ist und die Formulierung abweichend verwendet wird, dürfte die zugespitzte Semantik „the technical term for consecrating a priest or Levite"[128] nicht zutreffend sein. Sich die Hand zu füllen, scheint hier auf die freiwillige Übernahme einer Verpflichtung

---

126 *Noth*, Amt, 311: „Im chronistischen Werk wird die Redewendung in ihrer technischen Bedeutung noch in 2. Chr 13,9 gebraucht, hingegen in 1. Chr. 29,5 und 2. Chr. 29,31 in einem verschwommenen Sinne anscheinend in der Bedeutung ‚kultische Gaben darbringen', woraus hervorgeht, daß der Chronist die eigentliche Bedeutung nicht mehr gekannt und sich eine ihm naheliegend erscheinende Bedeutung zurechtgelegt hat."

127 Anstelle von כהנים הלוים ist die Kopula stark bezeugt. Da im Fortgang auch Aufgaben der Leviten genannt werden, dürfte die Kopula trotz des Verweises auf das Brandopfer ursprünglich sein. Möglich ist, dass die Existenz zweier unterschiedlicher Übersetzungen in der Tradition der LXX eine Doppelschreibung nach sich gezogen hat.

128 *Johnstone*, 1 and 2 Chronicles I, 285.

zu einer Stiftung zu verweisen. Die Berührung dürfte in der Verpflichtung der Priester auf ihren priesterlichen Dienst bestehen. 2Chr 29,31 ist ähnlich gelagert. An der Stelle richtet Hiskia das Wort an die anwesende Festgemeinde, nachdem die ersten Opfer dargebracht sind. Die Formulierung bezieht sich auf die freiwillige Beteiligung des Volkes am Opfer. Wieder geht es um die freiwillige Übernahme einer Verpflichtung. Die Angehörigen des Volkes sind dabei natürlich nicht als Priester, sondern als am Kult teilnehmende Laien im Blick.

7. Ex 32,26–29

Aus dem Gebrauch von מלא יד in Ex 32,29 für den Kontext zu schließen, es handle sich hier um die Einsetzung der Leviten in ein priesterliches Amt,[129] muss die Bedeutung der Phrase aus den priesterlichen Kontexten nach Ex 32,29 übernehmen. Diese Übernahme wäre methodisch fragwürdig, wenn man Ex 32,29 für älter halten würde, da die priesterlichen Stellen dann sekundär von Ex 32 abgeleitet sein könnten. Die Problematik einer entsprechenden Auslegung zeigt sich in der häufigen Annahme, dass an den priesterlichen Stellen späte Interpretationen vorliegen. Ebenfalls berücksichtigt eine solche Annahme nicht die Zurückhaltung der älteren Forschung bei der Übernahme der Semantik für Ex 32,29.[130] Dagegen sprechen die Nähe zu den Stellen in der Chronik, wo die Honoratioren und das Volk insgesamt selbst Subjekt des Hand-Füllens sind, und das Fehlen des kultischen Kontextes. An allen Stellen, an denen es um die Weihung eines Priesters geht, wird dies im Kontext verdeutlicht. Ex 32,29 wäre die einzige Stelle, an der dies aus dem Gebrauch der Phrase abgeleitet werden müsste. In Ex 32 geht es nicht um das Priestertum, sondern um die Leviten in richterlicher bzw. Beamtenfunktion. Das institutionelle Vergießen von Blut schließt die Möglichkeit aus, dass in V. 29 der Priesterdienst im Blick ist.[131] Es geht in dem kurzen Abschnitt um Gewaltanwendung und um die Vorwegnahme staatlicher Gewalt im Kontext der Sinaiperikope.[132]

---

129 Siehe Zitat oben, 102, bei Anm. 85.
130 Ähnlich zurückhaltend *Jacob*, Exodus, 942: „מלאו ידכם היום לי״ kann nicht gleichbedeutend sein mit מלא יד bei der Priesterweihe" mit Verweis auf 1Chr 29,5. So zuletzt auch *Dahmen*, Leviten, 80–85; *Konkel*, Sünde und Vergebung, 164–168.
131 Vgl. *Dahmen*, Leviten, 85, der auf den Aspekt der Verunreinigung hinweist.
132 Die Überlegung von *Snijders*, מלא, 884, „daß in Ex 32,29 die Leviten, wenn sie sich durch einen Toten verunreinigt haben, aufgerufen werden, sich aufs Neue zu be-voll-mächtigen, die Hand zu füllen, um Segen und Kraft für das Amt zu empfangen", zeigt das Problem, ist aber nur als *ad-hoc*-Hypothese, die dazu dient, die Semantik der Phrase beibehalten

Die Leviten sollen sich in Ex 32,29 keineswegs selbst zu Priestern machen. Und sie werden auch nicht zu Leviten, denn in Ex 32,26b heißt es, dass sich alle Söhne Levis versammelt haben.[133] Tatsächlich sollen sie sich wohl freiwillig (vgl. 1Chr 29,5[134]) in den Dienst *Jhwh*s stellen. Die Rede vom Segen, den die Leviten erhalten sollen, ist dabei ebenfalls nicht auf das Priestertum hin auszulegen. Vielmehr dürfte der weit gefasste Segen für Levi im Mosesgen oder aber indirekt der Fluch im Jakobssegen im Blick sein.

Angesichts dieser Implikationen und der Querverbindungen mit Gen 49 und Dtn 33 stellt sich die Frage nach der relativen Abfassungszeit der Stelle. Der Gebrauch der Formulierung wie in der Chronik könnte ein Indiz für eine sehr späte harmonisierende Ergänzung priesterlicher Autoren (Pentateuchredaktion) sprechen.[135] Dann allerdings müsste man die Stelle im Sinne der Interpretation von Gray als Anspielung auch auf die Einsetzung der Priester ansehen. Dem widersprechen die massive Gewaltanwendung und die spannungsvolle Erwähnung von Aaron in 32,25, ohne dass er weiter thematisiert wird. Nach dem Konzept des abgeschlossenen Pentateuchs müsste er unter die כל בני לוי gezählt werden oder aber von den Leviten entsprechend V. 27b exekutiert werden. Aufgrund dessen ist es wahrscheinlicher, dass der Passus die Leviten als besondere Gruppe in den Blick nimmt, wie das in Ex 2 bei der Einführung des Mose der Fall ist. Aaron ist auf dieser Stufe wohl noch nicht Levit und Bruder des Mose gewesen. Die Rede vom Segen dürfte damit eine indirekte Antwort auf den Fluch in Gen 49,6f. sein. Der sicherlich die Konzepte des Pentateuchs harmonisierende Segen in Dtn 33 hat dies aufgenommen.

Die Reevaluation der Forschungsgeschichte zur Formulierung מלא יד im Hebräischen ergibt, dass man trotz ihres breiten Gebrauchs im Akkadischen in der Hebräischen Bibel an einer einseitigen Auslegung auf die Priesterweihe hin festgehalten hat. In Bezug auf Ex 32,29 hängt das mit der Vorannahme, dass

---

zu können, zu bewerten. Ähnlich verhält es sich bei der die älteren Interpretation von *Dillmann*, Exodus, 342, wonach die Leviten erst im Anschluss in das Priesteramt eingeführt werden sollen. Seiner Ansicht nach hat der Redaktor diesen Erzählzug ausgelassen. Vgl. auch *Gray*, Sacrifice, 250, der allenfalls eine Anspielung für möglich hält.

133 Gegen H. Gressmann, der meint, sie würden hier zu Priestern bzw. Leviten werden. Siehe Zitat oben, 104, bei Anm. 99.
134 Siehe oben, 112.
135 Vgl. *Albertz*, Exodus II, 279f., der auf die Nähe zur Chronik verweist und daher die Spätdatierung vorschlägt.

die Leviten ursprünglich Priester waren, zusammen. Dies hat die Durchsetzung der Erkenntnis einer breiteren Bedeutung der Phrase verhindert. Da die Belegstellen alle zeitlich dicht beieinander liegen und insbesondere die Konstruktion von Ex 32,29 dem Gebrauch der Formulierung in der Chronik nahe ist, ergibt sich, dass die Formel in unterschiedlichen Kontexten und nicht ausschließlich im Kontext der Priesterschaft die Beauftragung bzw. die Indienstnahme oder die freiwillige Übernahme einer Verpflichtung bezeichnet. Die Metaphorik des In-die-Hand-Nehmens lässt sich an einigen Stellen auf die Versorgung und somit auf eine Versorgungszusage hin ausdeuten, was aber nicht überall im Vordergrund steht. Ob die Personen Subjekt oder Objekt der Handfüllung sind, ist bei der Interpretation nicht zu vernachlässigen. Die Formulierung in Ex 32,29 bezeichnet wie in 1Chr die freiwillige Übernahme einer Verpflichtung durch die Leviten. Die Leviten sind aus eigenem Antrieb gehorsame *Jhwh*-Anhänger,[136] nicht aber Priester.[137] Die Nähe zur Formulierung in der Chronik spricht nicht für einen alten Passus. Die Rede vom Segen könnte vor allem mit dem Fluch Jakobs in Gen 49 zusammenhängen: Dem Fluch Jakobs gegenüber wird den Leviten nun *Jhwh*s Segen zugesagt. Im Segen Dtn 33 wird das harmonisierend aufgegriffen. Wenn man Ex 32,29 mit Dtn 33 vergleicht, fällt auf, dass die Bluttat dort verschwiegen wird. Dtn 33 reflektiert Ex 32 und führt das Konzept harmonisierend weiter. Beide Texte liegen nicht auf einer Ebene.[138]

Bei der Formulierung in Ex 32,29 muss es also ebenfalls um die Bekräftigung der speziellen Rolle, die in dem Kontext übertragen wird, gehen. So wie bei Ezechiel der Altar in Betrieb genommen wird, geht es in Ex 32,29 darum, dass die Leviten nun freiwillig polizeiliche Aufgaben im Gottesvolk übernehmen. Es ist die Frage, welche Rolle die Versorgung an dieser Stelle und an den Stellen mit der Einsetzung der Priester spielt und wieweit ein metaphorischer Gebrauch der Phrase vorliegt. Einer freiwilligen Aufgabenübernahme könnte also die Aufforderung zur Versorgung der Leviten im Programm des Deuteronomiums

---

136 Aus diesem Grunde hat man mitunter überlegt, dass die spätere Rolle der Leviten im Blick ist. Vgl. *Cassuto*, Exodus, 422: „to minister in the holy place, apparently instead of the first-born"; *Willi-Plein*, Auszug, 213: „als Diener des Heiligtums". Allerdings werden die Leviten durch ihr unparteiisches gewaltsames Handeln charakterisiert. Die genannten Deutungsversuche tragen Konzepte aus anderen Kontexten in Ex 32 ein.
137 *Samuel*, Von Priester, 284, schließt seine Überlegungen mit der Schlussfolgerung: „Gemäß den Vv. 25–29 werden also alle Söhne Levis aufgrund ihres Einsatzes für das Erste Gebot mit dem Priestertum ausgestattet und mit Segen belegt." Diese Hypothese wird nicht vom Wortlaut des Abschnittes und nicht vom Kontext gestützt. Auch die Parallele in Dtn 10,8f. kann sie nicht stützen, weil die Notiz im Deuteronomium geographisch und inhaltlich nicht zu der Stelle führt. Vgl. dazu unten, 203–212.
138 Vgl. unten, 230–238.

gegenüberstehen. Dafür spricht, dass die Aufgaben der Leviten – wie übrigens jene der Priester auch – anachronistisch aus dem Bereich des Staates in die Zeit der Wüstenwanderung übertragen worden sind. Und wenn man sich an Neh 13,10–13 erinnert, so war noch in der spätnachexilischen Zeit die Versorgung der Leviten ein wunder Punkt.[139]

Damit ergibt sich eine inhaltliche Linie von akzeptierter Gewaltanwendung zugunsten des Volkes Israels und seiner Gottesbeziehung: Levi – Moses spontane Selbstjustiz – Moses Berufung und Einsetzung – freiwillige Bereitschaft und Übernahme des Strafgerichts durch die Leviten – Einsetzung in deren Dienst, der als eine Art Polizeidienst nichtkultischer Natur ist. Diese inhaltliche Linie erklärt meiner Ansicht nach auch die Notiz in Ex 38,21. Dass die Leviten an der Stelle auftreten, ist zwar deutlich als eine nachträgliche Harmonisierung erkennbar – die Erwähnung der Anleitung der Leviten durch den Priester Itamar nimmt bereits (anachronistisch) das Konzept aus Num 3f. vorweg[140] –, weil Bezalel und Oholiab ja schon vorher unabhängig von den Leviten erwähnt werden.[141] Zwischen diese Handwerker und Mose treten die Leviten aber schon vor Num 3 in einem nichtkultischen Verantwortungsbereich auf. Und m.E. kann es kein Zufall sein, dass hier das erste Mal von dem Dienst der Leviten die Rede ist (עבדת הלוים). Möglich ist die Übernahme dieser nichtkultischen Aufgabe, weil sie bereits in Ex 32,29 freiwillig in den Dienst des Mose bzw. *Jhwh*s eintreten.[142] So können sie schon Funktionen übernehmen, und sie werden Moses nichtkultische Partner. Die priesterliche Notiz in Ex 38,21 setzt die nichtkultischen Funktionen der Leviten ebenso voraus wie Ex 32,26–29.

5.5 Levi als Eponym der Beamtenschaft und Mose als Prototyp der Leviten

Der Zusammenhang von Ex 2 mit dem nachfolgenden Kontext von Moses Berufung und der zumindest überlieferungsgeschichtliche Zusammenhang der Mosegeschichte mit den Überlieferungen über Levi und Simeon sowie mit Ex 32,26–29 ermöglichen die Formulierung einer Arbeitshypothese.

---

139 Vgl. oben, 54.
140 Siehe dazu unten, 153–155.
141 Vgl. dazu oben, 123.
142 Ex 38,21 kann literarisch frühestens mit Ex 32,26–29 auf eine Stufe gehören. Die Berührung mit dem Konzept von Num 3f. spricht für eine spätere Eintragung. So auch *Albertz*, Exodus II, 359f., der den Kontext einer spätpriesterlichen Pentateuchredaktion PB4 zuweist.

Da Mose bei seiner Geburt, noch bevor ihm ein Name gegeben wird, als Nachkomme Levis eingeführt wird, ist seine Figurierung in dem Kontext für die Frage nach den Leviten von großer Bedeutung. Der Zusammenhang beruht darauf, dass in Ex 2,1 bei den intendierten Adressaten die Kenntnis der Figur Levi, und die Bedeutung des Begriffs „Levit" für eine bestimmte Gruppenidentität als bekannt vorausgesetzt sind. Offenbar waren die Leviten mit Levi bei Einführung des Mose als dessen Nachfahr – also in spätvorexilischer Zeit – eine bestimmte Größe in den Gruppenkonzepten des Alten Israel. Dass die Leviten in nachexilischen Texten wichtige Positionen einnehmen und in den priesterlichen Texten besonders thematisiert werden, erklärt sich aufgrund des Rückgriffs auf ein entsprechendes vorexilisches Konzept. Die Einführung des Mose als Levit und seine Berufung tragen dabei den Charakter von Programmtexten, die dann in neuer Situation uminterpretiert werden mussten.

Der besondere Eifer der Leviten für *Jhwh*, der in Ex 32,25–29 und Dtn 33,8–11 deutlich wird, dürfte als wesentlicher Bestandteil ihrer Gruppenidentität mit Gen 34 und mit Jakobs Fluch in Gen 49 verbunden worden sein. Schon A. H. J. Gunneweg hat Gen 49 auf der einen und Ex 32 auf der anderen Seite sowie Dtn 33 als Reflexionen derselben Eigenheit aus unterschiedlicher Perspektive angesehen.[143] Es legte sich nahe, dass das Konzept der Fremdlingschaft der Leviten in der dtr Literatur aufgrund der Charakterisierungen der Leviten in Gen 49,5–7 und Dtn 33,8–11 sowie durch die Einführung des Moses als Levit zustande gekommen ist. Sowohl die Charakterisierung der Leviten als Fremdlinge (kein Landbesitz) als auch die Einführung Moses als Richter und Anführer setzten den Staat voraus und nehmen anachronistisch seine Institutionen vorweg, womit auf das Leben im Land abgezielt wird. Diese Anachronismen dienen dazu, die Identität der Leviten in der Ursprungsgeschichte zu definieren (Ätiologie).

Doch wie lassen sich die in Ex 2f. erwähnten Aspekte mit einer Gruppenidentität der Leviten historisch verbinden? Die beiden Funktionen Richter- und Beamtenschaft, die mit Mose verbunden werden, gehören zu den zentralen Funktionen des israelitischen und judäischen Staates. Zwar gibt es für die Angehörigen beider Gruppen keinen Oberbegriff, doch werden sie an einer Reihe von poetischen Stellen gemeinsam erwähnt, was den konzeptionellen Zusammenhang zeigt. In Mi 7,3 werden die שרים zusammen mit den שפטים wegen Bestechlichkeit angeklagt. Besonders spannend ist der von H. W. Wolff

---

143 *Gunneweg*, Leviten, 78f., nennt die Eigenständigkeit der Leviten gegenüber dem Stammessystem und die besondere Gottesbeziehung als verbindende Elemente, wobei Gen 49 und Dtn 33 dies aus unterschiedlichen Perspektiven beleuchten.

noch zu den nordisraelitischen Worten des Propheten Hosea[144] zu rechnende Vorwurf in Hos 13,10. Dort wird einerseits synonym von שרים und שפטים gesprochen, die שרים aber in besonderer Weise mit dem Königtum verbunden. Als Institution des Königtums wird sie allerdings wie das Königtum selbst auf *Jhwh* und auf eine Initiative des Volkes zurückgeführt (Hos 13,10bβ: אשר אמרת תנה לי מלך ושרים).[145] So problematisch das Königtum und die Beamtenschaft an dieser Stelle gesehen werden, so zeigt sich doch ihr hohes Selbstbewusstsein und ihre große Bedeutung im Israel der Königszeit. Ähnliches lässt sich im Jeremiabuch erkennen. Der Prophet steht den Beamten kritisch gegenüber, obwohl Teile der Beamtenschaft Jeremia unterstützten und sie in besonderer Weise religiös engagiert waren. Dies ist bereits bei der Berufung des Propheten erkennbar, wonach die prophetische Verkündigung sich zwar an erster Stelle gegen die Könige, aber bereits an zweiter Stelle gegen die Beamtenschaft richten soll (Jer 1,18).

Mose als Levit wird mit diesem Beamtentum programmatisch in Verbindung gebracht. Diese Programmatik ist das Pendant zu der in verschiedenen Prophetenbüchern laut werdenden Kritik an den Beamten. Spannend ist nun, dass dieser Aspekt sich mit den nichtpriesterlichen Funktionen, die man den Leviten in der Spätzeit zuweist, verbinden lässt. Könnte es also sein, dass im Kontext der Entstehung der Mosegeschichte, also in der spätvorexilischen Zeit Levi zum Eponym dieser Beamtenschaft erhoben wurde und es dieses Konzept ist, das in dem vielleicht dtr vorpriesterlich ergänzten Abschnitt Ex 32,26–29 reflektiert wird?

Eine Systematisierung der Eliten unter dem Konzept der Leviten in spätnachexilischen Texten und dass sie dort als eigene Gruppe bei der Rückkehr auftauchen, während bei den älteren Texten nur die Exilierung der Eliten erwähnt war, spricht bereits für diese These. Als Leviten könnten damit die offiziellen Vertreter des Staates, die Richter, die militärischen Anführer und damit die in der Administration tätigen Personen verstanden worden sein, die auch Gewalt einsetzten, für die aber das Ideal existierte, dem Staat und Volk loyal gegenüberzustehen. Das verbindet das Auftreten Moses mit den Handlungen Levis und Simeons. Das Auftreten der Leviten in Ex 32 fügt sich nahtlos in dieses Konzept ein. Pragmatisch mag die Etablierung einer mit Levi verbundenen Gruppenidentität damit zusammenhängen, dass es in der Exilszeit vor allem die Eliten waren, die an der *Jhwh*-Verehrung festhielten. In besonderer Weise dürften sie aber auch schon zuvor in vorexilischer Zeit mit der *Jhwh*-Verehrung verbunden gewesen sein, seit diese als Religion des Staates und des

---

144 Vgl. *Wolff*, Hosea, 291.
145 Vgl. weiter Jes 1,23; Prov 8,16.

Königs (Hiskia, Josia) eine stärkere Exklusivität erfuhr. Verbunden mit dem Königtum dürfte die Beamtenschaft von vornherein nicht nur administrative Funktionen gehabt haben, sondern der Staatsreligion des Nordreiches und auch Judas verpflichtet gewesen sein, was erklärt, warum man die Leviten in der Ursprungsgeschichte Israels in einem besonderen Loyalitätsverhältnis zu Mose und zur *Jhwh*-Verehrung erscheinen lässt.

Die Sonderstellung der Leviten zwischen Volk und Priestern in den nachexilischen und spätnachexilischen Kontexten lässt sich erklären, wenn man Levi als Eponym der Beamtenschaft und der intellektuellen Elite in der spätvorexilischer Zeit gesehen hat. So ist Mose zum Prototyp der Leviten geworden. Die aus der späten neuassyrischen Zeit stammende Erzählung über Moses Geburt und Jugend stimmt mit den spätnachexilischen Zeugnissen von Esr-Neh und Chronik sowie mit der wohl noch dtr Ergänzung in Ex 32,25–29 in der Präsupposition überein, dass die Leviten zunächst nichtkultische Eliten gewesen sind. Thesen, die von einer ursprünglich „geistlichen"[146] Gruppierung ausgehen, bestätigen sich nicht. Wie sich insbesondere die unterschiedlichen Vorstellungen von den Leviten im Deuteronomium und die Äußerungen in Ez 44 dazu verhalten, ist weiter zu klären.

---

146 Vgl. *Meyer*, Israeliten, 54; *Strauß*, Leviten, 17. *Wellhausen*, Prolegomena, 140, hatte die These vertreten, dass am Anfang der Entwicklung ein weltlicher Stamm stand, „der schon vor der Entstehung des Königtums untergegangen", die späteren Leviten aber als „künstliche Bildung eines geistlichen Stammes" (ebd., 136) entstanden seien. *Schaper*, Leviten und Priester, 89, sieht in den ehemaligen Höhenpriestern = Leviten „dieselbe Gruppe von Kultbeamten".

KAPITEL 6

Aaron als Levit

6.1 Vorüberlegungen zu Aaron als Eponym der Priesterschaft

Wie Mose kommt auch Aaron im Pentateuch in verschiedenen Rollen vor. Er wird als Sprecher und Gehilfe Moses (Ex 4) eingeführt. Später begegnet er als Wundertäter (Ex 8,1f.). Während der militärischen Auseinandersetzung mit den Amalekitern (Ex 17) stützt er Mose gemeinsam mit dem Judäer Hur die Arme und stellt damit das militärische Gelingen der Israeliten sicher, und in Ex 24,14 vertreten die beiden Figuren wieder gemeinsam Mose während seiner Abwesenheit. In Ex 32 fertigt er ein gegossenes Kalb als Kultbild an und ruft ein Fest für *Jhwh* aus, während sich Mose auf dem Gottesberg befindet. In Ex 28,1 erhält Mose den Befehl, Aaron und seine Söhne in die Priesterschaft einzusetzen. Um die Ausstattung und alle Vorbereitungen dafür geht es in Ex 28f. Zusammen mit der Herstellung des Heiligtums werden diese Arbeiten in Ex 39f. abgeschlossen. Die Einsetzung Aarons und seiner Söhne in die Priesterschaft folgt erst in Lev 8. Neben diesen erzählerischen Schwerpunkten nehmen die mit der Einsetzung der Aaroniden verbundenen priesterlichen Stellen eine dominierende Stellung ein, wo Mose von *Jhwh* dazu aufgefordert wird, den Inhalt von Gottesreden an Aaron und seine Söhne weiterzugeben.[1] Noch einmal eine Sonderrolle spielen diejenigen Stellen, an denen *Jhwh* direkt mit Aaron kommuniziert (Ex 4,27; Lev 10,8; Num 18,1.8.20).[2]

Der literarische Befund zu Aaron wird seit dem 19. Jh. ähnlich wie bei Levi literarhistorisch systematisiert. Dabei geht man von umfangreichen Veränderungen im Konzept des Priestertums aus, die sich in der Literargeschichte niedergeschlagen haben: Auf Grundlage der Quellentheorie nahm die ältere Forschung an, dass Aaron ursprünglich in der Pentateuchüberlieferung keine Rolle gespielt habe. J. Wellhausen hatte vermutet, dass Aaron in der Quelle J sekundär eingetragen worden sei.[3] Später reduzierte sich das noch mehr, sodass nur noch wenige ältere Textabschnitte mit Aaron E zugewiesen

---

[1] Nach *Gertz*, Tradition, 111, handelt es sich um typisch priesterliche Formulierungen. Nach *Achenbach*, Vollendung, 463, sind es eher späte Strukturierungen. Vgl. dazu, *Heckl*, Mose als Schreiber, 199f.
[2] Vgl. dazu unten, 169–176.
[3] *Wellhausen*, Composition, 68, hält „es nicht für unmöglich", „dass Aharon an den Stellen, wo er neben Mose in J auftritt, erst durch den Jehovisten hereingebracht ist." *Noth*, Überlieferungsgeschichte des Pentateuchs, 32, sah das später als Fakt an.

wurden.[4] Aaron als Priester wurde als primäres Thema der Priesterschrift ausgemacht, die übrigen Überlieferungen dem Elohisten oder späten Redaktionen zugerechnet.[5] Immer schon fragte man sich allerdings angesichts dieser Zuordnung der Themen, wie Aaron zum Eponym der Priesterschaft werden konnte, wenn er fast nur in den späten Texten der Hebräischen Bibel thematisiert wurde.[6]

An der Beurteilung der literarischen Befunde wird auch nach der Überwindung der Quellenhypothesen des 19. Jh. festgehalten.[7] Allerdings ergeben sich dadurch zusätzliche Probleme, die weniger mit dem Stil der Texte und ihrer Quellenzugehörigkeit als mit ihrem zeitlichen Verhältnis zueinander zusammenhängen. Denn wie bei Levi[8] rücken auch bei Aaron die Zeugnisse zeitlich aneinander heran. Über lange Zeiträume sich vollziehende Veränderungen können die verschiedenen Zeugnisse mit den z.T. enthaltenen Widersprüchen nicht mehr erklären. Mit den nachfolgenden Überlegungen sollen die Probleme skizziert und Lösungsmöglichkeiten aufgezeigt werden:

Der Schwerpunkt von Aarons Thematisierung liegt bei den priesterlichen Texten. Häufig sind es kultische Vorschriften, die an ihn weitergegeben werden. Dass Aaron dabei in der Regel mit seinen Söhnen als Adressat genannt wird, zeigt, dass das genealogische Konzept des Pentateuchs zugrunde liegen muss. Dies scheint dafür zu sprechen, dass Aaron erst in den priesterlichen Texten zum Stammvater der Priesterschaft geworden ist.[9] Unabhängig davon meinte man in ihm aber eine nichtpriesterliche Figur der Wüstenwanderung in Traditionen des Südens zu erkennen.[10] H. Valentin sah den ursprünglichen Aaron am ehesten als einen „Stammes- oder Sippenführer."[11],[12] Als

---

4   Vgl. *Gunneweg*, Leviten, 81–95; *Cody*, Aaron, 1.
5   Vgl. zusammenfassend *Maass*, Aaron, 2f.
6   *Maass*, Aaron, 3, stellt zusammenfassend fest: „Die wohl erst nachexilische Erhebung A.s zum Hohenpriester bleibt undurchsichtig."
7   Vgl. zuletzt *Schaper*, Aaron, 2f.: „Am ehesten dürfte die in vorpriesterschriftlicher Quelle vorliegende Tradition von A. als charismatischem Führer hist. Erinnerungen bewahren. Der hist. A. scheint aus den Südstämmen hervorgegangen zu sein."
8   Vgl. oben, 3–7.
9   *Noth*, Überlieferungsgeschichte des Pentateuchs, 195f., stellt für die vorpriesterliche Überlieferung fest: „Das Älteste, was erhalten ist, zeigt Aaron als eine einigermaßen farblose Erscheinung, und zwar nur als einen führenden Repräsentanten der Israeliten, innerhalb des Themas ‚Führung in der Wüste'." Ebenfalls thetisch: *Valentin*, Aaron, 412: „Der vor-priesterschriftliche Aaron kann nicht als Eponym einer Priesterschaft angesehen werden."
10   M. Noth deutete vor allem Ex 17,8–14 in diese Richtung. Vgl. *Noth*, Überlieferungsgeschichte des Pentateuchs, 196.
11   *Valentin*, Aaron, 414.
12   Ähnlich wie bei den Thesen zu Levi und den Leviten und damit im Zusammenhang stehend werden die Thesen zu Aaron aus der älteren Forschung bis heute zumindest

vorpriesterliche Überlieferung machte er die Textabschnitte Ex 17,8–13; 24,14; 32; Num 12; Dtn 9–10 aus: Bei der Szenerie in Ex 17,8–13, die auch M. Noth für eine unabhängige, südliche Aaron-Tradition hielt,[13] lassen sich die Argumentationsprobleme gut erkennen. Diese Erzählung unterscheidet sich sehr von anderen Wundergeschichten aus dem Bereich der Pentateuchüberlieferung. Dabei sprechen nach H. Valentin die Thematisierung der Amalekiter für einen frühen und die Lokalisierung für einen judäischen Ursprung der Erzählung.[14] Die Erzählung beschreibt aber zugleich mit dem Zusammenspiel der (repräsentativen) Figuren Mose, Aaron und Hur das Verhältnis von Tora, Priesterschaft und dem Stamm Juda. Schon das macht einen vorexilischen Ursprung des Abschnittes unwahrscheinlich. Der erste Teil der Erzählung widerspricht zudem der Darstellung von Dtn 25,17–19, obwohl mit Ex 17,14 ein Vorverweis auf Dtn 25,17–19 existiert. Es besteht daher aller Grund Ex 17,8–13 mit Josuas Sieg als eine Korrektur der Amaleküberlieferung im Deuteronomium und darüber hinaus in älteren nicht erhaltenen Fassungen der Pentateuchüberlieferung anzusehen.[15] Deswegen besteht kein Anlass eine alte südliche Tradition über Aaron aus der Szenerie herauszulesen. Ex 17,8–14 ist in der jetzigen Form Teil der letzten Bearbeitungen des Pentateuchs.[16]

Die anderen aufgelisteten Stellen gehören (abgesehen von Num 12) synchron betrachtet in die Zeit vor der Einführung Aarons in den Priesterdienst. Im Rahmen eines Konzeptes, wonach Aaron erst später in die Priesterschaft eingesetzt wurde, konnte man nicht auf eine Einführung seiner Person verzichten.

---

partiell aufrechterhalten, auch wenn deren Grundlage, die Frühdatierung der Quellen J und E, die von Aaron als Priester nichts wissen zu scheinen, weggefallen ist.

13   Vgl. neben Noth z.B. *Cody*, History, 150; *Valentin*, Aaron, 198–203 (allerdings mit Zurückhaltung, was den historischen Hintergrund angeht; vgl. ebd., 203) und *Schaper*, Aaron, 3.

14   Vgl. *Valentin*, Aaron, 196f. Spekuliert wird bei der Bedeutung der Handerhebung auch, ob es sich um einen Segensritus (vgl. *Gunneweg*, Leviten, 84f.) oder um eine Art jahwistischer Magie (vgl. *Cody*, History, 150) handelt. Zu beachten ist aber die Verbindung der Episode mit dem größeren Kontext: Der „Stab Gottes in meiner Hand" (ומטה האלהים בידי) wird nicht näher erläutert, muss also eine bekannte Größe aufrufen. Die zentrale Beschreibung der Szenerie in Ex 17,11 (והיה כאשר ירים משה ידו וגבר ישראל וכאשר יניח ידו וגבר עמלק) ist dann nicht unabhängig von der Aufforderung Ex 14,6 (ואתה הרם את מטך ונטה את ידך על הים) zu sehen. Die Bezeichnung מטה האלהים weist Ex 17,11 zudem als interpretierende Aufnahme der Schilfmeertradition aus.

15   Vgl. *Heckl*, Mose als Schreiber, 204–209.

16   Möglicherweise liegt ein Zusammenhang mit der Notiz Ex 24,14b vor. Vgl. *Albertz*, Exodus II, 147, der beide Stellen allerdings seinem exilischen Redaktor der Exoduskomposition zuweist. Da Dtn 25,17–19 bereits auf die Amalekiterstellen im DtrG bezogen ist und in Ex 17,8–13 auch unabhängig von Ex 17,14 (bei Albertz, Exodus I, 283, eine priesterliche Bearbeitung) eine Korrektur der Überlieferung in Dtn 25,17–19 vorliegt, kann es sich bei Ex 17,8–14 insgesamt nur um einen späteren nachdtr Nachtrag handeln.

Es erscheint als logisch, dass er zunächst noch nicht als Priester auftritt. Texte, die mit Aaron verbunden sind, müssen daher nicht einer Tradition angehören, die ihn nicht als Priester kennt. Bei Ex 17,8–14 ist das Konzept des späteren Priestertums im Blick,[17] und generell legt sich ein spätnachexilischer Ursprung des Abschnitts nahe.[18] Aufschluss bietet aber Ex 32, denn in dem Kapitel wie in seiner Paraphrase in Dtn 9 tritt Aaron bereits vor seiner Einsetzung zum Priester in einer kultischen Rolle auf, und zumindest die hinter Ex 32 stehende Tradition muss alt sein.[19] Dort stellt Aaron ein Kultbild her und ruft ein Fest für *Jhwh* aus. Paradoxerweise sieht Valentin – wie vor ihm Cody[20] – Aarons Rolle in diesem Kontext als nichtkultisch.[21] Er begründet dies mit der parallelen Figurierung von Jerobeam und Aaron. „Aaron [spiele] in dem Geschehen von Ex *32 [...] dieselbe Rolle wie König Jerobeam I. in 1 Kön 12,26ff".[22] Zu denken sollte bei dieser Interpretation der Stelle allerdings geben, dass er eingestehen muss, dass „[d]er Rückgriff auf Aaron [...] nahe[lag], weil man Aarons Funktion sowohl in Ex 32 als auch in Ex 17,*8–13 leicht als eine kultisch-priesterliche interpretieren konnte."[23] Es verwundert daher, wie man bei Altarbau, bei der Herstellung des Kultbildes und bei der Ausrufung eines Festes an nichtpriesterliche Handlungen des Stammvaters des Priestertums denken konnte,[24] ohne auf die Idee zu kommen, dass König Jerobeam in 1Kön 12, wie dies im Alten Orient verbreitet geschieht, als Priester fungiert.[25] Noch bevor Aaron in den priesterlichen Texten als Priester eingesetzt wird, nimmt er an dieser Stelle somit kultische Funktionen wahr.[26] Hinzu kommt,

---

17 *Gunneweg*, Leviten, 85, hatte Zweifel an der nichtkultischen Szenerie auch dieses Textes. S. E. geht es um eine „Assistenz" Aarons und Hurs bei Moses Segenshandlung und damit um deren „spezifisch-kultische Funktion".

18 Der Abschnitt gehört zu den den Pentateuch abschließenden Texten, in denen Mose zum Schreiber der Tora wird. Siehe *Heckl*, Mose als Schreiber, 204–209.

19 Dies hält *Gunneweg*, Leviten, 90, ausdrücklich fest.

20 Vgl. *Cody*, Priesthood, 148; *ders.*, Aaron, 1f.

21 Vgl. *Valentin*, Aaron, 290.

22 *Valentin*, Aaron, 290.

23 Ebd., 418.

24 So übrigens auch *Cody*, Aaron, 1f., der an der Stelle von Aaron als einem Volksführer spricht.

25 Das ist auch der biblischen Tradition nicht fremd. In 2Sam 6,17 bringt David selbst Opfer dar, was von der Chronik (1Chr 16,1) spannender Weise verschleiert wird. Vgl. dazu auch oben, 60f., und dort Anm. 58.

26 Valentin behauptet nicht nur ein Fehlen einer kultischen Funktion Aarons in der Szenerie, er argumentiert auch, dass „die Jerusalemer Priesterschaft in späterer Zeit vermutlich mit Freuden derartige Erzählungen von dem Priester Aaron (wenigstens auswahlweise) aufgegriffen hätte" (*Valentin*, Aaron, 412), wenn „die Betelsche Priesterschaft (nicht nur den Jungstierkult, sondern auch) sich selbst auf Aaron zurückgeführt"

dass wie beim Auftreten von Priestern in Ex 19,22.24, bei der priesterlichen Tätigkeit der jungen Männer in Ex 24,5 und bei Moses priesterlichen Handeln in Ex 24,6 und an anderen Stellen ‚Laien' noch nicht strikt von priesterlichen Funktionsträgern unterschieden werden.

Mit dem Heiligtum in Bet-El werden Aaron und Ex 32 seit den Studien von R. H. Kennett[27] und W. Beyerlin[28] verbunden. K. Koenen hat Ex 32,1–6 zusammen mit Gen 28,10–22 und Gen 35,1–7 als drei traditionsgeschichtliche Ätiologien, die sich auf das Heiligtum in Bet-El beziehen, gesehen. Offen bleibt bei ihm wie diese in die Pentateuchüberlieferung gekommen sind.[29] Meiner Ansicht nach spricht Ex 32 dafür, dass alle drei Ätiologien ursprünglich Teil einer in dem uns vorliegenden Pentateuch verarbeiteten Überlieferung des ehemaligen Nordreiches gewesen sind. Für die Identität Aarons ist relevant, dass er wahrscheinlich Eponym der Priesterschaft von Bet-El gewesen ist.[30]

(ebd.) hätte. Doch müssten solche Überlieferungen sich nicht mit jenen decken, die wir positiv von Aaron besitzen? Die Antwort auf die Frage, wie man unpolemisch aus konkurrierenden Überlieferungen genommene Inhalte erkennen soll, da ja keine genuinen Bet-El Überlieferungen zum Vergleich existieren, bleibt Valentin schuldig. Hosea und Amos kommen wegen ihrer Polemik und wegen ihrer zumindest teilweisen judäischen Literargeschichte nicht in Betracht.

27 Vgl. *Kennett*, Origin, 168. Auf der Grundlage von 1Kön 12 verband er Ex 32 und Aaron mit dem Heiligtum von Bet-El und vermute außerdem einen Zusammenhang von Mose mit dem Heiligtum Dan. Aufgrund einer Spätdatierung von Ex 32 und Dtn 9 hat *Valentin*, Aaron, 412, in Ex 32 lediglich eine ursprünglich mit Mose verbundene Kultlegende von Bet-El vermutet. Dafür, dass dies traditionsgeschichtlich im Hintergrund von Ex 32 steht, lassen sich keine Hinweise im Text finden. Ein massiver Eingriff in die Überlieferung wie der Austausch von Mose mit Aaron hätte vermittelt werden müssen, wenn die Vorlagen der biblischen Texte für irgendeinen Gebrauch verfasst gewesen sind. Kein antiker Leser, der von einer solchen Tradition gewusst hätte, hätte angesichts dessen Dtn 9,20 akzeptieren können.

28 Vgl. *Beyerlin*, Herkunft, 147–153.

29 Nach *Koenen*, Bethel, 165, gibt es allerdings keine Anhaltspunkte dafür, dass Gen 28 eine Erwiderung auf das Kultbild in Ex 32 ist.

30 Vgl. *Gunneweg*, Leviten, 90; *Koenen*, Bethel, 212. Wie auch immer man den Zusammenhang von Ex 32 und 1Kön 12 bestimmt (vgl. die gegensätzlichen Thesen von *Pfeiffer*, Bethel, 38, und *Köhlmoos*, Bet-El, 186), warum man in Dtn 9 und Ex 32 erst in nachexilischer Zeit den Ahnen des Jerusalemer Priestertums zum Urheber des Kultbildes von Bet-El und zu Übertreter des Bilderverbotes gemacht haben soll, bleibt unergründlich ohne eine entsprechende ältere Überlieferung. Freilich hat man von Anfang an auch die Frage gestellt, wie die Aarontradition nach Jerusalem gekommen ist. Daher hat *Meek*, Aaronites, 160f., eine Konkurrenz von gruppenspezifischen Traditionen vermutet: Erst im Exil hätten die Aaroniden die Oberhand über die Zadokiden gewonnen und das zerstörte Heiligtum übernommen. In der weiteren Geschichte sei es dann zum Aufeinandertreffen der beiden Traditionen im Gegenüber der beiden nachexilischen Gestalten Serubbabel und Josua gekommen. Letzterer sei eigentlich Aaronide gewesen, was Meek aus Sach 6,13

Die Vorwegnahme des Themas im Ablauf des Pentateuchs stellt das später mit ihm verbundene Priestertum von den problematischen Aspekten frei. Die große Bedeutung Aarons als Eponym der Priesterschaft in den priesterlichen Texten und die kritische Rezeption der Herstellung des Kultbildes in Ex 32 und Dtn 9 lassen eine generelle Spätdatierung von Aarons Priestertum nicht zu. Man hat daher immer wieder Gruppenauseinandersetzungen zur Erklärung herangezogen. Dabei hält man bis heute an der Differenz der Jerusalemer Tradition und der Nordreichstradition und dem Gegenüber der Figuren Zadok und Aaron fest.[31]

Doch Probleme der früheren Thesen bleiben auch für die gegenwärtige Forschung bestehen. Es sollte nicht vernachlässigt werden, dass wir es in den vorliegenden Texten im priesterlich abgeschlossenen Pentateuch letztlich mit der Programmschrift der Hierarchie am Zweiten Tempel zu tun haben.[32] Ähnliches gilt schon für die dtr Geschichtsbücher. Diese reflektieren die Verhältnisse einer zurückliegenden Geschichte ebenfalls aus Jerusalemer

---

schlussfolgerte. So sieht er Sach 3 als Zeugnis für Vorwürfe von Seiten der Rückkehrer gegen das Aaronidische Priestertum und ihre angebliche gottgewirkte Überwindung. Erst später habe man Aaroniden und Zadokiden verbunden, indem man Aaroniden und Priester als synonyme Bezeichnungen aufgefasst hätte. Vgl. ebd., 164. F. Sparling North stand einer solchen Hypothesenbildung skeptisch gegenüber. Er fragte, warum die Aaroniden ein zerstörtes Heiligtum übernommen haben sollten. Vgl. *Sparling North*, Aaron's Rise, 192. Seine Lösung erscheint realistischer. Der wiedererrichtete Tempel in Jerusalem habe jenen in Bet-El lediglich in seiner Bedeutung verdrängt, und die Zadokiden hätten die Aaronidische Tradition integriert. Vgl. ebd., 194. Warum das unter Aaron geschieht, bleibt so aber auch offen. Hinzuzufügen ist auch, dass eine Rekonstruktion exilischer Auseinandersetzungen aus wenigen z.T. enigmatischen Abschnitten wie Sach 3; Sach 6,13 und Sach 7,2 kaum zu plausibilisieren ist. Nach *Schaper*, Aaron, 3, sei das priesterliche Konzept des Pentateuchs ein Kompromiss zwischen den „um die priesterliche Vorherrschaft kämpfenden Gruppen" der Zadokiden, Leviten und Abjatariden. In der „Wahl Aarons als Stammvater der Priesterschaft" (*Schaper*, Leviten, 308) in den priesterlichen Texten des Pentateuchs sowie in Chr und bei Esr/Neh schlage sich ein Interesse an den ganz Israel umfassenden Traditionen nieder. *Kratz*, Priester, 341, formuliert auf der Grundlage von Ez 44: „Im Hintergrund stehen offenbar nachexil. Machtkämpfe um das Amt des Hohepriesters, in denen sich die Zadokiden durchsetzten." Ob die Auslegung von Ez 44 und 1Sam 2 sowie der Verbindung von Ex 32 mit 1Kön 12 ausreicht, um die mit Aaron verbundene Traditionsgeschichte auf nachexilische Auseinandersetzungen hin auszudeuten, von denen wir in den Texten, die Verhältnisse der nachexilischen Zeit beschreiben, keine Zeugnisse haben, ist fraglich.

31 Vgl. *Schaper*, Aaron, 3; *Otto*, Priestertum, 1648; *Kratz*, Priester, 341, Siehe außerdem die Darstellung Anm. 30.
32 Für den Tempel auf dem Garizim war entsprechend dem Konzept des Pentateuchs eine verwandte Priesterschaft maßgeblich. Vgl. *Watts*, Torah, 320–323; *Nihan*, Torah between Samaria and Judah, 223.

Perspektive. Warum man über die südliche Zadokidentradition genealogisch Aaron stellt, bleibt bei einer einfachen Opposition von Bet-El (Aaron) und Jerusalem (Zadok) unverständlich. Auch fehlen plausible Beweggründe für die Integration der in Ex 32 enthaltenen Aarontradition in den uns vorliegenden Pentateuch. Warum sollte Aaron als wichtige Figur des Nordens in der judäischen Ausformulierung des Pentateuchs zur dominanten priesterlichen Figur und neben Mose zur Hauptfigur gemacht worden sein, wenn man ihn als Gründer des Kultes in Bet-El ablehnte?

Die Disposition von Ex 32 vor dem Bau des Heiligtums und der Einsetzung Aarons in das Priestertum zeigt, dass den letzten Autoren die theologische Problematik des Kultbildes bewusst gewesen ist. Aaron scheint aber nicht von dem problematischen Thema zu trennen gewesen zu sein.

Wenn man die literarischen Befunde mit nachexilischen Gruppenauseinandersetzungen zwischen Aaroniden und Zadokiden verbindet, dann vernachlässigt das einen weiteren Punkt. Zadok ist eine Figur der späteren Geschichte.[33] Die mit ihm verbundene Gruppe hat im Pentateuch keinen Platz.[34] Aaron dagegen ist eine Figur der Ursprungsgeschiche. Sollte Aaron als Priestereponym lediglich auf eine spätere harmonisierende Arbeit an den Texten zurückgehen, müsste man entweder annehmen, dass die Jerusalemer Tradition mit den Zadokiden als priesterliche Hierarchie nicht in der Ursprungsgeschichte verankert war oder eine uns unbekannte unabhängige Begründung hatte. Warum man aber nicht diese verwendet hat, sondern die Aarontradition übernommen hat, wäre dann unklar. Doch auch die Annahme einer zunächst priesterlosen Pentateuchüberlieferung kann nicht erklären, warum Aaron in Ex 32 und Dtn 9 kritisch rezipiert worden ist, er aber ansonsten diese große Bedeutung gewonnen hat. So ist die Existenz einer älteren übergreifenden, mit Aaron verbundenen Tradition, die bereits Teil der aus dem Norden stammenden Pentateuchüberlieferung war, die wahrscheinlichste Annahme.[35] In dieser war er der eponyme Vorfahr der Priesterschaft an den wichtigen Heiligtümern in Israel und Juda, dabei aber zugleich auch mit der aus Jerusalemer Perspektive

---

33 *Gunneweg*, Leviten, 135, macht das daran fest, dass der früheste Bezug zwischen den Zadokiden und Leviten bei Ezechiel zu finden ist.

34 Vgl. dazu die Darstellung der religionsgeschichtlichen Thesen bei *Gunneweg*, Leviten, 98–116. Eine direkte Anknüpfung einer ursprünglich außerisraelitischen Tradition in nachexilischer Zeit ist wegen der großen Bedeutung Zadoks und der Zadokiden unwahrscheinlich. Gunneweg hat das Problem so zu lösen gesucht, dass alle Priesterschaften in der Josianischen Reform unter Levi systematisiert worden sein. Er schließt es allerdings nicht aus, dass die Zadokiden sich zuvor schon auf Levi zurückgeführt hätten. Vgl. ebd., 137f.

35 In diese Richtung ging *Cross*, Priestly Houses, 215, nach dem David zwei konkurrierende aaronidische Priesterschaften am Tempel in Jerusalem einsetzte. Dies wurde von *Hauer*, Who Was Zadok, 89–94, und *Olyan*, Origins, 185, aufgenommen und weitergeführt.

problematischen Herstellung des Kultbildes verbunden. Dass man den Vorfahr der Priesterschaft in einer negativen kultischen Rolle lediglich vor dem Bau des Heiligtums auftreten lässt, dient in der uns vorliegenden Komposition bereits dazu, ihn zu entschuldigen. Offensichtlich konnte man aber auf ihn aufgrund seiner Verankerung in der Ursprungsgeschichte nicht verzichten.[36] Dass man ihn verbunden mit der Thematik des Kultbildes in Ex 32 auftreten lässt, zeigt dabei auch, dass die Nordreichs- und Südreichstraditionen nicht unabhängig voneinander existiert haben und wohl auch, dass die gemeinsame Tradition nicht willkürlich verändert werden konnte.

Die anderen nichtpriesterlichen Erwähnungen Aarons erklären sich zwanglos aus dem synchronen Ablauf und sagen nichts über die Traditionsgeschichte. Inwiefern aber in Aarons Einführung in Ex 4,14–16 eine gegenüber dem Schwerpunkt der priesterlichen Texte ältere Aarontradition stecken könnte, lässt sich schwer beantworten. Der Abschnitt macht den Eindruck einer Erweiterung und steht im Widerspruch zum nichtpriesterlichen Kontext.[37] Dass Aaron aber ursprünglich einfach nur aufgetaucht sein soll, sei es in Ex 17, in Ex 24,14 oder in der Vorlage von Ex 32, ist ebenfalls unwahrscheinlich. Die herkömmliche literarkritische Argumentation, die im Subtraktionsverfahren arbeitet, ist für die Rekonstruktion ungeeignet, weil das große Interesse an Aaron und die daraus resultierende intensive Arbeit an den Texten durch nachexilische vor allem priesterliche Autoren keine rekonstruierbaren Vorstufen erkennbar gelassen hat.[38]

Da Aarons Rolle in Ex 32 nicht von der Heiligtumstradition von Bet-El und dem Stierbild zu trennen ist, können die priesterlichen Texte, die an Aaron vor allem interessiert waren, von dieser kultischen und priesterlichen Rolle nicht unberührt gewesen sein. Im Gegenteil: Durch die Platzierung von Ex 32 vor dem Bau der Stiftshütte (Ex 35–40) und vor der Einsetzung der Aaroniden in das Priestertum (Lev 8) erscheint Aarons Handeln auch aufgrund von Moses nur moderater Kritik an ihm als eine Episode, wie auch das Heiligtum von Bet-El aus Jerusalemer Perspektive zu einer Episode wird. Wenn man Lev 8 mit der Frage nach dem legitimen Heiligtum verbindet, wird demgegenüber ausschließlich die aaronidische Priesterschaft am Zentralheiligtum als legitim erwiesen. Eine nichtpriesterliche judäische Tradition von Aaron, wie die ältere Forschung sie sah, ist aufgrund des höheren Alters der Bet-El-Tradition unwahrscheinlich. In Juda bzw. im exilischen und nachexilischen jüdischen Kontext hat man somit lediglich das Stierbild, das im Norden mit Aaron verbunden wurde und die

---

36   Vgl. *Heckl*, Religionsgeschichte, 208.
37   Vgl. *Blum*, Studien, 28, und die Diskussion des Abschnittes unten, 128–133.
38   Zum methodischen Problem vgl. *Heckl*, Transformation, zusammenfassend: 78f.

damit verbundene Heiligtumstradition, abgelehnt und dies entsprechend in den Ursprungsüberlieferungen deutlich gemacht. Bestimmend dürfte die Heiligtumstradition insofern gewesen sein, als die Kritik am Kultbild von Bet-El in den Rahmen der Emanzipation Jerusalems und Judas vom Nordreich nach 722 gehört. Wenn dem aber so ist, dann fußen Ex 4,14–16 und die priesterlichen Texte auf älteren übergreifend akzeptierten Vorstellungen von Aaron als Eponym der Priesterschaft.[39] Dies dürfte der Ausgangspunkt der in Bezug auf seine Person vorgenommenen Systematisierungen sein, im Rahmen derer er einerseits zum Leviten, andererseits zum Bruder des Mose gemacht worden ist.

6.2 Die Einführung Aarons (Ex 4,14–16.27–30) und ihre Implikationen

Aaron kommt das erste Mal im Pentateuch in den zuletzt als sekundär und spät beurteilten Abschnitten Ex 4,14–16 und 4,27–30 vor.[40] Die beiden Stellen hängen eng zusammen. V. 27–30 nimmt V. 14–16 auf und bildet einen Zusammenhang damit. Unabhängig von der diachronen Beurteilung des Zusammenhangs der Abschnitte stellt es ein weitreichendes Signal für Aarons spätere Rolle im Verlauf des Pentateuchs und für die zugrunde liegende

---

39   Hier bestätigt sich die These A. H. J. Gunnewegs: „Was nun aber das Verhältnis zwischen dieser ‚Levitisierung' Aarons und seiner Söhne einerseits und der Herstellung einer Aaron-Genealogie bis Pinehas andererseits betrifft [...], so wird man mit Sicherheit annehmen können, daß die Linie Aaron – Pinehas eher hergestellt wurde, als die Verbindung dieser Genealogie mit Levi" (*Gunneweg*, Priester, 166).

40   Vgl. *Blum*, Studien, 28; *Gertz*, Tradition, 320f.; *Berner*, Exoduserzählung, 116; *Utzschneider/Oswald*, Exodus, 139f. Die Frage stellt sich allerdings, an welcher Stelle der vorpriesterlichen Berufungsgeschichte Aarons Einführung ansetzt. *Blum*, Studien, 27f., hat auf die Problematik hingewiesen, dass es sich um einen fließenden Übergang handelt. *Albertz*, Exodus I, 91f., hat die Aaron-Thematik daher der D-Komposition zugerechnet und eine Aaroniden-kritische Intention vermutet. *Utzschneider/Oswald*, Exodus, 35–39, haben den gesamten Abschnitt 4,1–17 den nachpriesterlichen Ergänzungen (TK) zugeschrieben. Dagegen spricht meiner Ansicht nach der Zusammenhang von Ex 3f. mit den Berufungsberichten in Ri 6 und Jer 1. Wenn man davon ausgeht, dass die gemeinsame Gattung in Ex 3f.; Ri 6; Jer 1 durch die Moseberufung als Muster entstanden ist (siehe zur Grundthese *Richter*, Vorprophetische Berufungsberichte, 176–181, zur Entstehung der Gattung aus Mustern *Heckl*, Nachahmung, 10–15), dann muss in dieser die Mit-Sein-Aussage (Ex 4,12) enthalten gewesen sein. Vgl. Ri 6,16; Jer 1,9. Für die Existenz eines Helfers fehlt in Ri 6; Jer 1 jede Spur. Sie dürfte auch der ursprünglichen Intention, die Bedeutung des Berufenen und der Berufung zu unterstreichen, widersprechen. Ex 6,12f(30); 7,1f. lässt das auch noch erkennen, da zunächst nur Moses Einwand steht und Aaron nur auf der Erzähleben erwähnt wird, während seine Einführung in der *Jhwh*-Rede erst nach der Genealogie erfolgt. Dies hat zurückgewirkt auf den Ausgangsabschnitt in Ex 4,12, den man entsprechend erweitert hat.

Traditionsgeschichte dar, wenn er während Moses Berufungsgeschichte eingeführt wird: Der Zusammenhang legt die Grundlagen des Miteinanders von Aaron und Mose in der Exodus-Landnahmegeschichte.

Aarons Einführung heftet sich an das Ende von Moses Berufung und an dessen Einwand an, er könne nicht sprechen (Ex 4,10). Dies weist *Jhwh* zwar zurück, indem er sein Mitsein in Aussicht stellt (Ex 4,12), doch Mose übergeht dies mit einer brüsken Ablehnung: בי אדני שלח נא ביד תשלח „Ach Herr, schicke doch, wen du schicken willst!" (V. 13) Mose liefert damit das Stichwort, woraufhin von *Jhwh* Aaron als weiterer Beauftragter ins Spiel gebracht wird.

הלא אהרן אחיך הלוי ידעתי כי דבר ידבר הוא

Weiß ich nicht, dass Aaron, dein Bruder, der Levit, sprechen kann?

Die Gottesrede führt Aaron ein, wobei auf Moses Problem fehlender Sprechkompetenz Bezug genommen wird. Die rhetorische Frage signalisiert, dass Aaron Mose bekannt ist. Das spricht dafür, dass אח hier auf Aaron als Moses leiblichen Bruder, nicht aber auf die gemeinsame Volkszugehörigkeit abzielt.[41] Dies bestätigt sich in Ex 4,27, wo Aaron Mose bekannt zu sein scheint und aufgrund der innigen Begrüßung, die anstelle einer gegegenseitigen Vorstellung steht. Allerdings taucht Aaron an dieser Stelle das erste Mal auf, und Moses familiäre Verhältnisse sind bislang ebenfalls kaum Thema gewesen. Neben dem Verweis auf Moses Eltern (Ex 2,1) wird synchron dort nur seine Schwester (Ex 2,4.7) erwähnt. Spannend ist dies, weil noch in Ex 15,20 kein verwandtschaftliches Verhältnis zwischen Mose und Aaron vorausgesetzt zu sein scheint.[42] Es ist zu schließen, dass Ex 4,14 mit der priesterlichen Konzeption der Genealogie von Levi bis Mose und Aaron (Ex 6,16–30) zusammenhängen muss.[43]

A. H. J. Gunneweg hat hier den Zusammenhang unterstrichen, zugleich aber in Anschluss an K. Möhlenbrink den konstruierten Charakter der Genealogie herausgestellt. Die Situation ist aber deswegen komplex, weil Aarons Einführung in Ex 6,12–7,1 eine Parallele hat. *Jhwhs* Feststellung, dass er von Aarons

---

41 Nach *Utzschneider/Oswald*, Exodus, 134, muss das zwar nicht „eine leibliche Verwandtschaft" ausdrücken, doch würde sonst die rhetorische Frage ihren Sinn verlieren. Es kann nicht vorausgesetzt sein, dass Mose alle Israeliten oder alle Leviten persönlich kennt.

42 Vgl. *Utzschneider/Oswald*, Exodus, 342, wonach die Nennung in Ez 15,20 bereits auf die Konfrontation in Num 12 abziele und zur Tora-Komposition gehöre, die aus dem 4. Jh. stamme.

43 Da Ex 6,13–30 höchstwahrscheinlich aus einem anderen Kontext sekundär in den priesterlichen Text eingetragen worden ist, gehören Ex 4,14–16.27–30 und die Einfügung von Ex 6,13–30 wohl zusammen zu den letzten Bearbeitungen des Pentatuchs. Zu Ex 6,13–30 vgl. *Achenbach*, Vollendung, 110f.

Beredtheit wisse, weswegen er ihm Mose als Sprecher zuteilt, macht den Eindruck, als würde hier Ex 6,12.30; 7,1 vorweggenommen. Dabei wird aus dem Aspekt der „unbeschnittenen Lippen"[44] (6,12.30) das Redeproblem (4,10.14) entwickelt.[45] Die Besonderheit des Abschnittes gegenüber der priesterlichen Berufungsgeschichte (Ex 6f.) liegt in der Einführung Aarons als Levit. Deswegen hat man das Motiv der unreinen Lippen aufgegriffen und davon her Aarons Sprecherfunktion abgeleitet. Auf die damit im Zusammenhang stehenden Probleme ist J. C. Gertz bei seiner Analyse eingegangen:

> Die Bezeichnung Aarons als Levit bezieht sich mit großer Wahrscheinlichkeit weniger auf seine auch nach priesterschriftlicher Auffassung unbestrittene Abstammung aus dem Hause Levi, als auf die von ihm wahrgenommene Aufgabe. Damit steht 4,14 eindeutig im Gegensatz zu der priesterschriftlichen Konstruktion, die streng zwischen Aaron und seinen Söhnen als den legitimen Priestern (vgl. 28,1ff) und den nichtaaronidischen Nachkommen Levis als dem *clerus minor* und Leviten im eigentlichen Sinn (vgl. Num 3,5–10; 8,19–22; 18,1–7.28) unterscheidet.[46]

Allerdings handelt es sich bei הלוי um eine Apposition. Aaron wird als Levit vorgestellt. Bei den intendierten Adressaten muss also das Wissen darüber, was ein Levit ist, als bekannt vorausgesetzt sein. Andernfalls hätten weitere Informationen gegeben werden müssen. Im Blick müssen Funktionen der Leviten sein – was immer diese sind –, da Aarons Herkunft durch seine verwandtschaftliche Beziehung zu Mose bereits geklärt ist. Zwischen den Funktionen der Leviten und der Aufgabe Aarons besteht also ein Zusammenhang. Handelt es sich nicht um einen vorpriesterlichen Textabschnitt, ist es

---

44 Die unbeschnittenen Lippen werden oft auch auf die Redefähigkeit hin ausgedeutet. Vgl. zuletzt *Samuel*, Von Priestern, 266; *Albertz*, Exodus I, 128. Eine ähnliche humile Phrase findet sich in 1QH[a] x,9f. שפתי ותסמוך נפשי בחזוק מותנים ואומץ [ול]ערׄ לשון מענה ותתן כוח (Text: *Dimant/Parry*, DSS Handbook, 85) „Und du gabst Antwort der Stimme der Unbeschnittenheit meiner Lippen und und unterstütztest meine Seele mit der Stärke der Lenden und tapferer Kraft." Im direkten Kontext zeigt sich, dass die Metaphorik der Unbeschnittenheit die Bedeutung „fremde Sprache" aufruft. Denn in 1QH[a] x,20f. legt genau dies der Kontext der Phrase nahe: ולשון שפה אחרת בערול (ebd., 84). Ex 6,12.30 könnte daher in den Blick nehmen, dass Mose eine fremde Aussprache hat. Da es unter anderem um das Reden vor dem Pharao geht, könnte es sich auf das Ägyptische beziehen. Der am Hof des Pharaos aufgewachsene Mose könnte nach der priesterlichen Berufungsgeschichte einen Übersetzer nötig haben. Wenn das der Fall wäre, hätte Ex 4,14 die Phrase generalisierend auf die Fähigkeit zum Reden bezogen.

45 *Blum*, Studien, 27f., folgt den Thesen von Valentin und anderen, wonach Ex 4,13–17 mit den nachfolgenden Erwähnungen Aarons Nachträge sind und weist darauf hin, dass „auf Mose und seinen Einwand hier [in Ex 6,12, R. H.] ein günstigeres Licht fällt" (ebd., 238).

46 *Gertz*, Tradition, 321.

allerdings wahrscheinlich, dass der genealogische Hintergrund ebenfalls vorausgesetzt ist. Die Bezeichnung הלוי ist aber ein Signal, das über das genealogische Koordinatensystem hinausgeht und über die Funktion der Leviten mit Aarons Aufgabe verbunden ist. Damit hat das הלוי eine ganz ähnliche Bedeutung wie die Charakterisierung Moses über die Erwähnung seiner levitischen Eltern in Ex 2,1 und dürfte auch in Anlehnung an Moses Einführung so formuliert worden sein. Es dient dazu, Aarons Levitensein gleich mit seiner Einführung am Anfang der Exoduserzählung zu verbinden. Mit אהרן אחיך „Aaron, dein Bruder" wird dabei zum Anfang der Mosegeschichte zurückverweisen. Das zeigt, dass man sich bei Aarons Einführung an das Levitsein Moses nicht nur angelehnt hat, sondern dass man einen Zusammenhang herstellen wollte. Die Verfasser von Ex 4,14–16 haben in Ex 2,1–14 Moses Levitsein und die seine damit im Zusammenhang stehenden Funktionen thematisiert gesehen. So erscheint Aaron nun äquivalent als Levit an Moses Seite, und an beiden Stellen ist das Levitsein mit Funktionszuweisungen verbunden. Hinzu kommt, dass man die Betonung von Moses Levitsein (mütterlicher- und väterlicherseits nach Ex 2,1f.) aufnimmt.

Wie festgestellt setzt die Apposition das Wissen darum, was ein Levit ist, voraus. Aarons Sprecherfunktion muss damit zusammenhängen. Er kann – anders als Mose – sprechen (4,15a), und er soll dies im Namen des Mose tun, wobei über beiden der Gotteswille steht (4,15b). Aaron ist also als Moses Stellvertreter vorgestellt, was im nachfolgenden Vers noch einmal hervorgehoben wird. Zuvor werden aber beide Figuren in dasselbe Verhältnis zu Gott gesetzt: והוריתי אתכם את אשר תעשון „Ich will euch lehren, was ihr tun sollt" (Ex 4,15bβγ). Die paradigmatische Verhältnisbestimmung von Mose, Aaron und Gott geht über die Funktionsbeschreibung in Ex 7,1 (Aaron als Moses Prophet) hinaus. Die Passage ist eine programmatische Ausformulierung all jener Gottesreden, die Mose in den priesterlichen Texten an Aaron weitergibt bzw. weitergeben soll. Vor den Formulierungen wie Lev 17,1f. וידבר יהוה אל משה לאמר דבר אל אהרן ואל בניו ואל ... soll das Verhältnis von Mose und Aaron ein für alle Mal klargestellt werden. Dass es unter den Belegstellen der Redeeinleitung einige wenige, aber wichtige Beispiele gibt,[47] in denen Aaron selbst alleiniger Adressat einer Gottesrede ist, wird durch die gemeinsame Zuordnung der beiden Figuren zu Gott in Ex 4,15bβγ gedeckt. Es kann kein Zufall sein, dass die erste dieser Stellen noch im direkten Kontext von Aarons Einführung folgt (Ex 4,27).[48]

---

47   Vgl. Ex 4,27; Lev 10,8; Num 18,1.8.20. Zur Funktion dessen siehe unten, 174f.
48   Dieses Konzept und die in Ex 4,14–16 ausgedrückte Programmatik fußen sicher in der auch in der priesterlichen Berufung deutlichen prophetischen Rolle des Mose, die auch das Deuteronomium prägt. Vgl. dazu *Heckl*, Mose als Schreiber, 199f. Davon ist

Der Zusammenhang von Ex 4,14–16 mit Ex 4,27 macht es sicher, dass es sich bei Ex 4,14–16 um eine gegenüber Ex 6f. nachpriesterliche Ergänzung handeln muss, wie von J. C. Gertz herausgearbeitet worden ist. In der Genealogie Moses und Aarons in Ex 6,16–30 dürften die Aspekte vorformuliert gewesen sein, sodass Ex 4,14–16 eine Zuspitzung des priesterlichen Kapitels Ex 6 insgesamt darstellt.[49]

Wenn dem aber so ist, gibt es keinen Widerspruch zum priesterlichen Konzept. Dass man in Ex 4 den Begriff Prophet vermeidet und für die Stellvertreterfunktion Aarons stattdessen den Begriff Levit verwendet, zeigt, dass man ihn als Leviten ähnlich wie Mose in Ex 2f. als eine Art Beamten[50] im Blick hat, und dies, obwohl zwischen der Abfassung der beiden Kontexte das Exil liegt, und mehr als das: Man sieht Mose und Aaron gemeinsam in einer vergleichbaren Funktion Gott gegenüber. Dass man Aaron an dieser Stelle noch nicht als Priester, sondern lediglich als Levit einführt, ist in doppelter Weise konsequent. Levit ist er nach dem genealogischen Konzept von vornherein, und Priester ist er noch nicht. Wenn es sich an dieser Stelle um ein konzeptionelles Problem handeln würde, hätten die priesterlichen Autoren inkonsequenter Weise im weiteren Verlauf des Pentateuchs bei der formelhaften Einführung der *Jhwh*-Reden von Mose an Aaron daran festgehalten. Es geht an dieser Stelle somit (noch) nicht um eine Verhältnisbestimmung zwischen Leviten und Priestern,[51] da Aaron noch nicht zum Priester geworden ist. Seine Stellvertreterfunktion gegenüber Mose tangiert sein späteres Priestertum nur insofern, als zu der direkten Kommunikation von *Jhwh* und Aaron bes. in Num 18 hingeleitet wird.

Ein Charakteristikum für einen Leviten ist an dieser Stelle somit nicht die Priesterschaft Aarons, von der noch keine Rede ist[52] und von der synchron

---

noch besonders Ex 7,1 geprägt. Die direkte Kommunikation von *Jhwh* und Aaron wird bei der Ausformulierung des Levitenkonzeptes in Num 18 relevant, was mit Ex 4,27 eingeleitet wird.

49 Es wird in der Regel angenommen, dass auch die Genealogie Moses und Aarons gegenüber der priesterlichen Grundschicht (vgl. *Wellhausen*, Composition, 62; *Gertz*, Tradition, 251) bzw. der priesterlichen Kompositionsschicht (vgl. *Blum*, Studien, 231) sekundär ist. Einerseits ist die Genealogie für die priesterliche Konzeption wesentlich (so *Koch*, P – Kein Redaktor, 465), weil die personalen Zusammenhänge geklärt werden, andererseits ist sie durch die Rahmung mit dem Verweis auf das Sprechen von Mose und Aaron vor Israeliten und dem Pharao (Ex 6,13.27) eng an den Kontext von Kap. 6 angebunden.

50 *Utzschneider/Oswald*, Exodus, 139, betonen die Redebegabung und meinen die Leviten würden hier „in ein Lehramt eingeführt".

51 *Blum*, Studien, 362, vermutet, der Text wolle „zwischen den durch Aaron repräsentierten Priestern und Leviten eine Brücke zu schlagen, und zwar aus levitischer Perspektive". Doch warum betont wird, dass Aaron „auch [...] Levit" (ebd.) ist, muss weiter geklärt werden.

52 Mit *Gertz*, Tradition, 321, und zuletzt *Utzschneider/Oswald*, Exodus, 134.

betrachtet auch noch keine Rede sein könnte, sondern die Stellvertreterfunktion mit Vermittlung von Worten und Redeinhalten.[53] Aaron wird als Levit Mose an die Seite gestellt, und Ex 4 zeigt ihn in einer administrativen Rolle unterhalb von Mose und gemeinsam mit ihm unterhalb von Gott den Israeliten bzw. dem Pharao gegenüber. Mose ist die übergeordnete Autorität, und Aaron ist sein administrativer Gehilfe und Sprecher. Obwohl der Abschnitt Ex 4,14–16 gegenüber Ex 6f. jünger ist, bezeugt er, dass man zu seiner Abfassungszeit den Leviten[54] Aaron nicht von vornherein mit dem Priestertum verbinden musste, sondern ihn als eine Person einführen konnte, die loyal Mose gegenüber handeln, administrativ tätig sein und dazu über entsprechende intellektuelle Fähigkeiten und bestimmte Fertigkeiten verfügen würde. Literarhistorisch relevant ist, dass die Hervorhebung seiner levitischen Funktionen beim Abschluss des Pentateuchs noch einmal zusätzlich zu seiner bereits erfolgten Einführung im priesterlichen Kontext (Ex 6f.) erfolgt und dieser vorangestellt wird. Seine Einführung in der priesterlichen Berufungsgeschichte dürfte der Tradition, nach der er Eponym der Priesterschaft war, geschuldet sein.[55] Der Nachtrag in der nichtpriesterlichen Berufungsgeschichte dient dem besonderen Interesse der Endkomposition des Pentateuchs an den Leviten und damit der weiteren Harmonisierung der Tradition.

6.3   Die Einsetzung Aarons und seiner Söhne in das Priestertum

Auch wenn Aaron traditionsgeschichtlich vom Priestertum in Israel nicht zu trennen ist, tritt er im Pentateuch doch primär in priesterlichen Texten auf. Dass er erst im Zentrum der Sinaiperikope in seine wichtigste Funktion eingesetzt wird, muss nicht verwundern, denn der Kult und das zugehörige Inventar werden ja auch erst in diesem Textbereich behandelt. Die Einsetzung wird in den priesterlichen Stiftshüttengesetzen angekündigt und ist schon in ihnen mit der genealogischen Konzeption des Priestertums verbunden: In Ex 28,1 heißt es, dass neben Aaron auch seine Söhne Priester werden sollen. Von dieser Stelle an ist er Eponym der Priester.

---

53   *Utzschneider/Oswald*, ebd., bringen es mit Dtn 33,10 in einen Zusammenhang, wo die Lehre der Tora als Aufgabe der Leviten bezeichnet wird. Das schließt die Priesterschaft nicht aus, wie man an der Figur des Esra sieht, könnte aber an dieser Stelle den Zusammenhang der Levitenschaft mit der Administration andeuten.
54   Vorausgesetzt ist in diesem späten Text die genealogische Verbindung mit Levi von Ex 6,16–27.
55   Vgl. dazu oben, 120–128.

Neben der Einkleidung und der weiteren Ausstattung ist eine Salbung zum Priester vorgesehen (Ex 30,30). Vollzogen wird sie in Lev 8. Dass die Einsetzung in das Priestertum die Parallelität zwischen Stiftshüttengesetzen und deren Realisierung durchbricht, hängt damit zusammen, dass die Stiftshütte fertiggestellt sein muss und die Ausstattung der Priester erst vollständig sein muss, bevor der Kultbetrieb aufgenommen werden kann. Auch die Freistellung des legitimen Priestertums von der problematischen Tradition des Stierbildes gehört zur Vorbereitung.[56] Pragmatisch signalisiert die Zerstörung des Kultbildes durch Mose (Ex 32,20) einen Schlussstrich unter andere traditionelle Formen des Kultes.[57] Das Reinigungsritual bei der Priesterweihe schafft dabei symbolisch eine Zäsur für das Priestertum von den Ereignissen in Ex 32 und pragmatisch von der vorexilischen Kultpraxis. Die Einführung der Aaroniden in das Priestertum erfolgt daher erst in Anwesenheit des Volkes an der fertiggestellten Stiftshütte verbunden mit dem Reinigungsritual. Aarons Söhne werden erst in einem zweiten abschließenden Akt mit Blut und Salböl besprengt, was das Ritual abschließt (Lev 8,30).

Die Weihe vollzieht Mose, er bringt die Opfer dar und ist für die rituellen Handlungen verantwortlich. Auch Mose fungiert also ein weiteres Mal als Priester, obwohl er nicht als solcher bezeichnet wird. Dies hängt mit der anachronistischen Platzierung des Anfangs des Kults und des Priestertums in der Vorgeschichte Israels und mit einer zumindest relativen Offenheit des Priesterstandes zusammen.[58] Bei dem Ritual am Sinai ist an eine wiederkehrende kultische Handlung[59] zur Entsühnung der Priesterschaft gedacht: „wie es geschehen ist an diesem Tag, hat *Jhwh* befohlen es zu tun, um euch zu entsühnen" (כאשר עשה ביום הזה צוה יהוה לעשת לכפר עליכם). Was hier erstmals geschieht, ist eine kultische Initiation, die später zur Reinigung des Kultpersonals wiederholt wird. Dass das erstmalige Reinigungsritual in Lev 8 nach der Episode mit dem goldenen Kalb vollzogen wird, bestätigt die Überlegungen zur Disposition der Texte. Mit Aaron und seinen Söhnen wird so die genealogische Grundlegung des legitimen Priestertums gelegt, indem erwachsene Männer zu Priestern werden. Dieses Konzept ist untrennbar

---

56 Siehe oben, 126.
57 Ein Zusammenhang mit späteren Zerstörungen von Kultinstallationen ist nicht von der Hand zu weisen und wurde schon von den Rabbinen gesehen, die in bAZ 44a auf die Zerstörung der Aschera durch Asa (1Kön 15,13) als Parallele verweisen.
58 Das genealogische Konzept mit Aaron als eponymen Vorfahren ist Idealisierung und Systematisierung, das die Integration von Gruppen möglich machte.
59 Das Übergangsritual wird hier historisiert in der Ursprungsgeschichte erstmals angeordnet. Zur Priesterweihe als Übergangsritual vgl. *Staubli*, Levitikus-Numeri, 81–85.

mit der Vorstellung verbunden, dass zuvor nicht klar in den Aufgaben und Rollen getrennt wurde. Die Existenz eines Priestertums ist so selbstverständlich, dass neben Moses priesterlicher Rolle in Lev 8 auch am Anfang der Sinaiperikope die Erwähnung von Priestern nicht nur stehengelassen wurde (Ex 19,22.24; 24,5), sondern sie als Ausgangssituation vor der durch Mose eingesetzten Institutionen des Kultes und der aaronidischen Priesterschaft präsentiert wird. U. Cassuto meint spannender Weise auf der Grundlage von Ex 24,5 und der rabbinischen Auslegung dazu, dass die Erstgeborenen zuvor als Priester gedacht seien.[60] Auch wenn diese Interpretation harmonisierend ist, so ist doch deutlich, dass die mehrfache Erwähnung von Priestern und vom priesterlichen Handeln von Nichtpriestern nicht einfach nur als Ergebnis redaktioneller Prozesse stehengeblieben sein kann.

Für Aaron ist dies von großer Bedeutung, denn auch die Abschnitte, die sich mit seiner Einsetzung beschäftigen, präsupponieren, dass er vorher ebenso wenig Priester war wie Mose. Er musste nach dem Konzept der priesterlichen Texte in das Priestertum eingeführt werden, was Relevanz für die auf ihm beruhende Priesterschaft Israels insgesamt hat. Am Gottesberg, eine begrenzte Zeit nach dem Auszug – so wird behauptet – wurde die Priesterschaft von Mose auf Befehl Gottes und damit mit höchster Legitimation eingesetzt.[61] Dies löste die institutionelle und personale Unbestimmtheit des Priestertums ab, die vorher vorausgesetzt ist. Die selbstverständliche Rede von Priestern bereits vorher und die Schaffung des erblichen Berufspriestertums in der Ursprungsgeschichte Israels dürfte auf Veränderungen in der Abfassungszeit reagieren.

Angesichts dessen ist es für die Identität der Leviten wie für die Charakterisierung Aarons im priesterlich abgeschlossenen Pentateuch entscheidend, dass Aaron zuvor in eine nichtpriesterliche Funktion eingeführt wurde. Denn diese Funktion wird in Ex 4,14–16 mit der Behauptung verbunden, dass Aaron Levit war. Das geht über die genealogische Verbindung mit Levi deswegen hinaus, weil man ja gleichzeitig behauptet, dass er Bruder des Mose ist. Indem er so institutionell auf eine Linie mit Moses Einführung in Ex 2 gebracht wird, erscheint auch Aaron als loyal dem Volk gegenüber und als Prototyp der Administration. Für seine spätere Priesterschaft ergibt sich daraus, dass diese Aufgabe auch als eine bestimmte Form der Beamtenschaft gilt oder

---

60   Vgl. *Cassuto*, Exodus, 234.
61   Dem entspricht, dass synchron betrachtet davor noch Nichtpriester für den Kult verantwortlich sind. Dies sind die Erzeltern, Mose und die Stammesführer und weitere ausgewählte Personen.

als Funktion eines Beamten erscheint. Wenn Aaron nun in Lev 8 zum ersten Priester wird, er aber zugleich mit Mose als dem Führer des Volkes als Levit gilt, hat man also offenbar vor, zwei wichtige Institutionen Israels in den beiden Hauptfiguren des Pentateuchs vorabzubilden. Für die weitere Untersuchung drängen sich eine Reihe von Fragen auf: Warum musste Aaron überhaupt *auch* wie Mose Levit sein? Gibt es einen Zusammenhang mit Überlieferungen, an denen Leviten tatsächlich zu Priestern werden oder wo Priester als Leviten bezeichnet werden? Und wie hängen diese Überlieferungen mit Stellen zusammen, an denen wie in der vorderen Sinaiperikope noch Nichtpriester im Kult aktiv sind?

6.4 Aaron und die Leviten

Die Leviten spielen vor dem Numeribuch kaum eine Rolle.[62] Es macht daher den Eindruck, als würde dieses Thema im Pentateuch dort erst nachgetragen.[63] Dem korrespondiert, dass das Levitsein Aarons in der korrigierenden Ergänzung[64] Ex 4,14–16 an der nichtpriesterlichen Berufungsgeschichte des Mose angeheftet und gegenüber der priesterlichen Berufung (Ex 6f.) ebenfalls nachgetragen worden ist. Entweder ist die Genealogie Levis in Ex 6,16–26 zusammen mit V. 27–30 hinzugefügt[65] oder aber das Levitenkonzept wurde bei Abfassung des Kapitels bei Konstruktion der Genealogie geschaffen.[66] Schon

---

62   Dazu siehe bereits die Übersicht oben, 96f.
63   Der Eindruck wird dadurch verstärkt, dass in Lev 25 die Einrichtung der Levitenstädte vorausgesetzt wird, die erst in Num 35 geschieht.
64   Zum Nachtragscharakter siehe oben, 128–133. Hier zeichnet sich eine Bestätigung der Pentateuchmodelle ab, die von einer sukzessiven Fertigstellung ausgehen und das Numeribuch als späten Brückenschlag zum Deuteronomium verstehen. Vgl. *Nihan*, Holiness Code, bes. 121f.
65   So zuletzt *Albertz*, Exodus I, 121.
66   Dazu tendieren *Utzschneider/Oswald*, Exodus, 181, wenn sie meinen die Genealogie werde „in der gesamten P-Komposition von Anfang an und damit auch in Ex 6,2–12; 7,1–7 vorausgesetzt". In Ex 6,13 setzt der Abschnitt allerdings wie eine Zitation aus einem anderen Kontext mit der unvermittelten Nennung von Aaron ein. Die offenkundige Nachholung des Levitenthemas im Numeribuch, aber auch die Eintragung des Levitenthemas in die Berufung Aarons in Ex 4 erlaubt es, die Diskussion von redaktionellen Bearbeitungen in diesem Bereich auf sich beruhen zu lassen, wenn keine konzeptionellen Probleme erkennbar sind. Methodisch kann man dabei der Studie *Frevel*, Leviten, 154–156 (zusammenfassend), folgen, der die konzeptionelle Geschlossenheit der Levitentexte aufzeigt. Dass man darüber hinaus weitergehende literarhistorische Fragestellungen an den Text stellen kann, ist selbstverständlich, doch für diese Untersuchung ist die Erhebung des Gesamtkonzeptes über den Levitismus, wie es die priesterlichen Autoren in Num 3f.; 8;

der Gebrauch des determinierten Nomens לוי in Ex 4,14a lässt auf eine spätere Stufe der Reflexion schließen. Die punktuelle Ergänzung in Ex 4,14–16 steht unmittelbar mit der stereotypen Form der Weitergabe von *Jhwh*-Reden über Mose an (vor allem) Aaron und seine Söhne im Zusammenhang.[67] Synchron betrachtet verändert sich allerdings die Situation im Numeribuch dadurch, dass Aaron und seine Söhne inzwischen zu Priestern geweiht worden sind.[68] Für die Leviten folgt nun ebenfalls ein Ritual, das sie in ihren Tempeldienst einführt (Num 8). Die Rituale in Lev 8 und Num 8 gehen insofern parallel, als sich die Grundelemente Reinigung, Handauflegung und Opfer entsprechen; bei der Einführung der Leviten fehlt allerdings gegenüber Lev 8 die Salbung.

Zwischen der Einführung Aarons in das Priestertum und der Einführung der Leviten besteht ein kompositioneller Zusammenhang: Aarons Einsetzung konnte erst in Anschluss an den Bau des Heiligtums erfolgen, weswegen sie nicht im Exodusbuch, sondern erst in Lev 8 thematisiert wird.[69] Die Einführung der Leviten erfolgt nun ebenfalls erst an der Stelle, an der im hinteren Bereich der Sinaiperikope auf die Fertigstellung des Heiligtums zurückgekommen wird und sie endgültig als vollendet gilt (Num 7,1). Dazu werden dort noch einmal Einrichtung, Salbung und Weihe des Heiligtums und seines Gerätes durch Mose resümiert und damit der Eindruck erweckt, als werde erst an dieser Stelle der in Ex 40,9f. gegebene Befehl verwirklicht.

Die kompositionelle Zerdehnung der Sinaiperikope dient dazu, zusammen mit dem Heiligkeitsgesetz noch weitere Ergänzungen von kultischen Bestimmungen im Numeribuch als zugehörig zum Heiligtum zu autorisieren.[70] Die Einführung der Leviten folgt unmittelbar auf die erneute Feststellung der Fertigstellung des Heiligtums (Num 7,1) und die Inbetriebnahme des Altars (חנוכת המזבח) durch die Opfer der Stammesführer sowie auf die Abgabe von deren Weihegaben (vgl. Num 7,88). Wie es Mose in Ex 25,22 angekündigt wird, hört er jetzt das erste Mal Gottes Stimme von oberhalb der Kapporet zu ihm sprechen. Die Weihe der Leviten ist also an prominenter Stelle im Numeribuch platziert.

16f.; 18 präsentiert haben, entscheidend. Denn dieses lässt suffiziente Rückschlüsse auch auf die Traditions- und Literargeschichte bei dem Thema insgesamt zu.

67 Siehe dazu oben, 131f.

68 Meiner Ansicht nach hängt es damit auch zusammen, dass die Abgabenzuweisung an Leviten und Priester in Num 18 an Aaron direkt gerichtet sind.

69 Vgl. oben, 133–136.

70 Besonders eindrucksvoll geschieht dies in Bezug auf den Aaronidischen Segen. Dieser erscheint nun als allerletzter Akt der Einrichtung des Heiligtums. Seine konstruierte Form und sein bis in die letzte Formulierung durchkomponierter Wortlaut bewirken eine Supplementierung der Segensszenerie in Lev 9,22. Vgl. dazu *Heckl*, Aaronic Blessing.

Allerdings scheint ein chronologisches Problem zu bestehen, wodurch diese kompositionelle Schlüsselstelle im Numeribuch entwertet zu werden scheint. Die Fertigstellung des Heiligtums wird ja in Ex 40,2 auf den ersten Tag des ersten Monats im zweiten Jahr nach dem Auszug angeordnet. Dies scheint nach Ex 40,17 entsprechend abgeschlossen zu sein. Die nächste Zeitangabe – der erste Tag des zweiten Monats im ersten Jahr – folgt danach erst wieder in Num 1,1 für die Gottesrede, in der Mose aufgefordert wird, die Israeliten zu zählen. Von hier erscheint es aufgrund der Formulierung ויהי ביום כלות משה להקים את המשכן (Num 7,1) zunächst so, als würden hier die Formulierungen aus Ex 40,2.17.33 aufgenommen und als würde auf die in Ex 40 berichteten Ereignisse zurückgeschaut, sodass das dort gegebene Datum weiter vorliegt.[71] Die Weihe der Leviten in Num 8 scheint also zusammen mit Num 7 temporal in einer Spannung mit dem vorangehenden Numeribuch zu stehen, weil sie (scheinbar) zu den Ereignissen des ersten Monats gehört. Das scheint sich in Num 9,1 zu bestätigen, wenn *Jhwh* zu Mose ebenfalls im ersten Monat spricht. Diese Konstellation interpretiert R. Achenbach als Hinweis auf eine späte Redaktion und Hinzufügung der Kapitel Num 7–10.[72]

Allerdings bringt die Annahme einer solchen temporalen Digression aufgrund einer Überarbeitung synchron betrachtet ein großes Problem beim Thema der Leviten mit sich: Denn in Anschluss an die Zählung der Israeliten, die die Zählung der Leviten ja zunächst bewusst und angekündigt auslässt (Num 1,47–53; 2,33), wird die Sakralisierung der Leviten angeordnet. Hier wird Mose dazu aufgefordert, die Leviten den Priestern zu übergeben, wobei sie an die Stelle der Erstgeborenen treten sollen. Darauf wird bei der Weihe der Leviten in Num 8,16 explizit mit Zitation der Wiederholung der Gottesrede zurückgekommen. Erst an dieser Stelle erfolgt die Übergabe der Leviten an Aaron, zu der Mose in Num 3 aufgefordert wird, im Zuge des Rituals der Weihe der Leviten.

---

71 In Ex 40,2 erhält Mose den Befehl, am ersten des ersten Monats die Stiftshütte aufzurichten (ביום החדש הראשון באחד לחדש תקים את משכן אהל מועד); in Ex 40,17 wird in die Erzählung gewechselt und festgestellt, dass am ersten des ersten Monats im zweiten Jahr die Stiftshütte aufgerichtet wurde (ויהי בחדש הראשון בשנה השנית באחד לחדש הוקם המשכן). Ex 40,33b fasst danach zusammen, dass Mose das Werk vollendet hat (ויכל משה את המלאכה). Mit Num 7,1 ויהי ביום כלות משה להקים scheint also lediglich der Schluss des Exodusbuches aufgenommen zu sein.

72 *Achenbach*, Vollendung, 529, stellt fest: „Der Nachtragscharakter wird schon durch die Formulierung von Num 7,1 (... ויהי ביום כלות משה) deutlich, denn es wird auf ein aus der Erzählperspektive längst vergangenes Datum zurückverwiesen. Das Datum von Num 7,1 lenkt auf den Zeitpunkt der Errichtung und Einweihung des Schreines (Ex 40,33b) und dessen Salbung (Lev 8,10) zurück."

Wäre Achenbachs Interpretation richtig, ergäbe sich nicht nur eine Digression, sondern ein Konflikt mit der Chronologie, der eine logischen Zusammenhang von Befehl und Ausführung unmöglich macht, weil die Weihe der Leviten (Num 8) so zeitlich dem Befehl (Num 3) einen Monat vorausgehen würde.

Die vorliegende Konstellation der Bücher Exodus bis Numeri zeigt zumindest so viel, dass die Autoren der Bücher Levitikus und Numeri gegenüber Ex 40 Innovationen nur in ihren Büchern platzieren konnten. Sollten ihnen wirklich die logische Abfolge der Ereignisse gleichgültig gewesen sein, oder sollte das chronologische Problem womöglich versehentlich entstanden sein? Ein stringenterer Text ergäbe sich, wenn man am Anfang des Numeribuches einfach die Zeitangabe ausgelassen hätte. Ich nehme daher an, dass die Autoren des Numeribuches sich die in Ex 40,2 für einen Tag befohlene Fertigstellung des Heiligtums tatsächlich als zeitlich gedehnt vorstellten, sodass wir uns in Num 7,1 synchron entsprechend der Zeitangaben in Num 1,1.18 im zweiten Monat befinden. ביום כלות in Num 7,1 würde als temporale Konjunktion auf die Zeit der Aufrichtung und nicht konkret auf dessen Tag verweisen.[73] Unabhängig davon, wie sich die Autoren von Ex 40,2.17.33 am Ende des Exodusbuches die Fertigstellung des Heiligtums ursprünglich dachten, beginnt dort in der Sicht von Num 1 ein Prozess der Aufrichtung des Heiligtums, der bis zum ersten des zweiten Monats andauert. Dass dieser midraschartige Rückgriff auf das Ende des Exodusbuches die Intention der Autoren von Num 7,1 trifft, zeigt sich am genauen Wortlaut von Num 7,1: Von dort wird zurückgegriffen auf die Aufrichtung des Heiligtums (Ex 40,33b) und seine Salbung mit dem, was in ihm war (Lev 8,10), sowie auf die zusätzlich in Ex 40,10 aufgetragene Salbung des Altars, die aber erst in Lev 8,11 geschieht. Die Autoren von Num 7,1 übergehen also scheinbar die Abschlussformulierung in Ex 40,33b. Meiner Ansicht nach liegt der Grund in der auffällig abweichenden Wiedergabe des Befehls zur Aufrichtung der Stiftshütte Ex 40,2–16 in der Erzählung Ex 40,17–33. Zusätzlich zur Aufforderung, den Brandopferaltar aufzurichten und einzuweihen (Ex 40,6), wird in Ex 40,10 die Salbung des Altars aufgetragen. Doch davon ist in Ex 40,29 keine Rede. Der Aufforderung zur Waschung, Einkleidung, Salbung und Weihe der Priester (Ex 40,12–15) steht nur die Aufstellung des Beckens und die Waschung der Füße in Ex 40,30–32 gegenüber. Bereits die ausführliche Erzählung der Priesterweihe in Lev 8

---

73 „Als Mose die Wohnung vollständig aufgerichtet hatte ..." nicht: „An dem Tag, an dem ..." Vgl. Ges[18], 452. Ähnlich: Gen 2,4b; Ex 6,28.

dürfte diese Differenz zur Legitimation genutzt haben. Ich vermute, dass die Abschlussformulierung in Ex 40,33b mit der Vollendung des Werkes lediglich als erster Akt der Aufrichtung der Stiftshütte verstanden wurde. Eine Differenz in den aufeinander bezogenen Formulierungen in Ex 40,10; Lev 8,11 und Num 7,1 zeigt, dass diese Interpretation korrekt ist: In Lev 8,11 heißt es ausdrücklich, dass Mose den Altar und die Geräte salbte, *um sie zu heiligen*: וימשח את המזבח ואת כל כליו ואת הכיר ואת כנו לקדשם. Demgegenüber werden in Ex 40,10 ausdrücklich zwei Befehle gegeben, bevor der Altar als קדש קדשים gilt: ומשחת את מזבח העלה ואת כל כליו וקדשת את המזבח והיה המזבח קדש קדשים. Schon bei der Abfassung von Lev 8,11 holt Mose also etwas nach, was in Ex 40,29 noch nicht passiert ist. Und die Differenz haben die Autoren von Num 7,1 ebenfalls genutzt, um deutlich zu machen, dass erst unmittelbar vor Num 7 alle Befehle *Jhwh*s ausgeführt sind. Faktisch ist es so, dass mit der Vermittlung des priesterlichen Segens als letzter Institution des Heiligtums alles erst als vollendet gilt.[74] Meiner Ansicht nach ist eine solche spitzfindige Zerdehnung des Befehls aus Ex 40 wahrscheinlicher als die Annahme eines versehentlich entstandenen massiven Kohärenzproblems, wie Achenbach vermutet.[75] Und dieses Kohärenzproblem würde auch über das Levitenproblem hinausgehen. Denn auch die Opfergabe und die Weihegaben der Stammesführer in Num 7,2f. sind erst temporal im Anschluss an die Zählung in Num 1–3 möglich. Dieser Passus zeigt ebenfalls, dass in Num 7,1 kein temporaler Rückgriff vorliegen kann.

Die nachfolgende Zeitangabe in Num 9,1, die das Passa betrifft und mit der anschließenden Einführung des sog. Zweiten Passa verbunden ist, muss demgegenüber anders interpretiert werden. Hier handelt es sich um einen temporalen Rückgriff, der aber inhaltlich motiviert und ebenfalls auf den zweiten Monat bezogen ist. Es geht zunächst um das normale Passa am 14. des ersten Monats (V. 3) und danach um dessen Nachholung für einige unrein gewordene Männer im zweiten Monat. Innerhalb der nicht auf einen Tag spezifizierten *Jhwh*-Rede verweist *Jhwh* selbst auf den ersten Monat, weil es sich um den Monat des Passas handeln muss, das entsprechend dem Befehl auch am 14. gehalten wird. Das sog. Zweite Passa ist über den Festkalender von Lev 23 hinaus eine Innovation. Der zeitliche Rückgriff dient hier also der Hinführung zum

---

74 Dies steht faktisch dem Konzept des priesterlichen Schöpfungsberichtes gegenüber, wo der Segen auch die Schöpfung vollendet. Vgl. *Heckl*, Aaronic Blessing, 127.

75 Das macht die von Achenbach angenommene Redaktion nicht unmöglich, doch hätte diese jedenfalls ein Kohärenzproblem vermieden.

letzten Ereignis im Festkreis, dem die Sinaiperikope folgt,[76] und welches sich auch zeitlich logisch anschließt. Zwar wird die Feier des zweiten Passa nur stillschweigend vorausgesetzt, doch nimmt Num 9,15 mit dem Verweis auf den Tag der Aufrichtung der Wohnung den Zweiten Monat wieder auf. Und danach brechen die Israeliten in Num 10,11 am 20. des zweiten Monats vom Gottesberg auf.

Die Weihe der Leviten wird somit der Weihe der Priester an die Seite gestellt. Wie der Weihe der Priester der Auftrag zur Herstellung ihrer Ausstattung und Kleidung vorausgeht, findet sich vor der nochmaligen Feststellung der Fertigstellung des Heiligtums (siehe Num 7,1) eine vorbereitende Behandlung der Leviten in Num 3f. Dazu gehören neben ihrer Zählung und der Substituierung der Erstgeborenen durch sie auch die zahlenmäßige Erhebung ihrer Untergruppen sowie die Zuweisung ihrer Aufgaben für die Wüstenwanderung, die sie in Num 10,11–17 erstmals übernehmen.[77] Der Zusammenhang zwischen der Zählung der Untergruppen und der Zuweisung von Aufgaben für die Wüstenwanderung erklärt den eigentümlichen Unterschied im Dienstalter der Leviten (gegenüber Num 8,24 und auch Esr 3,8). Wie bereits oben festgestellt,[78] geht es nicht primär um das Alter, sondern um die Aussonderung von Gruppen mit unterschiedlichem Umfang.[79] Während man für den Transport des Heiligtums eine kleinere Gruppe für nötig hält, bestimmt man für den normalen Tempeldienst eine größere Zahl von Leviten.[80] Der Aspekt ist kein Argument für die Literarkritik.[81]

---

76   Vgl. *Heckl*, Ein vollendeter Text, 194.
77   Vgl. *Frevel*, Leviten, 150.
78   Vgl. dazu oben, 49.
79   Dies wird durch die Bemerkung in 1Chr 23,24 bestätigt, wo es heißt, dass die Zählung der Leviten im Alter von 20 Jahren und darüber erfolgte.
80   In Esr 3,8 hat man das offenbar entsprechend verstanden und geschlussfolgert, dass für den Tempelbau eine noch umfangreichere Gruppe von Leviten erforderlich sein würde, was dort natürlich schon aufgrund der niedrigen Levitenzahlen evident ist.
81   Dies nahm zuletzt (wieder) *Seebass*, Numeri 1–10, 99–104, an. Von einer Korrektur ist aber schon deswegen nicht zu sprechen, weil nicht allgemein die Dienstzeit „nach unten und nach oben korrigier[t]" (ebd., 101), wird, sondern unterschiedliche Aufgaben im Blick sind. Zwar wird die Sicht einer Korrektur bereits als Konsens gesehen (vgl. *Achenbach*, Vollendung, 545), doch wieso sollte sich überhaupt in der Sinaiperikope ein „wachsende[r] Bedarf an levitischer Mitwirkung im Kult" (ebd.) niedergeschlagen haben. Von einem kultischen Kontext ist nur in Num 8 die Rede. Der in Num 4 thematisierte Transport des Heiligtums ist eine rein literarische Konstruktion, die der Wüstenwanderung geschuldet ist. Dass 1Chr 23,27–32 umfassendere Aufgaben auflistet, erklärt die nochmal größere Gruppe von Leviten. Dies ist aber ebenfalls keine Korrektur. Vielmehr gingen die Verfasser von der Notwendigkeit unterschiedlicher Zahlen von Arbeitskräften in den

Die vorbereitende Thematisierung der Leviten (Num 3f.) und ihre Indienstnahme (Num 8) bilden also einen mit der Vorbereitung und dem Bau des Heiligtums sowie seiner Inbetriebnahme vergleichbaren Zusammenhang. Doch die Leviten bleiben im Numeribuch Schwerpunkt über Num 3f. und 8 hinaus. In Num 16f. wird mit der Erzählung vom Aufstand der Korachiden das Verhältnis von Priestern und Leviten abschließend geklärt. In Num 18 geht es noch einmal um Rechte und Pflichten von Priestern und Leviten. Das Ganze bildet einen zusammenhängenden Kontext, in dem das Konzept des abgeschlossenen Pentateuchs über die Leviten entfaltet wird.[82]

6.4.1 *Die* Beauftragung *der Leviten (Num 3)*

Um die Einführung der Leviten in ihren Dienst geht es zwar explizit erst in Num 3f., doch ist sie bereits mit dem Anfang des Buches im Blick, da der Stamm Levi von der Zählung des Volkes ausgeschlossen ist.[83] Dort wird dies mit einem Vorverweis auf die Beauftragung der Leviten für den Dienst an der Stiftshütte begründet (Num 1,47–53). Im Anschluss an die Zählung der anderen Stämme Israels wird danach in Num 2,33 noch einmal der Verzicht auf die Zählung der Leviten festgehalten, was zu deren besonderen Thematisierung in Num 3 hinleitet. Der Anfang des Numeribuches zielt also auf die Thematisierung der Leviten in Num 3f. und im Fortgang des Numeribuches.

Die Überschrift von Kapitel 3 hebt sich mit der Toledotformel (ואלה תולדת) von den vorangehenden Zählungen ab, wobei zu beachten ist, dass bei der Zählung der Stämme in Num 1,20–43 der Verweis auf die Geschlechterfolge jeweils mitgenannt wird. Die Einführung einer Genealogie Aarons und Moses verwundert allerdings, weil eine genealogische Auflistung der Leviten mit einer abschließenden Fokussierung auf Mose und Aaron bereits in Ex 6,16–27 nachgetragen war. Weiterhin ist die Reihenfolge Aaron – Mose auffällig. Ebenfalls auffällig ist die Temporalbestimmung der Genealogie. Die Rede von einer

---

verschiedenen geschichtlichen Situationen (Wüstenwanderung, Dienst am Heiligtum, Dienst am Tempel und Verwaltung unter David) aus.

82 So auch *Frevel*, Leviten, 154, der herausstellt, es handle sich um „eine relativ geschlossene Konzeption, die zunächst auf der Ebene des Weltbildes von dem Grundgedanken konzentrischer Heiligkeit und dem Spannungsverhältnis von Heiligkeit und Gefährdung geprägt ist".

83 U. Schorn nimmt an, dass Num 1–2 kein besonderes Konzept des Stammessystems bezeugt, sondern die priesterliche Form dessen ist, was in Gen 29f. entfaltet wird. Vgl. *Schorn*, Ruben, 52f.100. Auch *Wellhausen*, Composition, 176, hatte die enge Bindung des Kapitels an Num 1f. bereits im Blick. So auch *Kellermann*, Priesterschrift, 12. Letzterer weist nach, dass ein kohärentes Konzept vorliegt, das „die besondere Musterung der Leviten in Kap. 3 und 4 vor[bereitet]" (ebd., 14).

Geschlechterfolge scheint mit der Zeitbestimmung „in der Zeit, in der *Jhwh* mit Mose am Berg Sinai redete" zu konkurrieren.

In Num 3,2f. werden alle Söhne Aarons aufgezählt. Ausdrücklich wird festgestellt, dass sie in das Priestertum eingeführt wurden. V. 4 hält mit Rückverweis auf Lev 10 fest, dass Nadab und Abihu starben, weil sie fremdes Feuer darbrachten.[84] Die Verse beinhalten die kleinst mögliche Genealogie, indem Aaron und seine zu dieser Zeit lebenden Söhne aufgelistet werden.[85] Durch den temporalen Verweis auf den Sinai wird auf die konkrete Situation fokussiert, was auch mit der Nennung von Nadab und Abihu konvergiert, die nach Lev 10 fehlen. Entsprechend ist die kurze Genealogie durchaus vergleichbar mit der vorangehenden Auflistung der Stämme, die ja ebenfalls nach ihrer Abstammung d.h. genealogisch gezählt werden sollen (siehe Num 1,20–42). Wenn dort explizit festgehalten wird, dass die Leviten als Stamm (הלוים למטה אבתם) nicht mitgezählt werden (Num 1,47–53; 2,33), so gilt das auch für Aaron und seine Söhne, was deren Einbeziehung notwendig macht. Allerdings scheint in Num 3,5 mit der Einleitung einer *Jhwh*-Rede die Genealogie verlassen zu sein. Doch wird in der an Mose gerichteten Aufforderung, den Stamm Levi vor Aaron zu stellen, die Thematik der Leviten verfolgt. Von der Logik des größeren Kontextes her ist dies nötig, da die Leviten noch nicht aufgenommen sind. Dies geschieht mit dem Verweis auf die nachfolgende Übergabe der Leviten an die Priester (Num 3,6.9).

Die Zugehörigkeit der V. 1–4 zu der vorangehenden Zählung der Israeliten und zur Thematik der Leviten wurde allerdings in Frage gestellt. Nach H. Samuel handelt es sich bei der genealogischen Eröffnung des Kapitels um eine Ergänzung.[86] Die Querbeziehungen zu Ex 6,23; Ex 40,15 und Lev 10 sprächen für einen kompilatorischen Charakter.[87] Er verweist darauf, dass erst

---

84   Schon *Holzinger*, Numeri, 9, sah die Verse als überflüssig an und wies die Notiz Ps oder einem Redaktor zu. H. Samuel begründet seine Entscheidung für die Aussonderung damit, dass man erst in V. 10 „JHWHs Auftrag an Mose zur Musterung Aarons und seiner Söhne" (*Samuel*, Von Priestern, 161) enthalte. Der Vers erzähle „nicht von der Bestallung der Aaroniden zum Priestertum, sondern setzt diese voraus" (ebd., 162) . Diese „erzählerische Leerstelle" (ebd.) werde in Num 3,1–4 „ausgefüllt" (ebd.).

85   Pinhas, der Sohn Eleasars, bleibt außen vor, weil es nur um die in das Priestertum eingeführten Söhne Aarons geht. Vgl. Lev 8,2: קח את אהרן ואת בניו. Siehe auch unten, 144, Anm. 90.

86   Vor ihm: *Noth*, Numeri, 31; *Kellermann*, Priesterschrift, 46; *Weimar*, Toledotformel, 181. Anders: *Tengström*, Toledotformel, 55, der die Formel mit Gen 2,4 vergleicht.

87   Freilich ist eine Nichtzugehörigkeit zu älteren priesterlichen Schichten (nach Samuel P[G]) kein Argument, dass Num 3,1–4 sekundär ist. Das Numeribuch dürfte generell auf die abgeschlossenen Bücher Exodus und Levitikus zurückblicken.

in Num 3,10 „Mose zur Musterung Aarons und seiner Söhne"[88] aufgefordert werde. Tatsächlich verwundert die Aufforderung in Num 3,10 nicht nur nach der genealogischen Eröffnung in V. 1–4, sondern auch nach der Aufforderung der Übergabe der Leviten an Aaron in Num 3,9. Wie Samuel richtig feststellt, liegt der Schwerpunkt von V. 10 auf der Bewahrung des Priestertums. Die Zählung der Priester, die ja nur die Zahl drei ergeben hätte, sei aber gegenüber der Frage der Bewahrung des Priestertums nicht wichtig gewesen. Dies sei dann erst mit den V. 1–4 nachgetragen worden.[89] Meiner Ansicht nach schließt sich der Abschnitt Num 3,5–10 aber stringent an die kurze Genealogie an. Zunächst wird die Übergabe der Leviten an Aaron und seine Söhne thematisiert (V. 6). In V. 1–4 geht es um Aaron und seine lebenden Söhne und ihre Priesterschaft. Die Leviten sollen für Aaron und für die Gemeinschaft Dienst tun, und zwar vor dem Heiligtum (V. 7), sodass ihr Dienst die Geräte der Stiftshütte und den Dienst der Israeliten umfasst (V. 8). Num 3,9 stellt noch einmal die Übergabe der Leviten an Aaron heraus. Dem wird kontrastierend angefügt, dass Aaron und seine Söhne das Priestertum bewahren sollen (V. 10). Somit wird ein Zusammenhang mit den V. 1–4 hergestellt und sichergestellt, dass es sich tatsächlich nur um die drei dort verbleibenden Personen handelt, die das Priestertum innehaben und daher den Befehl über die Leviten erhalten. Abschließend schärft 3,10b dann noch einmal ein, dass ausschließlich die Priester für den Kult zuständig sind. Dies ist nur sinnvoll aufgrund der Thematisierung der Leviten. Ohne Num 3,1–4 wäre der Umfang des legitimen Priestertums am Sinai nicht geklärt. Ich halte die Eröffnung mit der kleinen Genealogie somit nicht für einen Zusatz. Außerdem ist es dem Verfasser nach der Zählung der Stämme in Num 1 sicher bewusst gewesen, dass nach Num 1f. nicht nur eine Zählung der Leviten noch fehlt, sondern auch Mose, Aaron, Eleasar und Itamar (sowie Pinhas[90]) noch nicht einbezogen sind.

Für das Thema der Leviten ist die Überschrift ואלה תולדת אהרן ומשה ביום דבר יהוה את משה בהר סיני bedeutsam. Man erwartet zunächst nach Num 1f. eher eine Überschrift wie אלה תולדות (בני) לוי (vgl. Ex 6,16), da es ja um die Disposition des Stammes geht. Allerdings zeigt die Betonung von Aaron und Mose am Schluss der Genealogie Levis in Ex 6,26f. dass die Nennung von Aaron und Mose dazu nicht im Widerspruch steht. Es geht in Num 3 also um Aaron und Mose als Repräsentanten des Stammes Levi. Auch die Reihenfolge Aaron – Mose kommt

---

88 *Samuel*, Von Priestern, 161.
89 Vgl. *Samuel*, Von Priestern, 161.
90 Pinhas fehlt, weil er Sohn Eliasars ist. Vgl. oben, 143, Anm. 85. Vermutlich wird er wegen seiner Jugend noch nicht mit aufgelistet. Ein ewiges Priestertum wird ihm bekanntlich erst in Num 25,13 zugesichert.

in Ex 6,26a bereits vor. Anders als dort ist sie in Num 3,1 dadurch gerechtfertigt, dass in V. 2–4 zuerst Aaron und seine vier Söhne behandelt werden. Aaron ist somit als Repräsentant der Leviten, die Priester sind, im Blick, während Mose Repräsentant aller anderen Leviten ist. Gleichzeitig wird aber mit der Spitzenstellung von Aaron bereits auf die Indienstnahme der Leviten durch die Aaroniden, wie sie in Kap. 3 festgeschrieben wird, vorausgeblickt. Dass Mose an die zweite Stelle gerückt wird, wird dadurch abgeschwächt, dass Moses Mittlerfunktion in der Temporalbestimmung genannt wird. Ich hatte zwar oben festgestellt, dass die Redeeinleitung in Num 3,5 überrascht, doch sind erzählerische Verse und auch Redeeinleitungen nach einer Überschrift mit אלה תולדת nicht ohne Vorbild. Zu erinnern ist Gen 37,2, wo die Josefsgeschichte mit einer תולדת-Formel eröffnet wird. Eine wichtige Parallele, die zwar sekundär zustande gekommen ist, aber von der Genealogie her konstruiert sein muss, findet sich auch in Gen 11,27, wo eine an Abraham gerichtete Gottesrede aus der Genealogie heraus entwickelt wird.

Es handelt sich also um einen Gesamtzusammenhang, der aus der Kurzgenealogie Aarons und beginnend mit Num 3,5 aus drei an Mose gerichteten *Jhwh*-Reden besteht, in dem es um die Indienststellung der Leviten bei der Priesterschaft geht. Mose, der entsprechend V. 10 weiter Autorität über die Priester und damit auch die Leviten insgesamt hat,[91] soll die Leviten in den Dienst der Priester übergeben und dabei zugleich sicherstellen, dass der priesterliche Dienst ausschließlich von den Priestern ausgeübt wird. Somit soll Aaron zum Repräsentanten der Leviten werden. Wenn man so will, tritt Mose bei dieser Übergabe also in seiner Verantwortlichkeit ein Stück zurück. Die leichte Unausgewogenheit hängt damit zusammen, dass Mose als Hauptfigur der Exodus-Landnahme-Überlieferung traditionell eine exklusive Rolle spielt, während die Rollenzuweisung an Aaron und seine Söhne ätiologisch auf die Zukunft ausgerichtet ist.

Auch wenn Num 3 somit weniger Genealogie als eine Zuweisung von Autorität über den Stamm Levi ist, so ist doch deutlich, dass in der Sicht der priesterlichen Autoren das Levitsein Aarons und Moses Grundlage der Zuordnung der Leviten zu den Priestern ist. Die an Mose gerichtete Gottesrede berücksichtigt die herausgehobene Rolle des Mose, die er insbes. in Bezug auf die Leviten hat, was auf Ex 32,26–29 beruhen dürfte. Was die Gottesrede formuliert, ist eine Innovation, wodurch sich nicht nur die Stellung der Leviten, sondern auch Aarons Stellung Mose gegenüber (siehe Ex 4,14–16) verändert. An Aaron,

---

91 Dass Mose nicht genealogisch thematisiert wird, hat eine Parallele in der Genealogie Levis in Ex 6,16–27.

den Begründer der Priesterdynastie, geht Moses Autorität über die Leviten über. Die Zuständigkeit Aarons und der auf ihn zurückgehenden Priester für die Leviten wird in drei an Mose gerichteten Gottesreden begründet, wobei die erste (Num 3,5–10) und die dritte Gottesrede (Num 3,14f.) von Mose die nötigen Handlungen verlangt, während die zweite Gottesrede (Num 3,11–13) performativ das Verhältnis aus der Perspektive Gottes definiert und die theologische Bedeutung der Leviten aufzeigt:

In der ersten *Jhwh*-Rede (Num 3,5–10) geht es um die Übertragung des Dienstes an der Stiftshütte auf die Leviten. Damit wird begründet, dass sie Aaron und seinen Söhnen (3,6.9) unterstellt werden, denen aber dennoch die kultischen Aufgaben vorbehalten (3,10) bleiben. In der zweiten (Num 3,11–13) stellt *Jhwh* klar, dass er in diesem Moment (הנה לקחתי) die Leviten als Substitution der männlichen Erstgeborenen aus dem Kreis der Israeliten nehme. *Jhwh* erklärt mit der performativen Aussage die Leviten zu seinem Eigentum anstelle der Erstgeborenen, die zuvor offenbar mit Rückverweis von Num 3,13 auf Ex 13,2 (vgl. Ex 13,12; 22,28; 34,20) als *Jhwh*s Eigentum galten. Dies ist der Ausgangspunkt und die Grundlage für die dritte Gottesrede (Num 3,14f.), die die nachfolgende Zählung einleitet. Mose wird danach noch zur Zählung der männlichen Erstgeborenen (3,40f.) und in einer abschließenden Gottesrede 3,44–48 zum Vollzug der Ersetzung der Erstgeborenen durch die Leviten aufgefordert. Diesen Befehlen kommt Mose sogleich nach, was die abschließende Auslösung der überzähligen Zahl der Erstgeborenen entsprechend der Vorschrift in Ex 34,20bα signalisiert.

Das Kapitel insgesamt beinhaltet eine ausführliche Interaktion zwischen Mose und *Jhwh*. Die Gottesreden setzen jeweils die Realisierung der Aufforderung voraus und führen die Levitenkonzeption Stück für Stück weiter, wobei die erste Gottesrede klarstellt, dass die performative Besitzergreifung *Jhwh*s an den Leviten ihrer Unterstellung unter Aaron und die Priesterschaft dient. Num 3 insgesamt stellt somit die durch die Überschrift in Num 3,1 vorweggenommene Zuordnung der Leviten zu den Priestern her. Aufgrund dessen dürfte sich die Zeitangabe für die Toledotformel nicht nur allgemein auf die Zeit des Redens *Jhwh*s zu Mose am Sinai, sondern konkret auf den vorliegenden Zusammenhang mit dem performativen Sprechakt beziehen, dessen Bedeutung so besonders hervorgehoben wird. Num 3,1 hat also für das Thema der Leviten eine wichtige Signalfunktion.

Mitunter hat man an dem in der Diachronie des Pentateuchs späten Kapitel redaktionelle Überarbeitungen vermutet, doch beruht dies meist auf konzeptionellen Argumenten, die mit der Annahme einer Degradierung der Leviten zusammenhängen: Wenn man bspw. das Thema der Erstgeboren streicht,[92] bleibt offen, warum man die Leviten zuvor bei der Musterung des Volkes nicht mitgezählt hat.[93]

Zählung und Lagerordnung des Volkes zielen auf die Thematisierung der Leviten, indem die Erstgeborenen der Israeliten durch die Leviten ersetzt werden. Es geht dabei nicht um den erstgeborenen Sohn des Vaters im polygamen Umfeld und damit um den potentiellen Erben,[94] sondern um den erstgeborenen Sohn der Mutter, wie in Ex 13,2 deutlich gemacht wird.[95] Dieser gilt dabei explizit nach Num 3,13 als für *Jhwh* geweiht, was auf die Bewahrung der Erstgeborenen in Ägypten zurückgeführt wird. Kulturübergreifend hängt das mit einer generell besonderen Bedeutung der Nachkommenschaft zusammen.[96] Das erste Kind signalisiert grundsätzlich Fruchtbarkeit der eingegangenen Beziehung. In dem Rückverweis wird ein Zusammenhang mit Ex 13,1f.12 hergestellt, wo die Aussonderung der Erstgeburten und *Jhwh*s Besitz an ihnen begründet wird. Im Hintergrund müssen außerdem die im Pentateuch überlieferten Regeln über die Erstgeborenen und entsprechende kultische Traditionen stehen:

Das Bundesbuch fordert in Ex 22,28b die Übergabe des Erstgeborenen an *Jhwh* und Ex 34,20 seine Auslösung.[97] Es gibt Zeugnisse einer Ersetzung des Opfers des Erstgeborenen durch ein Lamm bei den Phöniziern und Puniern.[98] Ihre Darbringung dort und auch in anderen Kulturen wird wohl eher die Ausnahme gewesen sein, während eine kultische Auslösung

---

92 So argumentiert bspw. *Achenbach*, Vollendung, 492: „Die Idee, die Leviten stellten durch ihre Lebenshingabe die Auslösung der menschlichen Erstgeburt Israels dar, ist eigentümlich." Eine Begründung der Annahme eines Zusatzes erfolgt nicht. Dabei geht er (ebd.) sogleich zur Darstellung der Intention der Ergänzung über: „Sie dient dazu, gegen die Identifikation der Hingabe an die Hohenpriester mit der an Jahwe ein Gegengewicht zu bilden und die hierarchisch bedingte konfliktträchtige Konzeption der ersten ThB zu relativieren."

93 Vgl. die Kritik der Literarkritik in Bezug auf das Thema bei *Frevel*, Leviten, 152f.

94 Dieser wird in Dtn 21,17 als ראשית אנו bezeichnet. Zur Regelung der Erbschaft und zur verwandten Praxis in der Umwelt vgl. *Otto*, Ethik, 49–51.

95 Vgl. dazu *Cassuto*, Exodus, 151f.

96 Vgl. *Seeligman*, Ätiologische Elemente, 112.

97 *Finsterbusch*, Erstgeburt, 41, bringt Ex 22,28 mit Ez 20,25f. zusammen und schließt, dass man den Gesetzestext so verstehen konnte, man „solle sein erstgeborenes Kind JHWH opfern". Der Blick auf Phönizien zeigt, dass es nicht so sehr um das Verständnis einer Formulierung als um eine traditionelle Praxis in bestimmten Ausnahmefällen gehen dürfte. Ez 20,25f. ist sicher eine überspitzte Darstellung. Zum Sachverhalt siehe den Überblick über die Forschung bei *Bauks*, Menschenopfer.

98 Vgl. *Alt*, Talionsformel, 342.

wie in Israel[99] Normalität war.[100] Die Bedeutung wird in der Hebräischen Bibel in Gen 22 exemplarisch anhand des Erstgeborenen Isaak deutlich gemacht. Wie auch immer man die Aqeda-Erzählung interpretiert und datiert,[101] so wird dort doch programmatisch der Besitz *Jhwh*s an dem Erstgeborenen vorweggenommen, seine Opferung aber ausgeschlossen. Bei der Übergabe ihres ersten Sohnes an das Heiligtum durch Hanna, bei der freilich auch der Aspekt des Nasiräats anklingt (1Sam 1,11), deutet sich an, dass Erstgeborene in den Dienst des Tempels übergehen konnten. Die rabbinische Überlieferung hat in der Beauftragung der jungen Männer in Ex 24,5 zum Opfer einen entsprechenden kultischen Hintergrund gesehen. ExR 31,8 zieht das folgendermaßen zusammen: בכור בניך תתן לי שבכורי ישראל במדבר היו כהנים שנאמר וישלח את נערי בני ישראל וכשחטאו בעגל הוציאו הקב״ה והעמיד לוים תחתם שכן הוא אומר ואני לקחתי את הלוים תחת כל בכור לכך נאמר בכור בניך תתן לי – „Den Erstgeborenen deiner Söhne sollst du mir geben', weil die Erstgeborenen Israels in der Wüste Priester waren, wie geschrieben ist: ‚Und er sandte die Burschen Israels', aber als sie wegen des Kalbes gesündigt hatten, zog der Heilige, gepriesen sei er, sie heraus und stellte die Leviten an ihrer Stelle auf: ‚und ich habe genommen die Leviten an ihrer Stelle'. Deswegen wird gesagt: ‚Den Erstgeborenen deiner Söhne sollst du mir geben'." Der Midrasch verbindet Ex 22,28; 24,5 und Num 3,12 miteinander. Nach U. Cassuto ist dies auch an den beiden Stellen mit Opfern im Exodusbuch vor der Einsetzung von Priestern und Leviten impliziert.[102] C. Houtman sieht die prinzipielle

---

99   Vgl. *Cassuto*, Exodus, 294f.
100 Die Szenerie von 2Kön 3,27 lässt erkennen, dass es sich um eine Ausnahmesituation handelt. Vgl. *Brueggemann*, 1/2 Kings, 314. Zum Problem des Erstgeborenenopfers vgl. *Levenson*, Death and Resurrection, 3–17. Dieser zeigt auf, dass trotz aller prophetischer Kritik am Erstgeborenenopfer diese Tradition in der Hebräischen Bibel und in Judentum und Christentum in der Erwähltheit sowie in der Auslösung und Substitution des Erstgeborenen fortlebt. Vgl. ebd., 46–48.
101 *Levenson*, ebd., 113f., stellt zu Recht fest, dass der Erzählung ein ätiologischer Charakter für die Ersetzung des menschlichen Erstgeborenen durch ein tierisches Opfer fehlt und sie so gesehen im Kontrast mit der Selbstverständlichkeit der Auslösung bspw. in Ex 13,15b steht. Er denkt aber, dass der Text „*reflect* a situation in which the father's substitution of a sheep for the special son can meet with God's favor" (ebd., 114 [Hervorh. dort]). Dies kann man mit der eigentlichen ätiologischen Absicht des Textes, die auf den Tempelplatz und -kult zielt, verbinden. Vgl. dazu ebd., 114–124. Nach *Kaiser*, Erwägungen, 48, handelt es sich um einen Text, der das Vertrauen in die Gottheit zeigt und bestätigt: „Dem Verfasser von Gen 22 war es nicht zweifelhaft, daß Gott es [das Kinderopfer, R. H.] vom Menschen fordern könnte; wohl aber war er davon überzeugt, daß Gott es als des Menschen Tat nicht verlangt."
102 Vgl. *Cassuto*, Exodus, 234.311.

Möglichkeit einer „special dedication of the firstborn to the service of YHWH".[103] Wir haben abgesehen von der Kindheitsgeschichte Samuels freilich keine Informationen über die Übergabe von Erstgeboren an den Tempel. Hannas Gelübde das mit ונתתיו ליהוה כל ימי חיו (1Sam 1,11) die Übergabe an *Jhwh* hervorhebt, lässt aber erkennen, dass die Übergabe von Erstgeborenen zumindest ein Weg war, wie Israeliten in den Dienst des Tempels gelangen konnten. Eine Übergabe von Personen an den Tempel war in der Umwelt verbreitet.[104] Dieser Überlegung korrespondiert die Analyse von B. Levine, der festgestellt hat, dass die Netinim „were not slaves but rather comprised a cultic guild whose members were devoted, yet free".[105] C. Frevel stellt zusätzlich einen Zusammenhang mit den קדשים bzw. קדשות her.[106] Wegen der terminologischen Übereinstimmung bei der Übergabe (נתן ליהוה), der Ersetzung der Erstgeborenen mit den Leviten bei Gebrauch derselben Terminologie (Num 3,9: נתונם המה לי), der durchgängigen Unterscheidung von Leviten und Netinim und deren Unterstellung unter die Leviten (vgl. Esr 8,20), kann geschlossen werden, dass von den priesterlichen Texten die Institution der an den Tempel übergebenen Personen, den Netinim, die zumindest teilweise aus Erstgeborenen und deren Nachkommen bestanden, von der Institution der Leviten abgelöst wird. In diese Richtung ist auch R. Achenbach, bei der Interpretation der „Levitenweihe als Ersatz für das menschliche Erstlingsopfer"[107] gegangen: „Durch sie wird die bis in die Zeit Esras übliche Weihe von nichtlevitischen Kultdienern kategorisch ausgeschlossen, besonders, weil im Anschluß an sie die Leviten ausdrücklich zu *nətūnîm* deklariert werden".[108] Generell ist davon auszugehen, dass die Leviten in der Zeit des Zweiten Tempels teilweise in die Aufgaben der Netinim vorrückten.[109]

---

103 *Houtman*, Exodus II, 166.
104 Vgl. dazu *Levine*, Exodus I, 278; *Wunsch/Magdalene*, Freedom, 338f.
105 *Levine*, Netînîm, 212.
106 Vgl. *Frevel*, Leviten, 147.
107 *Achenbach*, Vollendung, 541. Sie fußt seiner Ansicht nach auf einer sekundären Bearbeitung von Num 3.
108 Ebd. Diese Einsicht spricht gegen Achenbachs Annahme, dass das Thema der Ersetzung der Erstgeborenen sekundär ist. Siehe dazu oben, 147, Anm. 92. Meiner Ansicht nach muss man keine sekundäre Bearbeitung annehmen, wenn die spätnachexilischen priesterlichen Autoren daran interessiert waren, eine ältere Institution mit den Leviten zu ersetzen.
109 Vgl. dazu *Frevel*, Leviten, 145.

Mit der Substitution der Erstgeborenen durch die Leviten wird in Num 3 die Institution der Erstgeborenen mit ihrer Ätiologie im Exodusgeschehen in eine neue Institution überführt. Aus den Israeliten wird eine Gruppe genommen und für die Anzahl der Erstgeborenen, die als *Jhwh*s Eigentum gelten, eingesetzt. Dadurch gehen die Leviten in *Jhwh*s Besitz über.[110]

Das Geschehen vollzieht sich im Gegenüber der ersten beiden *Jhwh*-Reden auf zwei Ebenen: a) Zunächst wird von Mose in einer ersten *Jhwh*-Rede gefordert, die Leviten in den Dienst Aarons zu stellen (3,6.9), was bereits mit einer Skizze ihrer Aufgaben verbunden ist. b) In der zweiten *Jhwh*-Rede wird die Substituierung der Erstgeburten durch die Leviten von Gott realisiert. Eine Aufforderung ist hier nicht enthalten, und aufgrund der 1. Sing. liegt eine Mitteilung über ein Geschehen auf der göttlichen Ebene vor, was am performativen[111] Perfekt הנה לקחתי deutlich wird. An dieser Stelle wird *Jhwh*s Besitz an den Leviten erklärt.[112]

Allerdings sah zuletzt H. Samuel einen Widerspruch in den Aussagen der beiden Gottesreden, weswegen er Num 3,11–13 für sekundär hielt: „Nach einer erneuten Redeeinleitung (V. 11) stellt JHWH klar, daß die Leviten ihm gehören, wie auch die Erstgeburten sein sind (V. 12f.). Es handelt sich dabei um eine Aufnahme und in gewisser Hinsicht auch Korrektur der Aussage von V. 9, daß die Leviten Aaron gegeben seien."[113] Diesem Argument kann man nicht folgen. Denn in Num 3,9 ist nicht davon die Rede, dass die Leviten Aaron schon „gegeben seien",[114] und auch Num 3,11 sagt nicht, dass sie *Jhwh* schon „gehören".[115]

Num 3,9	*Num 3,12*
ונתתה את הלוים לאהרן ולבניו נתונם נתונם המה לו מאת בני ישראל	ואני הנה לקחתי את הלוים מתוך בני ישראל תחת כל בכור פטר רחם מבני ישראל והיו לי הלוים

---

110 Dieser ätiologische Charakter wird durch die Toledotformel in Num 3,1 unterstrichen. Vgl. *Scharbert*, Toledotformel, 50, wonach durch die Formel hier „der letzte Meilenstein für die priesterliche Heilsgeschichte gesetzt" werde. Damit hängt zusammen, dass die Ätiologie der Stellung der Leviten am Tempel ein zentrales, das Buch Numeri bestimmendes Thema ist.
111 Vgl. *Frevel*, Leviten, 151; zum Ausdruck *Joüon-Muraoka*, Grammar, 362.
112 Vgl. *Wagner*, Sprechakte, 107, der den Satz daher der Klasse „Deklarativ" zuweist.
113 *Samuel*, Von Priestern, 162f. Nach *Kellerman*, Priesterschrift, 48, gehören umgekehrt die V. 11–13 zur sechsten, die V. 5–10 dagegen zur siebten Überarbeitungsschicht. Der inhaltliche Unterschied führt ihn zu dieser Annahme: „Hier [in 3,5–10, R. H.] geht es nicht um die Erstgeburt der Israeliten, sondern um das Verhältnis der Leviten zu den Priestern."
114 Ebd.
115 Ebd.

Und du sollst die Leviten Aaron und seinen Söhnen geben als Gegebene. Gegeben sind sie ihm von den Söhnen Israels.	Siehe, ich habe die Leviten aus den Israeliten genommen anstelle der Erstgeburt der Israeliten, die den Mutterschoß durchbricht. Und die Leviten werden mir gehören.

Der Vergleich macht deutlich, dass Mose in Num 3,9 zunächst damit *beauftragt* wird, die Leviten an Aaron zu übergeben. Das waw-Perfekt markiert, dass es sich um ein zukünftiges Geschehen handelt. Demgegenüber vollzieht Num 3,11 als *performative* Rede die Übernahme der Leviten aus den Israeliten anstelle der Erstgeborenen. Dem künftigen Handeln des Mose geht ein Geschehen auf der Seite *Jhwh*s vorweg. Einen Widerspruch zwischen den beiden Aussagen gibt es also nicht. V. 9 ist in seiner Aussage insofern eindeutig, als der Vers die Leviten zunächst noch im Rahmen der Israeliten verortet und Mose beauftragt, sie Aaron zu übergeben. Dafür fehlt eine Erklärung, sodass die Erstgeborenenthematik nicht gestrichen werden kann. Die Betonung der Übergabe in 3,9 ergibt ohne die Substitution der Erstgeborenen keinen Sinn, und in Num 8,16 werden die beiden Themen auch entsprechend verbunden. Die literarkritische Streichung, die letztlich in der Annahme begründet ist, dass die Leviten von vornherein eine Sondergruppe sind, zerstört einen kohärenten Text und führt zu inhaltlichen Problemen.

Das bedeutet, dass die Leviten zwar später – nämlich in Num 8 durch den Vollzug der Handlungen – in den Dienst der Aaroniden übergehen sollen, aber bereits an dieser Stelle wird das Verhältnis von Gottes Seite begründet. Die Leviten ersetzen die Erstgeborenen der Israeliten und nehmen deren potentiell kultische Rolle ein.[116] Num 3,10 dient dabei allerdings auch dazu, die Möglichkeit eines kultischen Dienstes für sie Leviten auszuschließen. Somit handelt es sich um eine Zäsur, indem der Kult nun zur ausschließlichen Domäne der Priester wird. Inwieweit die Rollen sich dennoch entsprechen, lässt sich nicht vollständig klären, da wir zu wenige Informationen über die kultische Funktion von Erstgeborenen besitzen.[117] Allerdings werden die Leviten als Gabe der Israeliten definiert, und die Einbeziehung der Auslösung zeigt, dass das Ideal des Dienstes im Tempel im Hintergrund stehen muss. Dass sie künftig als den Aaroniden übergeben gelten, ist daher die Realisierung

---

116 Vgl. die Ausführung oben, 147f.
117 Offensichtlich hat man in der nachexilischen Zeit die Institution abgelöst, deswegen sind in den überwiegend aus dieser Zeit stammenden Texten nur wenige Hinweise enthalten.

der performativ vollzogenen Veränderung der Zugehörigkeit.[118] Num 3,5–9 ist also die an Mose gerichtete Handlungsanweisung, die danach in den V. 10–13 ihre Begründung in der durch *Jhwh* selbst vorgenommen Substitution der Erstgeburten durch die Leviten erhält.

Die Zählung der Leviten (mit der Zählung der Erstgeburten) ist im Verzicht auf die Zählung der Leviten in Num 1f. bereits angelegt und mündet in die Aufforderung zur Ersetzung der einen durch die andere Gruppe, die aber auch in diesem Kontext noch nicht realisiert wird. Wie bereits festgestellt markiert die Auslösung der verbleibenden 273 Erstgeburten der Israeliten (Num 3,46–49) den Vollzug der Substitution.

Es ist spannend, dass in dem Textzusammenhang, der die Stellung der Leviten am Tempel definiert und immer dafür herangezogen wird, eine Degradierung der Leviten zu begründen,[119] die Leviten zunächst ganz auf die Seite der Israeliten gehören. *Sie gelten anders als die Erstgeburten zunächst ausdrücklich noch nicht als heilig.* Wenn die Leviten bei den intendierten Adressaten von vornherein eine andere Bedeutung gehabt hätten, wäre es nicht möglich gewesen, von einer Übergabe zu sprechen. Sowenig das Silber der Auslösung der Erstgeborenen zuvor *Jhwh* gehörte und heilig war, gehörten die Leviten zuvor *Jhwh* und waren heilig. Ganz im Gegenteil: Alle Gottesreden des späten priesterlichen Abschnittes Num 3f. setzen das Wissen darüber voraus, dass es sich bei ihnen um eine profane Gruppierung handelt, die in den Dienst der Priester gestellt werden soll. Diese Aussagen sind schon in der ersten *Jhwh*-Rede angelegt und eine literarkritische Aussonderung der Erstgeborenenthematik kann nicht darüber hinwegtäuschen, dass der priesterliche Text keine Degradierung im Blick hat, sondern lediglich den Dienst der Leviten am Tempel begründen will. Wenn man sich erinnert, dass es in der nachexilischen Zeit nur wenige Leviten am Tempel gibt und in Neh 13 die Leviten bei nicht

---

118 Die LXX hat in Num 3,9 kommentierend eingegriffen. Sie hält mit der Apposition τοῖς ἱερεῦσιν die implizite Bestimmung fest, dass es bei der Thematisierung der Aaronsöhne generell um die Priester geht. Außerdem fügt sie οὗτοί μοί εἰσιν hinzu, was in MT erst in V. 12 folgt. Dadurch nimmt sie die Besitzaussage, die erst mit der performativen Aussage gültig ist, vorweg und verursacht eine Spannung in der Argumentation.

Sowenig ein Widerspruch im MT vorliegt, besteht ein solcher in der Veränderung der Besitzaussage in 3,9 durch die LXX mit οὗτοί μοί εἰσιν, denn die Übergabe an die Priesterschaft überführt die Leviten ja in den Bereich des Tempels und macht sie damit auch zu *Jhwh*s Eigentum.

119 *Samuel*, Von Priestern, 403f., meint, dass die „Fortschreibungen im Buch Numeri aus priesterlicher Perspektive die z.T. heftigen Auseinandersetzungen zwischen (aaronidischen) Priestern und Leviten [dokumentieren], die sich nach und nach zu einer zweitrangigen Klasse des Kultpersonals entwickeln." Ich kann nicht sehen, wo man dafür Anhaltspunkte in den Texten finden soll.

gezahlter Arbeit in ihre Orte zurückkehren, deutet sich als Kontext an, dass man der Anwesenheit der Leviten am Tempel eine göttliche Legitimation verschaffen wollte. Die späte Supplementierung der priesterlichen Konzepte im Numeribuches hat in Num 3 das Konzept der Erstgeborenen genutzt, um beim Abschluss des Pentateuchs die Rolle der Leviten als Beauftragte der Priester zu begründen. Es handelt sich um einen Systematisierungsversuch, wie Wellhausen schon festgestellt hat.[120] Offensichtlich ersetzt man eine Institution durch eine andere und grenzt dabei die Aufgaben am Tempel scharf voneinander ab. Dafür ist Num 3 die Ätiologie.

6.4.2   Die Aufgaben der Leviten (Num 3f.)

Die Zählung der Leviten ab Num 3,14 ist mit dem Thema der Ersetzung der Erstgeborenen untrennbar verbunden. Das Kapitel schließt dann auch mit der Zählung der Erstgeborenen und der Auslösung der verbleibenden Erstgeborenen. Mit ihrer Zählung wird die Lagerordnung der Leviten festgelegt, und es geht um die Aufgaben ihrer drei Sippen. Die Lagerordnung erfolgt in der Reihenfolge Gerschon (Westen), Kehat (Süden) und Merari (Norden), während der Osten und damit der Eingang zum Heiligtum Mose, Aaron und dessen Söhnen vorbehalten bleibt. Konzeptionell stehen die Leviten zwischen der Priesterschaft und dem Volk. Was wir hier vor uns haben, hängt traditionsgeschichtlich mit der Vision vom künftigen Heiligtum in Ez 48 zusammen.[121]

Der übergreifende Zusammenhang[122] in Num 3f. wird dadurch unterstrichen, dass in Num 3,25f.31.36f. bereits die Aufgaben der Levitengruppen vorweggenommen werden, um die es dann in Kap. 4 in Bezug auf den Transport des Heiligtums weitergeht. Zwei Dinge sind auffällig, die im nachfolgenden Kap. 4, das in der Forschung wie große Teile von Kap. 3 als sekundär angesehen wird,[123] ebenfalls eine Rolle spielen: Die Gruppe der Kehatiter ist für den

---

120   Gedacht ist an eine einmalige Substitution der Erstgeborenen am konstruierten Ursprung des Kultes, die lediglich die Institution der Leviten am Tempel begründen soll. Davon unberücksichtigt ist die spätere Regelung der Auslösung, die Bestandteil der Versorgung des Tempels wird (Num 18,15f.). Vgl. dazu unten, 169–176.
121   *Schmitt*, Levitenstädte, 44, hat überzeugend darauf verwiesen, dass das Konzept von Num 35 // Jos 21 darauf beruhen muss, dass das ideale Konzept, wonach das Heiligtum abgeschirmt wird, auf das Wüstenheiligtum beschränkt worden ist. Jerusalem fehlt in Jos 21 und Num 35 nicht, weil man einen Anachronismus vermeiden wollte, sondern weil man zwischen dem Ideal des Tempels und der Geschichte und Gegenwart ausgleichen wollte.
122   Einen „konzeptionelle[n] Zusammenhang von Erstgeburtsersatz und Levitendienst" sieht auch *Frevel*, Leviten, 148, in Num 3f. Zur Zusammengehörigkeit der beiden Kapitel vgl. *ders.*, Numeri, 221.
123   Vgl. *Noth*, Numeri, 39.

inneren Bereich des Heiligtums und die zugehörigen Kultgeräte wie Bundeslade und Leuchter zuständig, während die Angehörigen der Sippen von Gerschon und Merari für das Heiligtum insgesamt mit seinen Höfen verantwortlich sind. Der Aaronsohn Eleasar wird im Rahmen der Kehatiter erwähnt, doch wird er auch als oberster Fürst aller Levitengruppen bezeichnet (Num 3,32). In Kap. 4 folgt eine neuerliche Aufforderung zur Zählung der Sippen der Leviten, die dieses Mal mit Kehat beginnt, was dem speziellen Interesse an dieser Levitengruppe und am inneren Heiligtum geschuldet ist. Kapitel 3 und 4 sind voneinander dadurch geschieden, dass in Kap. 3 eine generelle Zählung und in Kap. 4 eine auf die Aufgabe des Transportes bezogene Zählung erfolgt.[124] Je höher das Alter, von dem ab gezählt wird, desto kleiner ist die Gruppe und umso spezieller kann die Aufgabe sein.[125] Entsprechend sind für die drei Untergruppen der Leviten spezielle (Transport-)aufgaben vorgesehen.

Die Dienstzuweisung an die Kehatiter (Num 4,4) überrascht insofern, als sie an der Stiftshütte für das Hochheilige verantwortlich sind und somit scheinbar doch in Kontakt mit dem Kult kommen (זאת עבדת בני קהת באהל מועד קדש קדשים). Aaron und seine Söhne sollen dann allerdings mit dem Abbau des Heiligtums und der Verpackung der Kultgeräte und der Vorbereitung des Transportes (Num 4,5–14) beginnen. V. 15 hält ausdrücklich fest, dass die Kehatiter erst anschließend hinzukommen, um die verpackten Gegenstände zu tragen. Das dürfte der kurzen generalisierenden Notiz der Aufgabe der Kehatiter in Num 3,31 entsprechen. Das Tragen ist eine typische nichtkultische Aufgabe, die aber zu einem Dienst am Hochheiligen wird, weil es um die Kultgeräte geht.[126] V. 15aβ hält ausdrücklich fest, dass die Kehatiter ausschließlich tragen. Das Heilige zu berühren, würde ihren Tod bedeuten (V. 15). Der Abschnitt schließt so mit einer wiederholten Einschärfung der Zuständigkeit von Eleasar für den Kultbetrieb und das Kultgerät (V. 16).[127] Seine Nennung überrascht insofern nicht, als Eleasar im Kontext der Kehatiter in Num 3,30

---

124 Vgl. *Frevel*, Leviten, 150; *Seebass*, Numeri 1–10, 70.
125 Vgl. dazu auch die Erörterungen zu Esr 3,8 im Kontext von Num 4 und 8,24 oben, 49.
126 Ausgehend von der Grundbedeutung des Verbs, die mit dem körperlichen Tragen von Lasten verbunden ist, gibt es sehr viele übertragene Verwendungsweisen. Abgeleitet vom Verb ist durch das Nomen משא „Last, Ausspruch" (vgl. *Müller*, משא, 21) ebenfalls zunächst das Tragen von Lasten bezeichnet. Es steht schon innerbiblisch (vgl. Jer 17,21.27; Neh 13,15.19) für eine der Grundarbeiten, die am Sabbat verboten sind. Vgl. ebd., 22. Die Chronik hat die Konzeption aufgegriffen und terminologisch die profane Tragaufgabe der Leviten zugespitzt. Siehe dazu oben, 71.
127 Die sachgemäße Platzierung dieser Aufgabe der Leviten beim Abbau des Heiligtums vor dem Aufbruch hat offenbar eine weitere vorwegnehmende Harmonisierung nach sich gezogen. Denn nach Ex 38,21 sind die Leviten unter Leitung Itamars an der Berechnung der Kosten des Baus zuständig. Siehe dazu oben, 116.

bereits als Oberhaupt aller Leviten eingeführt worden ist. Abschließend wird noch einmal festgehalten, dass Aaron und seine Söhne die Kehatiter zum Transport im Außenbereich beauftragen, während sie selbst für den inneren Bereich verantwortlich sind. In Num 4,1–20 geht es also um die Aufgaben der Kehatiter und um diejenigen der Priester besonders des Aaronsohnes Eleasar. Die gemeinsame Behandlung der Kehatiter und der Aaroniden ist in der Zuständigkeit für den inneren Bereich des Heiligtums begründet, wobei die Zugehörigkeit Aarons zu der Sippe der Kehatiter (Ex 6,18) eine Rolle spielen dürfte. Bei der nachfolgenden Thematisierung der Aufgaben der anderen Levitensippen fehlt dann entsprechend die Thematisierung der Priester.

Paradigmatisch werden in Num 3f. die Aufgaben der Leviten von jenen der Priester abgehoben, obwohl man die genealogische Zugehörigkeit der Aaroniden zu den Kehatitern im Blick hat. Der Kult und auch der direkte Umgang mit den Kultgeräten bleibt den Priestern vorbehalten, während die Leviten die Aufgabe des Transports übernehmen, den die Priester aber bei den Kultgeräten des inneren Heiligtums vorbereiten und verantworten.

6.4.3   *Die Übergabe der Leviten an die Aaroniden (Num 8)*

Nach der Notiz über die endgültige Fertigstellung der Stiftshütte und ihre Einweihung (Num 7,1) wird die Übergabe der Leviten an Aaron vollzogen (Num 8). Dies geschieht nicht zufällig im Anschluss an die Darbringung der Gaben durch die Stammesführer. Denn diese stiften auch die Wagen für den Transport der Stiftshütte, die während der weiteren Wüstenwanderung von den Leviten genutzt werden sollen (Num 7,3–9). Auch fehlt in dem Zusammenhang eine Gabe der Leviten, wodurch erneut ein Zusammenhang mit dem Verzicht auf die Zählung der Leviten (vgl. Num 1,49; 2,33) hergestellt wird.

Es ist ein aufwändiges Ritual, dass nach Num 8,5–19 an den Leviten vollzogen werden soll.[128] Num 8,20 stellt abschließend fest, dass Mose, Aaron und die Versammlung der Israeliten mit den Leviten entsprechend gehandelt haben. Das Ritual wird zusammengefasst, und anschließend gehen die Leviten zum Dienst bei der Stiftshütte (8,22). Dafür sind nun mehr Leviten vorgesehen, weswegen jetzt (anders als in Num 4) von einem „Dienstalter" von 25–50 Jahren die Rede ist.[129]

Die Mose befohlene Übergabe der Leviten (Num 3,9), nimmt mit einem Reinigungsritual ihren Anfang (8,6f.):

---

128   Vgl. dazu im Folgenden.
129   Die Altersangabe ist kein literarkritisches Argument. Vgl. dazu oben, 141.

6 קח את הלוים מתוך בני ישראל וטהרת אתם
7 וכה תעשה להם לטהרם הזה עליהם מי חטאת
והעבירו תער על כל בשרם וכבסו בגדיהם והטהרו

6 Nimm die Leviten aus den Söhnen Israels und reinige sie!
7 Und so sollst du mit ihnen tun, um sie zu reinigen: Sprenge auf sie Wasser zur Entsündigung.
Und sie sollen ein (Rasier-)messer über ihren Körper gehen lassen und ihre Kleider waschen und sich reinigen.

Vor dem Reinigungsritual wird noch einmal als Ausgangspunkt festgehalten, dass die Leviten aus der Mitte der Söhne Israels genommen werden sollen, was aufgrund des Zusammenhangs mit Num 1f. wie dort die Stammeskonzeption voraussetzt.[130] Die Leviten gehören zu den anderen Stämmen, was die Reinigung nötig macht. Die kultische Reinigung selbst wird parallel der Einsetzung der Priester vollzogen. Allerdings fällt gegenüber Lev 8,6f. auf, dass die Leviten sich alle Haare am Körper entfernen müssen.[131] Das Entfernen sämtlicher Haare gilt in der Perserzeit offenbar kulturübergreifend als besonderer Ausdruck der Reinlichkeit.[132] Das Ritual entspricht dabei jenem, das bei der Rückkehr des Aussätzigen in das Lager der Israeliten vollzogen wird (Lev 14,2–32). Das zeigt, dass an den Leviten ein ähnlich bedeutendes Übergangsritual vollzogen wird.[133] Der Statusunterschied dürfte ähnlich radikal gedacht sein wie zwischen der Unreinheit und anschließender Reinheit.

Dem korrespondiert die symbolische Übergabe der Leviten als תנופה, was oft als Schwingopfer bezeichnet wird. (Num 8,10–16). Dabei legen die Israeliten ihre Hände auf die Leviten und danach stemmen die Leviten ihre Hände auf Opfertiere, die dabei als Sünd- und Brandopfer dargebracht werden. Der

---

130 Siehe dazu oben, 142.
131 *Achenbach*, Vollendung, 543, bringt die Reinigung der Leviten mit den archäologisch im Bereich des Zweiten Tempel nachgewiesen Installationen von Ritualbädern in einen Zusammenhang. Allerdings lässt Num 8 nicht erkennen, dass das Ritual an den Leviten regelmäßig vollzogen wird. Das Fehlen der Zählung der Erstgeborenen in Num 26 beweist, dass Num 8 als einmaliger kultischer Akt im Blick ist. Siehe dazu unten, 178. Eher dürften die Mikwen am Tempelberg allgemein der Einhaltung der Reinheitsvorschriften durch die Besucher gedient haben.
132 Vgl. Herodot: Hist. II, 37.2.
133 Außerbiblisch ist das Scheren der Haare bspw. als Teil einer Reinigung am Ende einer Trauerzeit in der Adad-guppi-Stele bezeugt. Siehe *Schaudig*, Inschriften, 509.513. Vgl. zu solchen Riten allgemein *van Gennep*, Passageriten, 142–159. Zur Radikalität des Übergangs, das die dargestellten Handlungen erforderlich macht, die deswegen auch nicht gestrichen werden kann, vgl. *Achenbach*, Vollendung, 542.

Terminus bezeichnet auch die Übergabe von Opfergaben an die Priester, wobei wohl eine entsprechende Schwingbewegung vollzogen wurde. Wie man sich die Schwingung in Bezug auf die Leviten vorzustellen hat,[134] lässt sich aus dem Zusammenhang nicht erschließen.[135] Allerdings besteht kein Grund daran zu zweifeln, dass die priesterlichen Autoren einen zumindest theoretisch praktizierbaren Vollzug im Blick hatten.[136] Der Blick auf den Ritus lässt allerdings Zweifel daran aufkommen, dass die Leviten tatsächlich als Opfer im Blick sind. Ein solches geschieht faktisch parallel an den Sünd- und Brandopfern. Meiner Ansicht bestätigt dies die Überlegungen von T. Hieke, der in Bezug auf die Übergabe von Opfern wie in Num 7,34 davon ausgeht, dass es bei dem Begriff „nicht um ein Opfer mit Vernichtung im Feuer geht, sondern um den von den Priestern zu verzehrenden Anteil, die ‚Gabe' an die Priester, ihr Einkommen",[137] weswegen er vorschlägt תנופה „Emporhebungsgabe",[138] wiederzugeben.

Die symbolische Übergabe der Leviten an die Priester ist als einmaliges Ritual im Blick, das am Ende des Aufenthaltes am Sinai platziert wird. Es ist (übrigens wie die Substitution der Erstgeborenen) ein literarisches Konstrukt. Das Reinigungsritual und die symbolische Übergabe markieren den Übergang der Leviten aus den Reihen der Israeliten zu Aaron in den Dienst an der Stiftshütte. Dies wird als Aussonderung der Leviten definiert: והבדלת את הלוים מתוך בני ישראל והיו לי הלוים – „Du sollst die Leviten aus den Israeliten aussondern, und die Leviten werden mir gehören." Das Ritual wird noch einmal mit der Erwähnung der Substitution der Erstgeborenen begründet. Der Rückverweis auf Num 3 zeigt, dass im Numeribuch in einem späten priesterlichen Kontext ein übergreifendes Konzept entwickelt wird.[139] Dabei wird die Stellung der Leviten, die aus den Israeliten genommen werden, und eine Zwischenstellung zwischen Volk und Priesterschaft einnehmen, nochmals mit der Substitution der Erstgeborenen begründet. Dass dies mit einem Ritual in der Ursprungsgeschichte ausführlich ausgeführt und mit der einmaligen

---

134 Darin hat schon *Benzinger*, Archäologie, 422, eine symbolische Opferung gesehen.
135 Vgl. *Milgrom*, Cultic Theology, 134. *Rendtorff*, Levitikus, 256f., stellt die beiden symbolischen Darbringungen תרומה und תנופה einander gegenüber und verweist auf *Milgrom*, Leviticus I, 470f., der auf eine Darstellung eines Erhebungsritus auf einem Relief aus Karnak verweist. Zur Semantik und den Problemen der תנופה vgl. zuletzt *Frevel*, Leviten, 149. Die LXX lässt erkennen, dass das Opfer den Priestern zukommt. Vgl. *Karrer/Kraus*, Erläuterungen, 328.
136 Vgl. *Samuel*, Von Priestern, 196, der das in der älteren Forschung geäußerte Unverständnis zu Recht zurückweist.
137 *Hieke*, Tenufa, 86.
138 Ebd.
139 Vgl. *Frevel*, Leviten, 153.

Zählung und Substitution durch *Jhwh* (performativ) verbunden (Num 8, 16–19 → Num 3,12f.) ist, zeigt, dass in Num 8 der zweite Akt der Ätiologie der personalen Zuständigkeit am Heiligtum zur Abfassungszeit folgt. Der Zusammenhang von Num 3 und 8 begründet Funktion und Stellung der Leviten am Zweiten Tempel. Da beide Kapitel zu den letzten Texten der Komposition des Pentateuchs gehören, sind die Verhältnisse der späten Perserzeit im Blick. Es geht um die Zuständigkeiten am Zweiten Tempel, wobei der Text voraussetzt, dass die Leviten zuvor keine kultische Rolle gespielt haben, in die sie danach auch nicht aufrücken. Das besonders ausgeführtes Reinigungsritual zeigt, dass sie zuvor auf die Seite des Volkes gehörten. Von einer Abwertung der Leviten ist in dem Text keine Rede. Vielmehr ist deutlich, dass man mit den Leviten andere traditionelle Konzepte und Konstellationen – wie jenes der Erstgeborenen[140] – ablösen will. Hier wird nicht eine Abwertung, sondern die Überführung einer Gruppe in eine bestimmte Rolle und in bestimmte Funktionen am Tempel begründet. Ihr Dienst ist dabei dezidiert nichtkultisch. Die Leviten werden explizit von allen kultischen Tätigkeiten ausgeschlossen.[141] In die Nähe der kultischen Geräte kommen sie nur im Ausnahmefall und nur wenn diese für den Transport auf der Wüstenwanderung zuvor verpackt worden sind.[142]

Sowohl die symbolische Erhebung der Leviten und ihre Übergabe an die aaronidischen Priester als auch die Ersetzung der Erstgeborenen durch sie beweisen, dass sie zuvor keine priesterlichen Funktionen bzw. Stellungen innehatten. Sie stehen auf Seiten der Israeliten; auf der anderen Seite steht die Priesterschaft. Das Numeribuch sucht zu erklären und zu begründen, wieso die Leviten zum Heiligtum gehören und der Priesterschaft unterstellt sind. Dass sie so thematisiert werden, muss damit zusammenhängen, dass sie schon vorher eine Sonderrolle auf Seiten der Israeliten innehatten. Man sucht mit der Ätiologie ein bekanntes Konzept der Gruppenidentität der Leviten zu integrieren. Es kann sich dabei nur um jenes handeln, das in Ex 32,25–29, aber auch bei der Einführung Moses und Aarons erkennbar ist. Die Revision einer priesterlichen Stellung der Leviten aber ist nicht vorausgesetzt. Da ein

---

140 Vgl. dazu oben, 147f. Über die Gründe kann man freilich nur spekulieren. Ein wichtiger Aspekt dürfte Loyalität sein. Die Leviten werden wohl als loyal gegenüber der *Jhwh*-Verehrung und dem Kult angesehen. Vgl. dazu unten, 189–257. Möglicherweise war die Verfügbarkeit von Arbeitskräften über die Institution der Erstgeborenen bzw. über deren Nachkommen nicht gegeben.

141 *Milgrom*, Levitical Terminology, 60, weist darauf hin, dass es ein Missverständnis ist, wenn man aufgrund des Gebrauchs des Verbs עבד oder des Nomens עבדה bei den levitischen Tätigkeiten an kultische Dienste denkt: „The Levites of the Priestly source do not officiate at rites; they do not even assist in them. Moreover, the Tabernacle, the outer altar, and their respective utensils are forbidden to them on pain of death (Num. 18:3)."

142 Vgl. ebd., und oben, 71.

besonderer Bezug der Leviten zu *Jhwh* erst mit dem performativen הנה לקחתי von Seiten *Jhwh*s begründet und in Num 8 kultisch vollzogen wird, bestätigt der späte priesterliche Zusammenhang im Numeribuch die Arbeitshypothese, dass bei den Leviten an die Gruppe der Beamten bzw. allgemein bestimmter Eliten und bei Levi an deren Eponym gedacht ist. Diese werden in spätnachexilischer Zeit in einen Kontext zum Tempel gebracht.

6.4.4 Korach, der Levit, und der Aufstand gegen Mose und Aaron

In dem erzählerischen Abschnitt Num 16f. wird das Verhältnis von Priestern und Leviten in mehreren Szenen behandelt. Dabei ist besonders Kap. 16 von einer Reihe von Spannungen geprägt,[143] die eine komplexe Literargeschichte nahe legen. Man hat lange vermutet, dass der Abschnitt mehrmals überarbeitet bzw. aus mehreren Bestandteilen zusammengefügt worden ist,[144] und es besteht ein breiter Konsens in der Forschung, dass dabei eine vorpriesterliche Erzählung priesterlich ergänzt und herausgegeben worden ist.[145] Doch hat man mithilfe der Literar- und Redaktionskritik den komplexen Überlieferungsbefund in Num 16f. in der Forschungsgeschichte überhaupt sehr unterschiedlich zu entflechten versucht.[146]H. Seebass ging von einer unvollständigen nichtpriesterlichen Grunderzählung aus,[147] die durch drei Schichten ergänzt worden sei,[148] und die Erzählung vom Aaronsstab habe ursprünglich vor der Zählung des Volkes in Num 1f. gestanden[149] Seiner Ansicht nach sind die ursprünglichen Bestandteile aufgrund sukzessiver Überarbeitungen nur noch fragmentarisch erhalten.[150] Wenn Seebass damit Recht hätte, dass es nur fragmentarischen Überlieferung der Vorstufen gibt, dann stellte dies die Evidenz der literarkritischen Rekonstruktionen in dem Bereich grundsätzlich in Frage.

---

143 Schon *Wellhausen*, Composition, 102, hielt die literarhistorische Situation in Num 16f. für besonders komplex. Vgl. den Versuch von Seebass, Numeri 10–22, 174–184, die Situation auf der Grundlage der Quellentheorie mit Umstellungen und der Annahme von Auslassungen zu rekonstruieren. Zur Synchronie und zu den literarischen Problemen sowie zur literarkritschen Sekundärliteratur vgl. zuletzt *Pyschny*, Führung, 86–142.

144 *Wellhausen*, Composition, 102f. (P und JE); *Eißfeld*, Synopse, 173*–176* (J und P); *Simpson*, Early Traditions, 237–242 (J2, P und Red.); *Hölscher*, Levi, 2189 (P und Red.); *Blum*, Studien, 266 (KP, priesterliches Traditionsstück, nichtpriesterliches Traditionsstück).

145 Lediglich die relative Datierung der Texte ist umstritten. Vgl. bspw. *Achenbach*, Vollendung, 96f. der eine perserzeitliche Herkunft auch der Grundlage des Textes für wahrscheinlich hält.

146 Vgl. zur Forschung *Pyschny*, Führung, 25–30.

147 Vgl. *Seebass*, Numeri 10–22, 178f.

148 Vgl. ebd., 174f.

149 Vgl. ebd., 186f.

150 Vgl. ebd., 179.

Wie K. Pyschny in ihrer Studie herausgearbeitet hat, geht es in Kap. 16f. um Ansprüche und Gruppenidentitäten insgesamt.[151] Nur vordergründig geht es um das Vorrecht auf das Priestertum.[152] Für unser Thema ist relevant, dass synchron betrachtet in der ersten Szene nur Korach als Sprecher von 250 Aufständischen als Levit eingeführt wird (Num 16,1). Die Angehörigen der Gruppe scheinen ein allgemeines Recht auf das Priestertum zu vertreten. Allerdings wird dies nur in dem als Frage formulierten Vorwurf des Mose ובקשתם גם כהנה „sucht ihr (etwa) auch ein Priestertum" (V. 10) entsprechend benannt. Die Darbringung eines Räucheropfers durch die Gruppe wird danach als Gottesentscheid inszeniert. In dessen Folge stirbt ein Teil der Aufständischen im Feuer, die Anführer fahren lebendig in die Unterwelt. Als Mitglieder der Gruppe werden in V. 2 „Israeliten, Anführer der Gemeinschaft, berufen von der Versammlung, bekannte Leute" eingeführt. Es handelt sich um eine repräsentative Gruppe des Volkes, was dem Argument der Unmittelbarkeit der göttlichen Präsenz im ganzen Volk entspricht: רב לכם כי כל העדה כלם קדשים ובתוכם יהוה „Euer (Handeln) ist genug. Die ganze Gemeinschaft, sie alle sind heilig, und in ihrer Mitte ist *Jhwh*".[153] Das Ende der Gruppe aufgrund des Gottesentscheides hat einen weiteren Protest des Volkes (Num 17,6) zur Folge, auf den Gott mit einer Plage antwortet, die aber auf Moses Befehl hin durch Aaron gestoppt wird (Num 17,11–13), wodurch dessen priesterliche Kompetenz bestätigt wird. Wenn es in der Grunderzählung also eine Auseinandersetzung gibt, so findet diese zwischen Laien und institutionellem Priestertum statt. Mit dem Räucheropfer geht es wohl um die Teilhabe an einem bestimmten kultischen Aspekt.

Im vorliegenden Text ist an der Konfrontation zwischen Mose und Aaron als institutionelle Vertreter und dem Volk mit einer Reihe Repräsentanten frappierend, dass letztere in Num 16,7f.10 als Söhne Levis (בני לוי) angesprochen werden. Der Text, der mindestens aus der Überarbeitung einer älteren Erzählung hervorgegangen ist, ist für die Frage nach dem Verhältnis von Priestern und Leviten von besonderer Bedeutung. Während in der Grunderzählung von einer

---

151 Vgl. *Pyschny*, Führung, 340 (zusammenfassend).
152 Vgl. *Oswald*, Staatstheorie, 195.
153 Hier klingt das Ideal eines „allgemeinen Priestertums" (*Blum*, Studien, 56) von Ex 19,6 an, das in der Szenerie des Bundesschlusses in Ex 24,3–8 verwirklicht wird. Vgl. ebd. Ein vergleichbares Konzept kann man im (dtr) Deuteronomium im Zusammenhang von Dtn 7,6; 26,19 mit den Zentralisationsgesetzen sehen. Den Zusammenhang beschreibt *Achenbach*, Vollendung, 58 ebenso, obwohl er Ex 19,6 der Pentateuchredaktion zuweist: „Der Verfasser der Erzählung Num 16 wehrt sich gegen eine Auslegung der Tempeltheologie und eine in seinen Augen falsche radikalisierende Auslegung der Theologie der Pentateuchredaktion von Ex 19,6. Die Auslegung der Tora ist mit dieser Fragestellung ihrerseits in die Tora gelangt."

Auflehnung einer Gruppe von Personen gegen Mose berichtet wurde, wird dies nun durch eine literarische Umarbeitung zu einer Geschichte gemacht, die das Verhältnis von Priestern und Leviten behandelt. Die ursprüngliche Murrgeschichte ist dabei erkennbar geblieben. Wesentliche Innovation war die Eintragung des Leviten Korach. Dtn 11,6 und Ps 106,17 erwähnen Korach nicht, sodass überlieferungsgeschichtlich das Verhältnis der beiden Fassungen gesichert ist.[154]

Im Zuge der Verarbeitung der Murrgeschichte ist es zu Identifikationen gekommen, die Rückschlüsse auf die mit den Leviten verbundenen Konzepte ermöglichen. Allerdings stellt sich nicht nur die Frage, warum die spätere Bearbeitung die Zuspitzung auf die Leviten vorgenommen hat, sondern auch, warum sie dies nur indirekt in der Antwort des Mose getan hat. Auf diese Besonderheit hat E. Blum hingewiesen: „So ist bemerkenswert, daß die Ansprüche der Leviten auf den Priesterrang nicht ausdrücklich formuliert werden, sondern indirekt aus der Antwort Moses in v. 8–11 erhellen. Die Kompositoren geben aber zu verstehen, daß das levitische Begehren schon in v. 3–7 mitzuhören ist, nicht nur indem sie hier von ‚Korach und seiner Rotte' sprechen, sondern auch durch die inkludierende Aufnahme des רב לכם von v. 3 in dem רב לכם בני לוי in v. 7b, womit zugleich die Anrede in v. 8f. vorbereitet wird."[155] Meiner Ansicht nach lässt sich das Problem so lösen, dass zwar der Gottesentscheid mit dem Räucheropfer zentraler Bestandteil war, dass aber der Vorwurf, die Gruppe greife nach dem Priestertum, eine nachträgliche Interpretation der älteren Szenerie darstellt. Eine Vermischung der Zuständigkeiten und die Beteiligung am Kult wird als Griff nach dem Priestertum *interpretiert*.

Die Veränderung der Intention des Textes wird in der Forschung in unterschiedlicher Weise mit möglichen historischen Auseinandersetzungen in Verbindung gebracht. Meiner Ansicht nach lässt aber eher eine im Text enthaltene Ätiologie eine Einordnung zu: Im jetzigen Text zielt der Gottesentscheid auf die Anfertigung eines bronzenen Covers für den Altar. Spannender

---

154 Das entspricht der grundlegenden Tendenz der Forschung. Vgl. *Wellhausen*, Composition, 103; *Blum*, Studien, 130; *Lux*, Erzählinteresse, 188. Bei der Rückfrage nach der Literargeschichte auf diese abweichenden Überlieferungen, die zudem in der weiteren Textgeschichte z.T. ausgeglichen werden, zugunsten der ausschließlichen Anwendung der Literarkritik auf Num 16f. zu verzichten, ist methodisch fragwürdig. Es handelt sich dabei nicht um „eine Überinterpretation des Textes bzw. der Nichtbezeugung" (*Samuel*, Von Priestern, 228f.), sondern Dtn 11,6 und Ps 106,17 bezeugen (noch) eine andere Erzählung, in der nämlich nur Datan und Abiram Wortführer waren (so mit *Blum*, Studien, 130). Und auch Sirach 45,18f. scheint noch zwei unterschiedliche Schwerpunkte zu kennen.

155 *Blum*, Studien, 266.

Weise steht die Anfertigung dieses Artefakts in einem Widerspruch zu den Stiftshüttengesetzen in Ex 27,2. In einer ausführlichen Ergänzung der LXX bei der Herstellung der Stiftshütte (Ex 38,22) wird dabei auf Num 17 verwiesen.[156] Diesen der Chronologie des Pentateuchs widersprechenden Zusatz hat man als midraschartigen Lösungsversuch des Problems anzusehen. Er bestätigt, dass man sich bereits in der Antike des Widerspruchs bewusst war.

Der Widerspruch lässt sich aber dahingehend auflösen, dass wir es mit zwei unterschiedlichen Altären zu tun haben, allerdings nicht, wie man oft vermutet hat, mit zwei unterschiedlichen Installationen der Stiftshütte, sondern mit dem Altar der Stiftshütte, der von vornherein einen bronzenen Altarüberzug hatte und mit dem späteren Altar des zweiten Tempels. Num 17,3 sagt erstens nichts darüber aus, dass die verarbeiteten Räucherpfannen noch während der Wüstenwanderung zu dem Überzug verarbeitet werden sollen. Zweitens betont der Text die Zeichenfunktion des Überzuges. Dies lässt die Schlussfolgerung zu, dass es am vorexilischen Tempel einen bronzenen Überzug des Altars gab, von dem bekannt war, dass er erst später angebracht wurde. Meiner Ansicht nach lässt sich daraus umgekehrt schließen, dass der bronzene Überzug des Altars der Stiftshütte dem bronzenen Überzug des späteren Altars folgt und ihn programmatisch an den Sinai verlagert. Letzterer wird ähnlich wie das Artefakt der bronzenen Schlange ätiologisch auf die Wüstenwanderung zurückgeführt. Der priesterlich abgeschlossene (und deutlich gegenüber Ex 38 später konzipierte) Abschnitt Num 16–17 behauptet in Bezug auf den Überzug, dass das Zentralheiligtum in Jerusalem angeblich eine Installation aufgewiesen habe, mit der das Vorrecht der Priesterschaft dokumentiert wurde. Die Verbindung des unerlaubten Opfers während der Wüstenwanderung mit einem Artefakt am zentralen Kultplatz ist in Num 17,2aβb nur sehr schwach mit dem Hinweis begründet, dass sie dargebracht wurden und daher geheiligt worden seien. Diese Begründung steht im Widerspruch zu der Eröffnung des Gottesentscheides, der ja nach Num 16,5 erweisen soll, wer zu *Jhwh* gehört und sich nahen darf. Obwohl der Gottesentscheid nachweist, dass Opfer der Aufständischen nicht angenommen werden, werden sie als zumindest teilweise legitim betrachtet. Das lässt nur die Schlussfolgerung zu, dass hier nachträglich eine Uminterpretation des ätiologischen Erzählabschnittes geschehen ist.

Die vorliegende ätiologische Verbindung von Altarüberzug mit dem Räucheropfer hängt mit einer Veränderung des Räucheropfers zusammen. Das Gegenüber von Chronik und Königebüchern zwischen 2Chr 26 und 2Kön 14f. lässt erkennen, dass man offenbar erst in spätnachexilischer Zeit programmatisch

---

156 Vgl. dazu *Seebass*, Numeri 10–22, 201.

Nichtpriester den Vollzug des Räucherkultes verwehrt hat.[157] Demgegenüber beschäftigt sich die dtr Vorlage noch mit dem Räuchern und Opfern auf den Höhen. Dass in der spätvorexilischen und exilischen Zeit das Räuchern im oder beim Tempel noch eine Domäne von bestimmten Nichtpriestern war, lässt sich an der in Jer 41,5 erwähnten Wallfahrt zum zerstörten Tempel erkennen, auf der neben Speisopfern auch Weihrauch (לבנה) mitgeführt wird. Als Gräuel wird die Darbringung von Weihrauch vor Reliefdarstellungen im Tempel in Ez 8,11–13 durch 70 Männer von den Ältesten Israels angesehen. Diese Konstellation lässt meiner Ansicht nach nur die Schlussfolgerung zu, dass der Räucherkult in vorexilischer Zeit nicht zur ausschließlichen Domäne der Priester gehörte. Angesichts dessen dürfte es sich bei dem bronzenen Überzug aus den Räucherpfannen um Weihegaben derer handeln, die am entsprechenden Kult teilgenommen hatten. Die Murrgeschichte ist zu einer nachexilischen Abrechnung mit einer vorexilischen Praxis umgeformt worden. Die Weihegaben, die einst möglicherweise dem Andenken derer dienten, die die Ehre hatten am Kult zu partizipieren und sie daher stifteten, werden zum Zeichen dafür, dass der Kult (von nun an) ausschließlich den Priestern vorbehalten ist.

In Bezug auf den Überzug des Altars dürfte sich somit eine veränderte Kultpraxis in der nachexilischen Zeit als *relecture* der Überlieferung niedergeschlagen haben. Ähnliches könnte der Veränderung in Bezug auf die beteiligten Personen zugrunde liegen:

Die Aufständischen werden in Num 16,1f. eingeführt. Es handelt sich um Korach, Datan und Abiram und weitere 250 Israeliten. Korach, Datan und Abiram sind die Wortführer. Für sie wird jeweils eine genealogische Einordnung vorgenommen, wonach Korach Urenkel Levis über die Kehatiterlinie ist, Datan und Abiram Urenkel Rubens. Der eigentliche Sprecher ist Korach, wie aus der Erwiderung des Mose auf diesen Aufstand ersichtlich ist (16,5), in der er „zu Korach und zu seiner ganzen Gemeinschaft" spricht. In der Regel wird 16,7–15 als Einschub der Korachthematik verstanden. Doch ist der Auftakt der Kritik des Mose mit רב לכם בני לוי direkt auf die im vorangehenden Kontext erwähnten Aufständischen bezogen.[158] Die Integration Korachs scheint dabei in einer Spannung mit dem Kontext zu stehen.[159] Denn der einzige zuvor

---

157 Vgl. dazu *Maskow*, Tora, 515.
158 *Blum*, Studien, 266, hebt die „die inkludierende Aufnahme des רב לכם" hervor.
159 So schon *Hölscher*, Levi, 2189, in seinem Artikel zu den Leviten: „Die ursprüngliche Erzählung der Priesterschrift (Pg), die in 16,1a*.2aßb.3–7a.18.23*.27*.35; 17,6–15.27 vorliegt, betrachtet Korach und seine Anhänger als Laien, die das priesterliche Vorrecht Moses und Aharons bestreiten und die ganze Gemeinde für heilig erklären." Er schlussfolgert: „Eine jüngere Hand hat durch Zusätze in 16,1*.7b–11.16–17.19–22 Korach und die Seinen zu Leviten gemacht, sieht darin also einen Aufstand der Leviten gegen die Priester" (ebd.).

erwähnte Levit ist ja Korach selbst. Die als Fürsten der Gemeinde (נשיאי עדה), Berufene der Versammlung (קראי מועד)[160] und angesehene Leute (אנשי שם) charakterisierten 250 Personen lassen sich ebenso wenig wie Datan und Abiram spannungsfrei als Leviten auffassen.[161] H. Samuel hat das zu der Schlussfolgerung veranlasst, dass „der Abschnitt daher nicht ohne die vorhergehende Moserede und nur als ihre Neudeutung verständlich [ist], d.h. es liegt in den V. 8–11, zusammen mit V. 7b, ein weiterer Nachtrag vor."[162] Dieser „Neudeutung" muss bei der Frage nach den Leviten nachgegangen werden. Denn die Bearbeitung hat den für uns überraschenden Text geschaffen. Dass das Gegenüber einer nichtlevitischen Versammlung und deren Anrede als Leviten zufällig zustande gekommen sein soll, ist unwahrscheinlich. Das Problem suchte H. Seebass so zu lösen, dass er eine Dominanz der Leviten vermutete: „Im inneren Spannungsbogen würde der Tod der 250 Opponenten besser verständlich, wenn Leviten ihre Anführer waren, weil Leviten Gefahren des Umgangs mit dem Heiligen von Amts wegen kannten (16,9f.). Wie aus 16,1b; 27,3 hervorgeht, vertraten die 250 Mann zwar auch andere Stämme. Aber die Leviten dominierten vorübergehend und rissen die 250 Mann mit (innerer Spannungsbogen)."[163] Diese harmonisierende Interpretation[164] lässt außer Acht, dass neben Korach zuvor kein Levit erwähnt wird.[165]

Entscheidend ist, dass in dem Abschnitt, in dem eine Ergänzung vermutet wird (Num 16,7–11) das Thema der Überführung der Leviten aus den Israeliten in den Dienst des Heiligtum und damit Num 8 aufgegriffen wird.

---

160 Beachtenswert ist, dass die Aufnahme der Stelle in Num 26,9 קריאי עדה schreibt. *Lux*, Erzählinteresse, 196, hat daher auch für Num 16,2 „Berufene der Gemeinde" vorgeschlagen. *Seebass*, Numeri 10–22, 167.191, hat bei מועד die Bedeutung „Festzeit" gewählt und einen Zusammenhang zu den Jahresfesten angenommen. Zur Bedeutung vgl. KAHAL, 284f. Könnte die Wahl des Nomens verdeutlichen, dass es sich um Personen mit bestimmten kultischen Aufgaben im Rahmen der Wahlfahrtsfeste handelte?

161 So schon *Welhausen*, Composition, 104.

162 Vgl. *Samuel*, Von Priestern, 217.

163 *Seebass*, Numeri 10–22, 174.

164 So auch die rezeptionsästhetische Arbeit von *Kupfer*, Leserorientierte Exegese, 175, der meint, der Leser könne „vermuten, dass im Hintergrund der Auseinandersetzung der Wunsch zumindest einiger Leviten steht, ihre Zugangsmöglichkeiten zu Jahwe auszuweiten bzw. jegliche Einschränkungen diesbezüglich zu hinterfragen." *Oswald*, Staatstheorie, 194f., umgeht das Problem, indem er vier Konflikte zählt: Datan und Abiram – Mose, Korach und Leviten – Aaroniden, 250 leitende Personen – Aaroniden, Volk – Mose und Aaron. Doch muss auch er die Leviten aus der Gegenrede des Mose extrapolieren.

165 Anders *Staubli*, Levitikus-Numeri, 263, der Datan und Abiram hier wie in Dtn 11,6 als Leviten sieht. Offenkundig hat er zunächst בני ראובן nicht auf alle vorangehenden Namen bezogen. Anders ebd., 264.

Die Leviten als Opfergabe und ihr Dienst sind im Blick (Num 16,9a). Zugleich wird den Leviten nun aber vorgeworfen, nach der Priesterschaft zu streben (Num 16,9b). Die Rede vom Dienst der Leviten und dieser Vorwurf liegen somit auf einer Linie mit Num 3f.; 8. Es stellt sich angesichts dessen die Frage, wieso die späteren Bearbeiter des Abschnittes nicht zwischen den zuvor eingeführten Aufständischen und den Leviten ausgeglichen haben und wie es den intendierten Adressaten plausibel erscheinen konnte, dass die „Fürsten der Versammlung" etc. nun in dem ergänzten Text als Leviten angesprochen werden.

Als Fürsten der Versammlung haben die 250 Personen wie die Wortführer Korach, Datam und Abiram eine herausgehobene Rolle. Die anderen Attribute, mit denen die 250 nicht namentlich genannten Personen eingeführt werden, zeichnen sie als Angehörige der Elite des Volkes und damit nicht nur als Angehörige eines bestimmten Stammes aus. Von Eliten war ursprünglich in dem Text ausschließlich die Rede. Diese begehrten auf, und ihnen wird der Griff nach dem Priestertum vorgeworfen. Dass sie im überarbeiteten Text als Leviten angesprochen werden, hat nur dann einen Widerspruch zur Folge, wenn man dem Paradigma folgt, dass die Leviten ein Stamm (wie die anderen Stämme) und/oder eine mit dem Priestertum verbundene Gruppierung sind. Der im überarbeiteten Text vermeintliche Widerspruch zeigt, dass dieses Paradigma zur Abfassungszeit des priesterlich ergänzten Textes nicht gültig war. Wenn die Leviten eine besondere Gruppierung mit eigenem Eponym waren, die nicht grundsätzlich mit dem Kult verbunden wurde, dann konnten die Anführer der Gemeinschaft, die aufbehrenden Eliten durchaus als Leviten verstanden werden und mit dem Eponym Levi verbunden werden. Obwohl der späte, priesterlich ergänzte Text bereits die genealogische Konzeption des Pentateuchs voraussetzt,[166] ist zu erkennen, dass die Leviten im kulturellen Hintergrundwissen der intendierten Adressaten noch als offene Gruppierung aufgefasst werden konnten. Ähnliches konnte bei der *relecture* der Geschichte Israels in der Chronik beobachtet werden,[167] und ebenso lassen sich auch die Erwähnungen der Leviten im Richterbuch verstehen.[168] Erkennbar gelassen wurde es, weil die zugrunde liegende Erzählung noch unabhängig vom Konzept der Leviten war.[169]

---

166 Aufgrund des Rückverweises auf Num 3 ist Num 1f. vorausgesetzt.
167 Vgl. oben, 73f.
168 Vgl. dazu unten, 238–253.
169 Nach L. Schmidt steht im Hintergrund der Veränderung, dass in nachexilischer Zeit die Korachiden „gegen die Aaroniden opponierten und dabei von einem Teil der Gemeinde unterstützt wurden" (*Schmidt*, Studien, 172). Er sieht die inhaltlichen Besonderheiten der abgeschlossenen Textfassung als direkt mit der Entstehungszeit, d.h. der spätpersischen

Für die Fragestellung nach den Leviten ist die analoge Eintragung der Leviten in die Geschichtsdarstellung der Chronik von Bedeutung. Die Leviten werden dort an der Stelle platziert, wo sie ihren Platz entsprechend der späteren Gruppenkonzepte gehabt haben müssten.[170] Dies geschieht in Num 16 ganz äquivalent. Denn die Rebellion der Eliten wird als Aufstand der Leviten gegen Mose und Aaron interpretiert, und man stellt dazu an ihre Spitze den Leviten Korach. Daher ist der Text nicht als Zeugnis dafür zu werten, dass eine Gruppierung, die zuvor eine priesterliche Identität hatte, nun ihre Ansprüche gegenüber einer anderen priesterlichen Gruppe einklagt.[171] Obwohl Samuel im Prinzip eine ähnliche literarhistorische Lösung favorisiert und von einer „Umdeutung des Laienaufstandes in Num 16f. zu einer Konfliktgeschichte zwischen Leviten und Priestern"[172] ausgeht, kommt er zu dem Ergebnis: „Für die Leviten bedeutet das nicht[s] anderes als das, was wir bisher schon in Num 1–10 gesehen hatten: Sie werden degradiert, zunächst unmerklich, dann immer deutlicher, und dies mit zum Teil scharfer Polemik." Von einer Degradierung ist in dem Text aber nichts zu erkennen, sondern die Leviten werden mit der Elite des Volkes identifiziert[173], und als solche begehren sie gegen die Priesterschaft auf. Im spätnachexilischen Konzept der priesterlichen Überarbeitung wird ihnen jeglicher Zugang zum Kult verwehrt, den sie als Laien in vorexilischer Zeit möglicherweise hatten.[174] Der Gebrauch von קראי מועד zur Bezeichnung eines Teils der Aufständischen in Num 16,2 könnte

---

Zeit verbunden und den Text damit als eine Art Allegorie an. Man kann sich eine Fülle von weiteren historisierenden Erklärungen vorstellen und sollte daher ohne parallele Zeugnisse lieber Vorsicht walten lassen. Da der Altarüberzug am vorexilischen Tempel eine neue Erklärung erhalten hat, weil sich die kultischen Verhältnisse nach dem Exil geändert hatten, dürfte dasselbe auch in Bezug auf die Veränderung der Gruppenkonstellation der Fall sein. Die Eintragung Korachs in die zugrunde liegende Geschichte vom Aufstand gegen Mose und Aaron könnte also eine zweite Ätiologie sein. Korach dürfte aufgrund der seinen Nachkommen zugeschriebenen Psalmen eine prominente levitische Figur gewesen sein, die man deswegen als Beispiel gewählt hat. Asaf wurde erst später zu den Leviten gerechnet. Überschneidungen in der Genealogie mögen eine solche Identifikation erleichtert haben. Vgl. 1Chr 9,19; 1Chr 26 und dazu *Wanke*, Asaph/Asaphiten, 171f. Die Psalmen, die – anders als bei den Asaphpsalmen – nicht auf ihn als Eponym, sondern auf seine Söhne zurückgeführt werden, bezeugen nicht nur die Existenz Korachs, sondern auch, dass die Nachfahren gehorsam waren.

170   Vgl. oben, 55–73.
171   Gegen *Schmidt*, Studien, 172f.
172   *Samuel*, Von Priestern, 235.
173   Vgl. dazu *Pyschny*, Führung, 90f.
174   Eine vielversprechende Erklärung hat *Achenbach*, Vollendung, 91, auf der Grundlage der inhaltlichen Nähe von Ez 8,7–12 und Num 16 vorgeschlagen und vermutet eine Auseinandersetzung um das Räucheropfer in persischer Zeit. Dies ließe sich mit der hier vorgeschlagenen Interpretation verbinden.

entsprechende Privilegien andeuten und auch die Polemik ein Stück weit erklären, wenn מועד auf die (Wallfahrts-)Feste bezogen ist.[175]

Eine Degradierung der Leviten ist auch nicht im zweiten Teil, der Erzählung vom Aaronsstab zu erkennen, obwohl dort das Verhältnis von Priesterschaft und Leviten kohärent zu Num 3f.; 8 definiert wird. Die Erzählung stellt ein Beglaubigungswunder für die Herrschaft Aarons über den Stamm Levi dar. Sie schließt sich entsprechend nahtlos an Num 3f.; 8 an.[176] Auf jeden der Stäbe soll Mose den Namen des jeweiligen Stammesführers (נשיא) schreiben. Aarons Name aber soll auf den Stab Levis aufgezeichnet werden. Jener gilt damit zunächst als Fürst (נשיא) der Leviten. Das Aufzeichnen eines Namens auf eine Sache bezeichnet den Besitzanspruch. Mit der zeichenhaften Handlung wird also Herrschaft und Hierarchie ausgedrückt.[177] Die Aufzeichnung von Aarons Namen signalisiert somit, dass der Stamm Levi unter Aarons Herrschaft steht. Dadurch erfährt die besondere Rolle Aarons und die in Num 3f.; 8 hergestellte Zuordnung der Leviten unter die Aaorniden eine bildliche Darstellung.

Diese für den Stamm Levi gültige Hierarchie wird durch das Grünen von Aarons Stab und durch seine Platzierung im Tempel in ein Verhältnis zu den anderen Stämmen gesetzt, wodurch ein Gefälle entsteht. Das Grünen des Stabes Aarons gegenüber den anderen Stäben hat daher nichts mit einer Vorherrschaft oder gar einem Herrschaftsanspruch der Leviten zu tun. Jeder einzelne Stab symbolisiert die Herrschaft des Fürsten über seinen Stamm und Aarons Stab somit auch zunächst dessen Herrschaft über Levi. Erst das Grünen des Aaronsstabes drückt somit die Priorität Aarons über die anderen Stämme und damit über Israel insgesamt aus. Gleichzeitig ist es die göttliche Bestätigung dessen, was in Num 3 und 8 dargestellt ist. Es kann kein Zweifel bestehen, dass man hiermit die nachexilische Situation am Tempel mit dem politischen und rechtlichen Anspruch der Hohepriesterschaft in den Blick nimmt.[178]

In dem Abschnitt Num 17,16–26 ist allerdings umstritten, ob unter die zwölf Stäbe in Num 17,17 auch der Stab Levis zu rechnen ist.[179] Man meint, wenn es sich um dreizehn Stäbe vs. Stämme handeln würde, läge der Abschnitt auf einer Linie mit der Konzeption der Zählung des Volkes, die auf die Substitution der Erstgeburten durch die Leviten zuläuft. Wenn

---

175   Seebass, Numeri 10–22, 191, übersetzt mit „Festzeit".
176   Vgl. *Achenbach*, Vollendung, 126.
177   Vgl. *Heckl*, Mose als Schreiber, 183f.
178   Vgl. *Achenbach*, Vollendung, 127. Zu dem Zeugnis von Hekataios von Abdera zum politischen Anspruch des Hohepriesters vgl. *Heckl*, Abschluss, 192. Eine Affinität besteht zu Sach 6,9–15, dem Befehl zur Krönung des Hohepriesters. Vgl. dazu *Lux*, Sacharja, 530–535.
179   Zur Diskussion vgl. *Seebass*, Numeri 10–22, 185–187.

es sich um nur 12 Stämme handeln würde, läge der Abschnitt quer zur bisher durchgängig anzutreffenden priesterlichen Konzeption. Das Problem hat Seebass dazu bewogen, den ganzen Abschnitt als an seine vorliegende Stelle fehl am Platze zu begreifen. Er gehöre stattdessen vor die Zählung der Israeliten und erkläre die Sonderrolle der Leviten.[180] Wieso dafür der Name Aarons auf den Stab Levis aufgezeichnet wird, lässt sich bei der Umstellung aber nicht erklären. Auch erklärt die Geschichte vom Aaronsstab so nicht, wieso abgesehen von den Leviten weiter 12 Stämme gezählt werden. Die Zueignung der Leviten zu Aaron, die durch die Aufschrift auf den Stab manifestiert wird, ergibt vor Num 4 und 8 keinen Sinn. Vielmehr wird mit dem besonderen Stab die durch das Ritual an den Leviten veränderte Situation aufgegriffen. Meiner Ansicht nach ist die Frage, ob an 12 oder 13 Stäbe gedacht ist, insofern verfehlt, als in Num 1f. mit der Aufspaltung Josefs in Ephraim und Manasse die zwölf wieder erreicht werden soll, obwohl völlig klar ist, dass Levi als Stamm eigentlich mitgezählt werden müsste (siehe Num 1,47–54). Das priesterliche Konzept hat nicht in das genealogische Konzept, das in der Jakobsgeschichte aufgebaut wird, eingegriffen, sondern lediglich die 12-Zahl durchaus kreativ zu erreichen gesucht: „Ephraim und Manasse bieten nämlich die einzige Möglichkeit, ohne eine Erweiterung des genealogischen Systems auszukommen, weil sie das hinter Joseph stehende Territorium mit ihren Namen vertreten."[181] Mit anderen Worten dürfte bei den Stäben nun wieder ganz selbstverständlich ein Stab für Josef im Blick sein, damit die 12-Zahl auch mit Levi vs. Aaron erreicht wird, doch wird das nicht reflektiert. Deswegen erübrigen sich die Diskussionen an dem Punkt.

Aaron gilt also konsequent in Aufnahme von Num 3f. und 8 als Repräsentant des Stammes Levi, der unter seiner Leitung und so unter der Leitung der Priesterschaft steht. In Aufnahme der Korachgeschichte wird damit letztlich ein Kompromiss zwischen dem Anspruch der als Nichtpriester verstandenen Leviten auf eine mögliche Beteiligung am Kult (entsprechend traditioneller Praxis der Teilnahme bestimmter Eliten) und dem priesterlichen Recht der Aaroniden gefunden. Die Leviten stehen im Dienst des Tempels und der Priester. Sie werden aber vom Kult ausgeschlossen. Gleichzeitig ist die Herrschaft

---

180 Vgl. *Seebass*, Numeri 10–22, 187.
181 *Schorn*, Ruben, 43. Nach *Kellermann*, Priesterschrift, 17, wird deswegen auch explizit in Num 1,10.32 auf Josef als übergeordnete Größe hingewiesen.

des Hohepriesters über ganz Israel im Blick und damit ein politischer Anspruch, wie er in der nachexilischen Zeit entwickelt worden ist.[182]

Äußerst aufschlussreich ist, dass in Num 16f. eine Identifikation der Eliten mit den Leviten vorgenommen wird. Dies lässt einerseits den Schluss zu, dass es bei den intendierten Adressaten bekannt ist, dass solche Eliten als Leviten angesehen werden konnten, andererseits ist den spätnachexilischen Autoren der priesterlich überarbeiteten Murrgeschichte bewusst, dass man nachexilisch systematisierend ältere Gruppierungen als Leviten zusammenfasst.

6.4.5 Rechte und Pflichten von Priestern und Leviten (Num 18)

Num 17,27f. leitet mit der Klage der Israeliten, wer sich dem Heiligtum nähere, müsse sterben, zur Diskussion über den Zugang zum Heiligtum (Num 18) über. In der Klage ist als Selbstverständlichkeit vorausgesetzt, dass man sich nähern muss, – also die Notwendigkeit der Praxis eines Kultes. Die Lösung ist, dass die Priester das Volk vertreten und sich deswegen auch selbst für Verfehlungen verantworten müssen. Damit ist ein enger Zusammenhang mit Num 16f. gegeben, wo der Kult als Privileg der Priesterschaft ausgewiesen wird. Doch scheint der Abschnitt selbst gestört zu sein. Denn das Volk richtet seine Klage an Mose, das Problem aber wird (zunächst) in drei Gottesreden an Aaron behandelt. Dies ist deswegen eine Besonderheit, weil sich Gottesreden nur in Ausnahmefällen ausschließlich an Aaron richten. Das ist im Pentateuch nur in Ex 4,27 vor dem Treffen Aarons mit Mose, in Lev 10,8 und im vorliegenden Kontext in Num 18,1.8.20 der Fall.[183] Die Inhalte dieser Gottesreden sind somit speziell für die Priester bzw. in Ex 4,27 für Aaron selbst bestimmt. Da das Volk mit seiner Klage Mose anspricht, aber die Reden, die das Problem klären, sich an Aaron richten, scheint es, als werde Mose umgangen und ausnahmsweise aus dem Diskurs herausgehalten. Die Ausrichtung der Kommunikation signalisiert den intendierten Adressaten, dass es um Inhalte geht, um die Mose nicht wusste.

---

182 Ein wichtiges Zeugnis dafür liegt in Sach 6,9–15 vor. Dort werden zwar zwei Kronen hergestellt, doch die Krone für den Davididen wird eingelagert, während dem Hohepriester seine Krone aufgesetzt wird. Vgl. dazu *Lux*, Zweiprophetenbuch, 16; *ders.*, Sacharja, 530–535.

183 Auf die Besonderheit von Lev 10,8; Num 18.1.8.20 als „unmittelbare Weisung von JHWH selbst" weist auch *Achenbach*, Vollendung, 106, hin. Der späte Zusatz zur nichtpriesterlichen Berufungsgeschichte des Mose mit der Einführung Aarons als Sprecher stand in einem Zusammenhang mit Ex 4,27. Im Blick waren auch die wenigen Stellen im Pentateuch mit einer direkten Kommunikation zwischen *Jhwh* und Aaron. Da sich in Num 18 mehrfach Gottesreden ausschließlich an Aaron richten, dürfte Num 18, wo das Verhältnis von Priestern und Leviten abschließend behandelt wird, in einem Zusammenhang mit der späten Zufügung in Ex 4,27 stehen. Zu dessen Funktion siehe unten, 174f.

Insgesamt handelt es sich um vier Gottesreden (18,1.8.20.25), mit denen entsprechend vier Themen in dem Kapitel behandelt werden. Die ersten drei richten sich – wie gesagt – direkt an Aaron, danach folgt eine weitere nun wieder an Mose gerichtete Rede. Der Unterschied in der Disposition der Kommunikation mit ihrer Pragmatik muss mit den Inhalten zusammenhängen.

In der ersten Gottesrede (Num 18,1–7) wird klargestellt, dass der innere Bereich des Heiligtums den Priestern vorbehalten bleibt, während die Leviten für die Unterhaltung des Heiligtums verantwortlich sein sollen und der Priesterschaft unterstehen. Dies wiederholt die Verhältnisbestimmung aus Num 3f.; 8; 16f., doch verbunden ist sie mit der Zugangsfrage und der Aussage, dass die Priester die Verantwortung für ihr Handeln allein tragen.

Die zweite Gottesrede (Num 18,8–19) listet eine Reihe von kultischen Abgaben und die Auslösung der Erstgeburten für die Priester auf. Die Zusammenfassung in V. 19 bezeichnet dies als „ewige Satzung" (לחק עולם) und als „ewigen Salzbund" (ברית מלח עולם). Die Parallelität der beiden Aussagen liegt auf der Hand. Nach R. Achenbach liegt ein ähnlicher Zusammenhang vor wie in Esr 4,14, wo sich die Schreiber eines Beschwerdebriefes als Leute vorstellen, ‚die mit dem das Salz des Palastes salzen'.[184] Die Phrase drückt also die Versorgung durch den König und damit seine Gunst sowie seine Autorität aus.[185] Dasselbe dürfte auch für Num 18,19 gelten. Die Versorgung der Priesterschaft durch die Abgaben des Volkes gilt als ewiger Bund, der die Versorgung der Priester als dauerhafte Privilegierung und ihre kultische Mittlerfunktion umfasst.[186]

In der dritten *Jhwh*-Rede (Num 18,20–24) geht es um das Erbteil Aarons und der Leviten, weswegen sie für das Thema von besonderer Relevanz ist. Sie ist trotz des Wechsels der Anrede thematisch aufgrund des Zehnten mit der vierten wieder an Mose gerichteten *Jhwh*-Rede des Kapitels verbunden.[187]

In Num 18,20 hat man zunächst den Eindruck, als würde weiter die Priesterschaft thematisiert, da es nun heißt, dass Aaron kein Erbteil unter den Israeliten haben werde. Abgesehen von Dtn 18,1f. ist dies die einzige Stelle, an der ein Erbteil (נחלה) der Priester thematisiert wird. Generell verwundert die

---

184 Vgl. *Achenbach*, Vollendung, 162f.
185 Nach *Achenbach*, Vollendung, 163, symbolisiert das Salz „zugleich die Gemeinschaft im Mahl und die Abhängigkeit von dem Großkönig".
186 *Seebass*, Numeri 10–22, 233, verweist auf der Grundlage von Lev 2,13 als Erklärung auf die Notwendigkeit von Salz beim Opfer: „Wie also Salz an keinem Opfer fehlen kann, so auch nicht Gottes Bund, weil das Opfer sonst ohne Gültigkeit wäre. Salz ist damit ein Symbol des Bundes." Doch warum sollte der Bund nach dem Gebrauch von ברית noch einmal metaphorisch mit מלח ausgedrückt werden?
187 Da die Abgabe des Zehnten durch die Leviten nur diese betrifft, wird Mose in Num 18,25.26aα dazu aufgefordert, eine Rede an die Leviten weiterzugeben.

Rede von einer נחלה der Priester, da dieser Terminus sonst mit der Landgabe der Stämme verbunden ist. Wie in Dtn 18,1f. beschränkt sich Num 18,20 nicht darauf, das Fehlen eines Erbteils festzuhalten, sondern *Jhwh* sagt ihm zu, dass er selbst Aarons Erbteil sei (אני חלקך ונחלתך). Allerdings kommen zunächst (vgl. aber Num 18,25-32) keine Opferanteile oder dergleichen zur Sprache. Stattdessen wird der Aussage an die Seite gestellt, dass die Leviten den Zehnt, der von den Israeliten ausgesondert wird, als Erbteil erhalten sollen. Das Fehlen einer nochmaligen Versorgungsaussage für die Priester nach der theologischen Spitzenaussage „ich bin dein Anteil" wird durch die Thematisierung des an die Leviten zu entrichtenden Zehnten kontrastiert. Der Zusammenhang wird durch die Kopula auch formal hergestellt.

Die Zusage des Zehnten für die Leviten fußt synchron auf dem letzten Gebot des Levitikusbuches (Lev 27,30-33), wo er zum besonderen Besitz *Jhwh*s und als heilig erklärt wird. In Num 18,21.31 wird der Zehnt als Ausgleich für den Dienst der Leviten bei der Stiftshütte (חלף עבדתם) wiederaufgenommen. Er dient also quasi der Entlohnung der Leviten, die ihn von den Israeliten für ihre Dienste erhalten sollen, was diese davor bewahrt, sich dem Heiligtum zu nähern. Die Zwischenstellung der Leviten löst das aufgeworfene Problem beim Zugang zum Heiligtum. Das Volk muss den Zehnt als Beitrag für den Dienst der Leviten, mit dem diese es vertreten, leisten.

In V. 24 zitiert *Jhwh* sich selbst aus der eigenen Gottesrede: על כן אמרתי להם בתוך בני ישראל לא ינחלו נחלה „Daher habe ich zu ihnen gesagt: ‚in der Mitte der Israeliten werden sie kein Erbteil erlangen'." Dieses doppelt markierte Zitat[188] aus Num 18,20 ist für das Verständnis des Verses, aber auch für den Rückbezug von Dtn 10,9 und 18,1f. auf Num 18,20 von großer Bedeutung. Denn *Jhwh* scheint in Num 18,24b fälschlicherweise zu behaupten, dass der an Aaron gerichtete Satz in Num 18,20 für die Leviten bestimmt sei. Da es in Num 18,21-24 um den für die Leviten bestimmten Zehnten geht, muss dahinter aber ein Konzept stehen. Es ergibt sich, dass die überraschend Aaron mitgeteilte Aussage über das ihm fehlende Erbteil, die in V. 24 abschließend zitiert wird, gar nicht exklusiv ihn als Repräsentanten der Priesterschaft, sondern ihn als Repräsentanten des

---

[188] Neben der Einführung mit על כן + *verbum dicendi* im Perfekt (vgl. z.B. Gen 11,9; 16,14; Lev 17,12) wird der Anfang der Gottesrede (V. 20) invertiert wiedergegeben. Zu diesem Kennzeichen des Zitats, das auf M. Seidel (*Seidel*, מקבילות) zurückgeht und daher auch Seidels Gesetz genannt wird, vgl. *Weingart*, Markierung. Anders *Seebass*, Numeri 10–22, 233, der Num 18,21–24 vom vorangehenden Vers abtrennt. Er ignoriert bei seiner Gliederung die Redeeinleitungen. Er sieht freilich den Zusammenhang, den er allerdings mit der Pragmatik erklärt: „Der volltönende Abschluß 24, der z.T. schon Gesagtes wiederholt, kann wohl nur der Einschärfung für die Priester dienen, den Zehnten auch wirklich den Leviten voll zu belassen" (ebd., 235).

Stammes Levi betrifft. Dies wird in Num 3f. damit vorbereitet, dass Eleasar als oberstes Haupt der Leviten eingesetzt wird. Vor allem aber wird Aaron und mit ihm das Haupt der Priesterdynastie durch die Aufzeichnung seines Namens auf den Stab Levis (Num 17,18) zum Repräsentanten des Stammes Levi,[189] eine Zuordnung, die ja durch das Wunder des Blühen des Stabes bestätigt wird.

Die Gottesrede in Num 18,20 richtet sich also nicht nur an ihn und an seine Kinder, sondern an den Stamm Levi insgesamt. Auf diesem Wege kommt der für heilig erklärte Zehnte dem Heiligtum indirekt zugute und die Priesterschaft bzw. der Tempel in seinen Genuss.

Zur Beurteilung des Zehnten der Leviten ist seine traditionsgeschichtliche Verortung zu beachten. Es scheint sich bei ihm im Westen eher um eine nichtkultische Abgabe zugunsten des Königs gehandelt zu haben.[190] In Ugarit findet sich eine ähnliche Formulierung wie in Num 18,21f.[191] Während in Gen 14,20 und Gen 28,22 eher eine Tempelabgabe im Blick ist, wird der Zehnt in 1Sam 8,15.17 im von Samuel verkündigten Recht des Königs als staatliche Abgabe thematisiert.[192] Sie scheint vorexilisch aber nicht Praxis gewesen zu sein.[193] „Die Autoren des deuteronomischen Deuteronomiums entwerfen vielmehr das Institut des Zehnten als ein wichtiges Medium, um die durch das Zentralisationsgesetz in Dtn 12,13–16 hervorgerufene Dichotomie des erwählten Ortes und der Ortschaften im Lande zu überbrücken."[194] Allerdings dürfte der Terminus bekannt und die selbst zu verbrauchende, bzw. als Armengabe zu verwendende „Abgabe" daher als religiöses Idealprogramm erkennbar gewesen sein.

---

189   Das hat *Noth*, Numeri, 121, bei der Auslegung von Num 18 herausgearbeitet: „Unter Hinweis auf ihre Grundbesitzlosigkeit (Aaron tritt in V. 20 wie in V. 1a als Repräsentant des ganzen Stammes Levi auf) wird ihnen als Entgelt für ihre kultischen Dienste, die den Israeliten das Risiko des sich Nährns an das ‚gefährliche' Heiligtum ersparen (V. 22.23), der gesamte von Israel zu zahlende ‚Zehnte' zugewiesen (V. 21a.24a)."
190   Vgl. *Salonen*, Zehnten, 39f.
191   Vgl. *Weinfeld*, Judaism, 226.
192   Nach *Otto*, Deuteronomium 12–26, 1313, handelt es sich mindestens um einen dtr Text, der auf das dtn Deuteronomium in Dtn 14,22–27 zurückblickt. *Mendelsohn*, Samuel's Denunciation, 20f., zeigt Bezüge zu akk. Ugarittexten auf und vermutet, dass eine Kenntnis der Stadtstaatenkultur im Hintergrund steht. Dies ist auch dann möglich, wenn man den 1Sam 8 anders als I. Mendelsohn (vgl. ebd., 22) nicht in die frühe Königszeit datiert. In jedem Fall setzt der Text Kenntnisse von entsprechenden Abgaben zugunsten des Königs voraus.
193   Vgl. *Otto*, Deuteronomium 12–26, 1314.
194   *Otto*, Deuteronomium 12–26, 1314.

Demgegenüber ist der Tempelzehnt in der Eisenzeit in Mesopotamien gut bezeugt.[195] Im Übergang von der babylonischen zur persischen Zeit ist eine Veränderung im Zehntenkonzept zu konstatieren. Während in der Zeit vor Nabonid selbst die Könige den Tempeln die entsprechenden Abgaben entrichteten und der Zehnt wohl eine Abgabe jener Land Besitzenden, die aufgrund der Verpachtung von Tempelland[196] und weiteren Gründen dem Tempel verpflichtet waren,[197] wurde das Konzept durch Nabonid insofern verändert, als man „in den Tempeln eine spezielle ‚königliche Kasse' (*quppu ša šarri*) errichtet, auf die ein Teil der Tempeleinkünfte angewiesen wurden. Das Einlaufen dieser Anweisungen beobachteten eigens königliche Beamte (*rēš šarri bēl piqitti*), welche unter Nabonid der Tempeladministration hinzugefügt wurden.".[198] In der Perserzeit wird dieses Konzept beibehalten und durch weitere Abgaben und Dienstverpflichtungen der Tempel zugunsten des Palastes ergänzt.[199] Es scheint so, als hätten sich die Perser traditionelle mit den Tempeln verbundene Fiskalinstrumente nutzbar gemacht. Eine Sonderform der Zehntabgabe ist, dass auch königliche Beamte in Mesopotamien Zehntabgaben leisten. Es handelt sich dabei um Provinzgouverneure und Höflinge. Die Abgabe war dabei wie bei den Angehörigen der Familie des Königs eine Art Selbstverpflichtung. Zum Teil ist aber eine Art Belehnung erkennbar: „Diese Gouverneure erhielten ihrerseits einen kleinen Teil der landwirtschaftlichen Einnahmen des Ebabbar; daher mag die Entrichtung eines Zehnten zumindest formal eine gewisse Reziprozität in ihrer Beziehung zum Tempel hergestellt haben."[200] Das bedeutet, dass königliche Beamte mit Tempelland als Unterhalt versorgt wurden, wofür sie einen Teil der Einkünfte als Zehnt ablieferten.

Während das Deuteronomium den Zehnt zum Gebrauch auf der Wallfahrt bzw. bei der Armenfürsorge einer im Westen bekannten staatlichen Abgabe entgegenstellte oder sie abzulösen trachte, scheint beim Zehnt in Num 18 der babylonische Tempelzehnt für die Praxis der nachexilischen Zeit aufgegriffen zu werden. Spannend ist, dass der Zehnt den Leviten faktisch als Entlohnung zugeht. In der wieder an Mose gerichteten Gottesrede des Kapitels (Num 18,25–32) wird dabei vorgeschrieben, dass die Leviten ihrerseits eine Abgabe an die

---

195   Vgl. als Übersicht *Dandamajew*, Tempelzehnt; *Jursa*, Tempelzehnt.
196   Vgl. *Heller*, Babylonien, 116f.
197   Vgl. *Jursa*, Tempelzehnt, 84f.; *Otto*, Deuteronomium 12–34, 1313.
198   *Dandamajew*, Tempelzehnt, 88f.
199   Vgl. *Dandamajew*, Tempelzehnt, 89.
200   *Jursa*, Tempelzehnt, 69.

Priester entrichten. Der Priesterschaft kommt der Zehnt durch die Weitergabe eines Zehnten vom Zehnten zu Gute. Hier zeigt sich besonders die Affinität zur Zehntabgabe der Beamten an Heiligtümer in Babylonien.

Die Verzehntung des Zehnten durch die Leviten bewirkt, dass nun der Anteil, den sie behalten, von ihnen profan verwendet werden kann. Als ‚Entlohnung für die Arbeit' (חלף עבדה; Num 18,21.31) wird er abseits vom Heiligtum von den Leviten und ihren Familien verzehrt. Paradox daran ist, dass der größte Teil des eigentlich[201] als heilig geltenden Zehnten bei den Leviten für ihre Tätigkeit als profanisiertes Einkommen verbleibt. Die Profanisierung von neun Zehnteln der Abgabe kommt einer Auslösung gleich. Beachtet man den traditionsgeschichtlichen Ursprung des Zehnten, der zu einer religiösen Institution gemacht wird,[202] so ist darin die hermeneutische Absicht erkennbar, die Leviten mit der Abgabe an den Tempel an das Heiligtum zu binden. Num 18 scheint eine Harmonisierung des aus Mesopotamien bekannten Tempelzehnten mit der sicher bekannten (vgl. 1Sam 8) Abgabe für den König herzustellen.

Die Ausrichtung der *Jhwh*-Reden ermöglicht es, auf die Pragmatik des Kapitels zurückzuschließen. Es kann kein Zufall sein, dass die Autorität des Mose bei Thematisierung des Zugangs zum Heiligtum, bei den speziellen Priesteranteilen und bei der Bestimmung des Zehnten umgangen wird. Die direkte Kommunikation *Jhwh*s mit Aaron dient dazu, eine Novellierung von Themen zu plausibilisieren, die bereits mit Mose verbunden waren. Die Technik wurde bereits von den priesterlichen Autoren in Ex 4,14–16.27 vorbereitet.[203] Das führt in den Bereich des Deuteronomiums: Das Kapitel behandelt mehrere Fragen in einer anderen Weise als das mit der Autorität des Mose verbundene Deuteronomium:

1. Zunächst handelt es sich um die Rede von der fehlenden נחלה der Leviten, die für das Dtn abgesehen von Dtn 18,1 charakteristisch ist. In Dtn 10,9; 18,2 wird mit Rückverweisen die Aussage gemacht, dass *Jhwh* das Erbteil

---

201 Vgl. Lev 27,30–33.
202 1Sam 8,15 ist gerade wegen der königskritischen Sicht ein wichtiger Zeuge dafür, dass der Zehnt, der in den verschiedenen religiösen Traditionen der Hebräischen Bibel zu einer religiösen Abgabe wird, ursprünglich eine Steuer des Staates war. Vgl. *Crüsemann*, Tora, 253f. Dieser verweist (ebd.) außerdem auf die vom Propheten Amos kritisierte Auslieferung des Zehnten an das Heiligtum von Bet-El (Am 4,4). Das Heiligtum als königliche Institution wird vorexilisch eine Rolle bei der Zehnterhebung gespielt haben, was die Konzeption der nachexilischen religiösen Regelung erklärt. Wichtig ist, dass die Römer dem Hohepriester Hyrkan den Zehnt zugestanden, wie er seinen Vorfahren entrichtet worden sei. Siehe Josephus Ant. 14,203. Vgl. zu dem Kontext dieser Privilegierung *Sasse*, Geschichte, 241. In römischer Zeit sieht man die religiöse Abgabe also als steuerliches Privileg.
203 Vgl. dazu oben, 128–133.

der Leviten sei, was sich nur auf Num 18,20 beziehen kann. Mit dem Rückverweis sollen die älteren Aussagen über das fehlende Erbteil verbunden werden. Die Integration von Priestern und Leviten im Konzept des Numeribuches hat zur Folge, dass das, was im Deuteronomium über die Leviten ausgesagt wird, auf das spätere Konzept hin ausgedeutet wird.

2. Während im Deuteronomium die Einkünfte der Priesterschaft auf wenige Opferanteile beschränkt sind, führt Num 18,8–19 eine längere Reihe von Abgaben auf.

3. Der Zehnt ist nun nicht mehr eine Abgabe im Wechsel für die Wallfahrt und für die Armenversorgung wie im Deuteronomium (Dtn 14,22–29), sondern er dient in Num 18 dem Heiligtum in zweierlei Weise: direkt über die Abgabe der Leviten an die Priester und indirekt als Ausgleich für den Dienst der Leviten.

Es ist zu schließen, dass an den genannten Punkten Inhalte des Deuteronomiums mit der besonderen Autorität der an Aaron gerichteten Gottesreden relativiert, abgewandelt oder ergänzt werden sollen. Auch die in Lev 27,30–33 vorangehende Deklaration der Heiligkeit des Zehnten dürfte bereits der Veränderung der Konzepte dienen.

Der Zehnt, der in vorexilischer Zeit als Steuer bekannt gewesen sein dürfte, der nach dem Deuteronomium der Wallfahrt und Armenversorgung zugutekommen sollte, dient nun der Versorgung der Leviten. Den Priestern wird ebenfalls eine Fülle von Abgaben zugesprochen, was gegenüber dem Deuteronomium eine Verbesserung darstellt.[204] Die Konzeption von Num 18 soll somit den Unterhalt des Zweiten Tempels insgesamt sicherstellen. Zieht man Neh 13 hinzu, erklärt sich die hohe Abgabe für die Leviten und ihre freie Verfügbarkeit damit, dass man die Leviten am Tempel halten will.[205] Dass es sich um eine Innovation handeln muss, zeigt unzweifelhaft Neh 10,38, wo sich die Gemeinschaft mit der אמנה auf die Ablieferung des Zehnten verpflichtet. Der Zehnt scheint als Versorgungskonzept des Zweiten Tempel eingeführt worden zu sein, und die Leviten treten in Neh 10,38 wie Steuereintreiber auf.[206]

---

204 Davor ist im Deuteronomium der Zehnt noch keine Abgabe an den Tempel, während in der polemischen Entfaltung des Rechtes des Königs in 1Sam 8 der Zehnt als Abgabe für den König im Blick ist. Der Vergleich mit den Verhältnissen bei den Nachbarkulturen (vgl. *Niehr*, Abgaben, 147f.) lässt es als wahrscheinlich erscheinen, dass es in der vorexilischen Zeit in Israel und Juda einen an das Königtum abzugebenden Zehnten gegeben hat. Vgl. *Crüsemann*, Tora, 253; *Schaper*, Leviten, 96f.

205 Wenn man die Veränderung gegenüber dem Zehnten im Deuteronomium einbezieht, so reiht sich dies ein in die Forderung Maleachis, dass der Zehnt an den Tempel abgeliefert werden soll.

206 Neh 10,38 setzt offenbar den abgeschlossenen Pentateuch voraus und interpretiert – relativ nahe an seiner Abfassung, da die Nehemiaerzählung aus der frühen hellenistischen

Die Numeritexte bilden den ideologischen Hintergrund für die Novellierung.[207] Praktisch hat man es sich wohl so vorzustellen, dass der Zehnt für die Entlohnung der Leviten aufgewendet und ausgezahlt wurde,[208] die Leviten aber *de facto* wie alle Israeliten wieder eine Abgabe zu leisten hatten.

Die parallele Rede von einem Erbteil der Priester und der Leviten und die jeweilige Weitergabe des Zehnten von außen nach innen (der Zehnt geht vom Volk an die Leviten, der Zehnt des Zehnten von den Leviten an die Priester) schließen sich kohärent an die räumliche Konzeption von Stiftshütte und Volk im Numeribuch an. Die Priester, die direkten Zugang zum Heiligtum und zu Gott haben, haben nach dem idealen Konzept des Numeribuches ebenso wenig Landbesitz wie die Leviten, die einen Schutzring zwischen Heiligtum und den Israeliten bilden sollen. Dass die Leviten den Zehnten profan verwenden können, aber der davon abgetrennte Zehnte von den Priestern in Reinheit verzehrt werden soll, entspricht der räumlichen Konzeption. Dies beweist, dass die Leviten trotz ihres Dienstes am Tempel auf die Seite des Volkes gehören und dass sie nicht als Teil des Kultpersonals gedacht sind.

6.4.6 Das priesterliche Konzept der Versorgung der Leviten

Am Ende des Numeribuches geht es noch einmal allgemein um die Versorgung der Leviten (Num 35). Um ihre abschließende Thematisierung einordnen zu können, ist im Numeribuch eine kurze Rekapitulation der Thematik und zusätzlich eine Vorwegnahme der Analyse des Deuteronomiums erforderlich: Der Zehnt dient nach Num 18 dazu, die Leviten für ihren Dienst am Tempel zu entlohnen.[209] Die Weitergabe eines Zehnten davon an die Priester ermöglicht den Leviten, das verbleibende Einkommen profan zu verwenden. Meiner Ansicht nach löst dieses priesterliche Konzept der Entlohnung das Versorgungskonzept für die Leviten nach dem Deuteronomium ab, wo der Levit zusammen mit den Angehörigen des Hauses auf der Wallfahrt versorgt werden sollte. Institutionell gründet die Verbindung der Versorgung von Priestertum und Leviten nach Num 18 darin, dass Aaron und in seiner Nachfolge der Hohepriester am nachexilischen Tempel als Haupt der Leviten bzw. als Oberhaupt des Stammes Levi gilt. Allerdings handelt es sich um ein Versorgungskonzept,

---

Zeit stammen dürfte (vgl. *Heckl*, Neuanfang, 401–403) – die Verzehntung nach Num 18 als eine Art der Steuerpacht: V. 38b: והם הלוים המעשרים בכל ערי עבדתנו.

207 Vgl. *Crüsemann*, Tora, 420.

208 Hierbei handelt es sich offenbar um einen juristischen *terminus technicus* aus spätpersischer Zeit. Denn in dem Papyrus TAD B2.4:10 aus Elephantine kommt dieselbe Formulierung in Bezug auf die Arbeitsleistung des Schwiegersohnes vor. Vgl. dazu *Porten*, Aramaic Contracts, 267.

209 Siehe oben, 169–176.

das die Leviten am Heiligtum betrifft. Insbes. Neh 13 wo die Versorgung der Leviten bemängelt wird, zeigt den programmatischen und idealen Charakter der Darstellung in Num 18. Auch der Darstellung der Chronik geht es um die Sicherung der Verhältnisse nach dem Exil und um die Versorgung des Zweiten Tempels. Dennoch lässt die Thematisierung der Einsetzung der Leviten in verschiedene Dienste, insbesondere auch das Ende des Transportdienstes unter David (1Chr 23,26) erkennen, dass das Levitenkonzept sich nicht auf die Tempelkonzeption beschränkt. Es wird umfassend behandelt, weil die Leviten als die Angehörigen einer größeren Gruppe – des Stammes Levi – gesehen werden. Bereits das Deuteronomium und die dtr Geschichtsbücher haben dies berücksichtigt, indem sie von einer Existenz der Leviten bereits vor der Einrichtung des Zentralheiligtums d.h. vor der Entstehung des Staates ausgehen. Hierbei handelt es sich um eine historisch nicht belegbare[210] historische Fiktion, die dem Programmcharakter des Deuteronomiums geschuldet ist, weswegen die Leviten solange unter die *personae miserae* gezählt werden, wie sie noch nicht die für sie bestimmten Funktionen übernehmen können.[211] Tatsächlich ist das Konzept der Leviten ein spätes Konstrukt, das den Beamtenstaat der spätvorexilischen Zeit voraussetzt und dem traditionellen Stammeskonzept einen „Stamm" von Spezialisten hinzufügt.[212]

Die Präsentation der Konzeption beginnt im Numeribuch mit der Zählung des Volkes. Diese zielt auf die Aussonderung der Leviten und deren Einsetzung. Die Leviten als Zwischengruppe zwischen Priesterschaft und Volk werden dabei räumlich im Lager am Gottesberg und auf der Wüstenwanderung an drei Seiten des Heiligtums angeordnet. Diese Standortbestimmung der Leviten wird mit Num 18 abgeschlossen, wo die Versorgung von Leviten und Priestern am Heiligtum geklärt wird. Das Numeribuch, das in seiner zweiten Hälfte erzählerisch den Weg vom Gottesberg in das Gebiet östlich des Jordans erzählt, hat als Grundlage des Beginns der Landverteilung eine neue Zählung des Volkes in Num 26 platziert. Mit dieser läuft die Handlung auf die Landnahme und damit auf das Leben im Lande zu. Dazu gehört, dass parallel zum Beginn des Numeribuches auf die Thematisierung und Zählung von Volk und Leviten zurückgekommen wird, weil ja inzwischen 40 Jahre vergangen sind. Noch einmal werden die Geschlechter der Leviten aufgelistet, wobei der Schwerpunkt auf den Kehatitern und von da ausgehend auf den Aaroniden liegt.

---

210 Siehe dazu oben, zusammenfassend: 46f.
211 An dieser Stelle greife ich auf die Ergebnisse der Analyse der dtn Texte voraus. Siehe dazu unten, 191–198.
212 Siehe zur Grundthese oben, 116–119.

Nun sind es 23000 und somit 1000 Leviten mehr als in Num 3,39. Dass man hier nicht noch einmal die Zählung der Erstgeborenen wiederholt, bestätigt, dass der kultische Akt von Num 8 als nur einmalig vollzogen und gültig für alle nachfolgenden Generationen angesehen wurde. Die erneute Zählung der Israeliten und Leviten zielt im Numeribuch auf die Verteilung des Gebietes östlich des Jordans (Num 32), auf die Präsentation der Grenzen des Gebietes westlich des Jordans und auf den Befehl, es nach dem Los an die verbleibenden Stämme auszuteilen (Num 34). Dies ist der konkrete Kontext der Thematisierung von Leviten- und Asylstädten in Num 35. Hier wird auffälligerweise keine direkte Verbindung zwischen dem Land der Leviten und dem Heiligtum gesucht, wie es in Ez 48 und im Idealkonzept des Wüstenheiligtums der Fall ist.[213] Stattdessen werden in jedem Stamm vier Levitenstädte ausgesondert. Der Blick auf die Ätiologie der Leviten in Juda 2Chr 11 zeigt,[214] dass es sich hierbei ebenfalls um eine Konstruktion handelt, die den Leviten im Lande für die ferne Vergangenheit bis zum Ende der Salomonischen Ära und damit nur ganz am Anfang der Zeit des Ersten Tempels Heimat und Einkommen sichern sollte.[215] Dies löst das Konzept der Versorgung der Leviten als Angehörige der *personae miserae* im Deuteronomium ab. Erkennbar ist das daran, dass man das Konzept der dtn Asylstädte in das Konzept der Levitenstädte integriert hat.

Traditionsgeschichtlich handelt es sich bei der Abtretung eines Grundbesitzes zugunsten einer bestimmten Gruppe um eine Art von Belehnung. Eine solche ist in dem kritischen exilischen „Recht des Königs" in 1Sam 8,14 und in einer polemischen Rede Sauls in 1Sam 22,7f. als fremde Tradition im Blick.[216] In Mesopotamien geschieht die Vergabe von Land schon nach dem Codex Hammurapi im Rahmen des sog. „*ilku*-Systems", das „die Vergabe von Land gegen Abgaben und verschiedene Formen von Dienstleistungen"[217] regelte. Im ersten Jahrtausend wurde das System vor allem zur Belehnung von Soldaten angewendet.[218] Daneben gab es in dieser Zeit weitere Formen der Landzuweisung.[219] Für die Perserzeit ist diese Institution in den Provinzen bedeutsam geworden, weil die stationierten Truppen auf diese Weise versorgt

---

213 Vgl. dazu *Schmitt*, Levitenstädte, 44.
214 Siehe dazu oben, 56–59.
215 Es ist ein Verdienst von *Na'aman*, Borders, gegenüber den vielfältigen Versuchen, u.a. die priesterlichen Konzepte der Levitenstädte historisch in der Königszeit zu verorten, erwiesen zu haben als „an artificial ‚literary' composition, lacking any historical significance" (ebd., 236).
216 Vgl. dazu *Halpern*, Emgergence, 10. Es ist wahrscheinlich, dass die Verfasser der exilischen oder nachexilischen Zeit am ehesten um die in Mesopotamien geübte Praxis wussten.
217 *Neumann*, Recht, 86.325.
218 Vgl. *Ricardson*, Mesopotamia, 21.
219 Ebd.

wurden: „The ‚territorial reserves' were not maintained at royal expense but instead received allotments of land that provided for their needs (though these were taxed, like any other). The holder was expected to drop everything and go to be mustered when called, taking with him his armaments and other needs."[220] Und schon seit Kyros II. ist die Vergabe ganzer Städte als Lehen für bestimmte Personen in Kleinasien bekannt.[221]

Diese Praxis erinnert an Num 35. Es liegt auf der Hand, dass man das literarische Konstrukt der Versorgung der Leviten in den priesterlichen Texten des Buches Numeri unter dem Eindruck einer im Perserreich existierenden Institution geschaffen hat. Den priesterlichen Autoren muss dabei die Herkunft des spätvorexilischen Levitenkonzeptes im Beamtentums und damit der Eliten bewusst gewesen sein. Das Konstrukt ist durchaus als eine kritische Rezeption persischer bzw. traditioneller mesopotamischer Landvergabepraxis zu verstehen. Dieser gegenüber suchte man die kulturelle Eigenständigkeit mit der Behauptung aufzuzeigen, es habe in Israels Frühgeschichte vergleichbare Institutionen gegeben. Gleichzeitig wurde erklärt, wie die Leviten, die angeblich bereits in der Vorgeschichte für Dienste am Tempel und im Staat bestimmt wurden, überhaupt bis zu dieser Zeit existieren konnten. Offenbar geht man in der Chronik davon aus, dass sie wie die belehnten Beamten und Soldaten im Perserreich in ihre Pflicht gerufen werden konnten, wie es die Chronik systematisch (für die Vergangenheit) ausformuliert hat.[222] Dies löst das im Sozialrecht des Deuteronomiums verankerte Konzept der Levitenversorgung ab und integriert die dtn Forderung nach der Einrichtung von Asylstädten. Entsprechend der Beobachtung von G. Schmitt dürfte der ältere Zusammenhang in Jos 14 und die älteren Ortsangaben im Deuteronomium und der Pentateuchüberlieferung für die Aufstellung der Asyl- und Levitenstädte entsprechend Num 35 sowie in Jos 21 und 1Chr 6 verarbeitet worden sein.[223] So wie das Konzept der Asylstädte integriert worden ist, hat man auf bekannte Namen zurückgegriffen. Dass man die Asylstädte nicht nur mit den Levitenstädten verbunden, sondern sie ihnen auch jeweils (vgl. Jos 21) programmatisch vorangestellt hat, zeigt einmal mehr, dass man die Leviten

---

220 *Grabbe*, Yehud, 196.
221 *Hornblower*, Asia Minor, 211–213. Doch auch diese ist in Mesopotamien seit den Kassiten bekannt. Vgl. *Oelsner*, Organisation, 405. Für die Akkadzeit vgl. *Schrakamp*, Krieger, 29 (Beamte).66 (wehrpflichtige Tempelbeschäftigte).
222 Abgesehen von der Rezeption des Konzeptes durch die Chronik und in späten Abschnitten des Josuabuches hat es auch Rückwirkungen gegeben. So hat man offensichtlich die Chronologie des Pentateuchs missachtend in Lev 25,32f. die Frage nach der rechtlichen Gültigkeit von Landveräußerungen durch Leviten eingefügt.
223 Vgl. *Schmitt*, Levitenstädte, 45f.; *Ben Zvi*, List, 88.

noch in der nachexilischen Zeit als mit der Administration verbunden ansah. Dass Priester und Leviten zusammen vorkommen und Priester in Jos 21 noch einmal stärker berücksichtigt werden,[224] hängt damit zusammen, dass Priester in Babylonien als Kultbeamte galten. Dem lassen sich die Überlegungen von E. Ben Zvi zu den Konzepten von Jos 21 und 1Chr 6,39–66 zuordnen, der ebenfalls auf die späte Programmatik der Levitenstädte verwiesen hat.[225]

6.5 Das Konzept von Priestern und Leviten im priesterlich abgeschlossenen Pentateuch

In den im Kapitel 6.4 bearbeiteten priesterlichen Texten des Numeribuches, die häufig gegenüber den Abschnitten im Exodus- und Levitikusbuch einen Nachtragscharakter tragen, wird ein kohärentes Konzept des Verhältnisses von Priestern und Leviten entworfen. Damit bestätigt sich die Untersuchung von C. Frevel.[226] Frevel hat außerdem das Verdienst, das Konzept erstmals unabhängig von Hypothesen zur Konstellation von nachexilischen Gruppen am Tempel interpretiert zu haben.[227] Die vorliegende Untersuchung ist ebenso vorgegangen und hat die Leviten als Stamm und Nachfahren des dritten Jakobsohnes als besondere Gruppierung des Volkes herausgearbeitet. Sie wurden allerdings nie generell als Priester angesehen, sondern waren in kultischer Hinsicht einfache Israeliten. Als nichtkultische Elite werden sie im abgeschlossenen Pentateuch mit einigem argumentativem Aufwand dem Priestertum Aarons unterstellt. Das Priestertum erscheint sowohl synchron als auch diachron in der Hebräischen Bibel nicht von vornherein mit einem Stamm verbunden worden zu sein. Denn Priester tauchen schon in Ex 19 und 24 unvermittelt auf. Und so wird das Priestertum erst nachträglich genealogisch mit Aaron verknüpft, was eine ältere Herkunftstradition des Priestertums in Israel sein dürfte. Die Unterstellung der Leviten unter ihn hängt mit seiner Einsetzung zum Gehilfen des Mose und mit den entsprechenden genealogischen Konsequenzen zusammen. Man sieht die Levitentexte des Numeribuches zwar mitunter als Zeugnisse für eine spätnachexilische Degradierung der Leviten zu einem *clerus minor*, doch ist in den Texten präsupponiert, dass die Leviten

---

224 Siehe dazu *Ben Zvi*, List, 101.
225 Seiner Ansicht nach dient es in der nachexilischen Zeit der Selbstvergewisserung. Vgl. *Ben Zvi*, List, 100. „In addition, the list of Levitical cities, along with the creation account that it supports, points to an original situation that expresses an ideal reality, a standard against which the actual reality is to be compared" (ebd., 101).
226 Siehe *Frevel*, Leviten.
227 Vgl. ebd., 134.

aus dem Bereich der Israeliten in den Verfügungsbereich des Tempels und des Priestertums überführt werden. Die angebliche Degradierung müsste in irgend einer Weise bei der vermeintlichen ursprünglichen Priesterschaft der Leviten einsetzen.

Dafür, dass die Leviten als Priester angesehen wurden, gibt das Ritual der Überführung der Leviten in den Dienst der Priester und seine Vorbereitung im Rahmen der Vorgeschichte Israels keine Hinweise. Num 3f. und 8 bilden die Ätiologie einer veränderten sozialen Stellung der Leviten am Zweiten Tempel, indem sie gerade nicht als priesterliche Gruppe in den Blick genommen werden. Der kultische Dienst bleibt ihnen dabei ebenso verschlossen wie allen übrigen Israeliten. Letztlich geht es in den Texten des Numeribuches um die Begründung der Stellung der Leviten in spätnachexilischer Zeit am Zweiten Tempel, was in der Chronik reflektiert und von Esra-Nehemia programmatisch ausformuliert wird. In beiden Textbereichen sind die Leviten außerhalb und innerhalb des Tempels tätig. Aber auch im Tempel sind sie nur für verschiedene *nichtkultische* Tätigkeiten zuständig. Man ist bemüht sie auch nicht mit untergeordneten kultischen Tätigkeiten zu betrauen, was dem nichtkultischen Ursprung der Levitenkonzeption entspricht.[228] Sie nähern sich dem kultischen Bereich ausdrücklich nicht.[229] Zwar dienen sie tatsächlich als Puffer zwischen den Israeliten und dem Heiligtum mit den Priestern,[230] doch nicht als Zwischengruppe mit geringeren kultischen Aufgaben, sondern auf Seiten der Israeliten.

Man nutzte zur Entwicklung der Ätiologie der besonderen Stellung der Leviten das Konzept der Erstgeborenen, die bereits in den verarbeiteten Quellen des Pentateuchs bes. im Bundesbuch (Ex 22,28) als *Jhwh*s Besitz gelten. Die Leviten substituieren jene. Dadurch gehen sie nominell in den Besitz der Aaroniden und in deren Verfügungsgewalt über. Dass es sich um ein Konstrukt handelt und es nur um einen nominellen Besitz der Priester an den Leviten gehen kann, zeigt sich daran, dass man abschließend in Num 18 den Zehnten als regelrechte Entlohnung für sie konzipiert und für ihre konstruierte Existenz bis in die Zeit Salomos eine Belehnung mit Städten und Land durch die Stämme schafft.

Der Zehnte und die Integration der Leviten werden im Zusammenhang eines umfassenden wirtschaftlichen Konzeptes des Zweiten Tempels gestanden haben. Wenn man davon ausgeht, dass der Zehnte in der vorexilischen Zeit

---

228 Siehe oben, 158, und das Zitat von J. Milgrom dort Anm. 141.
229 *Frevel*, Leviten, 154, spricht von einer „Zwischenstellung der Leviten[, die] für den regulären Kultbetrieb unabdingbar" sei.
230 Vgl. *Frevel*, ebd.

kaum als direkte Abgabe zugunsten des Tempels existiert hat, sondern es sich bei ihm eher um eine Abgabe handelte, die der Staat einforderte, die vielleicht im Tempel oder den Tempeln eingesammelt wurde und aus der dann auch der Tempel finanziert werden konnte, ergibt sich die Transformation einer traditionellen vorexilischen Versorgungsinstitution in die nachexilische Realität. Das bestätigt sich in der Chronik. Obwohl sie bereits von den Vorstellungen im Numeribuch abhängig ist, ist der Zehnte dort noch als staatliche Abgabe erkennbar, die lediglich von Leviten verwaltet wird (2Chr 31,12). Eine aufgrund des Fehlens der Eigenstaatlichkeit nicht mehr existierende Steuer wird so zu einer gruppenbezogenen Steuer für den Unterhalt des Tempels weiterentwickelt, indem der Zehnt nach Num 18 von den Israeliten an die Leviten als Entlohnung für ihren Dienst und ein Zehnt dieses Zehnten an die Priesterschaft geht.[231]

Wenn man von Ex 2 ausgeht, dann werden die Leviten und damit die früheren Eliten den intendierten Adressaten in eine neue Stellung und in einen neuen Kontext überführt: in den Dienst am Zweiten Tempel. Die Ätiologie lässt sich mit der Arbeitshypothese, dass man in spätvorexilischer Zeit die Leviten als administrative Elite ansah, vereinbaren. Denn der Zweite Tempel hatte ja nicht nur eine kultische Funktion. Er wurde zur primären Institution des Judentums und stellte ein jüdisches administratives und kulturelles Zentrum dar. Als solches übernahm er Aufgaben, für die in vorexilischer Zeit verschiedene Institutionen des Staates zuständig waren. Wenn seit der spätvorexilischen Zeit Levi Eponym der Beamtenschaft und der Eliten wurde, dann wollte man nun in nachexilischer Zeit die Angehörigen der einstigen Elite, die man in den Texten auch als besonders verbunden mit dem Volk und der *Jhwh*-Verehrung sah, an den Tempel binden. So konnte sich der Tempel eine Reihe von traditionellen nichtkultischen Funktionsträgern und Spezialisten, aber auch neu zu integrierende Berufs- und Personengruppen nutzbar machen.

---

231 Neh 13 und Neh 10 auch 2Chr 31,12 deutet sich an, dass es sich zumindest zeitweilig um eine freiwillige Abgabe gehandelt hat. Es hat aber auch Zeiten gegeben, in denen der Tempel die Macht hatte, sie als regelrechte Steuer zu erheben. Das war möglicherweise aufgrund der von Antiochus III. gewährten Privilegien und dann unter den Hasmonäern der Fall. Nach Josephus Ant. 14,202, hat aber auch Cäsar dem Tempel den Zehnt als Steuer zugestanden. Letztlich werden die Auseinandersetzungen mit dem Tempel auf dem Garizim sich auch um die Anrechte auf die Abgaben gedreht haben. Esr 7 lässt eine Konkurrenz „um die Finanzmittel der Diaspora" (*Heckl*, Neuanfang, 246) erkennen. Vgl. ebd., 406f.

6.6 Die Leviten im priesterlichen Konzept des Numeribuches und im Verfassungsentwurf bei Ezechiel

Die Analyse des Verfassungsentwurfes Ez 40–48 hat ergeben, dass die Fokussierung auf die Zadokiden ebenso wie eine Professionalisierung im Kultbetrieb zu den ezechielschen Innovationen für den künftigen Tempel gehören.[232] Bei der Professionalisierung spielten die Leviten eine besondere Rolle, weil deren Dienst eine in der vorexilischen Zeit übliche Übernahme von kultischen und nichtkultischen Tätigkeiten durch bestimmte privilegierte Personen, Gruppen oder Familien außerhalb des Priesterkreises ersetzen sollte.[233] Dabei legte Ezechiel Wert darauf, dass es sich in Bezug auf die Leviten nur um nichtkultische Aufgaben handeln sollte. Nach der Analyse der priesterlichen Texte des Numeribuches, die ein äquivalentes Konzept aufgezeigt hat, stellt sich nun die Frage nach deren Verhältnis zum Ezechielbuch:

Wichtig ist, dass sowohl im Numeribuch als auch im ezechielschen Verfassungsentwurf ein jeweils eigenständiges Gesamtkonzept vorliegt. Ez 44, wo die Leviten am ausführlichsten behandelt werden, gehört zu dem Abschnitt, der in Ez 43,1 beginnt. Der Anfang von Kap. 43 ist eine wichtige Zäsur nicht nur im Verfassungsentwurf, sondern im Buch insgesamt. Das uns vorliegende Ezechielbuch ist durch die besondere Gottesnähe des Propheten geprägt, die er in der Eingangs- und Berufungsvision (Ez 1–3) erfährt. Sie begleitet ihn auf der Jerusalemvision (Ez 8–11) und ist im gesamten Buch fast durchgehend vorausgesetzt. Die Vision vom Neuen Jerusalem beginnt in Ez 40 mit einer weiteren Versetzung des Propheten in die Stadt. Anders als in Ez 8–11 begegnet ihm dieses Mal die Herrlichkeit *Jhwhs* nicht sofort wieder. Dies geschieht erst in Kap. 43, nachdem sie in der Stadt zur Inbesitznahme des Tempels eintrifft (Ez 43,1–5). Erst jetzt ist nicht mehr nur eine vorübergehend anwesende Mittlergestalt Gesprächspartner des Propheten, sondern wieder Gott selbst.[234] Das führt dazu, dass die Kap. 40–42 als Vorrede, in der dem Prophet die Stadt präsentiert wird, erscheinen, während das theologische Hauptgewicht auf den nachfolgenden Gottesreden liegt. Wenn der Prophet in der Gottesrede ab Ez 43,7 zur Vermittlung der Inhalte und zu ihrer Aufzeichnung aufgefordert wird, kann sich das somit nur auf den nachfolgenden Text und die

---

232 Siehe oben, 33–44.
233 Vgl. oben, 40.
234 Ez 43,7 weist ausdrücklich darauf hin, dass sich während der Prophet diese neuerliche Stimme hört, der Mann, der ihn durch die Stadt geführt hat, neben ihm steht. Vgl. dazu Heckl, *Ezechiel* als Metatext II (demnächst). Zur Anlage des Buches, das die literarische Neufassung eines älteren Prophetenbuches darstellt, siehe außerdem Heckl, Ezechiel als Metatext I.

nachfolgenden Gottesreden beziehen. Dabei wird mit der Thematisierung der Verunreinigung des einstigen Tempelplatzes zur Herausstellung seiner Heiligkeit hingeleitet.

Nach Tuell und Block beginnt hier die „Tora des Hauses". Ein Gesetzeskorpus beginne mit Ez 43,13–17 wie Bundesbuch, Heiligkeitsgesetz und Deuteronomium mit der Thematisierung des Altars.[235] Beide sind der Ansicht, dass 43,12 dafür die Überschrift ist. Die Formulierung זאת תורת הבית (Ez 43,12) kann allerdings Über- oder Unterschrift sein. Vom Thema, dem Bau des Tempels und seiner Installationen sowie Institutionen, her ist sie in besonderer Weise mit der Eröffnung bzw. dem Abschluss priesterlicher Vorschriften im Levitikus- und Numeribuch zu vergleichen.[236]

Als Unterschrift wird die Formulierung von T. A. Rudnig redaktionell auf den ersten Teil des Buches bezogen.[237] F. Sedlmeier hat zuletzt zur Unterstützung dieser These darauf verwiesen, dass sich zu der Doppelung der Formulierung זאת התורה in Ez 43,12 in Lev 14,54–57 und Num 7,84–88 Parallelen finden. Die Abschnitte an den beiden Stellen fassen mit der Verdoppelung einer entsprechenden Unterschriftsformulierung jeweils größere vorangehende Abschnitte zusammen.[238] Dies spricht nun auch nach Sedlmeier dafür, dass der Vers Ez 43,12 den Anfang des Verfassungsentwurfes, also Ez 40,1–43,11, zusammenfasse.[239] Beachtet man allerdings den zusammenfassenden Charakter von 43,12, so müsste es in dem Text nicht allgemein um den Aufbau des Tempels, sondern um die Frage nach der Heiligkeit in dem Abschnitt gehen, der von 43,12 abgeschlossen wird. Auch wenn in Ez 43,10f. der Auftrag zur Verkündigung und Aufzeichnung sich sicher auch auf den vorangehenden Gang durch den Tempel bezieht, geht es in 43,7f. doch ausschließlich um die besondere Heiligkeit des Ortes, die aufgrund der Präsenz Gottes besteht und daher erst mit dem Einzug der Herrlichkeit gegeben ist. Die These, dass Ez 43,12 sich bis nach Ez 40,1 zurückbezieht, ignoriert nicht nur die kompositionelle Funktion des Einzugs der Herrlichkeit in Ez 43,1–5, sondern auch inhaltlich, dass die Heiligkeit nicht *per se* gegeben ist, sondern erst durch

---

235 Vgl. *Tuell*, Law, 50; *Block*, Ezekiel 25–48, 597. Dem stimmt *Konkel*, Architektonik, 92, zu, doch sieht er Ez 43,12 nicht als Eröffnungsformulierung. Vgl. aber später *Konkel*, Ezechielbuch, 64. In dem Beitrag übernimmt er die Bezeichnung Tempeltora und versteht nun Ez 43,12 doch als deren Beginn.
236 Eine Übersicht gibt *Sedlmeier*, Ezechiel 25–48, 293.
237 Vgl. *Rudnig*, Heilig, 333; ebenso *Konkel*, Architektonik, 85f.
238 Vgl. *Sedlmeier*, Ezechiel 25–48, 293.
239 Vgl. ebd.

die Anwesenheit Gottes hergestellt wird. Ez 43,12 klärt also im Rückblick auf die Verunreinigung des Tempels durch die Gräber der Könige als erste Thematik des Gesetzeskorpus die Frage nach der Heiligkeit des Ortes. Diese Tora legt fest, dass das gesamte Gebiet des Tempels auf dem Berg als hochheilig gilt (קדש קדשים).

Damit beginnt in Kap. 43 das Korpus eines Gesetzes. Es handelt sich um die einzige Gesetzeskomposition außerhalb des Pentateuchs.[240] Tuell, Block und Konkel haben Ez 43,13–17 dem Altargesetz und dem Zentralisationsgesetz gegenüber gestellt. Sieht man Ez 43,12b als Unterschrift unter den ersten Abschnitt des Gesetzeskorpus, der dann Ez 43,7–12 umfasst, besteht die Parallelität ebenso: Sowohl im Bundesbuch als auch im dtn Gesetz geht es ja nicht einfach nur um Form und Gestalt des Altars, sondern um die Frage nach der Präsenz Gottes. Die Betonung der Anwesenheit Gottes und die Bezeichnung des Tempels als Wohnort inmitten der Israeliten (Ez 43,7) steht der Zusage der Anwesenheit im Gottesdienst (Ex 22,24) und der Präsenz des Namens (Dtn 12,5.11.21) gegenüber. Unverkennbar werden also im Verfassungsentwurf des Ezechielbuches wie im priesterlichen Pentateuch u.a. in Ex 29,45f. die Theologumena von Bundesbuch und Deuteronomium überhöht.

Direkt von der Herrlichkeit *Jhwh*s wird dem Propheten ein Kodex vermittelt, das von ihm zugleich aufgezeichnet und weitervermittelt werden soll. So gesehen steht der Verfassungsentwurf der vorderen Sinaiperikope unter Einschluss der Theophanie an göttlicher Autorität nicht nach.[241] Die vorangehende „Besichtigung des Tempels" trägt den Charakter eines erzählenden Prologs.

---

240 Vgl. *Tuell*, Ezekiel, 302, der Ez 40–48 insgesamt als Gesetzeskodex angesehen hat. Er verweist auf die LXX, in der die zweite Formulierung הנה זאת תורת הבית fehlt. Seiner Ansicht nach sei diese in MT nicht hinzugesetzt, aber von LXX als repetetiver Stil ausgesondert worden. Die Wiedergabe von תורה mit διαγραφή „Beschreibung" und die syntaktische Anbindung des hebr. Nominalsatzes durch και und den Akkusativ an den vorangehenden Vers, wodurch V. 12 zu einer Ausführung der Aufforderung in V. 11a (και διαγράψεις τὸν οἶκον ...) wird, dürfte eher dafür sprechen, dass man in der LXX den Fakt, dass es sich um eine ähnliche priesterliche Vorschrift wie in Lev 6 handelt, verschleiern will. Rudnig und Pohlmann gehen davon aus, dass es sich bei 43,12 ursprünglich um eine Unterschrift handelt. T. A. Rudnig (siehe *Pohlmann/Rudnig*, Ezechiel, 577) nimmt an, dass erst die in LXX und S fehlende Formulierung 43,12aα zu einer Überschrift mache. Ich halte das für wenig wahrscheinlich, da das הנה זאת stärker noch als das זאת am Anfang auf das nahe Liegende verweist.

241 Das gilt auch für das dtr Deuteronomium, das ja in Dtn 5f. an die Sinaiperikope angebunden ist.

Insgesamt handelt es sich um einen kritischen Entwurf. Gerichtet ist er gegen die vorexilische Kultpraxis, den Bau des Tempels und seine Institutionen.[242] Als Inhalt der prophetischen Verkündigung soll er vorgetragen werden. Tuell sieht Ez 43,10–12 als hermeneutischer Schlüssel: „God's presence is both the cause of Israel's shame and its cure."[243] Der Verfassungsentwurf und möglicherweise das Buch insgesamt, denen damit ein göttlicher Ursprung mit einer prophetischen Vermittlung zugeschrieben wird, sollen beitragen, die Verfehlungen der Vergangenheit zu überwinden (vgl. vor allem Ez 43,9–11).

Der Text steht traditionsgeschichtlich in einem Zusammenhang mit 1Kön 17,13; Sach 1,6; 7,12; Dan 9,10, wonach die Tora von Propheten vermittelt worden ist. Besonders aufschlussreich sind die beiden Belege im Sacharjabuch, die in die frühe Perserzeit gehören. Sach 1,6 als Disputationswort setzt bei den intendierten Adressaten ein Wissen darüber voraus, dass von den früheren Propheten Satzung vermittelt wird. Die Figuration des Mose als Prophet gehört in diesen traditionsgeschichtlichen Zusammenhang hinein. Das Prophetengesetz (Dtn 18,9–22) und das sog. Epitaph des Mose (Dtn 34,10–12) bezeugen nicht nur, dass Mose den Propheten als Prophet vorgeordnet wurde, sondern, dass er als solcher zum ausschließlichen Gesetzgeber wurde.[244] Ez 43 ist der einzige Text, in dem noch eine traditionsgeschichtliche Vorstufe zu Mose als prophetischem Gesetzgeber greifbar ist. Ich würde angesichts der vielfältigen Beziehungen zwischen Ez 40–48 und den priesterlichen Gesetzen besonders im Levitikus und Numeribuch noch weiter gehen und davon ausgehen, dass die „Gesetze und Satzungen" des Tempels als prophetisches Gesetzbuch sowohl dem hermeneutischen Konzept als auch den Inhalten des priesterlich abgeschlossenen Pentateuchs Pate gestanden haben. In jedem Fall muss das Konzept des ezechielschen Verfassungsentwurfes als prophetisch vermittelter Tora aber älter sein als der priesterliche Pentateuch mit seiner wiederkehrenden Vermittlung von Vorschriften, auch wenn es wechselseitige Berührungen und Weiterentwicklungen geben mag.

Ez 44, wo die Leviten thematisiert werden, gehört in diese Gesetzesverkündigung hinein. Ez 44,5 unterstreicht darin noch einmal, dass es sich um die חקות und תורות des Tempels handelt, die sich mit dem Zugang zum Heiligtum beschäftigen. Dabei wird die zadokidische Priesterschaft in das Zentrum gerückt. Sie allein ist für den Kult und das Allerheiligste zuständig. Die Leviten übernehmen nichtkultische Aufgaben, die sie stellvertretend für die Israeliten

---

242 *Hentschke*, Satzung, 86, weist einerseits darauf hin, dass im Verfassungsentwurf das Begriffspaar חוקה und תורה für „rein kultische Ordnungen" stehen. Allerdings unterscheidet Ezechiel planvoll zwischen kritisierten Satzungen, die mit חוק (mask.) bezeichnet werden und jenen, die vom Propheten verkündigt werden (חקה). Vgl. ebd., 85.
243 *Tuell*, Ezekiel, 301.
244 Vgl. *Otto*, Deuteronomium 12–34, 2279.

am Tempel übernehmen, sie werden also wie gesagt dazu genutzt, den Kult am Zentralheiligtum gegenüber der vorexilischen Zeit zu professionalisieren.[245] Die daran angeheftete Kritik an den Leviten dürfte sich am ehesten auf die in Ez 8 präsentierten Verfehlungen am vorexilischen Tempel beziehen.[246] Durch einen administrativen Eingriff, der den Tempelkult gegen fremde Beteiligung abschließt und mit den Leviten einen Puffer zwischen den Priestern und dem Volk, bzw. zwischen der kultischen Elite und den Laien schafft, sollen die Missstände der Vergangenheit beseitigt werden (vgl. Ez 22,26). In Ez 44,15 und 48,11 ist ausdrücklich festgehalten, dass die Zadokiden anders als die übrigen Israeliten und anders auch als die Leviten gehorsam waren. Diese Charakterisierung ist nicht Teil einer Auseinandersetzung zwischen verschiedenen Gruppen,[247] sondern Begründung der aktuellen Hierarchie am Zweiten Tempel. Ähnlich wie die priesterlichen Texte des Pentateuchs geht das Ezechielbuch systematisierend und korrigierend mit den vor allem vorexilischen Traditionen um. Erkennbar ist das daran, dass immer auf die Vergangenheit rekurriert wird, aber der Tempel dabei im Blick auf die Zukunft vorgestellt wird. Auch wenn die Stellung der Leviten in unterschiedlicher Weise begründet wird, so stehen sich Ez 44 und das Konzept des Numeribuches doch nahe. Priester und Leviten mit den entsprechenden Aufgaben kommen in vergleichbarer Weise in den Blick.[248] Es geht in beiden Textzusammenhängen um Aufgaben, die von den Israeliten ausgeübt werden müssten. Eine entsprechende kultische Beteiligung der Eliten wird dadurch abgelöst, dass die Leviten stellvertretend die nichtkultischen Aufgaben übernehmen. Die Beschränkung auf diese allein ist eine der nachexilischen Innovationen, die der Abgrenzung von heilig und profan dient.[249]

---

245 Vgl. zum Zeugnis der Chronik oben, 63.
246 Siehe oben, 43f.
247 So *Schaper*, Priester, 170–174.
248 So schon *Gese*, Verfassungsentwurf, 121. Demgegenüber sieht *Konkel*, Architektonik, 312, zwischen Ez 44 und Num 18 einen Unterschied: „Die Leviten stehen dort ganz auf der Seite Aarons. Anders hingegen ist das Bild in Ez 44. Dort werden die Leviten nicht den Priestern, sondern dem Volk zugeordnet, dem sie dienen sollen. Leviten und Priester werden also in noch schärferer Weise getrennt, als dies in Num 18 der Fall ist." Ähnlich auch schon *Fishbane*, Interpretation, 140. Meiner Ansicht nach verstellt der direkte Vergleich zwischen Num 18 und Ez 44 und die Fokussierung auf die jeweilige Begründung den Blick dafür, dass Num 18 nur eine Etappe der Entwicklung des Levitenkonzeptes ist. Dass die Leviten auf die Seite des Volkes gehören, geht entsprechend stärker aus Num 3f. hervor. In Num 8 wird das Ritual vollzogen, durch das die Leviten in den Besitz und Dienst des Tempels übergehen.
249 Schon *Wellhausen*, Prolegomena, 117, sieht präsupponiert, dass „die systematische Absperrung des Heiligen vor profaner Berührung nicht von jeher bestand".

Es gibt also innerbiblisch mit Num 3; 8; 16–18 und Ez 44 zwei Ätiologien der Stellung der Leviten am Tempel. Mit ihnen wird derselbe Zweck der Professionalisierung des Tempelbetriebes unter Nutzung der Gruppe der Leviten verfolgt. Allerdings hat man im Numeribuch auf eine explizite Konfrontation wie mit dem Rückverweis von Ez 44,10 auf Ez 8 verzichtet und stattdessen die Murrgeschichte Ez 16f. aufgenommen, wobei diese durch die Eintragung Korachs zu einem Aufstand der Leviten gemacht wurde.[250] Sachlich sind Num 3; 8 und 16–18 eher als Ausdruck einer vorwegnehmenden Platzierung des Konzepts von Ez 44 zu verstehen als umgekehrt.

Ez 8; 44,10 und Num 16 sind dadurch verbunden, dass die Leviten mit den Eliten gleichgesetzt werden. Anders als Ez 8 wird aber in der Korachgeschichte nicht mehr der Abfall von *Jhwh*, sondern die Gleichberechtigung in Bezug auf die Begegnung mit Gott bestraft. Es ist die aktive Beteiligung der Israeliten am Kult, nicht der Anspruch der Leviten auf das Priestertum, die kritisiert werden. Ez 44 ist somit eine sachliche Parallele zum Numeribuch und dürfte dem Konzept des Numeribuches vorausgegangen sein. Beide Texte begründen den nichtkultischen Dienst der Leviten und schließen die Möglichkeit der Übernahme kultischer Tätigkeiten aus. Das Konzept des Numeribuches, wo für das Einkommen der Leviten gesorgt wird, dürfte für eine Integration der Leviten geeignet und bestimmt gewesen sein. Es diente dazu, den Tempelbetrieb zu finanzieren und die Leviten in ihren Funktionen an den Tempel zu binden.

[250] Noch einmal daran zu erinnern ist, dass S. L. Cook die These aufgestellt hat, dass ein Zusammenhang zwischen Ez 44 und Num 16 besteht. Vgl. *Cook*, Innerbiblical Interpretation, 197–201, und dazu oben, 42.

KAPITEL 7

Der Stamm Levi und die Leviten im Deuteronomium und in dtr Texten

Im Deuteronomium ist im Vergleich mit den anderen Büchern des Pentateuchs nach Numeri ebenfalls recht häufig von den Leviten oder dem Stamm Levi die Rede. Ein zusätzlicher Schwerpunkt ist hier die Rede von den levitischen Priestern.

In einem erzählerischen Rückblick auf die Wüstenwanderung findet sich in Dtn 10,6–9 die erste Belegstelle. Darin werden als Aufgaben der Angehörigen des Stammes Levi der Dienst für *Jhwh*, das Segnen in seinem Namen und das Tragen der Bundeslade genannt. Diese Aufzählung liegt auf einer Ebene mit dem bereits diskutierten Konzept des Buches Numeri,[1] das auch der Chronik[2] entspricht. Das Tragen der Lade kommt im hinteren Rahmenteil ein weiteres Mal vor. Abweichend von Dtn 10,8 scheinen dort aber in Dtn 31,9 „die Priester aus den Söhnen Levi" ähnlich wie in Jos 3,3 diese Aufgabe zu haben. Ihnen händigt Mose zusammen mit den Ältesten das von ihm geschriebene Buch aus, doch abschließend nach der vollständigen Aufzeichnung erhalten es von ihm „die Leviten, die die Lade tragen", zur Aufbewahrung (Dtn 31,25f.). Dieser Unterschied muss traditionsgeschichtlich mit einer Veränderung in der Zuständigkeit für die Bundeslade zusammenhängen, die sich zwischen der Abfassung der dtr Geschichtsbücher und der Chronik vollzogen hat. In Dtn 31 kommen offenbar ältere und jüngere Konzeptionen nebeneinander vor.[3] Im Priestergesetz (Dtn 18) werden Leviten und Priester getrennt in den Blick genommen. Von levitischen Priestern ist beim Zentralgericht in Dtn 17,9 die Rede. Sie halten die schriftliche Aufzeichnung der Tora bereit (Dtn 17,18). Sie nehmen am Ritual für die Sühnung des Mordes von unbekannter Hand in Dtn 21 teil. Sie sind verantwortlich dafür, kultische Entscheidungen zu treffen und segnen im Namen *Jhwh*s. In Dtn 27,9f. treten die levitischen Priester zusammen mit Mose auf und fordern ausgehend von einer doppelten Aufforderung zu hören, was auf das Schema Israel anspielt, die Einhaltung der dtn Gebote. Anschließend werden die Leviten dazu aufgefordert, nach der

---

1 Siehe dazu oben, 153–155. 180–182.
2 Siehe dazu oben, 73–78.
3 Dennoch gehören beide Themen auf die gleiche literarische Ebene wie Dtn 10,8. Siehe unten, 212f.

Landnahme eine Reihe von Flüchen zu sprechen (Dtn 27,14).[4] Eine Gruppe von Textabschnitten in den Zentralisationsgesetzen erwähnt die Leviten bzw. „den Leviten in den Orten" außerdem als Teilnehmer am Wallfahrtsfest oder zählt sie unter die *personae miserae*. Am Abschluss des Buches werden Levi und die Leviten im Mosesegen (Dtn 33,8–11) thematisiert. Die aufgezählten Themen und Kontexte scheinen sich teilweise zu widersprechen, was Ausgangspunkt vielfältiger literarhistorischer Rekonstruktionen war und ist.[5]

Das Deuteronomium ist aufgrund seiner Stilisierung als Moserede eine sich vom übrigen Pentateuch abhebende Einheit. Es spielte daher seit den Anfängen der Quellentheorie eine Sonderrolle, und man rekonstruierte auf seiner Grundlage seit J. Wellhausen eine Geschichte des Levitismus.[6] Die Studie von H. Samuel zu Levi und den Leviten folgt diesem Weg, setzt allerdings mit einer ausführlichen literarkritischen Untersuchung des Deuteronomiums ein, was an die Stelle eines „simple[n] Vergleich[s] deuteronomischer und priesterschriftlicher Ansätze"[7] treten soll. Ihr Ergebnis bestätigt nur teilweise die in Anschluss an Wellhausen zugrunde gelegte Prämisse, dass die Leviten ursprünglich Priester waren: „Auch wenn die deuteronomische Sicht einer potentiell alle Leviten umfassenden Priesterschaft an zahlreichen Stellen noch durchscheint, ist es die priesterliche Perspektive des zweigeteilten Kultpersonals, welche das Deuteronomium überlagert. Dort, wo sich priesterliche Redaktionen nicht zeigen lassen, sind die (dtr überarbeiteten) deuteronomischen Texte selbst offenbar schon durch ihre Mehrdeutigkeit hinreichend rezeptionsfähig für die priesterliche Sicht."[8] Diese Beurteilung kommt einer methodischen Kapitulation gleich. Die literarkritische Analyse kann nach Samuel nicht zu suffizienten Ergebnissen gelangen, weil spätere Konzepte sich so stark niedergeschlagen haben bzw. weil die älteren Schichten zu mehrdeutig sind. Seiner

---

4 Nach *Otto*, Deuteronomium 12–34, 2020, besteht eine konzeptionelle Zäsur zwischen Dtn 27,14–26 und Dtn 28.

5 Vgl. nur die Studien von *Dahmen*, Leviten, 388–408 (zusammenfassend), und *Samuel*, Von Priestern, 140–147.

6 *Wellhausen*, Prolegomena, 117, weist dem Deuteronomium eine Schlüsselrolle für das Verständnis des Verhältnisses von Priestern und Leviten zu. So beurteilt auch *Samuel*, Von Priestern, 147, die Situation: Forschungsgeschichtlich hänge der „simple Vergleich deuteronomischer und priesterschriftlicher Ansätze" (ebd.,) mit der Sonderstellung des Deuteronomiums im Quellenmodell seit Wellhausen zusammen.

7 *Samuel*, Von Priestern, 147.

8 *Samuel*, Von Priestern, 147.

Ansicht nach sind es die priesterlichen bzw. postpriesterlichen Bearbeitungen des Deuteronomiums, die das Bild verwischt haben.[9]

Diese Einschätzung trifft sich mit den Prämissen der vorliegenden Arbeit für die Literargeschichte biblischer Texte überhaupt. Da in der Literargeschichte vielfach harmonisierend gearbeitet wurde, vermag die übliche subtraktive Literarkritik zwar Spannungen aufzuzeigen, doch ist es zweifelhaft, ob man auf diesem Wege Vorlagen rekonstruieren kann. Als Alternative zu diesem Ansatz soll bei den Texten des Deuteronomiums in Bezug auf die Leviten dessen programmatischer Charakter berücksichtigt werden, der bereits beim Vergleich mit Jeremia und Ezechiel deutlich wurde.[10] Bei der Analyse von Widersprüchen im Buch helfen die Querbeziehungen zu den Texten des Numeribuches, zwischen den dtn Konzepten und jenen des abgeschlossenen Pentateuchs zu unterscheiden. So wird der Niederschlag der Konzepte des priesterlichen Pentateuchs im Deuteronomium offengelegt. Dies setzt nicht bei einem „simplen Vergleich" der priesterlichen mit der dtn/dtr Konzeption ein, sondern ermöglicht es aufgrund der im priesterlichen Textbereich angewandten hermeneutischen Strategien, die zugrundeliegenden dtn/dtr Konzepte zu erfassen und zu umreißen. Zum Abschluss werden einige wichtige Abschnitte der dtr Geschichtsbücher als Zeugnisse der dtn Konzepte besprochen.

7.1   Der Levit als Hilfsbedürftiger im dtn Gesetzeskorpus

Im dtn Gesetzeskorpus dominieren die Belegstellen für Levi und die Leviten in sozialrechtlichen Zusammenhängen. Dies ist der Fall in Dtn 14,29; 16,11.14; 26,12f., wo der Levit jeweils mit den sog. *personae miserae*, Waise, Witwe und Fremdling der Fürsorge des Volkes unterstellt wird. In Dtn 12,12.18f. und 14,27 taucht der Levit außerdem als Teilnehmer bei der Wallfahrt neben Knecht und Magd auf.[11] Die Querbeziehung von Zentralisationsgesetz (Dtn 12,18f.) und Zehntengesetz (Dtn 14,22–29), aber auch die Thematisierung des Leviten beim

---

9   *Samuel*, Von Priestern, 147, hat dies im Blick: „Solche späten, postpriesterschriftlichen Eintragungen wurden für den Deuteronomiumsrahmen schon längere Zeit beobachtet, sie spielen m.E. auch für das deuteronomische Corpus eine nicht zu unterschätzende Rolle. Dieser Punkt bedarf künftig weiterer Forschung. Aber bereits jetzt zeigt die Intensität, mit welcher die Leviten–Belege im Deuteronomium noch in spätester Zeit bearbeitet wurden, nicht nur die Wichtigkeit genau dieses Themas an, sondern auch die Vielfalt der Positionen im Deuteronomium."
10   Vgl. dazu oben, 22–47.
11   An dieser Stelle wird auf die Behandlung des Priestergesetzes Dtn 18 zunächst verzichtet. Sie wird unten, 215–230, nachgeholt.

Wochen- und Laubhüttenfest im Festkalender (Dtn 16,11.14) zeigt, dass ein und dieselbe Vorstellung zugrunde liegt: In Dtn 14,27 wird der Levit im Anschluss an die Thematisierung der Festgemeinde erwähnt, wenn Jahr für Jahr der Zehnt auf der Wallfahrt verzehrt wird. Mit gleicher Begründung wird er anschließend in Dtn 14,29 bei der Zuweisung des Zehnten im Zehntenjahr an erster Stelle der *personae miserae* genannt. Der Levit gehört also zu den Bedürftigen. Deswegen soll er auf der Wallfahrt mitversorgt werden, auch wenn er offenbar nicht zu den Angehörigen des Hauses, sondern nur zu den Bewohnern der Stadt der angesprochenen Israeliten gerechnet wird.[12]

Der Levit begegnet zunächst zwei Mal in der wahrscheinlich ältesten Fassung des Zentralisationsgesetzes in Dtn 12,18f., wo wie in Dtn 14,27 festgehalten wird, dass er im Anschluss an die Angehörigen des Hauses auf der Wallfahrt zu versorgen ist. Die Rede ist vom „Leviten in deinen Toren" (12,18aβ). Er gehört also explizit wie in Dtn 14,27 (MT) nicht zum Haus des angesprochenen Land besitzenden Israeliten, sondern ist nur am gleichen Ort ansässig. Die Bedürftigkeit des Leviten wird in Dtn 12,19 generalisiert, wobei der Neueinsatz mit השמר לך פן „hüte dich, dass du nicht ..." die Eigenständigkeit dieses Gebotes und seine Zugehörigkeit zu den dtn Innovationen aufzeigt.

H. Samuel meint, in Anschluss an C. Bultmann, dass die Einbeziehung des Leviten in die Versorgung beim Zentralheiligtum „die entsprechende Kompensation für das durch die Kultzentralisation ihrer Abgaben beraubte lokale Kultpersonal"[13] sei. Diese Schlussfolgerung beruht auf der Voraussetzung, dass es sich bei den Leviten ursprünglich um Priester gehandelt habe.[14] Ein abduktives Prüfen der Arbeitshypothese ist möglich, doch müssten Alternativen berücksichtigt werden. Die Arbeitshypothese ist für Samuel allerdings relevanter als die Implikationen des Kontextes, obwohl er selbst feststellt, dass „damit die Landbesitzlosigkeit gemeint sein muß, denn ansonsten wäre nicht einzusehen, warum der Levit nicht selbst Opfer und Abgaben darbringen

---

12   Die LXX hat allerdings לא תעזבנו in Dtn 14,27 unübersetzt gelassen. Dadurch steht der Levit als letztes Glied der Aufzählung und gehört zur Festgemeinschaft, was der Formulierung in Dtn 12,12 entspricht. Vgl. *Samuel*, Von Priestern, 83f.; *Otto*, Deuteronomium 12–34, 1284. Diese Veränderung dient in der LXX dazu, das Thema der Versorgung des Leviten im Rahmen der Bedürftigen vom Konzept der Wallfahrt abzuheben. Vgl. *Otto*, ebd.
13   *Samuel*, Von Priestern, 81.
14   Das ist bereits bei *Bultmann*, ger, 52, so: „In dem Gesetz Dtn 12,13ff., das den selbständigen Grund besitzenden Bauern über die Bedingungen der Erfüllung seiner agrarisch-kultischen Pflichten belehrt, wird der ‚Levit in deinen Toren' berücksichtigt, weil er traditionell bei den kultischen Abläufen eine Funktion hatte. Durch das Gebot, ihn weiterhin zu beteiligen, wird die bisherige Ordnung insgesamt auf die Ebene der neuen religiösen Verfassung unter der Bedingung der alleinigen Legitimität des hauptstädtischen Jahwealtars gehoben."

könnte".[15] Wenn man sich dem Abschnitt unvoreingenommen nähert, gibt er nur zu erkennen, dass es sich beim Leviten um eine zum Volk gehörende Person am Ort des angesprochenen Israeliten – also übergreifend in allen Stämmen – handelt, die nicht über landwirtschaftliche Einkünfte verfügt, wahrscheinlich weil kein Besitz an dem Land (אדמה) besteht. Der Kontext der Stammesgebiete (siehe Dtn 12,13f.), legt es nahe, dass es auch bei der Rede über den Leviten um eine Aussage in Bezug auf die Stämme geht. Die Fürsorge für den Leviten auf der Wallfahrt wird in dem abschließenden Vers 19 explizit in einem eigenständigen Gebot generalisiert. Das Verbot, den Levit zu vergessen, nimmt die vorangehende Thematisierung des Leviten auf. Die Partizipation an den Erträgen auf der Wallfahrt entspricht dem Verbot. Der Neueinsatz generalisiert die Fürsorge für den Leviten und begründet, warum er später als Angehöriger der *personae miserae* gilt. Der Bezug auf das Land unterstreicht in Dtn 12,19 noch einmal die Landgabe.[16] Demgegenüber zieht Samuels Annahme, dass es sich bei den Leviten um die durch die Kultzentralisation „ihrer Abgaben beraubte lokale Kultpersonal" handelt, vorschnell eine Interpretation der Intention der Levitenstellen zu ihrer Erklärung heran. Es handelt sich um einen Zirkelschluss und um eine Überinterpretation der Stelle. Es ist zu berücksichtigen, dass das Deuteronomium an der Stelle nicht regeln kann, was mit dem Personal von Kultstätten passieren soll, wenn man nur noch zu dem von Gott erwählten Ort zieht. Das Deuteronomium thematisiert diese Heiligtümer hier (anders als in den dtr. Versionen des Zentralisationsgesetzes) nicht als in Betrieb befindlich. Der Levit kann als das Personal von den Orten, gegen die sich Dtn 12,13 richtet, auch nicht gemeint sein, weil die angesprochenen Israeliten generalisierend als Opfernde im Blick sind. Geht man davon aus, dass das Zentralisationsgesetz aus der Perspektive Moses geäußert wird,[17] bedürfte die Thematisierung von „arbeitslosem" Kultpersonal vermittelnder Anstrengungen.

Wie bereits festgestellt besteht ein enger Zusammenhang zwischen dem Zehntengesetz und dem Zentralisationsgesetz. Im Zehntengesetz wird die Fürsorge für den Leviten sowohl während der Wallfahrt (14,27b) als auch bei der Zuweisung des sog. Armenzehnten in den Kreisen der *personae miserae*

---

15   Samuel, Von Priestern, 81.
16   Es gibt keinerlei Grund, warum man den Vers für sekundär halten sollte.
17   Zwar sieht u.a. Otto, Deuteronomium 1–11, 236, „das spätvorexilische Deuteronomium als Programm, das noch nicht mit der Mose-Fiktion verbunden JHWH als Rechtsquelle propagierte". Vgl. dazu ausführlich, *ders.*, Das Deuteronomium, 360–364; *ders.*, Mose und das Gesetz, 46. Doch auch wenn man im Deuteronomium wie im Bundesbuch *Jhwh* als Rechtsquelle ansieht, wird das Zentralisationsgesetz übergeschichtlich formuliert. Eine Pragmatik auf konkrete Ergebnisse der Josianischen Reform hin, müsste eigens vermittelt werden.

(14,29a) explizit begründet. Dass die Begründung erst an dieser Stelle und nicht schon beim Zentralisationsgesetz steht, wird damit zusammenhängen, dass es in 14,22 vorrangig um die Erträge und Abgaben geht, während diese bei der Zentralisation des Kultes und der Aufforderung zur Wallfahrt in Dtn 12 nur am Rande stehen. Die Begründung beider Aspekte (14,27.29) nimmt allerdings die Implikationen des Zentralisationsgesetzes in Bezug auf die Leviten nahtlos auf. Dabei wird der generalisierende Ausdruck in Bezug auf die Leviten nicht nur wiederholt, sondern auch begründet. In 14,29 gehört das Kommen des Leviten zur Übernahme des Zehnten zur Institution der Versorgung der Bedürftigen, wobei hier die Aufnahme des Leviten an erster Stelle der *personae miserae* noch einmal begründet wird. Es kommt also zu einer Verschränkung der Generalisierung mit dem Thema der Versorgung auf der Wallfahrt und der Versorgung mit den Bedürftigen. Das Einschärfen der Versorgung des Leviten einerseits und die explizite doppelte Begründung lässt das Levitenkonzept des Deuteronomiums als eine dtn Innovation erscheinen. Deutlich ist das auch daran, dass in Dtn 24,17 vom Recht von Fremdling, Witwe und Waise gesprochen wird, ohne dass an dieser Stelle der Levit erwähnt ist. Die Versorgung der drei sog. klassischen *personae miserae* gehört offenbar für das Dtn zu den traditionellen Grundlagen des Sozialrechts, was sich darin bestätigt, dass es im Bundesbuch bereits eine entsprechende Vorschrift gibt (Ex 22,20–23).

Die Phrase חלק ונחלה in den beiden Begründungen bezeichnet allgemein die Teilhabe bzw. Nichtteilhabe von Personen am Besitz und Einkommen im Sinne eines Rechtsanspruches,[18] was an dem Gebrauch der Phrase in Gen 31,14 und einer Paraphrase in 2Sam 20,1 gut erkennbar ist. Weil das Volk insgesamt angesprochen ist und das Stammeskonzept zugrunde liegt, kann es sich bei der Rede von Anteil und Erbe des Leviten daher nur um den fehlenden Landbesitz des Stammes Levi handeln. Die Leviten sind somit als eigenständige Gruppierung im Blick, die nicht über ein Territorium verfügt und daher in den Städten der Israeliten („in deinen Toren") d.h. überall ansässig ist. Ich halte es für unplausibel, eine andere Identität der Leviten als jene des Stammes Levi anzunehmen. Im Hintergrund dürfte eine Vermittlung der Überlieferung über die Jakobsfamilie und das System der Stämme, wie sie in Bezug auf Simeon und Levi in Gen 49 erfolgt, stehen. Dass das Dtn von dem Zusammenhang von Gen 34 und 49 beeinflusst ist, ist nicht ausgeschlossen.

Demgegenüber wird in H. Samuels Studie zwischen den Erwähnungen des Leviten als Teil der sog. erweiterten Festfamilie und als Angehöriger der *personae miserae* inhaltlich und redaktionsgeschichtlich getrennt. Die

---

18   Vgl. *Lipiński*, נחלה, 344.

Rolle der Leviten als Teil der Festfamilie sei „eine andere als die der *personae miserae*, bei deren Nennung es üblicherweise um ihre grundsätzliche Versorgung bzw. Rechtsstellung geht. Der Levit hingegen kommt in Hinsicht auf die Festfreude in den Blick, die Versorgung ist dabei allenfalls ein impliziter Nebenaspekt."[19] Hier ist zu beachten, dass es bei der Versorgung auf der Wallfahrt aufgrund des Kontextes nicht um eine „grundsätzliche Versorgung bzw. Rechtsstellung"[20] gehen kann. Man muss allerdings die Frage stellen, warum die Leviten, die anders als die Kinder, Knecht und Magd des angesprochenen Israeliten, explizit nicht zum Haus gerechnet werden, überhaupt zur Festfamilie hinzutreten. Der einzige Grund dafür ist die nur so gesicherte Versorgung mit den landwirtschaftlichen Erträgen auf der Wallfahrt, ohne die die kollektive Festfreude nicht möglich wäre. Dies ist auch der Grund, warum Kinder, Knechte und Mägde auf der Wallfahrt mitversorgt werden müssen. Weder diese noch der Levit verfügen über das für die Wallfahrt nötige Einkommen aus den landwirtschaftlichen Erträgen. Es handelt sich also keineswegs um einen Nebenaspekt, sondern um eine notwendige Voraussetzung zur Realisierung des Ideals der Wallfahrt des ganzen Volkes. Die Abtrennung der Stellen, an denen die Leviten zu den *personae miserae* gehören, ist also inhaltlich nicht gerechtfertigt. Zwar ist es richtig, dass die Begründung der Stellung mit dem fehlenden Erbteil in Dtn 10,6–9 und in Dtn 18,3 im Kontext später priesterlicher Bearbeitungen steht.[21] Von diesen Stellen aber auf 14,29 zu schließen und auch die generalisierende Formulierung in Dtn 12,19 abzuheben, ist unbegründet.[22] Ich sehe in der Analyse Samuels nicht den Versuch, die Intention des dtn Konzeptes zu bestimmen, sondern im Ergebnis nur eine Reihe von Beobachtungen, die redaktionsgeschichtlich voneinander getrennt sind. Doch selbst wenn die Redaktionskritik im Einzelfall richtig liegen würde, müsste eine übergreifende – dann redaktionelle – Absicht bestimmt werden. Der Grund, warum keine Antwort gegeben wird, ist die zugrundeliegende These, dass die Leviten im Dtn ursprünglich als Priester galten und davon entfernt wurden. Samuel hält künstlich die Vorstellung, dass es sich bei der Rede vom Leviten an den seiner Ansicht nach frühen Stellen um Angehörige des Stammes handeln kann, fern, weil er eine Existenz der Leviten als Priester losgelöst von der traditionellen Sicht Levis als Stamm ohne Land favorisiert. Auf dieser

---

19 *Samuel*, Von Priester, 141.
20 Ebd.
21 Vgl. dazu unten, 203–215. 215–230.
22 Das gilt auch für die Erwähnung des Leviten in Dtn 26. Der Zusammenhang ist von Dtn 26,12f. mit den sozialrechtlichen Regelungen insbes. in Dtn 14 ist offenkundig. Der gemeinsame Kontext mit der Überbringung der Erstlingsfrüchte (Dtn 26,1–11) lässt denselben Zusammenhang wie zwischen Dtn 12 und 14 erkennen.

Grundlage hatte die ältere Forschung noch kein Problem, die sich nicht widersprechenden Aussagen über die Bedürftigkeit zusammen zu sehen und sie gemeinsam zu erklären.

Dtn 12,19 formuliert somit das Programm in Bezug auf die Bedürftigkeit der Leviten aus. Der Vers steht an prominenter Stelle in der ältesten Fassung des Zentralisationsgesetzes und generalisiert, was vorab über die Teilnahme des Leviten an der Wallfahrt ausgesagt wird. Die Fürsorge für den Leviten wird in Dtn 12,19 mit dem השמר-Satz vehement eingeschärft, es wird in Dtn 14,22 sowohl die Versorgung während der Wallfahrt als auch die Übergabe des Armenzehnten ausdrücklich begründet, die dann mit der Übergabe des Zehnten an die Bedürftigen am Ende des Gesetzeskorpus in Dtn 26 den Zusammenhang von Handeln und Segen abschließt.

Auffällig und für die Interpretation der Situation im Deuteronomium entscheidend ist die explizite Begründung der Fürsorge für die Leviten, während die Fürsorge für die traditionellen *personae miserae* unbegründet bleibt. Dies weist die Konzeption der Versorgung der Leviten pragmatisch als dtn Innovation aus. Sie ist also vorher nicht geschehen bzw. nicht notwendig gewesen. Sie gehört nicht zu den sozialen Bedingungen, unter denen das Deuteronomium verfasst worden ist.[23] Die traditionelle Erklärung der Konzeption ist, dass die Leviten als Priester nach Schließung der lokalen Heiligtümer versorgt werden mussten.[24] Dem steht entgegen, dass die Regelung die Leviten über die ganze Geschichte Israels in seinem Lande hinweg in den Blick nimmt. Doch gibt es im dtn Gesetz abgesehen von dem priesterlich bearbeiteten Kapitel Dtn 18[25] keinerlei Hinweise darauf, dass die Priesterschaft von illegitimen Heiligtümern mit den Leviten zu verbinden sein sollte. Außerdem ist es ein Anachronismus, dass man nach der Aufhebung von lokalen Heiligtümern mit einer größeren Gruppe von „arbeitslosem" Kultpersonal zu rechnen hätte. Wir blicken auf das kleine Juda in der spätvorexilischen Zeit. Wenn es abseits von dem zentralen Heiligtum Kultstätten gab, waren diese sicherlich kaum mit einer festen Priesterschaft ausgestattet, und wenn es sich um Kultstätten von nicht mehr akzeptierten religiösen Kulten handelte, hätte das Deuteronomium kaum generell für diese Priesterschaft gesorgt. Dies gilt umso mehr, als in Dtn 12 vehement gegen solche Kultstätten polemisiert wird. In der Rezeption des Dtn finden wir zwar in 2Kön 23,9 die Feststellung, dass die ehemaligen Priester der Höhen unter ihren Brüdern ungesäuertes Brot gegessen hätten, doch

---

23 Dass man für die historische Rückfrage nur auf die Figuration der Leviten im Richterbuch rekurrieren kann, bestätigt das. Vgl. *Wellhausen*, Prolegomena, 122–124.
24 Vgl. u.a. *Wellhausen*, Prolegomena, 139; *Schaper*, Priester, 91; *Bultmann, ger*, 53f.
25 Siehe dazu unten, 221–223.

lässt sich das gerade nicht mit den Leviten, die wie die anderen Israeliten zur Wallfahrt gehen, verbinden. Auf der ältesten Stufe des Deuteronomiums wird im Zentralisationsgesetz lediglich eingeschärft, dass man solche Heiligtümer nicht besuchen soll. Ausgeschlossen ist dies auf der Grundlage der dtr Version des Zentralisationsgesetzes, wonach solche Heiligtümer als Orte der Verehrung anderer Götter kritisiert werden (Dtn 12,2f.). Das Deuteronomium setzt ja voraus, dass die Leviten faktisch mit der Landnahme versorgt werden müssen. Ebenfalls keinerlei Hinweise gibt es dafür, dass die Leviten tatsächlich als eine lange Zeit existierende Gruppe im Blick sind. Wie wir festgestellt haben, tauchen sie nirgendwo in Zeugnissen von der vorexilischen Zeit auf. Es ergibt sich, dass es sich bei der Versorgungsregel lediglich um ein Konstrukt handeln kann. Die Leviten sind in der Abfassungszeit des Deuteronomiums eine landbesitzlose Gruppe im Volk. Doch das heißt nicht, dass sie arm sind. Will man sie in der dtn Geschichtskonstruktion nach der Landnahme berücksichtigen, müssen sie vom Volk versorgt werden, weil sie dann ebenso wenig wie Witwe, Waise und Fremdling Landbesitz als Lebensgrundlage haben. Angesichts der Tatsache, dass die Leviten erst spät in den Konzepten auftauchen, dürfte die Versorgungsregel der Leviten also der Tatsache Rechnung tragen, dass es sich um eine Gruppe handelt, die erst im Kontext des Staates entstanden ist, wo sie auch entsprechend versorgt wird. So gesehen ist die Feststellung von Samuel richtig, dass man das Gesetz nicht umgesetzt hat.[26] Allerdings hängt die Nichtausübung nicht an der Ignoranz der Israeliten gegenüber der Tora oder an einer Geringschätzung der Leviten, sondern daran, dass das Gesetz aus einer Zeit stammt, die die Leviten in anderen Funktionen kennt, von denen der Priesterdienst nur eine ist.

Da man die Leviten programmatisch aus der Perspektive im Deuteronomium in den Blick genommen hat, musste man für die soziale Größe in der vorstaatlichen Zeit einen Platz in Aussicht stellen, wenn sie nicht – wie die anderen Israeliten – auf eigenem Grund und Boden für ihren Unterhalt sorgen können. Die Rede von der Fremdlingschaft der Leviten und von ihrer Grundbesitzlosigkeit sind von dem programmatischen Konzept des Deuteronomiums und von seiner Erzählstilisierung abhängig. Das gilt für die Leviten wie für alle übrigen Institutionen, die im Dtn thematisiert werden. Die Einordnung der Leviten unter die *personae miserae* ist unmittelbar der historischen Verortung des Deuteronomiums geschuldet. Die Rede von Leviten im Stammeskonzept und ihre Positionierung vor der Geschichte musste die Frage aufwerfen, was mit

---

26   Siehe *Samuel*, Von, Priestern, 81: „Die Warnung davor, den Leviten zu vergessen, deutet *de facto* auf die Nichteinhaltung des Gebotes von V. 18 in der Praxis. Die Wiederholung und Verschärfung eines Gebotes bezeugt jedoch v.a. eines: seine Wirkungslosigkeit."

ihnen eigentlich geschehen wäre, wenn sie entsprechend dem Deuteronomium erst zu einem späteren Zeitpunkt der Geschichte Aufgaben übernommen hätten. Daher werden sie dort programmatisch der Fürsorge des Volkes anheimgestellt.

Das Ergebnis der Analyse lässt sich mit den späteren Konzepten traditionsgeschichtlich verbinden: Da die Fremdlingschaft der Leviten im Numeribuch in das Konzept der Levitenstädte übertragen wird,[27] legt es sich nahe, dass auch das dtn Konzept ihrer Versorgung aufgenommen wurde. Die Zuweisung des Armenzehnten im Deuteronomium dürfte außerdem dem Konzept des Zehnten, der an die Leviten zu entrichten ist, Pate gestanden haben. Der Zusammenhang ist angesichts des Gebrauchs der Phrase vom Erbteil für Priester und Leviten in dem Kontext, in dem es um die Versorgung geht, evident (Num 18,20).

7.2 Die levitischen Priester im dtn Gesetzeskorpus

Von levitischen Priestern ist im Dtn mehrfach die Rede (Dtn 17,9.18; 24,8; 27,9).[28] Von den „Priestern aus den Söhnen Levis" (כהנים בני לוי) spricht Dtn 21,5. Eine in Anschluss an A. H. J. Gunneweg verbreitete Sicht ist es, dass mit der Formulierung הכהנים הלוים Priester und Leviten miteinander identifiziert werden.[29] U. Rüterswörden hat zu Recht darauf insistiert, dass aus dem „Ausdruck [...] aber keineswegs auf eine Identität von Priestern und Leviten zu schließen"[30] sei. Er schließt es nicht aus, „daß auch im Deuteronomium die Priester nur eine Gruppe der Levitenschaft darstellen".[31] Die attributive Fügung

---

27 Vgl. oben, 176–180.
28 Das Priestergesetz (Dtn 18) steht insbes. aufgrund der Thematisierung der Priesteranteile Num 18 nahe und muss aufgrund der vorliegenden literarischen Querbeziehung gesondert behandelt werden, u.a. weil dort wie im Numeribuch Priester und Leviten voneinander geschieden werden.
29 *Gunneweg*, Priester, 130, sieht die „Identitätsformel הכהנים הלוים" im Deuteronomium als Endstufe der Verhältnisbestimmung, die „die völlige Identität von Leviten und Priestern" postuliere. Dies wurde so von *Kellermann*, לוי, 513, als eine Gleichsetzung interpretiert, was damit zusammenhänge, dass „der ganze Stamm Levi (*kôl-šeḇæṭ lewî*) Deut 18,1, ähnlich *bᵉnê lewî* (21,2; 31,9), zum kultischen JHWH-Dienst berufen" sei. *Skweres*, Rückverweise, 195, spricht davon, dass der „dtn Autor [...] die vorpriesterschriftliche Auffassung der Identifikation von Priestern und Leviten" teile. Vgl. auch *Porzig*, Lade, 52.
30 *Rüterswörden*, Gemeinschaft, 69.
31 *Rüterswörden*, Gemeinschaft, 69. *Samuel*, Von Priestern, 366, hat in Anschluss an Rüterswörden festgehalten, dass „nach deuteronomischer Theorie keineswegs alle Leviten auch *de facto* als Priester gelten" (366). Er nimmt die These Gunnewegs insofern auf, als er im Deuteronomium von einer „potentiell alle Leviten umfassenden Priesterschaft" (ebd., 147) spricht. Zugespitzt: „Bereits urdeuteronomisch ist alles Priestertum – potentiell und faktisch – levitisches Priestertum" (ebd., 142).

spricht dafür, dass mit dem Verweis auf Levi bzw. die Leviten die Priesterschaft charakterisiert werden soll. Das ist (abgesehen von der Chronik und Esr/Neh) äquivalent auch an den Belegstellen außerhalb des Deuteronomiums der Fall (Jos 3,3; Jer 33,18; Ez 43,19; 44,15). Parallel dazu kommt die Formulierung כהנים בני לוי vor (Dtn 21,5;[32] Dtn 31,9; vgl. 1Kön 12,31; Jer 38,14 [LXX]). Hierbei wird das genealogische Konzept explizit verdeutlicht, da לוי Eigenname ist. Gegen eine historisierende Sicht der Rede von den levitischen Priestern im Deuteronomium, wonach die Leviten vorexilisch Priester waren, aber auch gegen die Sicht von H. Samuel „einer potentiell alle Leviten umfassenden Priesterschaft" im Deuteronomium ist festzuhalten, dass die Formulierung übergreifend präsupponiert, dass es andere, nämlich nichtlevitische Priester gibt, geben kann bzw. gegeben hat.[33] Jene spielen aber auf der Grundlage des dtn Gesetzes keine Rolle. Allerdings zeigt die Kritik der Religionspolitik Jerobeams, dem vorgeworfen wird, er habe auf den Höhen Leute von den Rändern des Volkes zu Priestern gemacht, die nicht zu den Angehörigen des Stammes Levi gehörten (1Kön 12,31), dass das Attribut auch im Deuteronomium ausschließend gedacht ist. Die korrekte Priesterschaft ist levitisch bzw. leitet sich vom Stamm Levi her (so klar in Dtn 21,5). Der Gebrauch des Attributs präsupponiert dabei zugleich, dass Leviten nicht grundsätzlich Priester sind, dass also die levitischen Priester eine Teilgröße einer größeren Gruppe von Leviten sind.

Da das Deuteronomium sich auf das Zentralheiligtum der späteren Geschichte bezieht und kultische Praktiken und Orte abseits des Zentralheiligtums verwirft, und weil sich bei Ezechiel und Jeremia und weiteren Texten[34] keine Hinweise auf eine Veränderung in der Priesterschaft am

---

32   Die LXX gibt die Formulierung in Dtn 21,5 so wieder, als stünde in der Vorlage הכהנים הלוים. Entweder sind die beiden Formulierungen für die Übersetzer synonym gewesen oder die zwei Lesarten existierten parallel.
33   Letztlich hat schon *Gunneweg*, Leviten, 77, die Pragmatik entsprechend im Blick, wenn er aufgrund eines in ferner Vergangenheit begründeten Anspruches erklärt: „So [mit diesem Anspruch, R. H.] erklärt sich auch, daß eben im Deuteronomium nunmehr Leviten und Priester, Priester und Leviten identifiziert werden. Die bekannte Formel הכהנים הלוים besagt nicht, *daß von Anfang an alle Leviten Priester und alle Priester Leviten waren* [...]. Vielmehr wird hier mit letzter, nunmehr auch theoretischer Grundsätzlichkeit der levitische Anspruch auf das Jahwepriestertum am einen Jahweheiligtum proklamiert: Priester sollen und können nur Leviten sein." Die Kritik an seiner Formulierung hat diesen Hintergrund ausgeblendet. Das Problem ist, dass die attributive Formulierung das dtn Konzept nicht in der Weise ausdrückt, wie Gunneweg meint. Es ist vielmehr die im Dtn fast durchgehende Rede von den *levitischen* Priestern, wodurch das Ideal ausgedrückt wird.
34   Siehe dazu oben, 25–47.

vorexilischen Tempel finden – die levitische Priesterschaft wird entweder als selbstverständlich vorausgesetzt wie im Deuteronomium oder gar nicht thematisiert –, dürfte es sich auch bei dem Gebrauch des Attributs um einen Aspekt der dtn Programmatik handeln. Da aber im Unterschied zu 1Kön 12,31 die (mögliche) Existenz anderer Priesterschaften nur präsupponiert ist, nicht aber angegriffen wird, ist die levitische Priesterschaft in der dtn Programmatik nichts, was für das Zentralheiligtum erst geschaffen werden soll. Da das Deuteronomium wahrscheinlich aus der spätvorexilischen Zeit stammt, kann mit den levitischen Priestern nur die Priesterschaft des Zentralheiligtums, d.h. Jerusalems, im Blick sein.[35] Das bestätigt sich damit, dass die levitischen Priester in sicher exilischen bzw. nachexilischen Abschnitten bei Jeremia und Ezechiel auch vorkommen und man bei Letzterem auf dieser Grundlage eine weitere Unterscheidung von zadokidischen und nichtzadokidischen Priestern macht. Die Rede von den levitischen Priestern mit den genannten Implikationen zeigt allerdings, dass dem Deuteronomium an der professionellen offiziellen Priesterschaft liegt. Denn in den Überlieferungen des Pentateuchs, aber auch in den dtr Geschichtsbüchern finden sich noch verschiedene Hinweise darauf, dass üblicherweise auch andere als Priester agierten.

Dass es nicht um eine Identifikation von Priestern mit Leviten geht, sondern im Deuteronomium mit den levitischen Priestern die übliche Bezeichnung der Priester im Blick ist, lässt sich an allen Belegstellen nachvollziehen: Offensichtlich sind es die Priester, die am Zentralheiligtum eine Rolle beim Zentralgericht spielen sollen (Dtn 17,9). Es sind die Priester, die die Tora aufbewahren (Dtn 17,19; 31,9), die Priester spielen eine Rolle beim Ritual wegen des Mordes (Dtn 21) und in dem klassischen priesterlichen Aufgabenbereich der Bestimmung von rein und unrein (Dtn 24,8). Zuletzt sind es offenbar auch die levitischen Priester, die zusammen mit Mose in Dtn 27,9f. die Bundesformel wiederholen. Über die Leviten lernen wir aus allen diesen Stellen nichts, wohl aber wird die Priesterschaft in den unterschiedlichen Aufgabenbereichen als levitisch charakterisiert. Es ist zu vermuten, dass hier eine ähnliche Intention wie bei der Charakterisierung von Mose und Aaron im Hintergrund steht, wonach dem existierenden offiziellen Priestertum am zentralen Heiligtum in

---

35   An dieser Stelle zeigt sich bei aller Nähe der Unterschied zu der Konzeption Gunnewegs. Auch er hält fest, dass sich bei der Rede von der levitischen Priesterschaft (ich verzichte auf den Gebrauch seiner Formel) „um eine theoretisch-programmatische Forderung handelt" (*Gunneweg*, Leviten, 77). Er meint aber, dass die „Empfehlungen des ‚Leviten in deinen Toren' […] die tatsächlichen Gegebenheiten berücksichtigen und widerspiegeln und als Empfehlungen gegenstandslos wären, wenn die Empfohlenen amtierende Priester wären" (ebd.). Diese Sicht ist direkt von einer Vorstellung abhängig, wonach die Leviten einen seit alters bekannter Stamm von landbesitzlosen Israeliten bildeten.

Jerusalem als Ideal die levitische Herkunft zugeschrieben wird. Wie die Figuren Mose und Aaron sind die Priester am zentralen Heiligtum für die verschiedenen Belange des Volkes im Kult und darüber hinaus zuständig. Das bestätigt sich im Mosesegen.[36]

7.3 Die Leviten in Dtn 27,14–26

Abgesehen von der programmatischen Behandlung des Stammes Levi in Dtn 10,8f.[37] kommt Levi als Stamm bei einer für die Zeit nach der Landnahme bestimmten Zeremonie der Verkündung von Segen und Fluch vor. Er soll als kollektive Größe zunächst zusammen mit Juda, Issaschar, Josef und Benjamin auf dem Garizim (MT und Sam) stehen, um zu segnen. Danach sind es nach Dtn 27,14 die Leviten (הלוים), die eine Fluchreihe von zwölf Flüchen in Dtn 27,15–26 rezitieren sollen. In der Forschung wird diese in der Regel als später Zusatz angesehen.[38] Soweit ich sehe, wird aber nicht darüber diskutiert, warum die Leviten den anderen Stämmen gegenüber so hervortreten. Ein Blick auf den Inhalt der Flüche gibt Aufschluss:

Die Leviten als Sprecher erscheinen als Lehrer der Tora. Dies ist nicht nur der Fall, weil sie mit V. 26 die Nichteinhaltung der Gebote des Deuteronomiums insgesamt sichern, sondern eher, weil sie eine Reihe von besonders verwerflichen, aber in der Regel verborgenen Vergehen herausgreifen und unter den Fluch stellen. Der Widerspruch zwischen V. 26 und der übrigen Reihe, aufgrund dessen man oft einen Zusatz vermutete, ist mit Händen zu greifen.[39] Doch auch wenn es sich um einen Zusatz handelt, so muss es als plausibel vorausgesetzt gewesen sein, dass die Leviten in besonderer Weise für die Vermittlung der Tora verantwortlich sind. Traditionsgeschichtlich verbunden ist der Text mit Neh 8, wo die Verbindung von Tora und Leviten ausformuliert wird.

Abgesehen von dem zusammenfassenden Fluch Dtn 27,26 geht es bei den übrigen Flüchen um die Aufrechterhaltung der Integrität des Gottesvolkes, die

---

36 Siehe dazu unten, 230–238.
37 Vgl. den nächsten Abschnitt unten, 203–215.
38 Zu den Diskussionen der Literargeschichte vgl. *Otto*, Deuteronomium 12–34, 1925–1930. Otto selbst ist der Ansicht, dass es sich um einen spätnachexilischen Einschub handelt. Als sehr später Zusatz wäre freilich nicht erklärlich, warum in V. 19 vom Recht des Fremdlings, der Waise und der Witwe, nicht aber von den Leviten die Rede ist.
39 Der mehrgliedrige erste Fluch könnte zusammengefasst worden sein, um Raum für einen neuen zusammenfassenden zwölften Fluch zu schaffen. *Nielsen*, Deuteronomium, 248, der in Anschluss an die ältere Forschung noch einmal eine alte Fluchreihe rekonstruierte, strich die V. 19 und V. 26 und kürzte insgesamt stark.

von den Leviten in Worte gefasst und vom Volk jeweils mit Amen beantwortet wird. Fluch für Fluch werden Übertreter von den Leviten unter den Fluch gestellt und diese durch das Amen aus dem Volk entfernt. Ein konzeptioneller Zusammenhang mit dem Massaker der Leviten im Lager am Gottesberg (Ex 32,25–29) legt sich daher nahe. Über diese (ebenfalls!) von Mose befohlene Aktion der Leviten ergibt sich auch ein inhaltlicher Bezug zu Moses eigenem Handeln in Ex 2,11–14,[40] aber auch zu dem Handeln von Levi und Simeon in Gen 34. Es ist das Eintreten für die Integrität des Volkes insgesamt, aufgrund dessen man die Leviten hier hervorhebt. Gleichgültig wie alt oder jung der Text ist, so zeigt er doch, dass die Leviten programmatisch im Deuteronomium nicht ausschließlich und nicht von vornherein als Priester im Blick sind. Vieles spricht dafür, dass der Textabschnitt die spätvorexilische Konzeption Levis als Eponym der Eliten ebenso voraussetzt, wie das auch bei der Rede von den levitischen Priestern der Fall ist. Der Textabschnitt steht quer zu den Thesen, wonach alle Leviten zumindest potentiell als Priester in den Blick kommen. Willkommen waren in der Geschichte der Forschung natürlich Thesen, wonach es sich um einen sehr späten Text handelt, der die „chronistische Trennung von Priestern und Leviten"[41] voraussetze. Wie das „Weglassen der Beschreibung als Priester [...] subtil – die Verhältnisse ‚zurechtgerückt'"[42] haben soll, ist unklar. Wenn die Leviten gleichgültig ob *de facto* oder programmatisch Priester wären, dann müsste man das Attribut ja eigentlich auch sonst im Deuteronomium nicht ständig verwenden. Das Gegenüber von Dtn 27,9 und 14 wäre so auch nicht verständlich. Das Problem löst sich aber damit, dass die Leviten mit dem auf dem Garizim anwesenden Stamm Levi identisch sind. Im Unterschied zu den Priestern, die nach Dtn 27,9 zusammen mit Mose auf der anderen Seite des Jordans die Bundesformel wiederholen und damit an ein Privileg der Priesterschaft am Tempel erinnern, ist es in Dtn 27,14 mit den Leviten insgesamt ein großer Teil des Volkes, der sich nach der Landnahme um bestimmte Gebote und um die Integrität des Volkes bemühen soll. Die Programmatik des sicher dtr. Abschnittes ist mit Händen zu greifen. Die jahwetreuen Eliten werden in der Exilszeit als Bewahrer der nationalen und religiösen Integrität des Volkes gesehen.

---

40   Vgl. dazu oben, 91–96.
41   So *Samuel*, Von Priestern, 44.
42   Ebd.

7.4 Dtn 10,6–9 als Leseanweisung für die Erwähnung der Leviten und Priester im Buch Deuteronomium

7.4.1 *Die* Funktion *des* Rückblicks auf die Beauftragung Levis

Der Rückblick auf die Beauftragung des Stammes Levi zum Tragen der Bundeslade, zum Stehen vor *Jhwh* und zum Segnen (Dtn 10,8) ist die erste Stelle, an der das Nomen לוי im Deuteronomium vorkommt. Die Formulierung שבט הלוי kann systembedingt Auslegungsunterschiede mit sich bringen. Während die Wörterbücher die determinierte Form unter die Belegstellen für die Rede vom Stamm Levi einordnen,[43] geht Samuel in seiner Untersuchung von der bei Gesenius gegebenen Spezialbedeutung für הלוי „Berufs- bzw. Amtsbez.: d. Levit"[44] aus. Seiner Ansicht nach spricht die Determination dafür, dass לוי darin nicht Eigenname, sondern die „Funktionsbezeichnung ‚Levit'"[45] ist. Entsprechend wäre an dieser Stelle die Rede von einem nicht zum Stammeskonzept gehörenden Stamm der Leviten. Dann läge aber ein Widerspruch zu Dtn 10,9 vor, wo die Rede vom „Erbteil Levis mit seinen Brüdern" unmöglich vom Stammeskonzept des Volkes Israel zu trennen ist. Wenn also in V. 8 tatsächlich die Rede von den Funktionsträgern und nicht von den Angehörigen des Stammes intendiert wäre, hätte man eher auf den Gebrauch von שבט verzichten sollen. Auch der Verweis auf den Wechsel von מטה und שבט stützt die These nicht.[46] Denn die beiden Nomina können austauschbar gebraucht werden.[47] Dass in priesterlichen Texten מטה dominiert, beweist nichts.[48] Im Vergleich der Rede von anderen Stämmen ergibt sich, dass bei den Stammesbezeichnungen der Name des Jakobsohnes bzw. Josefsohnes oder das Gentilizium verwendet werden kann. In Dtn 3,13 ist determiniert vom שבט המנשה die Rede. In Dtn 29,7 heißt es שבט המנשי. Die Formulierung שבט הדני (Ri 18,1 u.ö.) ist synonym zu מטה דן oder מטה בני דן. Weil danach in Dtn 10,9 vom Erbteil (חלק ונחלה) die Rede ist und mit Levis Brüdern nur auf die anderen

---

43 Siehe Ges[18] 601. HAL 498.
44 Ges[18] 601.
45 *Samuel*, Von Priestern, 19: „Aufschlußreich ist die Beobachtung, daß לוי in Verbindung mit שבט bis auf Dtn 18,1 jeweils durch den Artikel determiniert ist, nicht aber nach מטה. Wir haben es daher im letzteren Falle, d. h. v. a. in Numeri, mit dem Eigennamen ‚Levi', im ersteren Falle dagegen mit der Funktionsbezeichnung ‚Levit' zu tun, müßten daher ‚Stamm des Leviten' bzw. dem deutschen Sprachgebrauch entsprechend pluralisch ‚Stamm der Leviten' übersetzen."
46 Siehe das vollständige Zitat in Anm. 45.
47 *Simian-Yofre*; *Fabry*, מטה, 822: „Es scheint keinen Unterschied zu geben zwischen *maṭṭæh* und *šebæṭ* in der Bedeutung ‚Stamm', *maṭṭæh* kommt vorzugsweise mit den Namen der traditionellen Stämme vor."
48 So schon *Noth*, Überlieferungsgeschichtliche Studien, 184.

Stämme verwiesen sein kann, ist es in Dtn 10,8 nicht möglich, die Leviten nur als Funktionsträger und im „Stamm der Leviten" eine Gruppenbezeichnung unabhängig von der Stammeskonzeption Israels zu sehen. Anders als bei מנשה und מנשי wären Gentilizium und Eigenname bei Levi zudem gleichlautend, sodass es die Möglichkeit gibt, dass הלוי äquivalent zum Plural הלוים als Gentilizium auf die Angehörigen des Stammes verweist. Es geht also unzweifelhaft in Dtn 10,8 schon um den Stamm Levi im Gegenüber zu den anderen Stämme des Volkes.[49] Das ist bei den folgenden Überlegungen zu berücksichtigen.

Der Passus über den Stamm Levi folgt einem itinerarischen Rückblick auf die Wüstenwanderung (Dtn 10,6f.). Beides ist durch die Referenz בעת ההוא zeitlich eng verbunden. Die Beauftragung Levis ist nach dem Rückblick auf die Erneuerung der Tafeln, die Anfertigung der Lade und die Einlagerung der Tafeln (Dtn 10,1–5) eine zusätzliche Rekapitulation von Ereignissen der Wüstenwanderung. Das Tragen der Lade dürfte mit der vorangehenden Rekapitulation der Anfertigung der Lade (V. 5) zusammenhängen. Die Erwähnung von Aarons Tod und die Übernahme seines Platzes als Priester durch Eleasar (V. 6b) signalisieren, dass das Itinerar auf die Zeit nach dem Aufbruch vom Sinai zielt. Weil Mose sich aber nach Dtn 10,10 wieder am Gottesberg befindet, stellt sich die Frage, ob innerhalb der Verse 10,6–9 bereits die temporale Digression geschieht, aufgrund derer Mose in Dtn 10,10 wieder auf dem Berg ist. In jedem Fall wird der Zusammenhang aufgrund der Thematisierung der Bundeslade chronologisch durchbrochen.

Der chronologische Widerspruch ist Grundlage von literarkritischen Überlegungen,[50] die im Folgenden zunächst überprüft werden sollen. Zuletzt entfernte auf dieser Grundlage H. Samuel das Itinerar[51] und nahm einen direkten Zusammenhang zwischen Dtn 10,8f. und Ex 32,25–29 an.[52] Tatsächlich könnte sich Dtn 10,8f. ohne das Itinerar aufgrund des בעת ההוא auf Ereignisse am Sinai beziehen. Dies scheint Bestätigung darin zu finden, dass in Dtn 10,10f. ebenfalls Geschehnisse am Gottesberg verfolgt werden. Allerdings führen die Bezugnahmen des Kontextes in der Sinaiperikope nicht bis Ex 32 zurück. Von der Herstellung des goldenen Kalbs wird ja schon zuvor in Dtn 9,12–21

---

[49] Nach *Otto*, Deuteronomium 1–11, 993, setzten die Autoren des Passus voraus, „dass der Stamm Levi schon in der Genesis Teil des Stämmesystems ist".

[50] Vgl. z.B. *Smith*, Deuteronomy, 134; *Blum*, Studien, 181; *Dahmen*, Leviten, 105.

[51] *Samuel*, Von Priestern, 18: „Das Itinerar und die Notiz vom Tode Aarons nehmen Num 20 und 33 auf, verlassen damit sachlich das Geschehen am Gottesberg, liegen aber auch erzählpragmatisch auf einer anderen Ebene."

[52] *Samuel*, Von Priestern, 18, nimmt an, dass Dtn 10 mit Ex 32–34 „in einem komplexen Beziehungsgeflecht" stehe.

berichtet. Nach Dtn 10,4f. steigt Mose bereits mit den zweiten Tafeln vom Gottesberg. In Dtn 10,10 befindet er sich wieder auf dem Gottesberg vor der Herstellung der zweiten Tafeln. Dass man sich auch nach Entfernung des Itinerars „erzähllogisch nach Ex 34"[53] befindet, sieht freilich auch Samuel. Dennoch nimmt er einen Zusammenhang mit Ex 32,25–29 an:

> Hier [in Dtn 10,8] ist durch die Angabe בעת ההוא ein zeitlicher Kontext vorgegeben: die hintere Sinaiperikope Ex 32–34. Dort treten ‚die Söhne Levis' in Ex 32,25–29 prominent in Erscheinung. Sie erschlagen das sündigende Volk und sollen daraufhin ‚ihre Hände füllen', d.h. sie werden zum Priesterdienst bestellt. Nichts anderes besagt auch die Reihe der Dienste in Dtn 10,8, und insofern liegt der Gedanke einer vorliegenden Verbindung mit Ex 32 nahe.[54]

Eine literarkritische Operation aufgrund einer temporalen Digression, die diese aber nicht beseitigt, kann nicht überzeugen. Die Rede vom Tragen der Lade kommt ohne den Bezug auf die Anfertigung der zweiten Tafeln und der Lade in Dtn 10,1–5 nicht aus.[55] Dtn 10,1–5 selbst nimmt einerseits die Anfertigung der zweiten Tafeln und damit Ex 34,1–28 und andererseits ihre Einlagerung Ex 40,20 auf. Der zweite Bezug lässt wechselseitige Beeinflussungen zwischen Dtn 10 und der Sinaiperikope erkennen, weswegen kaum Raum übrig bleibt für die Annahme eines älteren (vorpriesterlichen) Kerns gerade in Dtn 10,8f.[56] Die Annahme einer nachträglichen Ergänzung nur von Dtn 10,6f. lässt den

---

53   *Samuel*, Von Priestern, 18.
54   *Samuel*, Von Priestern, 26f. *Weinfeld*, Deuteronomy, 426f., sieht einen Bezug auf Ex 32 vor allem in der Beauftragung mit dem Tragen der Lade. Er interpretiert Ex 32,29 ähnlich wie Samuel, stellt aber fest, dass in Dtn 10 insgesamt „the details about the punishment of the people are not given" (ebd., 420).
55   Das sieht das *Samuel*, Von Priestern, 18f. In Anschluss an P. Porzig hält er die späten Verse Dtn 10,1–5 als Ausgangspunkt für die Einfügung von Dtn 10,8f.: „Ein spätdeuteronomistischer Redaktor fügte die Vv. 8f. ein, ein noch späterer Schreiber ist für die Vv. 6f. verantwortlich." Allerdings sieht *Porzig*, Lade, 44, einen stringenten Ablauf zwischen Dtn 10,1–5 und 10,8f., der durch Dtn 10,6f. durchbrochen werde. Er nimmt also anders als Samuel an, dass die Indienstnahme der Leviten sich direkt an die Ablage der zweiten Tafeln in die Bundeslade anschließt: „Bei genauerem Hinsehen lassen sich diese Verse 8f., der Dienst der Leviten an der Lade, als Nachtrag zur ursprünglichen Erzählung erkennen, und auch die Notiz V. 6f. erweist sich nicht zuletzt dadurch, daß sie den dadurch neu gebildeten Zusammenhang unschön unterbricht (und durch ihr ganz anderes Thema – die Erwähnung des Todes Aarons und Itinerare), als jüngster Zusatz in diesem Zusammenhang."
56   *Achenbach*, Verheißung, 159–168, hat den Zusammenhang von Num 18 und Dtn 10,8f. einerseits und Dtn 18,1f. andererseits schlüssig aufgezeigt.

weiterhin unpassenden Ort von Dtn 10,8f. erklärungsbedürftig. Da Dtn 10,6f. und 10,8f. zusammen in einer Spannung zu Num 10,10 stehen, dürfte am ehesten insgesamt Dtn 10,6–9 eine literarische Ergänzung im Anschluss an die Rede von der Bundeslade in Dtn 10,5 sein, sodass die Beauftragung der Leviten zeitlich und geographisch fixiert wird.

Alle festgestellten Probleme der Hypothese einer Aufnahme von Ex 32 durch Dtn 10,8f. verfangen deswegen nicht, weil es in Dtn 10,8f. explizit um eine spezielle Beauftragung der Leviten geht. Dtn 10,8f. bezeugt nicht die vermeintliche Einsetzung der Leviten in den Priesterdienst, sodass die Verse Dtn 10,6f. nur als eine korrigierende Glosse die Leviten vom Horeb weg bewegt hätten.[57] Dies rezipiert ein verzerrtes Verständnis von Ex 32,[58] das sich darauf stützt, dass man die an die Leviten gerichtete Aufforderung מלאו ידכם היום ליהוה wörtlich: „Füllt eure Hände für *Jhwh*" parallel zu מלא יד in der Priesterweihe (vgl. z.B. Lev 16,32) interpretierte, obwohl man den Leviten in Ex 32 nicht „die Hand füllt", sondern sie dazu aufgefordert werden, „sich die Hände zu füllen". Die Berücksichtigung der Differenzen in der Verwendung der Phrase führte dazu, dass das metaphorische Füllen der Hand nicht auf die Übernahme einer kultischen Verpflichtung abzielt.[59] Im Hintergrund steht stattdessen die freiwillige Übernahme eines Dienstes. In Ex 32 geht es selbstverständlich nicht um einen priesterlichen, sondern um einen polizeilichen Dienst für *Jhwh*, durch den die Leviten einen Versorgungsanspruch erwirkt haben. Die in Dtn 10,8f. erwähnten Dienste des Stammes Levi lassen sich damit schon deswegen nicht verbinden, weil nach Ex 32,29 sich die Leviten selbst ihre Hände füllen sollen und von einer Aussonderung der Leviten durch *Jhwh* (הבדיל יהוה) in Ex 32 jegliche Spur fehlt.

Bis zur Studie von H. Samuel hin suchte man in Dtn 10,8f. eine mit Ex 32,25–29 verbundene vorpriesterliche Überlieferung ausfindig zu machen, die die Einsetzung der Leviten in die Priesterschaft bezeugt. Über die erwähnten Probleme hinaus, gibt es weitere Gründe, die gegen die These sprechen: So setzt zunächst der bereits thematisierte Einsatz mit שבט הלוי das abgeschlossene Stammessystem voraus, in dem die Leviten eine Sonderposition einnehmen. Das lässt bereits einen Zusammenhang mit den Zählungen im Numeribuch erkennen. Schon H.-J. Zobel hat darauf verwiesen, dass die nach Samuel vermeintlich das ältere Levitenkonzept stützende Phrase שבט הלוי abgesehen von

---

57 So z.B. *Smith*, Deuteronomy, 134; *Aurelius*, Fürbitter, 16; *Blum*, Studien, 181; *Dahmen*, Leviten, 105.
58 Vgl. dazu oben, 107f.
59 Vgl. oben, 115f.

Dtn 10,8 und 18,1 in späten Kontexten (Num 18,2; 1Chr 23,14) zu Hause ist.[60] Dies beweist für sich nicht viel, doch ist auffällig, dass in der Ausgangsformulierung von einer „Aussonderung" des Stammes die Rede ist. Der Gebrauch des Verbs בדל (Hif.) ist typisch für eine priesterliche „Theologie der Trennungen",[61] die programmatisch in Gen 1 mit den Unterscheidungen der Schöpfungserzählung einsetzt. Dabei werden in den priesterlichen Texten jeweils theologisch begründete Abgrenzungen einer Sache von einem bestimmten Kontext vollzogen. Im Zentrum steht dabei natürlich die Unterscheidung von rein und unrein (Lev 10f.). Die Formulierung in Dtn 10 zielt somit nicht auf die Einsetzung eines Stammes oder einer Gruppe in das Priestertum, sondern auf eine Veränderung der Stellung des Stammes Levi zu den anderen Stämmen ab. Im Zusammenhang mit den Leviten tut sich ohne Zweifel eine Querverbindung zu Num 8,13f. auf, wo Mose dazu aufgefordert wird, die Leviten vor Aaron zu stellen *und sie für Jhwh auszusondern aus den Israeliten* (את והבדלא הלוים מתוך בני ישראל – Num 8,14). Mir ist unklar, wieso eine so fundamentale Querbeziehung in der Auslegung bisher unberücksichtigt bleiben konnte.

Des Weiteren ist hier noch einmal auf die Dienste, zu denen die Leviten ausgewählt werden, zurückzukommen. Es handelt sich in der Aufzählung um a) das Tragen der Bundeslade, b) das Stehen vor *Jhwh*, um ihm zu dienen und c) das Segnen. Wie bereits festgestellt, lässt sich der Gewaltakt der Leviten mit diesen Diensten nicht verbinden.[62] Hinzu kommt aber, dass auch die genannten Dienste bei dem avisierten Bezug auf Ex 32 keinerlei Sinn ergeben. Denn das Heiligtum und somit auch die Bundeslade werden zwar bereits in den priesterlichen Stiftshüttengesetzen erwähnt, hergestellt werden sie aber erst in Ex 35. Der Dienst im Heiligtum, mit dem man die zweite Aufgabe verbinden kann, lässt sich ebenso wenig mit Ex 32 verbinden. Zu guter Letzt ist es im Ablauf des Pentateuchs zuerst Mose (Ex 39,43) und dann natürlich nach der Einsetzung Aarons in die Priesterschaft dieser der zusammen mit Mose segnet (Lev 9,22f.). Darüber hinaus sperrt sich auch Dtn 10,9 gegenüber eine frühe Ansetzung und gegen eine Verbindung mit Ex 32: Zunächst liegt die Feststellung, dass Levi keinen „Anteil und kein Erbe mit seinen Brüdern" hat, auf einer Linie mit den Begründungen der Fürsorge für die Leviten im dtn Gesetzeskorpus.[63] Anders als dort, ist die Aussonderung der Leviten aber der Grund dafür, dass sie kein Erbteil haben (על כן לא היה ללוי חלק ונחלה עם אחיו). Dieser Unterschied kann nur als weitergehende Interpretation verstanden

---

60   Vgl. *Zobel*, שבט, 971.
61   Der Begriff stammt von *Bark*, Heiligtum, 162, und bezieht sich dort auf das Buch Ezechiel.
62   Vgl. oben, 206.
63   Siehe dazu oben, 191–198.

werden, ist also kaum ursprünglicher Bestandteil der dtn oder dtr Konzeption. Anstelle des Erbteils, womit bei den Brüdern Levis natürlich deren Landbesitz gemeint ist, wird *Jhwh* das Erbteil Levis sein. Dtn 10,9 entspricht insbesondere Dtn 18,2. Beide Stellen verweisen auf eine Rede, in der *Jhwh* Levi dies zugesichert habe. Auch dies lässt sich – wie bereits festgestellt – nicht mit Ex 32 verbinden, wo Gott nicht redet, wohl aber mit dem Numeribuch, wo *Jhwh* in Num 18,20 genau dies Aaron zusichert.[64] Und auch die Aussonderung durch *Jhwh*, auf die Dtn 10,8 ja zurückverweist, führt über den bereits erwähnten Vers Num 8,14 einzig und allein auf die performative Rede (*Jhwh*s) in Num 3,12 zurück: „Siehe, hiermit nehme ich die Leviten aus der Mitte der Israeliten." (ואני הנה לקחתי את הלוים מתוך בני ישראל). Damit ist nicht von der Hand zu weisen, dass Dtn 10,8f. ebenso spät und priesterlich beeinflusst ist wie die auf Num 33 beruhende itinerarische Passage Dtn 10,6f.[65]

Dtn 10,6–9 sind somit insgesamt zu betrachten. Das Itinerar gehört untrennbar mit Dtn 10,8f. zusammen, womit sich die Analysen von E. Otto bestätigen.[66] Die Streichung von Dtn 10,6f. dagegen trägt den Charakter einer *ad-hoc*-Hypothese, was erkennbar daran ist, dass man Hinweise auf eine späte Abfassung und entsprechende Querbeziehungen der V. 8f. ignoriert. Zu Recht sieht Otto den Abschnitt 10,6–9 insgesamt als spätnachexilische Ergänzung an.[67] Die Streichung des Itinerars soll die These einer Einsetzung der Leviten in den Priesterdienst nach Ex 32 auf der Grundlage von Dtn 10,8f. sichern. Das hat natürlich Tradition in der Forschung, beruht aber auf der Grundthese, dass die Leviten ursprünglich Priester waren. Eine literarkritische Beseitigung des Itinerars verbietet sich auch schon deswegen, weil sich bei der Annahme einer sekundären Hinzufügung massive inhaltliche Veränderungen ergeben,

---

64   Siehe dazu ausführlich unten, 211f.
65   Diese Überlegungen fügen sich mit der Beurteilung der Unterschiede von Num 33 und Dtn 10,6f. in Bezug auf Aaron durch *Otto*, Deuteronomium 1–11, 991f: „Dtn 10,6–7 ist also nicht Zeugnis einer mit Num 20,22–29 konkurrierenden Tradition von Aarons Tod, sondern ihre theologische Interpretation im Dienste der Zadokidenätiologie [...]." Dies bestätigt sich zuletzt in einer Analyse von Num 33 bei *Ederer*, Itinerar, 147.
66   Vgl. *Otto*, Deuteronomium 1–11, 990.
67   Den Zusammenhang erklärt Otto in Anschluss an *Polzin*, Moses, 33, mit der Annahme, dass man damit den „Bucherzähler' erneut zu Wort kommen" (Otto, ebd.) lasse. Anders z.B. noch *v.Rad*, Deuteronomium, 56; *Nielsen*, Deuteronomium, 114. Nach R. Polzin gehören Dtn 10,6f. zu den unpersönlichen Erzähltexten, an denen der Mosaische Erzähler zurücktritt. Doch weist er in Bezug auf Dtn 10,8f. auf die Nähe von Moserede und unpersönlicher Erzählrede hin. Vgl. *Polzin*, Moses, 34. Die Differenzierung im Kontext erübrigt sich, wenn man berücksichtigt, dass bei einer Rezeption der Verse Dtn 10,6f. aus Num 33 diese ja nach Num 33,2 nicht unpersönlicher Erzähltext sind, sondern zuvor von Mose aufgrund eines göttlichen Befehls aufgezeichneter Text.

die aber nicht vermittelt werden. Die verbleibenden Verse Dtn 10,8f. blieben vom Kontext getrennt. Sie ließen sich „erzähllogisch" im verbleibenden Kontext ebenfalls nicht mit Ex 32 verbinden.[68] Was von Smith und anderen als Begründung für die sekundäre Einfügung des Itinerars angeführt wird, dürfte die primäre Intention des gesamten Abschnittes sein. Die im Itinerar erwähnten Ortsnamen entsprechen jenen in Num 33,31–37.[69] Dort ist wie in Dtn 10,6 auch die Notiz über den Tod Aarons enthalten. Die Referenz בעת ההוא kann sich also im jetzigen Kontext nur auf Geschehnisse zwischen dem Aufbruch vom Sinai und Aarons Ende in Num 20 beziehen. Ein literarischer Zusammenhang mit der Abfassung des Itinerars in Num 33 legt sich für Dtn 10,6–9 insgesamt nahe: Die Aussonderung der Leviten und ihre Einsetzung in ihr Amt soll zeitlich und lokal eingeordnet werden. Das Itinerar signalisiert, dass die Sonderrolle Levis erst mit der Errichtung des Heiligtums und beim und nach dem Aufbruch vom Sinai geschaffen worden ist. Die breite Entfaltung des Themas der Leviten im Numeribuch ist im Blick.

Wenn sich kein sinnvolles Szenario für die Streichung des Itinerars ergibt, muss der Zusammenhang genauer beachtet werden: E. Otto hat herausgearbeitet, dass die Thematisierung Aarons zentraler Inhalt von Dtn 10,6f. ist. Die Sukzession des Priestertums von Aaron auf Eleasar und damit die Hohepriesterschaft und mithin der Ursprung der Zadokiden ist mit Otto das Thema der Rekapitulation des Itinerars aus Num 33.[70] Damit wird die Indienstnahme der Leviten verbunden. Sie fußt offenbar auf der Einsetzung Aarons und auf der Sukzession im Amt des obersten Priesters. Otto hat dabei insbesondere aufgrund der Querbeziehung mit Num 18 den späten Charakter von 10,9 aufgezeigt,[71] was beweist, dass die Konzeption von Dtn 10,6–9 im Zusammenhang mit dem Numeribuch steht.

Wenn der Zusammenhang von Bau und Tragen der Lade an erster Stelle steht, dürfte dieser Aspekt und nicht etwa Ex 32,25–29 der Grund für die Einfügung des Levitenabschnittes sein. Da der Stamm Levi allgemein und nicht ausdrücklich die levitischen Priester die Lade tragen sollen, muss Num 3f. und die nachfolgende Klärung des Verhältnisses von Priestern und Leviten im Blick sein. In Num 4 wird das Tragen der Lade durch die Priester vorbereitet und den Leviten aufgetragen. Dass sie *Jhwh* dienen und segnen, wird dort nicht thematisiert. Damit können nur die den Priestern vorbehaltenen kultischen Aufgaben

---

68 Zu der Diskussion von Ex 32 siehe oben, 103f.
69 Vgl. *Otto*, Deuteronomium 1–11, 950f.
70 *Otto*, Deuteronomium 1–11, 950, spricht zu Recht von einer „Zadokiden-Ätiologie".
71 *Otto*, ebd., 995, weist die These von Skweres zurück, dass Dtn 10,9 sich auf einen nicht erhaltenen Abschnitt des vorpriesterlichen Pentateuchs beziehen könnte.

gemeint sein. Dies wird im selben Kontext in Num 4,15f. thematisiert. Der Segen kommt in Num 6 hinzu.

In Num 8 werden Priestern und Leviten ihre jeweiligen Rollen zugewiesen. Dies wird in Num 18 rekapituliert. Der Rückgriff mit dem Itinerar nimmt somit die verschiedenen Texte des Numeribuches als Prozess der Indienstnahme des Stammes Levi in den Blick. Der zeitliche Rückverweis בעת ההוא bezieht sich entsprechend zwar zuletzt auf Num 18,20, zugleich aber auf vorangehenden Texte zum Gegenüber von Priestern und Leviten im Numeribuch. Dtn 10,6–9 setzt die letzte Phase der Entstehung des Numeribuches voraus und nimmt mit den drei genannten Aufgaben der Angehörigen des Stammes Levi das Gegenüber von Priestern und Leviten im Deuteronomium insgesamt in den Blick. Es handelt sich um einen hermeneutischen Schlüssel für das ältere Deuteronomium aus der Perspektive des priesterlich abgeschlossenen Pentateuchs.

Die Existenz eines solchen hermeneutischen Schlüssels im Deuteronomium bei der Levitenproblematik wird durch zwei Rückverweise auf vorangehende Inhalte des Pentateuchs unterstrichen. Dabei handelt es sich zunächst um die Aussage, *Jhwh* habe den Stamm Levi ausgesondert (הבדיל יהוה את שבט לוי). Die zuletzt von Samuel vorgeschlagene Verbindung mit Ex 32,25–29 kommt als Bezug für diese Aussonderung schon deswegen nicht in Frage, weil die Leviten an dieser Stelle von Mose beauftragt werden. Die Leviten begeben sich dort zwar in den Dienst für *Jhwh*, aber sie werden zu diesem Zeitpunkt noch nicht von *Jhwh* ausgesondert. Die Aussonderung erfolgt formal in Num 8,14. Dort wird Mose von *Jhwh* dazu aufgefordert, die Leviten aus den Israeliten auszusondern, sodass sie Gott gehören.[72] Das fußt – wie bereits festgestellt – auf der Aussonderung der Leviten durch Gott selbst in der performativen Rede in Num 3,12. In Num 8,21f. werden sie in einem kultischen Akt gereinigt und in den Dienst gestellt. Ausdrücklich und ganz parallel zu dem Rückverweis in Dtn 10,8a wird das in Num 8,22b festgehalten. An dieser Stelle wird die Auswahl *Jhwh*s endgültig vollzogen.

Der zweite Rückverweis findet sich in der Aussage, dass *Jhwh* das Erbteil Levis sei und dieser daher kein Anteil und Erbe mit seinen Brüdern erhalte. Ausdrücklich hält der Halbvers fest, *dass dies von Jhwh so zugesagt worden sei.*

---

72   Diesen Zusammenhang sieht auch *Samuel*, Von Priestern, 28. Doch ohne auf die theologischen Implikationen der Aussonderung einzugehen, stellt er eine weitere *ad-hoc*-Hypothese auf, wonach Num 8 den Aspekt der Aussonderung aus Dtn 10 übernommen habe. Abhängig ist diese von der Voraussetzung der Untersuchung, dass die Leviten Priester sind. Unabhängig von den vielen Hinweisen auf eine späte Abfassung von Dtn 10,8f. bleibt so unerklärlich, wieso ein offenkundiger Rückverweis auf eine Handlung *Jhwh*s erst dazu geführt haben soll, dass man die Handlung erzählt.

Es gibt für diesen Verweis nur die eine bereits erwähnte Bezugsstelle,[73] und diese liegt in Num 18,20.[74] Hier spricht *Jhwh* direkt ohne Vermittlung, wie es in dem Verweis auch ausgedrückt wird. Zwar wird man einwenden, dass dort nicht „Levi', sondern Aaron angeredet"[75] wird, doch wird dieser zuletzt durch die Aufzeichnung seines Namens auf den Stab Levis zum Haupt des Stammes Levi.[76] Die Gottesrede in Num 18,20 richtet sich also nicht nur an ihn und an seine Kinder, sondern an den Stamm Levi insgesamt. Dementsprechend wird die Versorgung der Leviten in Num 18,21 durch die Abgabe der Zehnten durch die Israeliten sichergestellt. Die kurze Notiz in Dtn 10,9 entspricht also dem priesterlichen Kontext im Numeribuch und ruft das dort entwickelte Konzept auf.

Warum wird der Abschnitt Dtn 10,6–9 als erzählerischer Rückblick dem dtn Gesetz vorangestellt? Für die priesterlichen Konzepte der Stellung der Leviten am nachexilischen Tempel wird im Numeribuch eine breit ausformulierte Ätiologie geschaffen. Diese steht nun dem Deuteronomium im abgeschlossenen Pentateuch voran, weswegen sich die Einfügung der Passage erübrigt hätte, wenn das Deuteronomium selbst nicht abweichende Konzeptionen enthalten hätte. Der Abschnitt ist also ein harmonisierendes Element, das vor den Zeugnissen einer eigenständigen, älteren Levitenthematik im Deuteronomium platziert worden ist.[77] In diesem Sinne dienten die Rückverweise als hermeneutischer Schlüssel für das nachfolgende Deuteronomium, und das ist ohne Zweifel der Grund, warum hier das erste Mal von Levi die Rede ist.

---

73   Als theoretisch möglichen Bezug sah dies bereits *Skweres*, Rückverweise, 188. Aufgrund seiner Prämisse, dass das Deuteronomium weitgehend unabhängig vom priesterlichen Pentateuch ist, stellt er allerdings die (literarkritische) ad-hoc-Hypothese auf, dass der Rückverweis sich auf eine in unserem priesterlich abgeschlossenen Pentateuch nicht mehr existierende Stelle beziehen müsse, die der priesterliche Autor von Num 18,20 ebenfalls benutzt habe. Vgl. ebd., 191.

74   Vgl. *McConville*, Law, 70; *Dahmen*, Leviten, 59. Anders *Milgrom*, Leviticus III, 2432, der den Zusammenhang sieht, aber Num 18,24 für primär hält. Seiner Ansicht nach bezieht sich Dtn 10,9 auf diesen Vers, weil es nur dort um die Leviten gehe. Er ignoriert allerdings, dass Num 18,24 direkt mit Num 18,20 verbunden ist. Siehe dazu oben, 171.

75   *Samuel*, Von Priestern, 25. Vgl. die Diskussion des Problems bei *Dahmen*, Leviten, 59–66; *Achenbach*, Verheißung, 166, lässt das Problem offen, hält aber fest, dass nach dem „Nachtrag in Dtn 10,6f [...] eine solchartige Erwählung des ‚Stammes' Levi erst nach dem Tode Aarons stattgefunden haben kann, wohl einfach deshalb, weil er [der Verfasser des Nachtrages, R. H.] sie jedenfalls weder in der Sinaiperikope einschließlich Ex 32 noch im Numeribuch irgendwo ‚finden‘ konnte."

76   So schon *Noth*, Numeri, 121; vgl. zu Num 18,20–24 oben, 169–176.

77   In Anschluss an *Achenbach*, Levitische Priester, 293: „Dtn 10,8f. ist also auf eine synchrone Lesung aller Levi und Priestertum betreffenden Texte im Dtn. hin konzipiert und will im Horizont von Dtn 17,18f. und 31,9ff. verstanden werden."

Der Abschnitt ist nicht unabhängig von den Kontexten des Numeribuches, auf die er sich bezieht, und er muss entsprechend interpretiert werden. Seine Funktion ist es u.a., das Segnen der Priester nach Dtn 21,5 von der expliziten Beauftragung der Priester zum Spenden des Segens (Num 6) her zu lesen, sowie die Rede von den levitischen Priestern, aber auch die Notizen über die Versorgung der Leviten im Dtn im Lichte des Numeribuches zu verstehen.

7.4.2 Das Tragen der Bundeslade

Ein Zusammenhang zwischen Dtn 10,8f. und 1Chr 15,2 konnte bei der Bearbeitung der Chronikabschnitte bereits aufgezeigt werden: Das Thema des Tragens der Bundeslade in Dtn 10,8f. durch die Leviten scheint Dtn 31,9 und einer Reihe Belegen in den dtr Geschichtsbüchern (Jos 3f.; 6 [passim]; 8,33; 1Kön 2,26; 8,3) zu widersprechen, wo dies von den levitischen Priestern ausgesagt wird. Die Chronik greift bei ihrer Thematisierung der Leviten aber auf die betreffenden Numeriabschnitte und auf die Levitenpassage in Dtn 10,8f. zurück.[78] Die Unterschiede treten innerhalb des Deuteronomiums in Dtn 31 zu Tage, wo in Dtn 31,9 von den Priestern der Leviten הכהנים בני לוי, aber in Dtn 31,25 von den Leviten die Rede ist.[79] Dtn 10,8f. als Teil eines nachdtr harmonisierenden Zusatzes der letzten Autoren des Pentateuchs dürfte auch in Hinblick auf diesen Unterschied verfasst worden sein.

Das Tragen der Lade, die Mose auf Befehl *Jhwh*s nach Dtn 10,1–5 hergestellt hat, ist die erste in Dtn 10,8 genannte Funktion der Angehörigen des Stammes Levi. Wesentlich für das Verständnis dieser Aufgabe ist, dass in Dtn 10,8 nicht zwischen priesterlichen und levitischen Aufgaben unterschieden wird, sondern drei Aufgaben des Stammes aufgezählt werden. Doch während das Stehen vor *Jhwh* im Dienst und das Segnen als priesterliche Aufgaben bekannt sind, handelt es sich beim Tragen der Lade um die Aufgabe, die im Numeribuch und später in der Chronik explizit den Leviten aufgegeben wird. Das gegenüber dem Deuteronomium und dtr Texten veränderte Konzept im priesterlich abgeschlossenen Pentateuch sieht nach Num 1,50 vor, dass den Leviten die Wohnung anvertraut ist und sie deswegen auch von ihnen getragen wird.[80] Nach dem dort entwickelten Konzept sind die Leviten für die verschiedenen Transportarbeiten zuständig (siehe Num 4).

---

78 Siehe dazu oben, 70.
79 Allerdings sind beide Stellen mit dem Thema der Abfassung der Tora durch Mose verbunden, wobei es sich um ein ausgehend von Ex 17 spätes Konstrukt handelt. Vgl. dazu *Heckl*, Mose als Schreiber. Vgl. dazu auch die redaktionsgeschichtlichen Überlegungen von *Porzig*, Lade, 53, nach dem das Thema der Lade in Dtn 31 (Dtn 31,9.24–26) bereits Dtn 10,8f. voraussetzt.
80 Vgl. dazu oben, 69f.

Zur Übertragung von Aufgaben an die Leviten im Numeribuch gehört die Klärung ihres Verhältnisses zur Priesterschaft. Wie festgestellt hängt das damit zusammen, dass die Leviten verschiedene nichtkultische Funktionen am nachexilischen Tempel übernehmen sollen. Entsprechend ist im Programm dafür in der Sinaiperikope vorausgesetzt, dass von der levitischen Gruppe der Kehatiter das Gerät, welches zum Allerheiligsten gehört, auf den Schultern getragen wird. Bevor dies aber geschieht, müssen die Geräte von den Priestern verpackt werden. Die Thematisierung der Kehatiter in Num 4 insgesamt ist der Schlüssel für das Verständnis von Dtn 10. Denn die Angehörigen der Priesterschaft – im Numeribuch natürlich nur Aaron und seine Söhne – gehören auch zu den Kehatitern. Nur deswegen kann es in Num 4,4 heißen, dass die Sippe der Kehatiter für das Hochheilige verantwortlich ist. Das läuft auf eine Aufgabentrennung hinaus, wonach die Untersippe der Aaroniden für Kult und seine Geräte zuständig sind, die anderen Kehatiter aber ausschließlich für den Transport der von den Priestern zuvor verhüllten Geräte.[81]

In Dtn 31,9f. ist nun zunächst davon die Rede, dass Mose den Priestern aus den Söhnen Levi, die die Bundeslade tragen, und den Ältesten die von ihm geschriebene Tora aushändigt und dass er sie damit beauftragt, sie jeweils am Ende von sieben Jahren beim Laubhüttenfest zu verlesen. Demgegenüber werden die Leviten, die die Lade tragen, in Dtn 31,25f. beauftragt, die Tora bei der Bundeslade abzulegen. Hier geht es synchron betrachtet um zwei unterschiedliche Aufgaben und von daher wahrscheinlich um zwei unterschiedliche Personengruppen.[82] Während für das liturgische Verlesen der Tora die Priester als zuständig gedacht sind, sind für die Aufbewahrung jene Leviten verantwortlich, die die Bundeslade tragen. Letzteres Konzept kann nur im Zusammenhang mit dem Konzept des Numeribuches stehen, wonach die Leviten für den Transport zuständig sind.[83] Der Widerspruch löst sich auf, wenn man die Aufgabenteilung von Priestern und kehatitischen Leviten in Num 4 beachtet. Verantwortlich für und beteiligt am Transport sind die Priester, die in Anlehnung an die dtn/dtr Sprachregelung als Priester aus den Söhnen Levi bezeichnet werden. Diese besondere Gruppe kommt bei der Verlesung der Tora zum Einsatz, während die Leviten für die Transportaufgaben des Heiligtums

---

81 Siehe dazu oben, 153f.
82 *Samuel*, Von Priestern, 58, beschreibt das so: „Die Zuständigkeit für den Tragedienst, v.a. aber für die Auslegung und Verkündigung kommt jetzt in Verbindung mit dem Pilgerwesen den Priestern als einem besonderen Teil der Söhne Levis (und Ältesten) zu. Angesichts des zweiten Punktes tritt der Aspekt des Tragens in den Hintergrund bzw. wird er auf den Status einer untergeordneten Tätigkeit reduziert."
83 Vgl. *Samuel*, Von Priestern, 59.

und aufgrund dessen für die Aufbewahrung der Tora zuständig sind.[84] Man greift hier somit in Dtn 31 insgesamt das dtr Konzept auf und stellt es in den Kontext des im abgeschlossenen Pentateuchs weiterentwickelten Konzeptes. Die Priester, die im Heiligtum bzw. im Kult mit der unverhüllten Lade umgehen (und nur diese Priester!), werden in Dtn 31,10–13 dazu aufgefordert, mit den Ältesten in jedem siebten Jahr die Tora zu verlesen. In Dtn 31,25f. wird das fertig geschriebene Buch dagegen durch die Leviten bei der Bundeslade verwahrt. Es wird zusammen mit dem Artefakt von ihnen lediglich transportiert. Auch in Dtn 31 liegt also eine Differenzierung der Aufgaben vor, wobei Dtn 31,25f. eine dem Numeribuch und der Notiz in Dtn 10,8f. entsprechende Korrektur sein dürfte, bei deren Formulierung man suchte, Widersprüche zu vermeiden. Das Gegenüber des Tragens der levitischen Priester und der Leviten in den dtr Geschichtsbüchern enthaltene ältere Konzept des Tragens durch die (levitischen) Priester wird von Dtn 10,6–9 her unproblematisch, da das Tragen die erste Aufgabe des Stammes Levi ist.[85]

7.4.3 Kein Erbteil für Levi (Dtn 10,9)

Dtn 10,9 begründet mit der vorangehend erwähnten Beauftragung des Stammes Levi die Tatsache, dass dieser keinen Erbteil mit seinen Brüdern hat. Damit müssen die anderen Stämme gemeint sein. Im Kontext des Rückverweises auf das Numeribuch, wo die Landverteilung in Num 32 beginnt und angesichts ihrer Rekapitulation in Dtn 3 kann sich das zunächst nur auf die Zuteilung des Landes beziehen. Entsprechend kommt die Formulierung im dtn Gesetz vor, wo von der Landbesitzlosigkeit der Leviten gesprochen wird (Dtn 12,12; 14,27.29).[86] Im Unterschied zu diesen Stellen wird die Landbesitzlosigkeit aber mit der Funktion der Leviten begründet. Der Gebrauch der Phrase חלק ונחלה in Dtn 10,9 hat daher offenbar eine Signalfunktion mit Bezug auf die Stellen, die den fehlenden Landbesitz des Stammes Levi im Deuteronomium thematisieren. Die älteren Stellen im Deuteronomium nahmen für sich noch die Sonderstellung Levis wie in Gen 49 in den Blick; nun soll man die Stellen im Blick auf die Begründung in Dtn 10,9 lesen. Damit wird inhaltlich das Konzept an jenes im Numeribuch herangeführt, was aufgrund der festgestellten

---

84 Wenn man die Disposition von Num 4 beachtet, besteht kein Widerspruch in Bezug auf das Tragen der Lade, wie ihn *Samuel*, Von Priestern, 58, sieht. Siehe Zitat Anm. 82.
85 Zu vermuten ist, dass die Disposition des Themas in Dtn 31 auf einer literarischen Ebene mit der Einfügung des hermeneutischen Signals in Dtn 10,8f. liegt und wohl zum priesterlichen Abschluss des Pentateuchs bzw. zur Integration des Deuteronomiums in den Pentateuchzusammenhang gehört.
86 Vgl. dazu oben, 191f.

Querbeziehung mit Num 18 explizit gemacht wird.[87] Wie es Aaron als Repräsentanten des Stammes Levi in Num 18,20 zugesagt wird, soll *Jhwh* selbst das Erbteil Levis sein. Die Feststellung der Landbesitzlosigkeit wird durch die Zusage Gottes zu einer theologisch begründeten Versorgungszusage. Das ältere Konzept des Deuteronomiums wird also mit dem weiterentwickelten Stammeskonzept des Numeribuches mit der dort geschehenen Zuordnung von Priestern und Leviten eingeleitet.

7.5 Dtn 18,1–8

Bisher wurden im Deuteronomium die sich wiederholende Rede von levitischen Priestern und die von den Leviten als Fremdlingen untersucht. Dies ließ erkennen, dass ein entsprechendes Vorwissen von Leviten und Priestern bei den intendierten Adressaten vorausgesetzt ist. Der Text, in dem die Konzeption explizit entfaltet wird, das Priestergesetz, wurde bisher ausgeklammert. Er spielt in den verschiedenen Studien zu den Leviten die entscheidende Rolle, weil man darin frühe Aspekte des Konzeptes ausmacht,[88] da allein in Dtn 18,1 aufgrund einer Apposition die Angehörigen des Stammes Levi mit den levitischen Priestern identifiziert scheinen. U. Rüterswörden hat darauf hingewiesen, dass dies die einzige Stelle ist, die man für eine Gleichsetzung der Leviten mit den Priestern heranziehen könne.[89] Das Priestergesetz enthält eine Reihe von literarischen Problemen und wird literargeschichtlich sehr unterschiedlich beurteilt.[90] Als Alternative wird im Folgenden nicht bei den literarischen Problemen eingesetzt. Es werden stattdessen zunächst synchron die Konzeption des vorliegenden Priestergesetzes und die enthaltenen Implikationen erfasst.

7.5.1 *Kontext und Argumentationsstruktur des Priestergesetzes*
Das Priestergesetz ist fester Bestandteil der sog. Ämtergesetze (Dtn 16,18–18,22). Sein Platz liegt zwischen dem Königsgesetz und dem Prophetengesetz. Das Priestertum unterscheidet sich allerdings von den anderen Ämtern darin, dass es nicht erst im Lande als Institution geschaffen werden soll, sondern seine

---

[87] Vgl. oben, 211f.
[88] Vgl. nur *Wellhausen*, Prolegomena, 139f.; *Baudissin*, Geschichte, 79; *Dahmen*, Leviten, 393; *Schaper*, Priester, 27.87–90; *Samuel*, Von Priestern, 123f. Kritisch: *Gunneweg*, Leviten, 119–122.
[89] *Rüterswörden*, Gemeinschaft, 70, verweist auf die Apposition שבט לוי und die Syntax. So übrigens schon *Baudissin*, Geschichte, 80.
[90] Zur Forschungsgeschichte siehe *Otto*, Deuteronomium 12–34, 1439–1446.

Existenz bereits vorausgesetzt wird. Demgegenüber wird die Gerichtsordnung von Mose als eine neue Institution geschaffen, in die geeignete Personen eingeführt werden. Das Königtum wird äquivalent zu jenem bei den Nachbarvölkern geschaffen, aber ein von Gott erwählter König erst später in der Geschichte in dieses Amt eingesetzt. Dasselbe gilt für die Prophetie. Der Verkündigung des von Gott künftig erweckten Propheten, der Mose entsprechen wird, soll das Volk im Unterschied zu den Praktiken der anderen Völker folgen. Dtn 18,1–8 aber setzt sowohl die Existenz der Institution als auch der dafür verantwortlichen Personen voraus. Es werden nur Einzelheiten der Versorgung geklärt. Grammatisch ist das daran erkennbar, dass sowohl die Rede von den levitischen Priestern (הכהנים הלוים) in Dtn 18,1 als auch jene von den Leviten in Dtn 18,6f. (הלוי, הלוים) determiniert erfolgt. Außerdem werden im Deuteronomium die levitischen Priester bereits zuvor in der Gerichtsordnung und im Königsgesetz erwähnt.[91] Und auch die Leviten sind wiederholt als soziale Gruppe im Blick (Dtn 12,12.18f.; 14,27.29 u.ö).

Das Priestergesetz lässt sich in drei Abschnitte gliedern: 1. Die Thematik wird in den V. 1–2 vorangestellt. 2. Die V. 3–5 behandeln die Versorgung der Priesterschaft. 3. Die V. 6–8 behandeln die Versorgung der zum Zentralheiligtum kommenden Leviten.

In der Einleitung des Abschnittes stehen nicht die levitischen Priester neben den Leviten, sondern die levitischen Priester werden mit dem ganzen Stamm Levi zusammengestellt und eine Aussage über das fehlende Erbteil gemacht und über die Opfer,[92] die sie essen sollen. Aus diesem Grunde scheint hier die Gleichsetzung der levitischen Priester mit dem Stamm Levi sicher zu sein.[93] Daran ist die These geheftet worden, dass der Stamm Levi insgesamt „zum kultischen Dienst berufen"[94] sei. Wenn man allerdings nicht von vornherein von der Gleichsetzung von Priestern und dem Stamm Levi ausgeht und das Problem auch nicht literarkritisch beseitigt,[95] muss man das

---

91 Ähnliches gilt allerdings auch für die Propheten, die in Dtn 13 bereits vorkommen. In dem Kapitel ist allerdings an der Erwähnung der Städte erkennbar, dass es sich um die Situation einer späteren Zeit der Staatlichkeit handelt.

92 אשי יהוה „Opfer/Opferanteile *Jhwhs*". Zur Forschung zu dem in der älteren Forschung und in den Übersetzungen oft mit „Feueropfer" wiedergegebenen Terminus siehe *Otto*, Deuteronomium 12–34, 1490.

93 Vgl. *Rüterswörden*, Gemeinschaft, 70.

94 *Gunneweg*, Leviten, 127.

95 *Samuel*, Von Priestern, 109 (alle folgenden Zitate dort), moniert zunächst, dass der sing. Ausdruck כל שבט לוי mit dem Plural יאכלון konkurriert und der Sing. im nachfolgenden Vers fortgeführt wird. Die Identifikationsthese übergeht er und nimmt (zu Recht) einen „konzeptionelle[n] Unterschied" „zwischen ‚levitischen Priestern' und ‚dem ganzen Stamm Levis'" an, „wobei die Apposition durch Identifikation diesen

eigentümliche Nebeneinander erklären. Dies ist auch deswegen unerlässlich, weil ja danach weiter vom Stamm Levi auf der einen und von den Priestern auf der anderen Seite die Rede ist. Angesichts dessen könnte man vermuten, dass das Gegenüber zweier Größen a) Stamm Levi und b) levitischen Priestern entsprechend der Gliederung in der Eröffnung genannt wird. V. 1 würde dann auf die Priester (V. 3–5) und danach auf die Leviten (V. 6–8) vorausblicken. Freilich muss man auch noch V. 2 beachten, wo es noch einmal ausschließlich um den Stamm Levi geht.

Zunächst ist es wesentlich, die Funktion der Apposition in V. 1 zu verstehen.[96] Es ist eine Einengung der grammatischen Funktion dieser Konstruktion, wenn

---

Unterschied aufheben will". כל שבט לוי ist seiner Ansicht nach also eine Hinzufügung, weil man mit der Apposition den Stamm mit den levitischen Priestern identifizieren will. Es gäbe hier bei dieser Argumentation aber keinen Grund für die Annahme einer Hinzufügung, wenn der Verfasser die Identifikation ausdrücken wollte. Davon abgesehen wird in dieser Argumentation die Apposition fälschlich als Gleichsetzung angesehen. Da sie andere Funktionen hat (siehe das Zitat in Anm. 98), ist die Argumentation hinfällig. Problematisch erscheint Samuel außerdem ונחלתו, welches er auf ein redaktionelles כל שבט לוי bezieht und aussondert (so auch *Rüterswörden*, Gemeinschaft, 70). Doch das ist weder redaktionell noch synchron möglich. Denn zuvor ist ja davon die Rede, dass levitischen Priester und Levi keine נחלה haben. Der Stamm Levi kann kaum eine נחלה ‚essen', von der der Kontext sagt, dass es sie nicht gibt. Demzufolge bleibt auf der Ebene von V. 1 – unabhängig, ob redaktionell entstanden oder nicht – ein Bezug des Suffixes auf *Jhwh*. Dies schließt Samuel, ebd., mit folgendem Gedankengang aus: „JHWHs נחלה müßte man dann in Parallele zu den אשי יהוה sehen, d.h. JHWHs Erbteil in Entsprechung zu den Opfergaben an ihn. Das wäre eine alttestamentlich merkwürdige Vorstellung, da sonst ‚Volk' und ‚Land' JHWHs נחלה sind." Ausgeschlossen ist an dieser Stelle, dass die נחלה *Jhwh*s sich auf das Land bezieht, da die Leviten ja kein Erbteil bekommen und *Jhwh* nicht ein zusätzliches Land für die Leviten bereithält. Somit kann es sich nur auf die Aussagen wie in Dtn 18,2 (!); Num 18,20; Jos 13,33 u.ö. auf das Volk beziehen. Levi bzw. die levitischen Priester werden sich vom Volk als *Jhwh*s Erbteil ernähren. Das kann sich logisch nur speziell auf Opfergaben bzw. allgemein auf Abgaben beziehen. Grammatisch lässt sich das so erklären, wie *Stackert*, Rewriting Torah, 189, aufgezeigt hat, dass אשי יהוה und נחלתו das Hendiadyoin חלק ונחלה aufnehmen.

96 Einen Versuch in diese Richtung hat G. E. Wright unternommen und vorgeschlagen, die levitischen Priester als Teilgröße des Stammes zu verstehen (vgl. *Wright*, Levites, 326). Er verweist weiter auf die verschiedenen anderen Funktionen der Leviten (vgl. *Wright*, Levites, 329) und sieht offensichtlich solche Leviten in der Phrase כל שבט לוי im Blick. Wright, der vor allem Übersetzungsmöglichkeiten der verschiedenen Englischen Bibelausgaben vergleicht, argumentierte nicht mit der Grammatik. Aus diesem Grund hat *Emerton*, Priests, 133, darauf insistiert, dass es sich um eine Apposition handelt: „Wright recognizes that the translation ‚the Levitical priests, that is, all the tribe of Levi' is possible. If this translation were accepted, it would mean that ‚all the tribe of Levi' is in apposition to ‚the priests the Levites', and that no distinction is made between them. This translation is irreconcilable with Wright's interpretation of the Deuteronomic evidence as a whole, and so he has to understand these words in a different way. He therefore favours the translation ‚the priests

Gunneweg oder Rütersworden von einer Identifikation ausgehen.[97] Brockelmann betont hier aufgrund des Ursprungs der Apposition aus dem Prädikat, dass die beiden Nomen keineswegs für synonym zu betrachten sind.[98] Im vorliegenden Fall liegt nichts anderes als das Verhältnis einer Teilmenge zu einer Gesamtmenge vor,[99] die sich beide entsprechend dem zugehörigen Satz verhalten. Die levitischen Priester, die ja schon aufgrund der Konstruktion als Teilgröße erkennbar sind,[100] sind nicht als synonym mit dem dem „ganzen Stamm Levi" zu verstehen, und die beiden Größen sollten auch nicht miteinander identifiziert werden. Vielmehr wird nur eine gemeinsame Aussage über die Teilgröße der levitischen Priester und über die Gesamtgröße des Stammes gemacht: *Beide haben keinen Anteil und kein Erbe mit Israel.* Dass man den Stamm hier mit aufführt, obwohl die Opfer und Abgaben ja den Priestern zustehen, ist aber nicht allein mit dem Einleitungscharakter von V. 1 zu erklären, da der Stamm ja in V. 2 exklusiv zur Sprache kommt.[101]

Die allgemeine Zuweisung der Opfer an die Priester in V. 1 erfolgt im Deuteronomium nur hier,[102] während die Aussage, dass die Priester wie der ganze Stamm Levi keinen Anteil und kein Erbteil mit Israel haben, auf einer Linie mit den Aussagen über die Leviten im dtn Gesetz (Dtn 12,12; 14,27.29) und

---

the Levites and all the tribe of Levi'. Wright thinks that ‚the phrase „all the tribe of Levi" is a larger designation which expands the group mentioned in the first phrase, „the priests the Levites", but he does not discuss the syntax'" (ebd.) Die Wiedergabe der Phrase mit Kopula ist allerdings nur eine der Übersetzungsvarianten, die Wright präsentiert. Wrights Interpretation geht in – wie oben aufgezeigt – eine andere Richtung, was Emerton vernachlässigt. Den von Wright präsentierten Übersetzungsvorschlag der English Authorized Version (vgl. *Wright,* Levites, 326) aber gebe die Apposition nicht her. Nach Emerton hätte der Verfasser ein *waw* eingefügt, wenn er das im Sinne gehabt hätte. Emerton schlussfolgert: „It is therefore more probable that the two phrases refer to the same people. The writer adds *kol-šebeṭ lewi* because he wants to emphasize the fact that the whole tribe has the right to act as Levitical priests." (ebd., 134). Emerton wie andere Ausleger auch hat allerdings die Funktion der Apposition im Hebräischen missverstanden, die nicht auf die Platzierung oder Postulation von synonymen Ausdrücken beschränkt ist. Dies merkt bereits kritisch *Abba,* Levites, 262 an.

97 Vgl. *Gunneweg,* Leviten, 127; *Rütersworden,* Gemeinschaft, 70.
98 Vgl. *Brockelmann,* Syntax, 60. So auch schon *Gesenius/Kautzsch/Bergsträsser,* 443, §131: „Die Apposition ist im Hebr. (wie in anderen semitischen Sprachen) keineswegs auf die Fälle beschränkt, in denen sich auch das Deutsche sowie die klassischen Sprachen ihrer bedienen. Vielmehr tritt sie nicht selten auch da ein, wo man entweder Unterordnung des einen Substantivs unter das andere oder irgend eine umständlichere Art der Beifügung der Epexegese erwarten sollte."
99 Vgl. *Brockelmann,* Syntax, 61.
100 Siehe dazu oben, 198–201.
101 Siehe dazu unten, 221–223.
102 Vgl. *Otto,* Deuteronomium 12–34, 1490.

in Dtn 10,9 liegt. Dtn 18,2 dagegen entspricht allein dem Begründungssatz in Dtn 10,9. Zudem haben wir wie dort einen Rückverweis auf eine *Jhwh*-Rede.[103] Lediglich der Terminus חלק wird nicht noch einmal aufgegriffen, doch ist der ja in Dtn 18,1 von חלק und נחלה erwähnt. Der Zusammenhang mit Dtn 10,9 betrifft also nicht nur V. 2, sondern auch schon zuvor V. 1.

In den V. 3–5 folgt eine Regelung der Versorgung der Priester. Sie setzt ein mit dem invertierten Verbalsatz „und dies wird sein das Gesetz der Priester", was eine Zwischenüberschrift ist. Entfaltet wird, was die Priesterschaft vom Volk erhalten soll. Es handelt sich zunächst um drei Opferbestandteile. Die Zuweisung ist insofern außergewöhnlich, als sie gegenüber anderen Bestimmungen über die Versorgung der Priesterschaft in priesterlichen Texten des Pentateuch (vgl. Lev 7,33–36; Num 18,9–19) als sehr begrenzt erscheint. Die Einschränkung überrascht auch aufgrund des vorangehenden אשי יהוה in Dtn 18,1b. Nicht im Blick sind die umfangreicheren Abgaben wie in priesterlichen Texten. Dtn 18,3–5 dürfte daher traditionsgeschichtlich priesterlichen Texten wie Num 18 vorausgehen. Ein entsprechender Zusammenhang besteht sicherlich auch mit dem Anfang des ersten Samuelbuches, wo der willkürliche Zugriff der Söhne Elis auf Opferteile kritisiert und das Gesetz der Priester beim Volk erwähnt wird (1Sam 2,12–16).[104] Als weitere Abgabe zugunsten der Priesterschaft kommt im Deuteronomium die Übergabe der Erstlingsfrüchte und die ersten Schur des Kleinviehs hinzu. Der Übergabe der Erstlingsfrüchte ist in Dtn 26,2.10 eine eigenständige Liturgie gewidmet. Sie ist entsprechend fest im dtn Gesetz verankert. Die Versorgungsvorschrift für die Priesterschaft in Dtn 18,3–5 wird abschließend mit der Erwählung des Priesters aus allen den Stämmen zum Dienst für Jahwe begründet, die für ihn und seine Nachkommenschaft für alle Zeit gelte. Die Erwählungsformel folgt dabei der Formulierung der Erwählung des Ortes in den Zentralisationsgesetzen und der Erwählung des Königs, wobei allerdings anders als bei diesen Erwählungen aus der Perspektive des Mose durch Gebrauch des Perfekts klargemacht wird, dass die Priesterschaft bereits erwählt ist. Vorausgesetzt ist eine Art Dynastie der Priesterschaft, die von dem einen erwählten Priester ausgeht. Diese dem Erwählungskonzept des Deuteronomiums folgende Aussage widerspricht der Annahme, dass jemals alle Leviten im Deuteronomium (potentiell oder real) als Priester gedacht gewesen sind. Denn es handelt sich um einen Priester aus den Stämmen, auf den die Priesterschaft zurückgehen soll und nicht um einen etwa erwählten Stamm.

103 Siehe dazu oben, 203f.
104 Da 1Sam 2 von Dtn 18 abhängig sein dürfte, handelt es sich um einen wichtigen externen Zeugen für den ursprünglichen Wortlaut des Gesetzes. Siehe dazu unten, 228.

Der dritte Abschnitt (Dtn 18,6–8) wird mit einem mit וכי eröffneten Konditionalsatz eingeleitet. Es geht um die Leviten, doch behandelt wird der Fall, dass ein Levit von außerhalb zum Heiligtum kommt. Das determinierte הלוי „der Levit" signalisiert wie das determinierte הכהנים הלוים Bekanntheit. Es wiederholt die in den sozialrechtlichen Regelungen immer wieder gebrauchte Formulierung. Wenn in V. 1a mit der Apposition כל שבט לוי und mit V. 2 auf den dritten Abschnitt des Gesetzes vorausverwiesen ist, wird von den Lesern erwartet, dass sie „den Leviten" als Angehörigen des Stammes im Unterschied zu den levitischen Priestern am Heiligtum verstehen. Auf den Ort von dessen Fremdlingschaft wird mit der Formulierung „in deinen Toren" verwiesen. Dies entspricht somit den Passagen in den vorangehenden Gesetzen, wo ebenfalls mit der Formulierung „in deinen Toren" die vom Ort des Zentralheiligtums unterschiedenen Orte in Israel bzw. „in deinen Stämmen" in den Blick genommen werden. Jedem einzelnen Levit steht offenbar das Kommen auf eigenen Wunsch frei. In der Apodosis wird entsprechend klargestellt, dass er in diesem Falle wie alle seine Brüder vor dem Herrn stehen und ihm dienen soll.[105] Ausdrücklich wird hier noch einmal auf alle seine Brüder die Leviten verwiesen. Auf diese bezieht sich die Schlussaussage: Sie sollen alle denselben Anteil essen. Ausgenommen bleiben Einkünfte, die unabhängig von jenen Anteilen sind.[106]

Dtn 18,1–8 verwendet eine Fülle typischer Formulierungen. Es ergeben sich mehrere Querbeziehungen mit anderen Abschnitten des dtn Gesetzeskorpus. Aufgrund der Thematisierung der Leviten als Angehörige des Stammes Levi ohne eigenen Grundbesitz (Dtn 18,1f.6–8) liegt ein Zusammenhang mit Dtn 10,9 vor. Aufgrund des Gebrauchs der Formulierung „Levit in den Toren" ist der Abschnitt aber auch mit den Erwähnungen der Leviten als soziale Gruppe wie u.a. in Dtn 12 verbunden.

An dieser Stelle wird deutlich, dass Dtn 18,1 die These einer ursprünglichen Identifikation von Priestern und Leviten nicht stützen kann, da wir es insgesamt mit einem späten Abschnitt zu tun haben, der im Fortgang Leviten und Priester klar unterscheidet. So willkommen eine literarkritische Rekonstruktion wäre, die zur dtn Levitenkonzeption zurückführt, muss man doch akzeptieren, dass jeder Redaktor die Diskrepanz zwischen Dtn 18,1 und dem nachfolgenden Gesamttext erkannt und ausgeräumt hätte, wenn V. 1 im Sinne einer Gleichsetzung zu verstehen gewesen wäre. Doch handelt es sich bei der Gleichsetzung um ein Missverständnis bei der Auflösung der Apposition. Daher ist es die einfachste Annahme, dass Dtn 18,1 auf den Autor zurückgeht,

---

105 Eine andere aber unwahrscheinliche Möglichkeit ist es, dass die Apodosis erst mit V. 8 folgt. Vgl. dazu *Dahmen*, Leviten, 305; und *Samuel*, Von Priestern, 113.
106 Siehe dazu unten, 223 und Anm. 111.

der die Gegenüberstellung von Priestern und Leviten im nachfolgenden Abschnitt präsentiert hat. Grammatisch und logisch gibt es keine Probleme. Inhaltlich spricht die Erwählungsaussage in Dtn 18,5 gegen die Existenz eines Priesterstammes.

7.5.2 Die Intention von Dtn 18,1–8

Für das Verständnis des Abschnittes spielt die Apposition eine entscheidende Rolle, da die Struktur des Gesetzes insgesamt der appositiven Phrase הכהנים הלוים כל שבט לוי folgt. Dtn 18,1a ist nach Gunneweg die Stelle, an der eine Identifikation der Priester explizit verdeutlicht wird. Von hier hatte Gunneweg auch die Konstruktion הכהנים הלוים als Identifikationsformel interpretiert. In Dtn 18 hätte das seiner Ansicht nach zur Folge, dass ursprünglich auf die Priesterschaft bezogene Aussagen zur Versorgung nun für die Leviten gelten, wodurch umgekehrt die Leviten als Priester gelten:

> Werden in dieser Weise einerseits Bestimmungen, welche ursprünglich den Priestern galten, auf Leviten angewandt, so wird andererseits das spezifisch levitische Merkmal der Landbesitzlosigkeit nunmehr den Priester-Leviten, also den Priestern zugeschrieben (V. 1a) und aus eben dieser Besitzlosigkeit das Recht auf priesterliche Opferanteile abgeleitet. Es werden dadurch nicht nur die Leviten zu Priestern, sondern auch die Priester zu Leviten.[107]

Doch war schon deutlich geworden, dass eine Apposition nicht notwendig eine Synonymität der verbundenen Nomina voraussetzt. Die Apposition sagt über das Verhältnis von Priestern und Leviten nichts, da über den ganze Stamm Levi als Gesamtgröße und über die Teilgröße der levitischen Priester eine gemeinsame Aussage gemacht wird.[108] Offen war in V. 1 allerdings noch geblieben, *warum man eine Teilgröße und die Gesamtgröße des Stammes nebeneinanderstellt*, obwohl es in V. 1 ausschließlich um die Versorgung der Priester geht. Eine Lösung und Erklärung ergibt sich, wenn man die Aussagen beachtet, die für die Gruppen in Dtn 18,1f. gemacht werden: V. 2 ist eine Aussage über die Landbesitzlosigkeit des Stammes Levi insgesamt, wie sie im Deuteronomium immer wieder begegnet. In V. 1b dagegen geht es um die Versorgung der levitischen Priester. Da es sich bei ihnen um eine Teilgröße des Stammes Levi handelt, fehlt ihnen ebenfalls das Einkommen, das die anderen Stämme haben. Doch für die levitischen Priester an sich ist die Aussage, dass sie keinen Anteil und kein Erbe mit Israel haben, nicht sinnvoll, da es sich um eine dem Volk

---

107 Gunneweg, Leviten, 131f.
108 Siehe oben, 218.

gegenüber nur kleine Gruppe handelt und die Landgabe/Landnahme traditionsgeschichtlich mit den Stämmen verbunden ist. Offensichtlich ermöglicht die Apposition כל שבט לוי überhaupt erst im Kontext des Deuteronomiums die Erbteilaussage für die Priester. Sie muss daher als Verdeutlichung angesehen werden, und man kann von einem Permutativ sprechen.[109] So wird ausgedrückt, dass die Landbesitzlosigkeit der levitischen Priester der Landbesitzlosigkeit der Leviten entspricht. Nur in Bezug auf die Landbesitzlosigkeit gilt für die levitischen Priester dasselbe wie für den ganzen Stamm Levi. Eine Identifikation ist nicht intendiert.

In V. 1b wird daher nur die Versorgung der Priester behandelt, V. 2 aber behandelt die Leviten. Ob man in V. 1f. eine Überarbeitung sieht oder nicht, ist zunächst irrelevant. Für die Suche nach der Stelle, an der eine Identifikation von Priestern und Leviten vollzogen wird, fallen V. 1f. aus. Doch auch im Folgenden (V. 3–5) kann eine solche nicht im Blick sein, was sich aus der speziell für die Priester bestimmten Versorgungsregelung ergibt. Mit der Erwählungsaussage, die dann über die Generationen genealogisch gilt, wird die Versorgungsregelung begründet. Damit steht sie unabhängig von den Aussagen, die in V. 2 Levi insgesamt betreffen. Für den Charakter der V. 3–5 ist relevant, dass die Opferteile (V. 3) und Erstlinge wie eine gegenüber V. 1 mit אשי יהוה als eine begrenzte Abgabe erscheinen.

Der dritte Abschnitt ist von der Regelung der Priester unabhängig. Wie festgestellt nimmt „der Levit aus den Toren" das Thema des Leviten als einer sozialen Gruppe auf. Daher kann es sich bei seinem Dienst nicht um den Dienst der Priester handeln, weswegen auch die Brüder dieses Leviten aus den Orten nicht als levitische Priester bezeichnet werden, sondern eben als Leviten.[110] Die Gleichsetzung der Priester und Leviten mit der Konsequenz, dass die am Ende erwähnten Leviten als Priester fungieren, kann nicht Intention des Textes sein, weil es zu einem direkten Widerspruch mit dem vorangehenden Priestergesetz führen würde. Auf der Endtextebene wäre die Vorstellung, dass die erwählten Priester eine genealogisch aus den Leviten herausgehobene Gruppe sind, nicht damit vereinbar, dass nun jeder andere Levit aus den Orten aufgrund seiner eigenen Entscheidung Teil der erwählten Priesterschaft werden könnte.

---

109 Am besten ist die Kategorie fassbar bei *Meyer*, Hebräische Grammatik, §98, 377f.: „Synt. und stilistisch bedeutsam ist der Gebrauch der Apposition zwecks Verdeutlichung, Einschränkung und Berichtigung; vgl. deutsches ‚nämlich', ‚das heißt', ‚vielmehr'." Da die Aussage, dass die levitischen Priester kein Erbteil haben, inkorrekt wäre, wird die Apposition zur grammatischen und inhaltlichen Klarstellung gebraucht: „Den levitischen Priestern, vielmehr (dem) ganzen Stamm Levi, wird weder Anteil noch Erbe sein mit Israel." Vgl. auch *Gesenius/Kautzsch/Bergsträsser*, 445, §131k.

110 So auch *Rüterswörden*, Gemeinschaft, 73.

Mithin geht es im sog. Priestergesetz tatsächlich um zwei Gruppen die levitische Priesterschaft und die Leviten allgemein, die am Tempel in einem anderen Dienst stehen und entsprechende Anteile für ihren Dienst erhalten, zu denen sich die Leviten in den Orten nach eigener Entscheidung hinzugesellen können. Das Deuteronomium teilt dabei allerdings nichts über den Dienst der Leviten am Heiligtum mit, von dem das dtn Gesetzeskorpus auch sonst nichts sagt. Der Abschnitt dürfte entsprechend in einem größeren Kontext zu lesen sein. Es legt sich nahe, dass der Endtext von Dtn 18,1–8 sich kaum von dem Konzept, das im Numeribuch entwickelt wird, unterscheidet.

7.5.3 Widersprüche zwischen Dtn 18,6–8 und den übrigen Levitentexten im Deuteronomium

Während die levitischen Priester auch an anderen Stellen des Gesetzeskorpus erwähnt werden, kommen die Leviten als eine am Tempel beschäftigte Gruppe im dtn Gesetz ausschließlich in Dtn 18,6–8 vor. Allerdings besteht ein Zusammenhang mit den Stellen, an denen die Leviten auf der Wallfahrt der Fürsorge der Israeliten anheimgestellt werden. Dtn 18,6 setzt mit dem Kommen des Leviten zum Zentralheiligtum ein. Um das Kommen des Leviten zum Zentralheiligtum geht es auch in Dtn 12,12.18f.; 14,27; 16,11.14. Den Leviten scheint bei der Wallfahrt über die Teilnahme hinaus ein besonderer Dienst am Heiligtum offenzustehen. Eine Lesung von Dtn 18,6–8 im Kontext der genannten Zentralisationsgesetze enthüllt mehrere Probleme. Diese lassen erkennen, dass die Thematisierung der Leviten in Dtn 18 nicht auf eine Ebene mit den genannten Stellen aus Dtn 12; 14 und 16 liegen kann und in der Konsequenz, dass Dtn 18 in der vorliegenden Gestalt nicht zum ursprünglichen Bestand des Deuteronomiums gehört haben kann:

1. Die Leviten sollen, wenn sie zum Zentralheiligtum kommen, dieselben Anteile wie die Leviten erhalten, die sich schon dort befinden. Es werden außerdem die Verkaufserlöse eines von ihnen ererbten Besitzes erwähnt,[111] die der Levit, der hinzukommt, behalten kann. Innerhalb

---

111 So schon *Steuernagel*, Deuteronomium, 120; *Nielsen*, Deuteronomium, 176. *Rütersworden*, Gemeinschaft, 74f., hält die Formulierung für unverständlich und schlägt aufgrund von LXX und Tempelrolle eine Konjektur vor. Ähnlich auch Ges[18], 690. Was man aus der wörtlichen Wiedergabe von לבד ממכריו על האבות „ausgenommen seine Verkaufsobjekte wegen der Vorfahren" erkennen kann, ist die Existenz eines Vermögens *unabhängig* von den Anteilen am Heiligtum. Die Gleichbehandlung der Leviten steht also nicht in Frage und muss daher nicht zu Konjekturen veranlassen. So *Otto*, Deuteronomium 12–34, 1434, gegen die andere Einschätzung von Rütersworden. Die Frage ist natürlich, auf was sich האבות על bezieht. *Driver*, Problems, 77f., hat auf der Grundlage akkadischer Phraseologie ממכריו על האבות von מכר על האבות‚ ,property based on fathers'" hergeleitet und angenommen, dass es sich um Einkünfte aus einer Erbschaft handelt. *Otto*,

des Dtn ist nicht erklärlich, worum es sich handeln könnte, wenn doch für den Stamm Levi zunächst mehrfach die Nichtexistenz eigener Einkünfte betont worden ist. Hinzu kommt, dass die Existenz eines möglichen ererbten Einkommens der Leviten deren genereller Zurechnung unter die Bedürftigen, das mit ihrer Erbbesitzlosigkeit begründet wird, widerspricht. Sollte man nicht erwarten, dass bei der immer wieder thematisierten Fürsorge für den Leviten unter Waise, Witwe und Fremdling die mögliche Existenz von Eigentum des Leviten erwähnt wird? Würde diese nicht eine Fürsorge unnötig und die Zugehörigkeit zu den *personae miserae* unmöglich machen?

2. Wenn die Leviten der Fürsorge anheimgestellt sind, aber nach eigenem Wunsch jeder Zeit ans Heiligtum in Dienst und Unterhalt kommen können, kann es sich eigentlich nur um eine kleine Gruppe handeln, die man gern an das Heiligtum binden möchte. Dann wäre man in Dtn 18,6–8 dem Konzept der Chronik und von Esra-Nehemia nahe. Im anderen Fall kann Dtn 18,6–8 keine reale Situation im Blick haben. Das Heiligtum hätte kaum für Dienst und Versorgung einer großen Gruppe von Personen sorgen können. Auch würde so die Versorgungsregel in den Orten und die Übergabe des Armenzehnten (Dtn 14,28f.; 26,12f.) ebenso überflüssig wie die gemeinsame Versorgung der Leviten mit Fremdling, Witwe und Waise auf der Wallfahrt.

7.5.4 *Der konzeptionelle Zusammenhang zwischen Num 18 und Dtn 18,1–8*

Der Abschnitt Dtn 18,6–8 thematisiert das Kommen der Leviten aus den Städten an das Zentralheiligtum. Er scheint dabei an ein Grundthema des Deuteronomiums anzuknüpfen. Denn die Leviten „aus deinen Toren" werden in den Zentralisationsgesetzen und im Sozialrecht behandelt. Wie festgestellt besteht aber ein konzeptionelles Problem darin, dass der Levit nach Dtn 18,8 ein gesichertes Einkommen und zudem Einkünfte aus eigenem Besitz hat, wenn er zum Heiligtum kommt. Die Fortführung des Konditionalsatzes mit ובא בכל אות נפשו אל המקום ... nennt als Bedingung zusätzlich seinen persönlichen Wunsch, was der Forderung der Zentralisationsgesetze ebenfalls nicht entspricht, nach denen ja jeder Israelit zu den Wallfahrtsfesten kommen soll. Die Szenerie von am Heiligtum tätigen Leviten in Dtn 18,6–8 macht den Eindruck eines Fremdkörpers im Deuteronomium, da Entsprechendes zuvor nirgends erwähnt wird. Ihr freiwilliges Kommen zum Heiligtum und ihr Dienst

---

Deuteronomium 12–34, 1434, interpretiert in Anschluss an die LXX, dass es allgemein um Einkommen gehe, die den Vätern bereits zustanden. Nach *Wevers*, Notes, 297, drückt die LXX aus, „that the visiting Levite is to receive a due portion besides any heritage or proceeds from anything such as he might own". Ähnlich, *Lundbom*, Deuteronomy, 546.

dort werden aber im Esra-Nehemia-Buch vorausgesetzt, wenn sich die Leviten in Neh 13,10 in dem Fall wieder vom Heiligtum verabschieden und zu ihrem Eigentum zurückkehren, dass nicht genügend Mittel für sie bereitgestellt werden.

Die Aussage über das Einkommen aus einem zusätzlichen Besitz der Leviten, das oft als unverständlich nicht weiter diskutiert wird, lässt Rückschlüsse auf die Konzeption zu.[112] Der einzige Sachverhalt, der dies synchron erklären kann, ist der Verkauf von Grund und Boden und seine Auslösung in Lev 25, wo es explizit auch um den Verkauf von Grund und Boden der Leviten geht (Lev 25,32f.). Damit befinden wir uns unmittelbar im Zusammenhang des priesterlichen Versorgungskonzeptes der Leviten, das die Konzeption der Levitenstädte geschaffen hat.[113] Spannend ist, dass in Lev 25 der Verkauf und die Einlösung von Grundeigentum behandelt wird und darunter auch der Umgang mit dem Besitz der Leviten behandelt wird, dessen Übergabe allerdings erst in Num 35 thematisiert wird. Und in der bereits erwähnten Notiz Neh 13,10 ist entsprechend vorausgesetzt, dass die Leviten Grundbesitz haben. Spätnachexilische Texte rezipieren somit das Konzept des abgeschlossenen Pentateuchs.

Bezieht man ein, dass schon Dtn 18,2 dem Wortlaut des Zusatzes in Dtn 10,6–9 folgte, dann kann Dtn 18 insgesamt nur ein ausgehend von der Thematik der Leviten in Lev 25 und im Numeribuch bis hin zu Num 35 her verfasster oder bearbeiteter Abschnitt sein. Im Zentrum der Bezüge steht das Kapitel zur Versorgung von Priestern und Leviten in Num 18. Bei dessen Diskussion war die Zusage eines Erbteils (נחלה) für die Priester diskutiert worden. Der Begriff gehört eigentlich in den Zusammenhang der Landzuteilung an die Stämme. Von einem Erbteil für die Priester wird außer in Dtn 18,1f. und Num 18 nirgends gesprochen. Begründet wird das in Num 18 damit, dass Aaron als Fürst (נשיא) des Stammes Levi gilt. Es legt sich nahe, dass Dtn 18,1f. äquivalent zu Num 18 zu interpretieren ist und zu den priesterlichen Abschlusstexten des Pentateuchs gehört. Denn das Einkommen sowohl der Priester als auch jenes der Leviten bzw. der anderen Angehörigen des Stammes Levi wird in den beiden Kontexten thematisiert.

Die Gegenüberstellung der beiden Texte insgesamt zeigt den konzeptionellen Zusammenhang. Es stehen sich die Erwählung zum Priestertum in Num 18,7 und Dtn 18,5 einander gegenüber. Direkt im Zusammenhang dieser Aussage werden die Priesteranteile in Num 18,8–19 und in Dtn 18,1b.3f. thematisiert. Um den Dienst der Leviten geht es in Num 18,6 und Dtn 18,6. Die Entlohnung der Leviten für ihren Dienst wird in Num 18,21.23 und Dtn 18,7f. thematisiert.

---

112 Siehe dazu oben, 223, Anm. 111.
113 Siehe dazu oben, 176–180.

	Num 18	Dtn 18
Priesteranteile	8–19	1b.3f.
Kein Erbteil für die Priesterschaft	20a	1a
Kein Erbteil für die Leviten	23b	2a
Jhwh ist das Erbteil	20b (der Priester)	2b (des Stammes Levi)
Dienst der Leviten	6	6
Erwählung zur Priesterschaft	7	5
Entlohnung für den Dienst der Leviten	21.23	7f.

Aufgrund der Berührungen kann der Rückverweis in Dtn 18,2 nur dazu dienen, die Thematisierung der Priesteranteile in Dtn 18 mit dem entsprechenden Abschnitt im Numeribuch zu verbinden. Es besteht dabei offenbar eine wechselseitige Beziehung. Num 18 greift auf eine ältere Vorlage von Dtn 18 zurück, interpretiert diese, während man die ältere Vorlage selbst durch eine nachträgliche Eintragung des Rückverweises mit Num 18 verbunden hat.[114] Im Zentrum des ursprünglichen Kontextes von Dtn 18 muss die Versorgung der Priester gestanden haben.

Zu den Abgaben der Priester: Der Abschnitt in Num 18,8–19 formuliert die Versorgung von Aaron und seinen Söhnen aus den Abgaben der Israeliten als ewige Satzung. Die von *Jhwh* performativ vollzogene Übergabe (Num 18,8a: הנה נתתי לך) wird am Schluss noch einmal wiederholt und mit der Feststellung verbunden, es handele sich um einen ewigen Salzbund, was die Versorgungszusage bestärkt.[115] Der ganze Abschnitt steht mit Dtn 18 im Zusammenhang: Dies beginnt in Dtn 18,3 mit der Eröffnung dieses Themas mit וזה יהיה משפט הכהנים, das durch die Rede von einer ewigen Satzung überhöht wird, und so weitergehende Ansprüche gegenüber dem im Deuteronomium aufgezählten möglich macht und Innovationen vermittelt.[116] So groß die Unterschiede und vor allem der Umfang der Ansprüche sind, so werden dabei doch echte Widersprüche vermieden. Die breite Ausformulierung und die Ausweitung der Opfer lassen nur eine Rezeption der Regelung aus Dtn 18,3–5 durch Lev 7,28–36 und Num 18,8–19 zu.[117] Angesichts dessen verwundert es

---

114   Der Abschnitt führt die Regelung über die Anteile für die Priester in Lev 7,33–36 weiter. Vgl. *Achenbach*, Vollendung, 157.
115   Siehe oben, 169–176.
116   Zu Einzelheiten der Rezeption siehe *Achenbach*, Vollendung, 157–168.
117   Zuletzt hat *Kilchör*, Mosetora, die in der wissenschaftlichen Exegese übliche Annahme, dass das Deuteronomium sowohl rechtsgeschichtlich als auch literargeschichtlich

nicht, dass der ganze Abschnitt in Num 18 als eine ohne Vermittlung des Mose an Aaron gerichtete Gottesrede eingeführt ist. Ihr Inhalt wird damit neben die Moserede gestellt. Die hermeneutische Funktion der Gegenüberstellung ist, dass man die Gottesreden in Num 18 gegenüber der Moserede in Dtn 18 als maßgeblich erkennen soll. Der Rückverweis in Dtn 18,2, der den Zusammenhang mit Num 18 dokumentiert, signalisiert die Abhängigkeit. Dies zielt darauf ab, dass man die Phrase des fehlenden Landbesitzes ausgehend von Dtn 18,2a auch an den übrigen Stellen im Deuteronomium (Dtn 12,12; 14,27 u.ö.) im Sinne der Versorgungsregel des Numeribuches verstehen soll. Dies bestätigt sich, da die Formulierung in Dtn 18,2 im Kontext der Versorgung der Priester platziert ist.

Danach soll offenbar auch der משפט הכהנים (Dtn 18,3–5) von Num 18 her gelesen werden. Der Rückverweis ist dafür die Leseanweisung. Die terminologisch abweichenden Aussagen in Dtn 18 sollen so als Ausschnitt bzw. als Zusammenfassung aus Perspektive des Mose gegenüber der Gottesrede und als sekundäres Wissen erwiesen werden.

Der Rückverweis auf Num 18 verbindet Dtn 18 außerdem mit Dtn 10,9. Allerdings werden in Dtn 18,1f. scheinbar zwei Erbteilaussagen gemacht.

Num 18	Dtn 18
20 וחלק לא יהיה לך בתוכם אני חלקך ונחלתך בתוך בני ישראל	1 לא יהיה לכהנים הלוים כל שבט לוי חלק ונחלה עם ישראל אשי יהוה ונחלתו יאכלון
21 ולבני לוי הנה נתתי כל מעשר בישראל לנחלה חלף עבדתם	2 ונחלה לא יהיה לו בקרב אחיו יהוה הוא נחלתו
	8 חלק כחלק יאכלו

Der Aussage, dass die levitischen Priester wie der ganze Stamm Levi keinen Erbteil haben, sondern die Opfer *Jhwh*s und sein Erbteil zur Versorgung haben werden, also offenbar von den anderen Stämmen zu versorgen sind, steht die Aussage an Aaron gegenüber, dass *Jhwh* sein Erbteil ist. Diese Veränderung funktioniert, weil Aaron im Numeribuch zum Oberhaupt der Leviten wird. Diese erhalten dort den Zehnten faktisch als Äquivalent für ein eigenes Erbteil.

---

zwischen Bundesbuch und Heiligkeitsgesetz zu verorten ist, infrage gestellt. Er verweist im Zusammenhang von Dtn 18 auf den Rückverweis von Dtn 18,2 über Dtn 10,9 auf Num 18,20, aus dem er die Schlussfolgerung zieht: „Der Rückverweis sowohl in Dtn 10,9 wie in 18,2 kann sich darum auf keine andere Stelle als auf Num 18,20 beziehen" (ebd., 216). Er verweist ebenfalls auf die Berührungen, ignoriert aber die literarischen und stilistischen Probleme in Dtn 18. Was er in seiner Analyse herausstellt, ist nichts anderes als das, was die für den Gesamttext des Pentateuchs verantwortlichen priesterlichen Autoren mit ihren hermeneutischen Strategien bezweckt haben. Dies haben *Otto*, Deuteronomium 1–11, 994f., und *Achenbach*, Vollendung, 167f. aufgezeigt.

Dieser Gesamtzusammenhang wird mit dem Rückverweis aufgerufen. Der Leser muss aus der Perspektive des Pentateuchs interpretieren, dass es einer von Aarons Söhnen ist, den hier als Repräsentanten der Leviten diese Zusage ebenfalls betrifft. Dass die Leviten in der Perspektive des durch Dtn 18,2 auf Num 18 bezogenen Wortlautes mit im Blick sind, wird am Ende in Dtn 18,8 mit der Feststellung festgehalten, dass die zum Heiligtum hinzugekommenen Leviten den gleichen Anteil erhalten sollen wie die Leviten, die sich schon dort befinden. In der vorliegenden Form fügt sich Dtn 18 nahtlos in das Konzept des priesterlich abgeschlossenen Pentateuchs ein, wenn man die Bezüge beachtet.

7.5.5 Die mögliche Vorlage von Dtn 18,1–8

Bei der Abfassung von Num 18 hat man eine dtn Vorschrift über die Versorgung der Priesterschaft (Dtn 18,3–5) aufgegriffen und sie zu einem Gesamtkonzept weiterentwickelt. Die Thematisierung der Leviten in Dtn 18,6–8 lässt sich nicht von dem späteren Konzept in Num 18 trennen, sondern trägt für das Deuteronomium den betreffenden Aspekt aus Num 18 nach. Ich hatte zuletzt die gemeinsame Besonderheit der Rede von der נחלה der Priester in Num 18 und Dtn 18 aufgezeigt. Diese lässt sich nicht allein im Kontext des Numeribuches erklären, sondern geht auf die Rezeption und Interpretation der dtn Vorlage durch die priesterlichen Autoren zurück.

Der Kern des Priestergesetzes Dtn 18,3–5a wird auch von E. Otto als der Grundbestand des Gesetzes angesehen.[118] Dies wird durch seine herausgehobene Einführung bestätigt. Mit וזה יהיה משפט הכהנים folgt sie einer Form, die mit Dtn 15,2; 19,4 vergleichbar ist.[119] Ein literarischer Zusammenhang dürfte – wie bereits festgestellt – mit 1Sam 2,12–14 bestehen. An der Stelle wird die willkürliche Wahl[120] von Opferbestandteilen durch die Eli-Söhne kritisiert. Eingeführt wird dieses Handeln mit einer negativen Beurteilung der beiden Priester in 1Sam 2,12–13a. Die Formulierung ומשפט הכהנים את העם (V. 13a) setzt den vorangehenden Satz (V. 12b) fort. Es ergibt sich: „Sie wussten

---

118 Vgl. *Otto*, Deuteronomium 12–34, 1489.
119 Vgl. *Rüterswörden*, Gemeinschaft, 72; *Otto*, Deuteronomium 12–34, 1489, weist darauf hin, dass die Formulierung „den literarischen Neuansatz kennzeichnet" und die dtn Regelung eröffnet. Genau umgekehrt nimmt *Samuel*, Von Priestern, 123f., an, Dtn 18 gehöre nicht zum Urdeuteronomium, dem zunächst „eine erste Fassung des Priestergesetzes Dtn 18,1*.6–8 hinzugefügt" wurde. Erst eine weitere Erweiterung habe V. 2 und V. 4f. zugesetzt (vgl. ebd., 124) und erst „eine priesterlich orientierte Redaktion" sei für V. 3 verantwortlich. Unklar ist bei dieser Annahme, wieso eine priesterliche Redaktion mit V. 3 eine bspw. mit Num 3 inkompatible Regelung geschaffen haben sollte.
120 Nach *Hutzli*, Hanna, 249, handelt es sich dort um ein Zufallsverfahren. Das mag im Hintergrund der Kritik stehen, doch wird von den Verfassern die Wahl als Eigenmächtigkeit der Priester und nicht als Problem der Regeln des Heiligtums präsentiert.

nicht um *Jhwh* und um das Recht der Priester beim Volk." Mit משפט הכהנים wird ein bekannter Terminus bei den (dtr) Lesern aufgerufen. Es handelt sich mit hoher Wahrscheinlichkeit um einen Bezug auf das Recht der Priester in Dtn 18,3–5. Das Verb ידע könnte gewählt worden sein, weil das Gesetz aus dem Deuteronomium als relativ junge spätvorexilische Innovation bekannt war. Der Verweis auf Dtn 18,3 als Überschrift und – da es um konkrete Opferanteile geht – der Gebrauch von משפט הכהנים את העם als Substitut von Dtn 18,4f. ist ein externes Zeugnis, dass zumindest Dtn 18,3–5 den dtr Samuelisbüchern literarhistorisch vorangeht. Dass man auf diesen Vers und nicht auf die Eröffnung von Dtn 18 zurückkommt, bestätigt die literarhistorischen Überlegungen, die den Beginn in den Kontext der Pentateuchredaktion rücken.

Im Vers (Dtn 18,2b), der der alten Eröffnung der Priesterordnung vorausgeht, findet sich ein Rückverweis, der jenem von Dtn 10,9 parallel geht und wie dort nach Num 18,20 verweist. Ein literarhistorischer Zusammenhang zwischen Dtn 18,2 und der Formulierung von Dtn 10,6–9 liegt auf der Hand, und man könnte die Frage stellen, ob man in Dtn 18 überhaupt zu den Inhalten vordringen und über die literarkritischen Entscheidungen von Otto hinausgehen kann, die diesen letzten priesterlichen Bearbeitungen vorausgegangen sein mögen. Die Gegenüberstellung der beiden Texte zeigt zwar den konzeptionellen Zusammenhang, dokumentiert aber auch Unterschiede.

Dtn 10,8f.	Dtn 18,1f.
8 בעת ההוא הבדיל יהוה את שבט הלוי לשאת את ארון ברית יהוה לעמד לפני יהוה לשרתו ולברך בשמו עד היום הזה	1 לא יהיה לכהנים הלוים כל שבט לוי
9 על כן **לא היה ללוי חלק ונחלה עם אחיו** יהוה הוא נחלתו כאשר דבר יהוה אלהיך לו	חלק ונחלה עם ישראל אשי יהוה ונחלתו יאכלון 2 ונחלה לא יהיה לו בקרב אחיו יהוה הוא נחלתו כאשר דבר לו

Vergleicht man die beiden Passagen, ist zunächst erkennbar, dass Dtn 10,8f. anders als Dtn 18,1f. keine stilistischen Probleme aufweist. Auffällig ist in Dtn 18,2 der Neueinsatz mit ונחלה לא יהיה לו, der sich über den vorangehenden Satz hinweg auf die Apposition כל שבט לוי bezieht. Was oft auf eine Überarbeitung zurückgeführt wird, dürfte auf eine inhaltliche Anpassung einer älteren Formulierung an das in Dtn 10,6–9 entfaltete Konzept zurückgehen. Der Zusammenhang lässt vermuten, dass die Einführung des Themas (Dtn 10,8f.) ebenfalls auf Dtn 18,1 zurückgegriffen hat. Dafür spricht die Differenz der

Aussagen. Da keine inhaltlichen Unterschiede bestehen, dürften dieselben Autoren die 10,6–9 eingetragen haben, in Dtn 18 eingegriffen haben.

Die stilistischen und terminologischen Besonderheiten in Dtn 18.1f. lassen aber Rückschlüsse auf den zugrunde liegenden Text zu: Während in Dtn 18,2 die Aussage über das Erbteil aus Dtn 10,9 wiederholt wird, dass *Jhwh* das Erbteil Levis ist, wird zuvor ausgesagt, dass sie (Pl.) die Opfer *Jhwh*s essen sollen. Da sich das Suffix in Dtn 18,1 auf *Jhwh* beziehen muss – andernfalls würden sich die levitischen Priester vom Erbe Levis ernähren, das es ja aufgrund der Kontextaussage nicht gibt[121] – bedeutet die zweite Aussage, dass sie *Jhwh*s Erbe (resp. von *Jhwh*s Erbe) essen werden. Damit kann entsprechend Dtn 32,6 (כי חלק יהוה עמו יעקב חבל נחלתו) – „denn das Teil *Jhwh*s ist sein Volk; Jakob der Landanteil[122] seines Erbteils") nur Israel insgesamt gemeint sein. „Das Essen von *Jhwh*s Erbe" (Dtn 18,1b) als Metapher für die Versorgung durch die Israeliten könnte also ursprünglich in Dtn 18,3–5 entfaltet gewesen sein, in dem Abschnitt, der mit וזה יהיה משפט הכהנים eröffnet wird.

Meiner Ansicht nach ist an dieser Stelle die Suche nach der Vorstufe zu stoppen. Sicherlich haben die priesterlichen Autoren, die den ursprünglichen Text von Dtn 18,1–8 an das veränderte Konzept angepasst haben, Schlüsselformulierungen beibehalten. Und dazu gehört möglicherweise das „Essen des Erbes". Wie stark man am Ende wirklich umgearbeitet hat, kann man nicht mit Sicherheit sagen. Hier ist vor allem die Frage, ob die Apposition כל שבט הלוי als nachträgliche Korrektur angesehen werden muss oder ob sie schon im ursprünglichen Priestergesetz stand, weil man nun die sonst übliche Formulierung von der Landbesitzlosigkeit der Leviten auf die Priester anwenden wollte. Wenn der Levit in den Orten und die levitischen Priester zum ursprünglichen Deuteronomium gehörten, dann ist das möglich. Ausgeschlossen ist aber nicht, dass die priesterlichen Autoren es eingefügt haben, um einen vermeintlichen Widerspruch auszuräumen.

7.6   Moses Segen für Levi (Dtn 33,8–11)

Auch Dtn 33,8–11 spielt in den Studien zur Geschichte des Levitismus eine große Rolle. Der Segen für Levi wurde von J. Wellhausen direkt auf ein Priestertum der Leviten hin ausgelegt. Für ihn war es ein „unabhängig für sich stehendes, nordisraelitisches Dokument".[123] Darin seien die Priester als

---

121   Siehe dazu oben, 216f., Anm. 95.
122   Vgl. Ges¹⁸, 319.
123   *Wellhausen*, Prolegomena, 128.

ein „geschlossener Stand"[124] im Blick. Vieles hängt bei der Interpretation des Abschnittes davon ab, wie die einzelnen Elemente sich mit der Anrede an Levi verbinden lassen, aber auch welches Vorverständnis von Levi und den Leviten zugrunde gelegt wird.

Nach Wellhausen ist in V. 8a mit איש חסידך Mose gemeint, mit dem als „dem Freunde Jahves" nach Dtn 33 die Geschichte des Priestertums beginne. Dieser Auslegungsbeginn hat zur Folge, dass alle nachfolgenden Aussagen auf die Leviten als Priester zielen. Und so meint er auch von den erwähnten Losorakeln, dass unsicher sei, ob sie Mose oder den Priestern gehören. Doch das sei „das selbe; jeder Priester, dem die Hut eines Ephod anvertraut war, befragt vor demselben das heilige Los."[125] In der zweiten Hälfte des 20. Jh. hat man noch stärker kollektiv gedeutet. S. Beyerle interpretierte den Ausdruck איש חסידך als „kollektiv-appositionelle[n] Ausdruck",[126] der Levi selbst bezeichne.[127] In diese Richtung war zuvor schon A. H. J. Gunneweg gegangen, nach dem Mose als Repräsentant Levis mit den Leviten gleichgesetzt werde: „Dem Mose werden Urim-Tummim verliehen als einem zu Levi Gehörigen (‚mit Bezug auf Levi') bzw. sie werden Levi gegeben als dem mit Mose Verbundenen. Mose und Levi werden zusammengeschaut, und zwar so eng, daß sich schwer entscheiden läßt, von wem rein sprachlich eigentlich die Rede ist."[128] H. Samuel kritisiert an dieser kollektiven Deutung, dass Mose über sich als „Mann deiner Treue" rede und dass über eine konkrete Person die kollektive Deutung problematisch werde.[129] Als Argument führt er an, dass „Mose – nicht Aaron und auch nicht die Angehörigen des Stammes Levi generell – [...] sich in Massa und Meriba als Israels ‚treuer Mann' erwiesen [hatte]".[130] Und so hält er an der Disposition Wellhausens fest: „Auch Wellhausen gilt V. 8 als auf Mose bezogen, V. 9a aber bereits auf die Priester, das Changieren zwischen Singular und Plural wird als absichtsvolles Spiel mit Vergangenheit und Zukunft verstanden."[131]

So richtig es ist, dass die Orakelinstrumente nur einer Einzelperson anvertraut sein können, so ist hier meiner Ansicht nach doch der Zusammenhang zwischen איש חסידך und den Ereignissen von Massa und Meriba nicht korrekt

---

124 Ebd., 129.
125 Ebd.
126 *Beyerle*, Mosesegen, 125.
127 So schon *Cassuto*, Deuteronomy Chapter XXXIII, 57: „Of course, איש has a collective sense and means ‚the men of Levi'."
128 *Gunneweg*, Leviten, 43.
129 Vgl. *Samuel*, Von Priestern, 69f.
130 *Samuel*, Von Priestern, 69.
131 Ebd., 71.

erfasst. Wir haben zwei Halbverse mit unterschiedlicher Aussage vor uns, die in einem synthetischen Parallelismus stehen:

Deine Lose Licht und Recht gehören dem Mann deiner Treue,	den du versucht hast in Massa, mit dem du im Rechtsstreit warst an den Wassern von Meriba.

Dass jener Mann sich in Massa als „treuer Mann' erwiesen"[132] habe, davon spricht Dtn 33,8 nicht: Nach dem ersten Halbvers von V. 8 gehören „dem Mann deiner Treue" die Orakelinstrumente, während der zweite Halbvers ausgesagt wird, dass Gott (wie in V. 8a angesprochen) ihn (3. Sing.) d.h. „den Mann deiner Treue" in Massa in Versuchung geführt habe und in Meriba mit ihm im Rechtsstreit war. Der Verweis auf die Ortsnamen מסה und מריבה lässt bereits erkennen, dass Dtn 33,8–11 auf die Pentateuchüberlieferung zurückblickt. Es scheinen die beiden Erzählungen Ex 17,1–7 und Num 20,1–13 im Blick zu sein. Das Verb נסה kommt in Ex 17,2.7 vor. ריב kommt in Ex 17,7 und Num 20,3.13. Doch der lexematische Zusammenhang wird dadurch durchbrochen, dass in beiden Erzählungen nicht von Gott ausgesagt wird, dass er eine Einzelgestalt in Versuchung geführt oder sich mit ihr im Rechtsstreit befunden hat. Vielmehr wird dem Volk bei Gebrauch der beiden Verben vorgeworfen, sich gegen Gott und Mose gewendet zu haben.[133]

C. Steuernagel und U. Cassuto haben aufgrund des Fehlens einer solchen Versuchungsgeschichte in Massa oder Meriba und aufgrund einer kollektiven Deutung vermutet, dass Dtn 33,8 auf eine nicht erhaltene Tradition weise.[134] Doch meiner Ansicht nach missversteht man den Text, wenn man ihn nicht ganz eng im Kontext des vorliegenden Pentateuchs interpretiert, zu dessen Abschluss er gehört.[135] E. Otto sieht daher eine Anspielung: „In Dtn 33,8 ist mit der Versuchung (*nsh*) ‚deines Getreuen' in Massa und dem Streit am Wasser

---

132 Ebd., 69.
133 Samuel, Von Priestern, 68f.: „Nicht JHWH versucht Mose und streitet mit ihm in Massa und Meriba (Ex 17,1–7), sondern die Israeliten hadern mit Mose!"
134 Vgl. *Steuernagel*, Deuteronomium, 177; *Cassuto*, Deuteronomy XXXIII, 57. Abenteuerlich ist die darauf aufbauende Schlussfolgerung von *Loewenstamm*, Investiture, 57, dass es sich um eine Erzählung handeln müsse, die etwa das erzähle, was in Ex 32,26–29 zu finden sei.
135 *Otto*, Deuteronomium 12–34, 2233, weist konsequent auf die Abschlussfunktion hin. Seiner Ansicht nach wird in Dtn 33,8–11 Gen 49,5–7 korrigiert. Damit rückt Otto traditions- und literargeschichtlich von Frühdatierungen ab. Er schließt: „Die nachexilische Fortschreibung des Deuteronomiums setzt dem Simeon-Levi-Spruch des Jakobsegens den Levispruch in Dtn 33,8–11 entgegen, der Levis Priesterfunktionen in das Zentrum rückt."

von Meriba auf Ex 17,1–7 angespielt."[136] Außerdem komme das Wasserwunder in Num 20,11 in den Blick.[137] Ich denke, dass die Anspielung auf eben diese beiden Stellen aufgrund des Gebrauchs beider Ortsnamen unzweifelhaft ist, die Frage ist allerdings, warum man die Stellen nicht wörtlich aufgenommen hat.

Beide Erzählungen verlaufen etwas gleich und hängen bekanntlich mindestens überlieferungsgeschichtlich zusammen. Sie beginnen mit dem Mangel an Trinkwasser, dem ein Aufbegehren des Volkes folgt. Das Problem wird in beiden Fällen durch ein von Gott vermitteltes Wunder gelöst. Das Problem lässt sich nur lösen, wenn aufgrund der Beurteilung in Num 20,12f. die Rolle von Mose und Aaron beachtet wird.

> Weil ihr nicht an mich geglaubt habt, um mich zu heiligen vor den Augen der Israeliten, sollt ihr diese Versammlung nicht hineinführen in das Land, das ich ihnen gegeben habe. Das ist das Wasser von Meriba, wo die Israeliten gegen Jhwh rebellierten und er sich als heilig erwies an ihnen.
> Num 20,12aβb.13

Hier werden Mose und Aaron wegen eines fehlenden Vertrauens gescholten, bei der Szenerie allerdings auch noch einmal klargestellt, dass Israeliten gegen *Jhwh* rebellierten (ריב), worauf *Jhwh* offenbar mit dem Wunder antwortete (ויקדש בם). Die Wendung ist von den Exegeten vieldiskutiert worden. Sie erklärt im direkten Kontext den Tod Aarons und später auch, dass Mose nicht mit in das Land westlich des Jordans hinüberziehen wird. Das eigentliche Problem ist relativ offen und eröffnet der Auslegung des Midrasch vielfältige Möglichkeiten.[138] Sicher ist dagegen, dass Moses und Aarons Verhalten offenbar zu der Bestrafung und zu dem Urteil gegen sie geführt hat. Somit wird aus der Perspektive von Num 20,12f. ein anderes Verhalten von den beiden erwartet, sodass man durchaus auch an eine bzw. bei Ex 17 und Num 20 insgesamt an zwei Versuchungssituationen zu denken hat. Ein „Streit" ריב liegt aufgrund des Urteils in jedem Fall vor.

Wenn man hier anders als U. Cassuto nicht eine kollektive Deutung favorisiert, stellt sich die Frage, wen Gott nun versucht hat. Auszugehen ist davon, dass in Dtn 33,8 Rückverweise vom Standpunkt der Abschiedsrede des Mose aus vorliegen. Der Nominalsatz in V. 8a תמיך ואוריך לאיש חסידך ist eine generelle Aussage: Die Losorakel gehören demjenigen, der „als Mann deines Vertrauens" bezeichnet wird. Die beiden Orakelinstrumente begegnen ausschließlich

---

136   Otto, Deuteronomium 12–34, 2246.
137   Siehe ebd.
138   Siehe NumR 19,9.

in priesterlichen Texten, aber sie sind im Besitz bzw. in den Händen unterschiedlicher Personen. Erstmals tauchen sie in Ex 28,30 auf, wo Mose dazu aufgefordert wird, sie in Aarons d.h. in die hohepriesterliche Brusttasche[139] zu legen. Weil anders als bei den anderen Ausrüstungsgegenständen nichts von ihrer Herstellung berichtet wird, ergibt sich, dass Mose sie zuvor im Besitz hatte. Mit Aarons Einführung in das Priesteramt (Lev 8,8) gehören sie ihm. Ein letztes Mal (abgesehen von Dtn 33,8) werden die Urim im Pentateuch bei der Amtseinführung Josuas erwähnt (Num 27,21), wo Eleasar sie bereits im Besitz hat und für Josua gebrauchen soll.[140] Offenbar ist vorausgesetzt, dass sie in Num 20,28 nach Aarons Tod in den Besitz seines Sohnes übergegangen sind.

Die Losorakel waren im Besitz Moses, und danach im Besitz des Hohenpriesters angefangen mit Aaron, und deswegen handelt es sich in der Zukunft bei jenem auch um den Mann, der Gottes Vertrauen hat. Mit איש חסידך ist somit von Dtn 33,8 aus der Blick auf den vorausgesetzten Ausgangspunkt der hohepriesterlichen Kette[141] nämlich auf Mose, auf Aaron sowie auf Eleasar gerichtet. An dieser Stelle zeigt sich der entscheidende Grund, warum der Segen auf den Gebrauch des Namens beim Verweis auf die Einzelfigur verzichtet hat.

Wen aber nimmt nun der Halbvers V. 8b mit אשר נסיתו במסה תריבהו על מי מריבה in den Blick? Hier sind die beiden Ortsangaben der Schlüssel. Zwar treten in Num 20,10 Mose und Aaron gemeinsam als Wundertäter „an den Wassern von Meriba" auf, doch ist zu diesem Zeitpunkt nur Aaron im Besitz der Losorakel, während dafür in Massa nur Mose in Frage kommt. Beide Murrgeschichten werden parallelisiert beurteilt und die beiden Protagonisten entsprechend parallel in den Blick genommen.

Dass wir es in dem Segensspruch für Levi mit dem Hohepriester bzw. mit der Kette der Hohepriester zu tun haben, zeigt eindeutig die Abhängigkeit des Levispruches Dtn 33,8–11 von den Konzeptionen des Numeribuches und insbes. von Num 17,18, wo der Stamm Levi endgültig dem „Hohepriester" Aaron als unterstellt gilt. Pragmatisch bezieht sich die Aussage aufgrund ihrer Referenz auf Gegenwart und Zukunft auf das nachexilische Hohepriesteramt, für das offenbar trotz des Verlustes der Artefakte, der Anspruch auf sie bis in die hellenistische Zeit wachgeblieben ist.[142]

Schon die Verbindung der Erwähnung der Urim und Tummim mit den priesterlichen Texten macht die in der älteren Forschung übliche Frühdatierung

---

139 Vgl. ebd.
140 Vgl. *Achenbach*, Vollendung, 38, der aufgrund der Probleme mit Ex 17 und aufgrund der Tatsache, dass aus der Perspektive von Dtn 33 Aaron bereits tot ist, an Eleasar denkt.
141 Die samaritanische Tradition listet eine Genealogie der Hohepriester auf, die bis auf Mose und Aaron zurückführt. Vgl. *Gaster*, Chain, 412; *Heckl*, Neuanfang, 230.
142 Siehe Esr 2,63; Neh 7,65.

des Textes unmöglich. Dagegen spricht auch, dass Dtn 33 zwar nur lose mit dem Deuteronomium verknüpft ist, dass es aber die späte Disposition der Stämme, die für priesterliche Texte charakteristisch ist, voraussetzt.[143] Es kann kein Zweifel bestehen, dass wir es hier mit einem nachexilischen Zeugnis von den Leviten zu tun haben.[144] Der Text steht in einem engen Verhältnis zum Segen (bzw. Fluch) für Simeon und Levi in Gen 49,5–7, wobei ein Kontrast hergestellt wird.[145] Während Jakobs Segen bzw. Fluch eine Ätiologie der Sonderexistenz der Leviten ist,[146] die lediglich aus der Perspektive Jakobs dessen Kritik aus Gen 34,30 wiederholt und damit das Fehlen des eigenen Stammesterritoriums erklärt, wird dieser Aspekt in Dtn 33 nicht mehr explizit behandelt. Es kommen Beurteilungen aufgrund der Vergangenheit der Geschichte des Volkes und Funktionen, die bezogen auf die Abfassungszeit formuliert sind, in den Blick. Beides setzt die Sondersituation voraus, da eine Verbindung zu einem Territorium nicht vorausgesetzt ist.

Gegenüber einer Fülle von Vorschlägen zur Literarkritik in der Forschungsgeschichte aufgrund des enthaltenen Numeruswechsels sieht E. Otto den Abschnitt für literarisch einheitlich an.[147] Er nimmt dazu die o.g. Beobachtung Wellhausens auf, dass der Text zwischen der Fokussierung auf Vergangenheit und Zukunft changiere. Nach Otto dient der Numeruswechsel der Unterscheidung zwischen der Erzählebene und der aktuellen Intention.[148] Diese Unterscheidung hängt damit zusammen, dass der Singular sich ausgehend von איש חסדך auf die zurückliegende Fokussierung auf Repräsentanten des Stammes

---

143 Otto, Deuteronomium 12–34, 2243f., weist darauf hin, dass der ätiologische Rubenspruch aus Gen 49,3f. in Dtn 33,6 rezipiert wird und Teil eines theologisch motivierten Programms wird, das „die ideale Ausdehnung des Verheißenen Landes in Transjordanien" (ebd., 2244) in den Blick nimmt.
144 Vgl. Otto, Deuteronomium 12–34, 2233.
145 Vgl. ebd., 2247f. Schmid, Erzväter, 94f., wies darauf hin, dass durch den Mosesegen der Segen für die Stämme verdoppelt wird. Wenn man diese Überlegung mit der Beobachtung von Otto zu Ruben (Otto, Deuteronomium 12–34, 2243f.) und zu Levi (ebd., 2247f.) verbindet, so wollten die letzten Autoren des Pentateuchs offensichtlich im Lesevollzug des Pentateuchs bestimmte Segensaussagen bestätigt, verstärkt oder korrigiert sehen.
146 Vgl. Samuel, Von Priestern, 306, der die Sonderexistenz der Leviten allerdings sogleich darauf hin einengt, sie seien Priester gewesen (vgl. ebd., 306f.) und im Sinne einer ad-hoc-Hypothese mit „ihrer [der Levi-Figur, R. H.] ersten Fleischwerdung zu Levi dem Patriarchen (Gen 34) [sei] kein Ausbau, sondern eher eine Zurückdrängung des kultischen Moments verbunden' (307) gewesen.
147 Vgl. Otto, Deuteronomium 12–34, 2246f.
148 Nach Otto, ebd., 2247. wird mit dem Singular auf die erzählte Zeit verwiesen, während der Plural die Erzählzeit betreffe.

wie auf den künftigen Hohepriester als Einzelfigur,[149] der Plural aber auf die ihr unterstellten Angehörigen des Stammes Levi insgesamt bezieht.

Ausgehend von der Interpretation Ottos lassen sich die verschiedenen Funktionen und Rollen der Leviten zuordnen. Besonders hervorgehoben sind die priesterlichen Funktionen, was schon am Beginn mit den Losorakeln deutlich ist. Denn die beiden Orakel erhält nach Ex 28,30 und Lev 8,8 Aaron und damit das Hohepriestertum (vgl. Esr 2,63; Neh 7,65). Dieser Beginn ist einer der Gründe, warum man Dtn 33 in der älteren Forschung als Zeugnis der Priesterschaft der Leviten gesehen hat. Dass die aaronidische Priesterschaft oder auch Aaron nicht explizit erwähnt werden, hängt damit zusammen, dass diese als bekannt vorausgesetzt sind, was aufgrund der Orakelinstrumente evident ist.

Mit Dtn 33,9a wird im zurückblickenden Singular auf die Ereignisse am Gottesberg geblickt. Reflektiert wird über das Massaker in Ex 32,26–29, das von den Leviten im Auftrage des Mose verübt worden ist. Auffällig ist dabei, dass die Leviten nur mit dem Ideal des unparteiischen Richters oder Beamten, nicht aber mit der Bluttat erwähnt werden. Dies wird entsprechend dem Kontext von Ex 32 als Gericht am Volk interpretiert, wobei ein richterliches Ideal auf Levi angewendet wird. Besonderer Gehorsam und Bewahrung des Bundes in der von Mose gesehenen Zukunft (Plural) nehmen diesen Aspekt auf und weisen die Leviten als besonders gottesfürchtig aus. Dies wird in Dtn 33,10a aufgenommen mit der Lehre von Recht und Gesetz durch die Leviten, wobei es sich in der Sicht von Dtn 31 gemeinsame Aufgabe von Priesterschaft und Leviten handelt, was von dem spätnachexilischen Zeugnis Neh 8 bezeugt wird. Dtn 33,10b nimmt anschließend mit den Opfern rein priesterliche Funktionen in den Blick.

Mit V. 11 geben die spätnachexilischen Autoren des Abschnittes zu erkennen, dass sie wissen, wo der Levitismus herkommt und wo er nachexilisch hingeht. Der Vers enthält den eigentlichen an Levi gerichteten Segen. Nach dem Rückblick vor allem auf die Funktion der Priesterschaft, aber auch auf das Auftreten der Leviten überraschen die Begriffe:

חיל ist mehrdeutig. Seine Hauptbedeutung „Stärke, Kraft" überrascht, nachdem in den vorangegangen Beurteilungen kultische Funktionen und mit ihnen die Priesterschaft im Vordergrund gestanden haben. Bei חיל besteht ein lexematischer Zusammenhang eher zur Anwendung von Gewalt. Dem entspricht die nachfolgende Verwünschung der Widersacher, denen die Zerschlagung ihres Rückens angedroht wird. Nach E. Otto nimmt der Vers sowohl die älteren Überlieferungen und dabei insbes. den Segen Jakobs (Gen 49) als

---

149 So *Achenbach*, Die Tora und die Propheten, 38.

auch die nachexilische Situation in den Blick. Entsprechend korrigiere die Aussage über die Widersacher den Fluch Jakobs während sich das Wohlgefallen *Jhwhs* am Werk seiner Hände auf die priesterlichen Funktionen beziehe. Meiner Ansicht nach muss stärker gewertet werden, dass wir uns in V. 11 mit Segen und Fluch für die Widersacher in besonderer Weise in einem Zusammenhang befinden, der sich aus der Perspektive des Sprechers auf die Zukunft bezieht. Der Stamm Levi in der Geschichte bis zur nachexilischen Zeit muss im Blick sein.

Daher ist es richtig, dass die Gewaltaussagen Gen 49 kontrastieren, sie charakterisieren aber die Leviten in der Geschichte, wobei die Aussagen mehrere Präsuppositionen enthalten, die der Sicht, dass die Leviten ursprünglich Priester gewesen seien, widersprechen. Wenn von der Kraft und Macht Levis und damit der Angehörigen des Stammes gesprochen wird, sind Autorität, physische und intellektuelle Potenz und damit Funktionen in der Administration im Blick. Ebenso lässt die Rede von den Werken der Hände, die *Jhwh* gefallen solle, sich nicht auf priesterliche Funktionen beschränken. Hierbei handelt es sich um eine weisheitliche Charakterisierung des Tuns, das in besonderer Weise als konform mit dem Gotteswillen gesehen wird. Hierzu können kultische Funktionen gehören, doch kommen in Anschluss an die vorangehenden Verse auch eine allgemeine Gottesfürchtigkeit und ethische Ideale in den Blick. Die Aussagen des Verses passen sehr gut zur Beurteilung der Leviten in der Chronik, wo sie neben dem kultischen Dienst der Priester besondere Autorität haben, in der Administration und in besonders hervorgehobenen Positionen anzutreffen sind, was nicht zu verwechseln ist mit einem Anspruch auf die Herrschaft.[150] Die Aussagen verbinden sich außerdem gut mit der Nutzung Levis in der spätvorexilischen Zeit als Eponym der Beamten, die sowohl als religiös integer galten, weswegen Mose und Aaron ihre Protagonisten wurden, die aber zugleich auch intellektuelle Eliten gewesen sind. Die spätnachexilischen Verfasser des Textes nehmen in ihrem Rückblick das Auftreten der Leviten in Ex 32, aber auch das administrative Handeln von Mose und Aaron im Pentateuch insgesamt auf, die als Idealtypen des Leviten und als *Jhwhs* Beamte galten. Damit geben sie zu erkennen, dass sie um den Ursprung der Konzeption des Levitismus wissen. Entsprechend kommt wie in Ex 32 das Ideal des gerechten Gerichts mit der Aussage in den Blick, dass sie die eigenen Verwandten nicht ansehen. Die Beamtenschaft wird so als loyal dem Staat und Volk gegenüber und außerdem als loyal der vorexilischen offiziellen Religion gegenüber herausgestellt. Dies sind auch die Gründe, warum die spätnachexilischen Autoren des Textes mit dem Segen für Levi Jakobs Worte

---

150   Gegen *Labahn*, Herrschaftsanspruch, 366, und dazu: *Maskow*, Tora, 241–245.

korrigieren und das gewalttätige Handeln Levis und Simeons, das ihnen zum Fluch wurde, zum Fluch gegen Widersacher und damit zum Segen für Levi machen. Der Segen für Levi fungiert dabei zugleich auch als Ätiologie für die große Bedeutung, die der Stamm und sein hohepriesterlicher Anführer in der nachexilischen Zeit hat.[151]

Gleichzeitig fügt sich hierin, dass die Priesterschaft bzw. die Hohepriesterschaft in der nachexilischen Zeit den Anspruch hat, das Judentum zu vertreten,[152] was bspw. in Sach 6,9–11[153] oder in Esr 7 reflektiert wird, sich aber auch in Dtn 33,8 widerspiegelt und auch außerbiblisch bei Hekataios von Abdera bezeugt ist.[154] Wenn die Angehörigen des Stammes Levi Bewahrer von Wort und Bund Gottes sind, kommt damit die Aufgabe des Lehrens der Tora in den Blick. Sie machen die Tora zur Grundlage des Lebens, werden somit in der nachexilischen Zeit trotz der fremden Oberherrschaft zu einer eigenen religiösen Autorität, die Halacha vermittelt. Durch die Priesterschaft ist Levi aber zugleich auch mit dem Kult betraut.

7.7 Ri 17f.; 19f. und 1Kön 12,31

Bei der Diskussion einiger dtr Texte, die die frühe Geschichte Israels reflektieren, soll im Folgenden die exilische Rezeption des dtn Levitenkonzeptes verfolgt werden. Gleichzeitig wird ein Bogen zurück zum Zeugnis des Jeremia- und Ezechielbuches zur Situation in der spätvorexilischen Zeit geschlagen. Aussagen über die Leviten, die levitischen Priester oder den Stamm Levi im Deuteronomium konnten auf Grundlage von Jeremia, Ezechiel, aber auch vom Sacharjabuch her nicht als Zustandsbeschreibungen zur Abfassungszeit des Buches noch als allgemeingültige Aussagen über die Leviten in vorexilischer Zeit gelten.[155] Das Fehlen der Leviten in diesen wichtigen Texten ließ stattdessen erkennen, dass das Thema im Deuteronomium zu dessen Programmatik und zu seinen Innovationen gehört.[156] Auf dieser Grundlage konnten im Deuteronomium abseits des Priestergesetzes (Dtn 18) Hinweise auf das dtn Levitenkonzept zusammengetragen werden.

---

151 Dass Simeon nicht genannt wird, zeigt, dass man exilisch/nachexilisch mit diesem Jakobsohn weder Gruppe noch Territorium verband.
152 Vgl. *Brutti*, High Priesthood, 174f.310.
153 Vgl. *Lux*, Sacharja, 530–535.
154 Siehe den entsprechenden Passus bei *Heckl*, Abschluss, 191, Punkt P–Q, und dazu ebd., 196.
155 Siehe dazu oben, 32f. 46f.
156 Siehe dazu oben, 22–47.

Schwerpunkte, an denen die Leviten in den dtr Geschichtsbüchern auftauchen, die seit Wellhausens Thesen auch eine große Rolle bei der Rekonstruktion einer vermeintlichen Geschichte des Levitismus spielen, liegen in Ri 17f.; 19f. und bei 1Kön 12,31. Die beiden Erzähltexte und die Notiz von Jerobeams Sünde scheinen (noch) nicht von den späten Konzepten des Numeribuches beeinflusst zu sein. Die drei Kontexte sind allerdings nicht als Geschichtszeugnisse misszuverstehen, sodass sich durch sie kein Aufschluss auf eine frühe Geschichte der Leviten, wohl aber eine Erhellung des Hintergrundes des dtn/dtr Levitenkonzeptes ergibt.

7.7.1 Ri 17f.

Im Richterbuch taucht jeweils ein Levit in den beiden Anhängen des Buches (Ri 17f.; 19–21) auf. Das Fehlen von Leviten im übrigen Buch ist ein weiteres Indiz dafür, dass es sich bei jenen um ein Thema handelt, dass erst in der späten Literargeschichte der biblischen Texte verfolgt worden ist. Bei dem ersten Anhang handelt es sich um die Ursprungsgeschichte des Heiligtums von Dan (Ri 17f.), die mit der Anfertigung eines Kultbildes[157] durch den Ephraimiten Micha beginnt. Die Erzählung ist als Satire erkennbar. Sie setzt mit einem Diebstahl von Silber ein, gegen den ein Fluch gerichtet worden ist. Nach Rückgabe des Silbers wird es für *Jhwh* geweiht. Diesem skurrilen Auftakt der Erzählung mit dem zweifelhaften Ursprung der Stiftung folgt die Anfertigung des Kultbildes aus dem Edelmetall. Es ist wohl kein Zufall, dass die Aufstellung eines ebenso mit פסל ומסכה bezeichneten Bildes für *Jhwh* im Deuteronomium als Gräuel gilt und dort unter den Fluch gestellt wird (Dtn 27,15).[158] Für die intendierten Adressaten ist die satirische Aufnahme des Anfangs gut erkennbar: Mit der Weihung des Silbers will die Mutter den von ihr ausgesprochenen, aber unwissentlich gegen den eigenen Sohn gerichteten Fluch neutralisieren, doch wird ihr Segenswunsch (Ri 17,2) mit der Aufforderung, ein Kultbild zu machen (V. 3), aufgrund des Bezugs zum Fluch im Deuteronomium in sein Gegenteil verkehrt. Dies lässt ein negatives Ende erwarten.

---

157 Auf das Kultbild wird in Ri 17,3f. mit פסל ומסכה verwiesen. Beide Begriffe beziehen sich auf die Herstellung. פסל bezeichnet eine Bildhauer- oder Schnitzarbeit, während מסכה auf ein Gussbild verweist. Nach *Dohmen*, מסכה, 1012; *ders.*, פסל, 692, verweist das Wortpaar generalisierend auf „eine plastisch gearbeitete Darstellung (*psl*) samt den – für ein Kulbild notwendigen – Produkten der Goldschmiedekunst (*massekāh*)".

158 Nach *Groß*, Hauskapelle, 73f., setzt die Stelle und die Erzählung insgesamt die dtr Kultpolemik voraus. Vgl. auch die Kultkritik in der Scheltrede gegen Ninive in Nah 1,14.

Jener Micha, der zweifelhafte Sohn der Frau, ist Betreiber einer Kultstätte, an der er einen seiner Söhne als von ihm versorgten Priester beschäftigt.[159] Es gibt dort einen Efod und Terafim (Ri 17,5), wobei es sich nach 2Kön 23,24 um Kulteinrichtungen handelt, die von Josia im Zuge seiner Kultreform beseitigt werden. Die Erwähnung von Terafim dürfte wie die des geschnitzten und gegossenen Bildes der negativen Charakterisierung des Heiligtums dienen.[160] Die kurze erzählerische Einführung wird dann in V. 6 mit der Formel abgerundet, dass es „in jener Zeit noch keinen König gab und ein jeder das tat, was im gut dünkte".[161] Sie bestätigt die bisherigen Erwägungen zum satirischen Charakter der Erzählung von der Herkunft des Kultbildes.

In V. 7 wird als neue Hauptfigur ein junger Mann, der aus Bethlehem stammt und zu Juda gehört (ממשפחת יהודה) eingeführt. Er wird dann auch als Levit und als Fremdling bezeichnet. Dieser ist unterwegs, weil er einen Ort für die Fremdlingschaft sucht. Und so kommt er zu jenem Micha, der ihn in den Dienst nimmt.

Der Levit ist grundbesitzlos. Das ist aus der Suche nach einem Ort, wo er als Fremdling bleiben kann, abzuleiten. Aus der Landbesitzlosigkeit geht zunächst hervor, dass er weder Ackerbau noch Viehzucht betreibt, Tätigkeiten, die sonst oft im Blick sind, wenn es um die frühe Geschichte Israels geht. Dass er ein umherziehender Priester ist, oder gar, dass sich aufgrund der Erzählung generalisieren ließe, dass „in der vordeuteronomischen Zeit an einigen Landesheiligtümern Leviten Priesterdienste taten"[162] – so W. Zimmerli – gibt die Erzählung nicht her. Die in der Erzählung enthaltene dtr Kultpolemik spricht für einen zeitlichen und inhaltlichen Zusammenhang mit der Theologie Deuteronomiums. Dies wiederum macht es wahrscheinlich, dass auch das Bild des Leviten auf der Konzeption des Deuteronomiums beruht. Es sind in der Figuration des Leviten zwei Aspekte des dtn Levitenkonzeptes verbunden: 1. Obwohl er aus Betlehem stammt, hat er keinen Landbesitz. Er erweckt zwar nicht unbedingt den Eindruck der dringenden Bedürftigkeit, aber er verdingt sich, um sich so den Lebensunterhalt zu verdienen. 2. Als Levit wird er Priester.

---

159 Hier dürfte sich faktisch die generelle religiöse Konzeption zeigen. Nur im Ausnahmefall werden an Heiligtümern im privaten Bereich Priester eingestellt. Normalerweise werden Angehörige oder die Hausherren selbst den Priesterdienst übernehmen.

160 *Groß*, Hauskapelle, 74, meint, dass dadurch die Polemik „gesteigert" werde. Ich kann weder hier noch insgesamt in Kap. 17 eine Polemik erkennen. Denn weder Micha noch seine Mutter, noch der Levit sind (an dieser Stelle der Erzählung) identifizierbar. Erst mit dem Auftreten der Daniter und der Aufrichtung ihres Heiligtums wird es zu einer polemischen Erzählung. Es handelt sich zunächst also um eine Satire.

161 Die Formel steht auch am Ende des Richterbuches Ri 21,25 noch einmal. Vgl. Dtn 12,8.

162 *Zimmerli*, Erstgeborene und Leviten, 241.

Dieser Aspekt der Formulierung והיה לי לאב ולכהן in Ri 17,10 ist eindeutig. Er ist vorher kein Priester, und er wird es erst, nachdem er die Stellung annimmt, woran sich Bezahlung und Versorgung anschließen. Später in der Erzählung (Ri 18,4), berichtet der Levit, was ihm widerfahren ist. Dort bestätigt sich, dass er in Dienst gestellt und daher zu einem Priester geworden ist (כזה וכזה עשה לי מיכה וישכרני ואהי לו לכהן). Er ist somit im Sinne des Deuteronomiums levitischer Priester, wenngleich er natürlich nicht am Zentralheiligtum Dienst tut, was als Problem im Hintergrund steht. Dies wird bei den Adressaten indirekt mit dem Verweis auf die königslose Zeit erklärt.

Zu diesen Aspekten kommt ein weiterer hinzu, auf den wir bei der einführenden Charakterisierung von Mose und Aaron, aber auch bei der Beauftragung der Leviten in Ex 32 gestoßen waren. Als Leviten übernehmen sie in Aufnahme von Levis Handeln für Israel (Gen 34) verantwortungsvolle Aufgaben. Dies steht im Hintergrund der Ernennung des Leviten zum Priester, aber auch von Michas Aufforderung an den Leviten, er möge ihm zu einem Vater werden. Der Levit soll aufgrund seines Levitseins für Micha und sein Haus zu einer Autoritätsperson werden, was allerdings aufgrund des jugendlichen Alters von vornherein und aufgrund seines zweifelhaften Handelns mehrfach satirisch in Zweifel gezogen wird. Satirisch ist die Aufnahme, da der Mann, der sich im fortgeschrittenen Erwachsenenalter mit eigenen erwachsenen Kindern befindet, eine zuvor als jungen Mann/Knaben eingeführte Person dazu aufruft, für ihn zum Vater zu werden.[163]

Das Ganze spitzt sich in Ri 17,11 zu, wo der Levit das Angebot annimmt und „für Micha wie einer seiner Söhne" wird. Auch aufgrund dieser einander entgegenlaufenden Beurteilungen des Leviten wurde die Erzählung für aus verschiedenen Quellen komponiert[164] oder für redaktionell bearbeitet[165] gehalten. Wenn man nicht wie Burney von der Verarbeitung zweier Quellen ausgehen will, muss man die gegenläufigen Aussagen als Teil der Satire betrachten. Sie

---

163 So schon *Burney*, Judges, 409: „The terms in which Micah invites the Levite to become to him ‚a father and a priest' appear absurdly inappropriate if the latter was very young, as is implied by the term naar used in v. 1, which denotes little more than a mere boy."

164 Vgl. dazu *Noth*, Hintergrund, 133. Ein Beispiel ist die bereits genannte These von Burney. Zuletzt *Boling*, Judges, 258f.

165 Zuletzt haben H. Samuel und und S. Schulz jeweils eine Grundschicht mit Überarbeitungen ausgemacht. *Samuel*, Von Priestern, 333f., hält schon die Grundschicht für spätnachexilisch. Ähnlich sieht *Schulz*, Anhänge, 186, die von ihr herausgearbeitete ursprüngliche Satire für nachexilisch: „Da das Bilderverbot im Hintergrund steht, ist von einer nachexilischen Abfassung auszugehen." Meiner Ansicht nach steht und fällt diese Einordnung mit der zeitlichen Einordnung des Ursprungs des Deuteronomismus, der sich bspw. auch im Bilderverbot des Dekaloges niederschlägt. Es spricht meiner Ansicht nach nichts gegen eine exilische Ansetzung.

beruht darauf, dass die Einsetzung zum Vater als Adoptionsformel eine andere Konnotation hat als die Sorge um einen Sohn. Die Formel nutzt die Rede vom Vater offenbar dazu, um die Einsetzung des Leviten in eine Autoritätsstellung auch Micha gegenüber auszudrücken. Die Satire ist daran erkennbar, dass das jugendliche Alter des Leviten im Kontext betont wird. Es stellt das intendierte Autoritätsverhältnis von vornherein in Frage.

Dass es nicht um einen älteren und einen jüngeren Leviten gehen kann, wie Burney meinte, zeigt sich auch daran, dass die Formel Ri 18,19 von den Danitern bei ihrer Abwerbung des Leviten ebenfalls verwendet wird. Tatsächlich gibt es eine Reihe von Stellen, an denen die Bezeichnung „Vater" und „Mutter" metaphorisch verwendet werden. Dass das אב „Vater" hier speziell ein Titel ist, der den Priester in seiner kultischen Rolle als Orakelgeber bezeichne, wie R. G. Boling meint, ist möglich, doch lässt sich das nicht sichern.[166] Spannenderweise taucht die Formel auch im Rahmen der Natansweisagung auf, um die besondere Autoritätsbeziehung zwischen Jhwh und dem von ihm erwählten König auszudrücken. Ähnlich wird auch Debora in Ri 5,7 als „Mutter in Israel" bezeichnet, was ihre besondere Autorität unterstreicht.

Wieso die Autoritätsfrage betont ist, kann man an der satirischen Eröffnung der Erzählung mit Michas Diebstahl und Verfluchung erkennen. Sohn und Mutter treten als Figuren auf, ein Vater ist nicht im Blick. Eigentlich erwartet der Leser, dass der Sohn bestraft oder zumindest zurechtgewiesen wird, doch stattdessen nimmt die Satire mit dem Kultbild ihren Anfang. Meiner Ansicht nach hängt die Einsetzung des Leviten zur Autoritätsperson unmittelbar mit der zweifelhaften Moral Michas zusammen. Und deswegen kann zum Abschluss des ersten Teils der Erzählung Micha auch ausrufen, dass Jhwh es ihm gut ergehen lassen werde, weil er einen Leviten zum Priester hat. Das lässt im Übrigen aufgrund der enthaltenen Anspielung auf die Heilszusagen des Deuteronomiums bei den Lesern, denen die Verfehlungen gegen das dtn Gesetz bewusst sind, das Gegenteil erwarten. Jedenfalls zeigt gerade Ri 17,13 ein weiteres Mal, dass der Levit nicht von vornherein als Priester seinen Dienst antritt. Offenbar wird auf der Figurenebene über die von Micha ausgedrückte Hoffnung, dass Jhwh Segen spendet, weil ein Levit als Priester an seinem Heiligtum Dienst tut, nun erwartet, dass der Fluch vom Anfang endgültig entkräftet ist. Als moralische Autorität ist der Levit im Blick,[167] und ein entsprechendes Vorwissen wird bei den intendierten Adressaten auch vorausgesetzt.

---

166   An allen Stellen, die *Boling*, Judges, 257, dafür nennt, lässt sich אב bzw. אם auch als Umschreibung einer besonderen Autorität begreifen.
167   Vgl. *Groß*, Richter, 778.

Im Fortgang wandelt sich die Erzählung von der Satire zu einer regelrechten Polemik, die sich gegen das einstige Heiligtum des Nordreiches in Dan richtet. Dies setzt damit ein, dass eine Reihe von Informationen als bekannt vorausgesetzt werden. So hören die Daniter, die in die Nähe gekommen sind, die Stimme des Leviten. Dass sie ihn als aus dem Süden kommend erkennen, ist zwar einleuchtend,[168] warum er im Freien zu hören ist, bleibt unklar. Micha berichtet den Danitern, wie er in den Dienst des Mannes gekommen und sein Priester geworden ist. Daraufhin lassen sie ihn Gott für sie befragen, was nach den vorangehenden Informationen über die Kultstätte, bereits ein polemischer Seitenhieb gegen die Daniter ist. Die sofortige Antwort, impliziert, dass eine Gottesbefragung nicht stattgefunden hat, wodurch die Einnahme von Lajisch als tragische Entwicklung erscheinen soll.[169] Dem entspricht die Betonung der Friedlichkeit der Stadt und das Fehlen jeglicher antikanaanäischer Polemik. Der negative Einblick in die Landnahmezeit, der dem Zeugnis des Josuabuches widerspricht, wird damit abgeschlossen, dass der Levit mehr oder minder gewaltsam[170] von den Danitern verschleppt wird, die ihn nun ihrerseits für sich zum Vater – also als Autoritätsperson – und zum Priester einsetzen. Zuletzt werden die Daniter noch einmal von Micha zur Rede gestellt, der sich darüber beklagt, dass man ihm seine Götter und seinen Priester weggenommen habe. Dies dient einer weiteren negativen Beurteilung des Heiligtums in Dan. In seiner Rede, spricht Micha im Pl. von Göttern, was Jerobeams Aussagen über die von ihm angefertigten Kultbilder (1Kön 12,28) entspricht.

Die Erzählung schließt mit einem zweifachen Ausblick. Dieser ist aufschlussreich in Bezug auf die Polemik gegen das Heiligtum in Dan. Ri 18,30 stellt fest, dass die Daniter das Götterbild des Micha aufrichteten und dass Jonathan, der Sohn Gerschom, der Sohn des Mose und seines Söhne in Dan Priester waren bis zur Wegführung des Landes, womit nur die Zerstörung des Nordreiches durch die Assyrer gemeint sein kann.[171] Die ätiologische Notiz

---

168 Vgl. *Boling*, Judges, 263.
169 So *Boling*, Judges, 263.
170 Zwar handelt es bei der Formel וישאלו לו לשלום in einigen Kontexten um einen Gruß (Gen 43,27; 1Sam 30,21), doch ist die Formel mehrdeutig. *Boling*, Judges, 264, und zuletzt *Groß*, Richter, 751, haben die Stelle entsprechend interpretiert. Doch ist schon in Ri 18,14 angedeutet, dass ein Raub geplant ist. In Ri 18,16 wird dargestellt, dass das Haus umstellt wird, während die Kultgeräte aus dem Haus gebracht werden. Die Formel ist also zumindest ironisch gesetzt. Sie wird zudem vom Leviten nicht mit einem Gruß erwidert und dürfte auf die an die belagerte Stadt gerichtete Aufforderung zur Kapitulation וקראת אליה לשלום in Dtn 20,10f. anspielen.
171 Dieser Aspekt legt eine relativ späte Abfassung nahe, da noch die Chronik nicht von einer vollständigen Deportation Israels durch die Assyrer ausgeht. Wenn עד יום גלות הארץ (Ri 18,30b) die vollständige Deportation des Nordreiches bezeichnet, dann muss Ri 17f.

verbindet das Kultbild des Micha und seinen Leviten mit einer Priesterdynastie in Dan, die auf Mose zurückgeführt wird. In Ri 18,31 geht es noch einmal um das Götterbild. Von dem heißt es, dass es solange in Dan stand, wie das Haus Gottes in Schilo war. Letzteres dient der abschließenden negativen Charakterisierung des Heiligtums von Dan als unerlaubtem Kultort. Gleichzeitig wird aber zusammen mit dem vorangehenden Vers ein Blick auf die Zeit zwischen dem Ende des Heiligtums in Schilo und dem Ende des Heiligtums von Dan vorausgeblickt. Mit Schilo wird der Anfang der Königszeit aufgerufen, wodurch die Funktion von Dan als Reichsheiligtum und die Aufstellung der Kultbilder durch Jerobeam in den Blick kommen. Wahrscheinlich sollte man so schließen, dass Michas Bild bis zur Reichsteilung verehrt wurde.[172]

Die Erwähnung des Mose und die Versuche in den Varianten,[173] diese zu verdecken, sprechen dafür, dass es sich nicht um einen Zusatz, sondern um eine ältere Information über das Heiligtum von Dan handelt, an die sich die satirisch-polemische Erzählung angeheftet hat. V. 30 kann ein Zitat aus einem älteren Kontext oder nur die Formulierung des Hintergrundwissens der intendierten Adressaten sein, woran man die Anfertigung eines Kultbildes und seine Verehrung sowie den Diebstahl durch den Stamm Dan als polemisch reformulierte Version einer älteren nordisraelitischen Kulttradition[174] geheftet hat.

Anders als mit einer solchen überlieferungskritischen Erklärung der Bemerkung in V. 30 und der Erzählung insgesamt, die darin gesichert ist, dass Ri 18,30 bei den Lesern wohl die Kenntnis der Priesterdynastie in Dan voraussetzt, versucht S. Schulz eine redaktionsgeschichtliche Erklärung, indem sie den Vers als literarischen Zusatz aussondert.

Zunächst stellt sie als Kohärenzproblem die erst nachträgliche Identifikation des Leviten heraus: „Nachdem in V. 30a die Aufstellung des Pesel berichtet wurde, nennt V. 30b den Namen des Priesters am danitischen Heiligtum. Will man diesem Vermerk nicht von vornherein jeden Sinn absprechen, ist Jonathan ben Gerschom ben Mose mit dem

---

ähnlich spät abgefasst sein wie 2Kön 17. Wenn es nur die Deportation der Priesterschaft bezeichnet, könnte es sich auf die Ereignisse von 722 beziehen und älter sein.

172 Dan wurde wahrscheinlich erst am Ende des 9. oder am Anfang des 8. Jh. v. Chr. Teil des Nordreiches. Die Erzählung könnte aus der Zeit Jerobeams II. stammen und stellt eine literarische Projektion dieser Zeit dar. Vgl. *Frevel*, Geschichte, 184f.

173 LXX und Vg. sowie ein Teil der masoretischen Überlieferung bezeugen משה „Mose". Die Einfügung von נ, wodurch מנשה „Manasse" entsteht, soll die „Verfehlung" der Mose-Familie verschleiern.

174 Eine solche sah *Noth*, Überlieferungsgeschichte, 202, außerdem in Ex. 2,22; 4,20.24–26.

bislang namenlosen levitischen Priester zu identifizieren; der Name wird freilich überraschend spät im Erzählverlauf mitgeteilt, was wohlgemerkt bereits auf eine nachträgliche Einfügung hinweisen könnte." Als weiteres Problem hebt sie hervor, dass der in 18,31 angegebene Zeitpunkt, bis zu dem das Schnitzbild in Dan stand, mit dem Ende des Hauses Gottes in Schilo verbunden wird, was sich „inneralttestamentlich kaum niedergeschlagen"[175] habe. Sie sieht zu Recht als Intention der Erwähnung des Vorgängerheiligtums, das Heiligtum von Dan „als jahwefern"[176] zu erweisen. Die literarischen Probleme erklärt sie aber mit der redaktionellen Bearbeitung: „Durch Ri 18,30 weitet ein (womöglich) späterer Bearbeiter die Zeitspanne des schändlichen Daner Kultes aus und integriert sogar das mosaische Geschlecht in den allgemeinen Verfall. Passend zur Landnahmethematik in Ri 18 datiert der Bearbeiter den Beginn der Priesterdynastie des Daner Heiligtums in die zweite Generation nach Mose; zu ihrem Ende kommt sie erst durch das Exil."[177]

So typisch die literarkritische Entfernung von problematischen Passagen ist, so wenig löst diese Annahme bei Ri 18,30 das Kohärenzproblem. Eine Erklärung (wie von Schulz angekündigt[178]), warum man „das mosaische Geschlecht in den allgemeinen Verfall"[179] integriert hat, fehlt. Tatsächlich ist in den Ri 18,30f. ebenso wie in der vorangehenden Erzählung die polemische Absicht spürbar.

---

175 *Schulz*, Anhänge, 185.
176 Ebd.
177 Ebd., 188.
178 „Durch die Eintragung der Bet-El-Szenen an den ersten beiden Kampftagen gerät die Verortung der Bundeslade und des Aaroniden Pinhas in Bet-El unweigerlich ins Zwielicht – es entsteht der Eindruck, als sei der Priester maßgeblich an dem kritisierten Kult beteiligt. Diese Lesart dürfte die Einfügung von 18,30 begünstigt haben, die den danitischen Frevelkult zeitlich ausdehnt von der zweiten Generation nach Mose bis zum Exil und nun auch das mosaische Geschlecht selbst in den schändlichen Kult involviert" (*Schulz*, Anhänge, 193). Sie bezieht sich hier auf die Befragung *Jhwhs* in Bet-El. Allerdings wird ja in Ri 20,27f. der Dienst des Pinhas in Bet-El mit der Anwesenheit der Bundeslade entschuldigt. Dadurch erscheint weder die Anwesenheit des Pinhas noch der Kult von Bet-El in einem schlechten Licht, sondern als mit der Überlieferung konform. Lediglich die Nennung des Ortsnamen Bet-El reicht für einen negativen Zusammenhang mit dem Kult von Dan nicht aus. Letzterer freilich bleibt ja aufgrund der Erzählung vom Kultbild in Ri 17f. polemisch und das völlig unabhängig von der Erwähnung der Mosefamilie in Ri 18,30.
179 Ebd., 188.

7.7.2 Ri 19f.

Schon J. Wellhausen sah Ri 19f. als spät an.[180] Aufgrund des gemeinsamen Handelns der Stämme rückte er den Text von seinem Kontext ab.[181] Tatsächlich hat man den Eindruck, wenn man Ri 17f. mit 19f. vergleicht, als gehörten die beiden Erzähltexte zu unterschiedlichen Epochen. In Ri 18 scheint die Landnahme noch nicht abgeschlossen zu sein, in Ri 19f. haben die Stämme dagegen ihr Territorium eingenommen.[182] Allerdings gibt es doch eine Reihe von Bezügen zwischen den beiden Erzählungen, die einen Zusammenhang erkennen lassen. Es sind die beiden einzigen Leviten, die im Buch eine Rolle spielen, und beide bleiben in den Erzählungen anonym. Beide haben es mit eigentümlichen Familiensituationen zu tun: Der jugendliche Levit in Ri 17f. wird quasi Sohn eines Mannes, der seine Mutter bestohlen hat. Der Levit vom Gebirge Ephraim Ri 19 behandelt seine Frau zunächst ohne jeglichen Respekt. Auch mit ihrem Leichnam geht er ohne Pietät um, wobei er weder Trauer noch Mitgefühl zeigt. Sodann entsprechen Orte und Wege einander: Der Levit in Ri 19 geht dorthin, wo der andere Levit ursprünglich hergekommen ist. Seine Frau stammt in diesem Fall aus Juda, wohin sie zurückgekehrt ist. Auf dem Höhepunkt der Erzählung gehen die beiden Leviten den gleichen Weg. Die Erzählungen sind ähnlich kurz und werden ähnlich mehrdeutig eingeführt. In beiden Fällen wird darauf verzichtet, den Ortsnamen des Wohnortes auf dem Gebirge Ephraim zu benennen. Grundlegend ist die ambivalente Rolle sowohl der Israeliten als auch der beiden Leviten.[183] Alle diese Aspekte lassen meiner Meinung nach einen Zusammenhang vermuten.[184]

In Ri 19 kommt der Levit nach Betlehem, um seine Nebenfrau zurückzuholen. Der Grund für die Rückkehr seiner Frau in das Haus ihres Vater ist schwierig zu erfassen. Wegen der Konstruktion ותזנה עליו (V. 2) mit על ist es

---

180 Vgl. *Wellhausen*, Prolegomena, 135. Zuletzt hat *Edenburg*, Dismembering, 321–334 (zusammenfassend), anhand der erkennbaren Querbeziehungen mit anderen Texten herausgearbeitet, dass der zweite Anhang sehr spät zum Abschluss einer eigenständigen Richterbuches angehängt wurde, um die nachfolgende Geschichte Sauls zu relativeren.

181 *Wellhausen*, Prolegomena, 232f., überlegt, ob die zugrundeliegenden Ideale bereits Deuteronomium und Priesterschrift voraussetzen. Zur Diskussion der verschiedensten Datierungen vgl. *Schulz*, Anhänge, 10–13.

182 So *Aranoff*, Connection, 79.

183 Siehe dazu das Resümee unten, 253f. Die Rabbinen haben einen intendierten Zusammenhang zwischen der fehlenden Bestrafung für das Götterbild auf der einen und dem radikalen Gericht an den Benjaminitern auf der anderen Seite ausgemacht und die erste Niederlage der Israeliten gegen die Benjaminiter mit dem Zusammenhang erklärt. Vgl. dazu *Aranoff*, Connection, 80f. Sie führen die zusammengehörenden Ambivalenzen mit der Methode des Midrasch theologisch noch näher aneinander heran.

184 *Hacket*, Violence, 361, hat aufgrund der Bezüge zwischen den Erzählungen und der kritischen Sicht der beiden Leviten einen gemeinsamen Autor vermutet. Ich halte das nicht für unwahrscheinlich.

üblich, mit einem Teil der LXX-Überlieferung und Lat. eine Verbform זנה II „erzürnt sein" anzunehmen.[185] Die Nähe zur Wurzel זנה I ist allerdings meiner Ansicht nach zu berücksichtigen, da sie das Handeln in ein negatives Licht taucht. Der bildliche Gebrauch von זנה für den Abfall Israels von seiner Gottesbeziehung u.a. bei Ezechiel und Hosea zeigt außerdem,[186] dass es bei זנה I nicht um Prostitution gehen muss, sondern auch die Infragestellung einer legitimen Beziehung ausgedrückt sein kann. In diese Richtung interpretiert TJon mit der Wiedergabe mit ובסרת עלוהי „und sie verachtete ihn" die Stelle. Dem folgt auch die rabbinische Überlieferung, die das Weggehen der Frau außerdem auf ein unverhältnismäßiges Verhalten des Mannes zurückführt.[187]

Für das Verständnis der Erzählung wäre es eigentlich nötig, über die rechtliche Position der Nebenfrau (פלגש) Näheres zu wissen, doch leider bieten die Texte wenig Aufschluss.[188] In der Erzählung wird der Vater der Frau allerdings als Schwiegervater, der Levit selbst als Schwiegersohn bezeichnet (Ri 19,4), weswegen eine ähnliche rechtliche Stellung zu vermuten ist wie bei einer (nur) als אשה bezeichneten Ehefrau. Der Levit in Ri 19 scheint weniger bedürftig zu sein als jener in Ri 17f., denn neben einem Haus hat er offenbar mehrere Frauen. Außerdem reist er mit einem Knecht und mit einem Gespann Esel. Der Konzeption des Deuteronomiums entspricht die Erzählung insofern, als der Levit als Fremdling im Gebirge Ephraim eingeführt wird.

Um alle Implikationen der Erzählung aufzudecken, ist es nötig, die Vorstellung der biblischen Texte von der Ehe zu berücksichtigen. In der patriarchalischen Gesellschaft, in der eine Frau mit der Eheschließung rechtlich aus der Verfügung ihres Vaters in die Verfügung ihres Ehemannes und in dessen Haus übergeht, kann man es kaum für selbstverständlich halten, dass eine Frau ohne Einverständnis ihres Mannes in ihre Familie zurückkehren konnte.[189] Dass man die Handlung der Frau mit dem Verbum זנה charakterisiert, könnte der rechtlichen Stellung der Nebenfrau geschuldet sein, und auch seine Absicht mit ihr zu reden (לדבר על לבה – V. 3), könnte auf eine Zurechtweisung im Sinne von „ihr ins Gewissen reden" hinauslaufen.[190]

---

185 Zur Diskussion der Etymologie und der Versionen sowie Konjekturvorschlägen vgl. *Groß*, Richter, 806.

186 Vgl. Ges[18], 306.

187 Siehe bGit 6b, wo ein Zusammenhang zwischen dem Verhalten des Mannes und dem Resultat in der Tötung vieler Israeliten hergestellt wird. Vgl. weiter zur rabb. Überlieferung *Gunn*, Judges, 245.

188 Vgl. *Engelken*, פלגש, 587.

189 Anders *Kessler*, Die Sklavin als Ehefrau, 132.

190 Üblicherweise wird paraphrasiert, der Mann wolle ihr freundlich zureden, doch ist das Herz nicht einlinig Ort der Emotionen. Das gilt im übrigen auch für den Gebrauch der Phrase ודברתי על לבה in Hos 2,16, die sich an die Charakterisierung von Israels Abfall anschließt. Gegen *Wolff*, Hosea, 50, nach dem die Wendung wie in Gen 34,4; Ru 2,13 „ganz

Da von der Frau sonst nichts berichtet wird, wirft das Weggehen der Frau aber auch ein negatives Licht auf den Leviten. Dubios sind dann auch die Reaktionen des Gastgebers und des Leviten in Gibea, wobei ein Zusammenhang mit Gen 19 offenkundig ist.[191] Der Gastgeber lädt die Wandernden in den Schutz seines Hauses ein. Als dieses von Vergewaltigern attackiert wird, bietet er seine Tochter und die Frau des Leviten als Ersatz an, doch der Levit bringt dann nur seine Frau hinaus zu den Männern, die das Haus umstellt haben.[192] Für den Fortgang der Handlung und die Charakterisierung des Leviten ist wesentlich, dass er seine Frau ohne jegliche Kommunikation den Vergewaltigern ausliefert und damit aus dem Schutz des Hauses und aus seinem Schutz entlässt. An dieser Stelle spricht nichts dafür, dass es sich bei ihr um eine freie Frau handelt.[193]

Dieser Erzählzug gehört zur ambivalenten Figuration des Leviten, und dazu gehört dann auch die Darstellung der Behandlung der Frau nach dem Missbrauch. Die Darstellung der Rückkehr der Frau und wie sie auf der Schwelle zusammenbricht, soll ohne Zweifel Anteilnahme beim Leser erzeugen. Doch die Handlung des Leviten widerspricht dem massiv.[194] Man erwartet, dass der Levit zunächst den Tod seiner Frau feststellt und dass er in irgend einer Weise sein Bedauern oder seine Anteilnahme ausdrückt. Doch er verfährt mit ihrem Leichnam ähnlich, wie er mit ihr am Vorabend verfahren ist. Er lädt sie auf, bringt sie heim und zerteilt sie wie ein Stück Vieh. Hierbei handelt es sich um einen auch für die Antike unerträglichen[195] respektlosen Umgang mit einer Verstorbenen, der meiner Ansicht nach nur aufgrund des Bezuges zu 1Sam 11 Sinn ergibt.[196] Die verweigerte Bestattung könnte als ein das Land

---

in der Sprache der Liebe eines Mannes zu seiner Frau" bleibt. Das Äquivalent von Hos 2,16f. sind die erste Wüstenwanderung und die erste Landgabe. Die Wüstenwanderung dürfte eher als Zeit der Erziehung im Blick sein: „Daher siehe, ich will sie verführen und sie in die Wüste führen. Und ich werde ihr ins Gewissen reden."

191 Zum Zusammenhang siehe *Groß*, Richter, 819.
192 Dies wird bspw. von *Groß*, Richter, 825, zum Anlass für die Annahme eines Zusatzes genommen.
193 Gegen *Kessler*, Die Sklavin als Ehefrau, 132.
194 *Hacket*, Violence, 361, weist ausdrücklich darauf hin, dass der Erzähler dem Leviten kritisch gegenübersteht.
195 Die vielen Grablegungsgeschichten, die Riten des Beweinens der Verstorbenen, aber auch Darstellungen von Ausnahmesituationen wie in 2Sam 21,10–14 zeigen, dass auch im Alten Israel trotz der allmählich aufkommenden Ablehnung einer Ahnenverehrung ein respektvoller Umgang mit Toten selbstverständlich gewesen ist.
196 Die Zerteilung in zwölf Teile dürfte auf die Zusammenrufung der Stämme bezogen sein. *Schulz*, Anhänge, 46, meint zwar, dass bei einer einzelnen Versendung von Gliedern in Ri 19,29 bei וישלחה בכל גבול ישראל „eher ein pluralisches Objekt zu erwarten" sei und „der Empfang einer zerstückelten Frauenleiche eher die Reaktion der Empfänger in V. 30" erkläre: „Wenn sie angesichts der Sendung die implizierte Schandtat als beispielloses Verbrechen bewerten, ist vorausgesetzt, dass die Sendung eine klare Botschaft

treffender Fluch zu verstehen sein, wodurch sich ein Zusammenhang mit den Anhängen der Samuelisbücher und der Rizpageschichte (2Sam 21,10–14) auftut. Die Handlung als Ausdruck der Entrüstung, lässt zugleich eine unerträgliche Gleichgültigkeit des Leviten seiner Frau gegenüber erkennen.

Die Feststellung, dass solches noch nicht gesehen worden sei, seit man aus Ägyptenland herausgezogen sei (Ri 19,30), scheint sich zwar noch nicht auf den nächtlichen Überfall, sondern auf die herumgeschickten zwölf[197] Körperteile zu beziehen, doch impliziert die Aufforderung, über dieses Zeichen nachzudenken und zu beraten (30b), dass man erwartet, dass es verstanden wird. Tatsächlich ist als Hintergrund 1Sam 11,1–11 zu vermuten,[198] was sich auch deswegen nahelegt, weil in Ri 21,8–24 Jabesch eine Rolle spielt. Hinzu kommt, dass das Zerstückeln der Leiche in besonderer Weise die durch die Gewalttat zerstörte Integrität der Person symbolisieren dürfte, wie es im Osirismythos der Fall ist.

Eine übermäßige Rache nimmt danach ihren Lauf, die zunächst zweimal scheitert und dies trotz einer Zusage *Jhwhs*.[199] Nimmt man die Zerteilung der Rinder durch Saul in 1Sam 11,7 als Hintergrund, der damit als militärischer Anführer seinen Zorn ausdrückt und sie mit der Aufforderung zur Beteiligung am Krieg an die Stämme Israels aussendet, dann ist entsprechend eine Aufforderung des Leviten zum Krieg, der durch die Aussendung von Leichenteilen verschärft wird, zu sehen. Auch am Übergang zum Strafgericht an den Benjaminitern werden mehrere Informationen im Hintergrund vorausgesetzt. Vielleicht ist es auch hier der Zusammenhang mit einer Textvorlage (hier 1Sam 11), der Kohärenzprobleme hervorgerufen hat. Schon Wellhausen ist die Tatsache aufgefallen, dass das Volk wie selbstverständlich in Mizpa zusammenkommt, was in irgend einer Weise eine dort ansässige Institution vermuten lässt.[200]

---

transportiert. Dies trifft eher auf eine zerteilte Frauenleiche zu als auf ein abgetrenntes Gliedmaß, an dem im Zweifelsfall nicht einmal der Tod der Person abzulesen ist." Doch liegt die Betonung auf dem ganzen (!) Gebiet Israels. Faktisch wird die Leiche potentiell erst durch das Zusammenkommen der Israeliten wieder vereint. Die Verteilung von Leichenteilen im ganzen Land dürfte unterstreichen, dass dieses sich unter dem Fluch befindet. Eine Parallele ist die Verteilung der Leichenteile des Osiris in Ägypten. Die vierzehn Teile hängen dort mit der Zahl der unterägyptischen Gaue zusammen. Vgl. dazu *Fischer*, Tod, 18f.

197 Die Zwölf-Zahl symbolisiert die Vollständigkeit. Die Zahl lässt sich den Stämmen nicht zuordnen, weil vom Gebiet gesprochen wird und Levi kein Gebiet besitzt. Und auch Benjamin dürfte nicht als Adressat im Blick sein.
198 Vgl. *Schulz*, Anhänge, 45.
199 Dies ist der Aspekt, den die Rabbinen mit der Sünde wegen Michas Götterbild verbinden. Siehe dazu oben, 246, Anm. 183.
200 „Auf grund [sic] von Hier. 40ff. ist Mispha vermutlich auch in Jud. 20.; 1. Sam. 7; 10 bestimmt, die Stelle Jerusalems zu vertreten, des allein legitimen, damals aber noch nicht

Abgesehen von der Tatsache, dass von der Fremdlingschaft des Leviten die Rede ist, lässt in Ri 19f. zunächst nichts die Nähe zum Deuteronomium erkennen. Das ändert sich nach dem Zusammenkommen des Volkes in Mizpa. Bei der ultimativen Aufforderung an die Benjaminiter, die Leute von Gibea herauszugeben (Ri 20,13), auf die Formel „er sterbe, und du wirst das Böse aus deiner Mitte wegtun" zurückgegriffen.[201] Man kann überlegen, ob hier Dtn 24,7 aufgegriffen wird und auch die Regel von der von *Jhwh* abgefallenen Stadt (Dtn 13,13–19) im Blick ist. Ein kreativer Umgang mit dem Deuteronomium scheint deutlich zu sein. Der Levit präsentiert sich in diesem Zusammenhang jedenfalls wie ein Ankläger, der Konsequenzen fordert, wobei sich allerdings sein Zeugnis signifikant von der Darstellung der Ereignisse unterscheidet. Das mag man auf Überarbeitungen zurückführen, doch hat es ein weiteres Mal zur Folge, dass der Levit in einem zweifelhaften Licht erscheint.

Die Erzählung setzt sich so fort,[202] dass die Israeliten zunächst zwei erfolglose, aber opferreiche Angriffe unternehmen und dann erst erfolgreich gegen die Benjaminiter ziehen, nachdem jene sich weigern, die Männer von Gibea herauszugeben. Alle dreimal scheinen die Kriegszüge allerdings durch eine Gottesbefragung abgesichert zu sein (Ri 20,18.23.28). Bei der dritten Befragung, von der es wie in Ri 20,18 explizit heißt, dass sie in Bet-El geschieht, wird einerseits ergänzend festgehalten, dass sich zu jener Zeit die Bundeslade dort befand und der Aaronide Pinhas Dienst tat. An dieser Stelle könne ein ähnlicher Seitenblick wie in Ri 18,30 nun auf das zweite Heiligtum des Nordreiches Bet-El geworfen werden. Tatsächlich könnte hier ein Hinweis auf eine genealogische Verbindung zwischen den Nachfahren Aarons und Bet-El vorliegen, die allerdings durch die Anwesenheit der Bundeslade entschärft wird, was auch eine sekundäre Erklärung dafür sein könnte, dass der dritte Kriegszug erfolgreich ist.

7.7.3 *Die Einsetzung von Priestern durch* Jerobeam I

Die Erzählungen über die beiden Leviten im Richterbuch waren mit der Vorgeschichte der beiden Reichsheiligtümer des ehemaligen Nordreiches Israel verbunden. Während Bet-El auch aus anderen Zusammenhängen als traditioneller Ort eines Heiligtums bekannt ist – Gen 28 ist offenbar eine

---

vorhandenen Heiligtums" (*Wellhausen*, Prolegomena, 338). Daraus entwickelte Noth, Überlieferungsgeschichtliche Studien, 97.10, die These, der Autor des dtr Geschichtswerkes stamme aus Mizpa und Bet-El. Dies wurde von *Veijola*, Verheißung, 176–210, ausformuliert und mit der These einer exilischen Klagefeier verbunden.

201 Siehe Dtn 13,6; 17,7.12; 21,21f.24; 24,7. Es handelt sich um die einzige Stelle außerhalb des Deuteronomiums, an der die Formel wörtlich gebraucht ist.

202 Hier kann nicht weiter auf die danach folgende Restitution Benjamins eingegangen werden. Vgl. dazu *Schulz*, Anhänge, 53–65.117–122.

Kultlegende –,[203] kommt Dan abgesehen von einer Erwähnung als geographische Angabe in Gen 14,14 im Pentateuch nicht vor. Für Dan gibt es im Rahmen der Erzelterngeschichten keine Kultlegende.

J. Robker hat versucht, aus dem dtr Geschichtswerk den Beginn eines israelitischen Geschichtswerkes zu rekonstruieren, das seinen Anfang beim Königtum Jerobeam I. hatte. Eine Rekonstruktion, die methodisch auf Literar- und Redaktionskritik beruht, könnte die Vorlagen allerdings nur dann evident bestimmen, wenn in der Literargeschichte immer nur additiv gearbeitet wurde, was generell unwahrscheinlich ist. Die Wahrscheinlichkeit, dass eine solche Rekonstruktion ausgehend von 1 Kön 11–13 möglich ist, ist aufgrund der Verarbeitung einer Vorlage aus dem ehemaligen Nordreich aus ideologischen und aus formalen Gründen noch einmal geringer: 1. Das Geschichtswerk war nicht mit dem eigenen Königtum, der eigenen Form der *Jhwh*-Verehrung und nicht mit der eigenen Geschichtssicht verbunden, sodass man relativ frei mit der Vorlage umgehen konnte. 2. In den dtr Geschichtsbüchern wird mehrfach auf eine Vorlage der Geschichte des Nachbarreiches verwiesen. Sie trägt den Namen „Buch der Chroniken der Könige Israels" (ספר דברי הימים למלכי ישראל; vgl. 1Kön 14,19; 15,31, 16,5 u.ö.). Die dtr Königebücher erheben somit nicht den Anspruch, die ältere Darstellung der Geschichte des Nordreiches ersetzen zu wollen. Aus formalen Gründen gab es somit keinen Anlass, den Wortlaut des älteren Werkes zu übernehmen.

Bei Robkers Ergebnis ist bereits unerklärlich, warum eine Geschichte des Nordreiches, die mit Jerobeam I. beginnt, damit einsetzen soll, dass er Salomo diente (1Kön 11,26–28).[204] Seine Rekonstruktion beruht auf dem biblischen Konzept des Gegenübers von Nord- und Südreich sowie der Dominanz Judas, doch ist beides offenkundig anachronistisch. Nichts spricht dafür, dass man im Nordreich bei der Darstellung der eigenen Geschichte der judäischen Ideologie gefolgt ist.

Trotz der Kritik an der Methodik und den aus ihr resultierenden Rekonstruktionsvorschlägen scheint mir die Suche nach einem israelitischen Geschichtswerk berechtigt zu sein. Allerdings ist es nur möglich, traditionskritisch und überlieferungskritisch auf ein solches zurückzuschließen. Denn bei der Abfassung der Samuelis-/Königebücher ging man mit hoher Wahrscheinlichkeit literarisch kreativ mit den entsprechenden Vorlagen um. Das führt zu dem zurück, was wir über Ri 17f. gesagt haben. Im Hintergrund der am Ende polemischen Legende über den Ursprung des Heiligtums in Dan mögen Informationen oder auch ein Text stehen, die den Ursprung des Heiligtums

---

203 Vgl. *Maag*, Hieros Logos, 30.
204 Gegen *Robker*, Jehu, 118f.

noch unpolemisch darstellten. Ein ähnliches Verhältnis ist auch zwischen 1Kön 11f. und seiner Vorlage zu vermuten. Abgesehen von der besonderen Bedeutung Jerobeams[205] für die Gründung des Reiches, seiner Beziehung nach Ägypten,[206] die sich aufgrund einer Nähe zur Mosegeschichte geradezu aufdrängt, und den Bau der Reichsheiligtümer durch ihn, kann man aus 1Kön 11f. noch auf eine prophetische Vermittlung[207] seiner Herrschaft in der Vorlage zurückschließen.

Die Einsetzung der Reichsheiligtümer in Dan und Bet-El (1Kön 12,26–33), was in den dtr Königebüchern immer wieder als die Sünden Jerobeams (חטאות ירבעם; vgl. 1Kön 13,34; 15,34; 16,2.19.26.31; 2Kön 13,6; 25,24.28) bezeichnet wird, dürfte in der Literatur des Nordreiches als ein Identität stiftendes Ereignis vergleichbar mit dem Bau des Jerusalemer Tempels durch Salomo erinnert worden sein. Die ursprüngliche Bedeutung der beiden Heiligtümer des Nordenreiches zeigt sich indirekt daran, dass sie in Ex 32 bereits in der Pentateuchüberlieferung wegen des Kultbildes als Sünde gegen *Jhwh* gelten. Ein traditionsgeschichtlicher Zusammenhang zwischen Ex 32 und 1Kön 12[208] liegt dabei auf der Hand. Meiner Ansicht nach ist die abschließende Bemerkung in 1Kön 12,31, dass Jerobeam Priester einsetzte, für die Frage nach der Verbindung des Priestertums mit Aaron aufschlussreich. Denn aufgrund von Ex 32 kann es keinen Zweifel geben, dass Aaron traditionsgeschichtlich im Norden beheimatet ist und dass er mit der Anfertigung des Kultbildes in einem Zusammenhang stand. Die Tradition, die das Priestertum auf ihn zurückführt, dürfte somit zusammen mit der Pentateuchtradition insgesamt aus dem ehemaligen Nordreich stammen.[209] Dass er angesichts der polemischen Aufnahme seiner Anfertigung des Kultbildes und der harschen Bestrafung des Volkes im Pentateuch bis zu seinem Tode seinen Platz neben Mose in der Pentateuchüberlieferung behauptet, ist dafür ausreichend Beweis.[210] Wir hatten festgestellt, dass das Priestertum Aarons im priesterlichen Pentateuch mit dem deuteronomischen Konzept verbunden wurde, was dazu führte, dass Aaron zum Leviten und zum Bruder des Mose wurde. Die Kritik an Jerobeam, dass er Priester einsetzte, die keine בני לוי waren, steht in einer Spannung zu der

---

205 Auffällig ist die Feststellung, dass seine Mutter Witwe war.
206 Dieser Aspekt wird in einem ausführlicheren Bericht in der LXX ausformuliert. (3Kön 12,24a-z). Für *Robker*, Jehu, 124, macht diese Betonung von familiären Verbindungen Jerobeams mit dem Pharao einen sekundären bzw. judäischen Eindruck. Meiner Ansicht kann man in Anschluss an *Benzinger*, Könige, 83, wonach die Notiz der LXX über Jerobeam traditionsgeschichtlich hinter 1Kön 11,19f. steht, eher schließen, dass von Jerobeams Heirat in der ursprünglichen Vorlage erzählt wurde.
207 Vgl. *Robker*, Jehu, 125.
208 Siehe dazu zusammenfassend *Koenen*, Bethel, 212.
209 Vgl. dazu oben, 120–188.
210 Vgl. dazu zuerst *Heckl*, Religionsgeschichte, 208f.

Systematisierung von Priestern und Leviten im priesterlichen Pentateuch und geht ihr offenbar voraus. Wenn die Notiz über die Anwesenheit von Pinhas in Ri 20,28 die Verbindung der Aaroniden mit Bet-El einträgt, wäre auch diese Notiz mit 1Kön 12,31f. vereinbar, wenn die Aaroniden noch nicht als Leviten gegolten haben sollten. Ri 20,28 wäre dann eine Notiz, die die priesterliche, auf der Grundlage des Deuteronomiums entwickelte Konzeption ebenfalls noch nicht gekannt hat.

Für die Frage nach den Leviten ergibt sich, dass die dtr Tradition das seit der späten Königszeit und zuerst in der Mosegeschichte und im Deuteronomium formulierte Ideal, dass nur levitische Priester am *Jhwh*-Heiligtum tätig sein dürfen, ihrer Kritik an Jerobeam zugrundelegt.[211] Sie setzt aber selbst für die Abfassungszeit voraus, dass es andere, nichtlevitische Priester geben kann. Die Kritik von Jerobeams Handeln lässt indirekt erkennen, dass die Rede von den levitischen Priestern eine späte Innovation ist, die vom Südreich ausging.

7.7.4 *Resümee*

Die beiden Erzählungen aus dem Richterbuch und die Notiz über die Aufstellung nichtlevitischer Priester durch Jerobeam (1Kön 12,31) sind literarische Zeugnisse für die Existenz und Bedeutung der Levitenkonzeption des Deuteronomiums.

Das Deuteronomium mit seinem die Leviten betreffenden Programm hat im Richterbuch zwei historische Konstruktionen nach sich gezogen, in denen Leviten scheitern. Die Richterzeit gilt auch explizit in den beiden Erzählungen als moralisch und religiös verwerfliche Zeit. Auf der Grundlage des Richterbuches bzw. der entsprechenden Überlieferungen wird von den theologischen und sozialen Konzeptionen des Deuteronomiums her das Problem aufgeworfen, wie Leviten in dieser Situation agiert hätten. Sie erscheinen entsprechend der Charakterisierung der Richterzeit zweimal als gescheitert: So wird ein junger Mann (נער), vielleicht noch ein Jugendlicher, der als Levit vermeintlich eine Autorität darstellt, zum Priester eingesetzt, wobei er sich allerdings weder kritisch seinem als moralisch anrüchig erscheinenden Herrn noch dessen Kultpraxis entgegenstellt. Für den zweiten Levit (Ri 19f.) wird ein problematischer familiärer Zusammenhang angedeutet. Er agiert wenig vorbildhaft in der Situation des nächtlichen Überfalls und übergibt seine Frau faktisch einer Gruppe von Vergewaltigern, erwirkt dann von den Stämmen eine Bestrafung, was sich aber zu einem Strafgericht am Stamm Benjamin und zu großen Verlusten für Israel insgesamt entwickelt.

---

211 Die Notiz lässt keine weitere Identifikation des Konzeptes erkennen, sodass sie nicht als literarisch sekundär einzustufen ist, wie *Samuel*, Von Priestern, 346, nur aufgrund des Gebrauchs von בני לוי meint.

Dass er sein Handeln im Anschluss an die Tat als eine radikale Anklage herausstellt (Ri 20,4–6), lässt eine Querbeziehung zu der Beurteilung der Vergewaltigung Dinas durch die Söhne Jakobs in Gen 34,7 und einen Rückgriff auf das Handeln von Levi und Simeon in Gen 34 erkennen. Der gleiche Rückgriff, der bei Mose in Ex 2f. zu einem positiven Beispiel für das Handeln eines Leviten führte, hat in Ri 19f. eine nationale Katastrophe zur Folge. Da der Levit sich nicht in gleicher Weise eingesetzt hat wie Mose, er sich zudem in Widersprüche verstrickt und er mit seiner radikalen Anklage verantwortlich für ein umfassendes Strafgericht an Israeliten ist, dient er als negatives Beispiel.

Die Anonymität der beiden Leviten (zumindest, was die Erzählung betrifft[212]) könnte dafür sprechen, dass man ein vom Deuteronomium bzw. vom Mosevorbild in Ex 2 her entworfenes Gegenbild schaffen wollte. Insofern hat die Rezeption der beiden Texte als geschichtliche Zeugnisse von Leviten in der älteren Forschung etwas Richtiges gesehen. Doch geht es den Autoren nicht um eine Darstellung der geschehenen Geschichte, sondern darum, kritisch anzumerken, dass Leviten weder als Priester noch als gesellschaftliche Autoritäten in der anarchischen Situation vor der Königszeit ihrem Ideal entsprechend hätten agieren können. Die beiden aufeinander bezogenen Erzählungen dienen so dem nachträglichen Ausgleich, indem sie verdeutlichen, dass Leviten die ihnen zugedachte Rolle erst in der späteren Zeit des Staates einnehmen. Und so setzen sie zwar die nichtlandwirtschaftliche Lebensweise der Leviten aufgrund des fehlenden Landbesitzes voraus, doch gehören sie offenbar nicht zu den *personae miserae*. Der junge Levit (Ri 17) sucht, selbst für seinen Lebensunterhalt zu sorgen, der Levit in Ri 19 verfügt über ein eigenes Haus und größeren Besitz. Beide Figuren durchbrechen das dtn Konzept der Versorgung der Leviten und zeigen so auf, was daraus resultieren kann. Vielleicht haben die beiden Texte daher indirekt einen Beitrag geleistet, das dtn Konzept in Num 35 und Jos 14 zu dem Konzept der 48 Levitenstädte weiterzuentwickeln.[213]

1Kön 12,31f. liegt mit den Levitentexten des Richterbuches insofern auf einer Linie, als man hier ebenso wie in Ri 17–20 das dtn Levitenkonzept in die Vergangenheit überträgt und nun auf dieser Grundlage Kritik an Jerobeam üben kann. Zusätzlich zu der Sünde Jerobeams, zwei vom Deuteronomium her verbotene Heiligtümer einzurichten, richtet er sich dort auch nicht nach dem dtn Ideal der levitischen Priesterschaft.

---

212 Zur Identifikation des Leviten in Ri 18,30 siehe oben, 243f.
213 Siehe oben, 176–180.

Die drei bearbeiteten Texte sind somit Zeugnisse für die Vorgeschichte der Identifikationsprozesse, die zu dem Konzept von Priestern und Leviten im Pentateuch geführt haben. Inhaltliche Einzelheiten bestätigen dies: Die satirische Erzählung Ri 17f., die sich zur Polemik gegen das Heiligtum von Dan entwickelt, lässt den Namen des Leviten bis zum Schluss offen und stellt erst in Ri 18,30 fest, dass Jonathan, der Sohn Gerschoms, des Sohnes Moses und seine Söhne Priester in Dan waren. Aufgrund des Verses ist die Identität „des Leviten" nachträglich geklärt. Was als literarischer Nachtrag fungiert, verbindet die satirisch-polemische Erzählung für die intendierten Adressaten mit einer als bekannt vorausgesetzten Kulttradition. Dadurch wird aufgrund der Einführung des Leviten in Ri 17,7 eine auf Moses Sohn zurückgehende Priesterdynastie in Dan mit dem Konzept des Levitismus verbunden.

Es ergibt sich in Ri 18,31 mit dem Verweis auf Schilo eine direkte Intertextualität mit 1Kön 12,28f., wonach Jerobeam in Dan und in Bet-El Stierbilder zur Verehrung aufgestellt hat. Der Verweis auf das Ende von Schilo bezieht sich sicher auf den Bau des Heiligtums in Jerusalem, dem nach der Reichsteilung die Einrichtung Dans und Bet-Els als Sünde Jerobeams folgte. Dass die auf Mose zurückgehende Priesterschaft bis zu ihrer Deportation (עד יום גלות הארץ) in Dan dann auch unabhängig von Michas Kultbild Dienst tat, kann sich natürlich nur auf das Ende des Nordreiches beziehen.[214] Spannend ist das, weil hier wiederum dieselbe Spannung in Bezug auf den levitischen Ursprung der Priesterschaft auftritt, wie sie zwischen Ri 20,27f. und 1Kön 12,31f.; 13,1f. besteht.

Die Verbindung zeigt deutlich, dass die auf Mose zurückgehende Priesterdynastie der Rest einer unpolemischen Überlieferung im Hintergrund von Ri 17f. sein dürfte. Die Notiz hat man eingefügt, weil die Ursprungsgeschichte bzw. der Hintergrund der Notiz bei den intendierten Adressaten als bekannt vorauszusetzen waren.[215] Die Satire mit dem jugendlichen Leviten, der als Priester zur Autorität für den Dieb Micha mit seinem Heiligtum wird, dient dabei zugleich auch im Blick auf die Traditionsgeschichte als nachträgliche Entschuldigung der Nachfahren des Mose aufgrund der Jugend des Leviten in Ri 17.

Für das Levitenthema ergibt sich, dass die Mose-Genealogie ursprünglich noch nicht mit Levi in Verbindung stand. Allerdings könnte umgekehrt die Tatsache, dass man im ehemaligen Nordreich eine Priesterdynastie mit Mose in Verbindung brachte, der „Levitisierung" Moses und Aarons sowie der

---

214 *Schulz*, ebd., 193, spricht unspezifisch vom Exil.
215 Die spätere textkritische Verschleierung der mosaischen Herkunft der Priesterdynastie bestätigt dies.

Aaronidengeneaolgie im Anschluss an die Rezeption der Pentateuchüberlieferung im Südreich Vorschub geleistet haben.

Wenn die mit Mose in Verbindung stehende Priesterdynastie in Dan tatsächlich etwas mit der Idee zu tun hat, Leviten zu Priestern einzusetzen, dann dürfte die Mosegeschichte die im Deuteronomium entwickelte und in Ri 17–20 umgesetzte Idee der Fremdlingschaft der Leviten beeinflusst haben. Mose verweist in Ex 2,22 bei der Namensgebung seines Sohnes auf sich als einen Fremdling im fremden Land,[216] was in Ex 18,3 wiederholt wird. Die Wiederholung der Namensdeutung in Ex 18,3 spricht dafür, dass es sich um einen älteren Überlieferungsstrang handelt, von dem her das levitische Konzept der Fremdlingschaft im eigenen Land entwickelt worden ist. In jedem Fall besteht ein Zusammenhang mit dem Abschnitt über Jakob und Levi in Gen 49. Die Namensdeutung von Moses Sohn ist dabei ähnlich vage bzw. assoziativ wie es die Namensdeutungen der Jakobsöhne sind.[217]

Dass umgekehrt die Integration Aarons im Südreich geschehen ist, bezeugt Ri 20,28. Die Erwähnung des Priesters Pinhas könnte zusammen mit Ex 32 für einen ursprünglich eigenständigen Ursprungsmythos einer aaronidischen Priesterschaft in Bet-El sprechen. Mit der Polemik von 1Kön 12,31f.; 13,1f. ist Ri 20,28 nur vereinbar, wenn Aaron erst aufgrund der Systematisierungen Levit und Repräsentant des Priestertums auch in Jerusalem wurde. 1Kön 12,31 bezeugt somit noch eine ältere Sicht der Priesterschaft Bet-Els. Die Vermittlung erfolgt in Ri 20 durch die Erwähnung der Anwesenheit der Bundeslade. Insgesamt ist die Rezeption der Konzeption des Priestertums aus dem Nordreich in Jerusalem und im priesterlich abgeschlossenen Pentateuch eine Systematisierungsleistung, die neben der Integration des Priestertums in den Levitenstammbaum dann auch die genealogische Integration der Zadokiden nach sich gezogen hat.

Dass wir im Richterbuch zwei Leviten finden, die sich als Fremdlinge niederlassen, von denen einer als Priester angestellt wird und einer eine übergreifende Autorität beansprucht, ist – um es noch einmal zusammenfassend zu betonen – eine literarische Umsetzung des dtn Konzeptes von den Leviten. Leviten können Priester werden, im Kontext des Richterbuches freilich ist der betreffende Levit ebenso wenig wie jener in Ri 19f. als Autorität oder gar als Vorbild im Blick. Das Scheitern der beiden Leviten lässt dabei auch den Grund

---

216 Es handelt es sich um die Deutung des Namens seines Sohnes גרשם. Nach HAL setzt sich dies etymologisch aus גר und שם zusammen. Vgl. HAL 197. Nach Ges[18], 231f., ist גרשם Nebenform von גרשון, das von גרש „vertreiben" abgeleitet ist. M.E. müsste man es als Hypokoristikon auffassen.

217 Vgl. dazu oben, 16–21.

dafür erkennen, warum das Deuteronomium die Leviten unter die *personae miserae* gerechnet hat. Beide Levitentexte des Richterbuches, aber auch die Notiz über die Einrichtung der Heiligtümer durch Jerobeam I. zeigen, dass das Levitenkonzept des Deuteronomiums und die Nutzung Levis als Eponym der Beamten und Eliten eine späte Innovation der biblischen Literargeschichte ist und dass die maßgebliche Tradition des Priestertums (Aaron) zu dieser Zeit noch nicht integriert war.

KAPITEL 8

Synthese: „Levi" und „Leviten" als Bezeichnungen für eine Gruppenidentität und Teil der Stammeskonzeption der Hebräischen Bibel

1. Es erschien bereits aus forschungsgeschichtlicher und methodischer Perspektive unverständlich, dass sich die seit Wellhausen vertretenen Thesen zu den Leviten halten konnten, obwohl die im Josua- und Richterbuch dargestellten Anfänge Israels bzw. seines Stammesystems spätestens seit dem Ende des 20. Jh. aufgegeben worden sind.[1] Dass Neuansätze beim Thema der Leviten zwar versucht wurden, sich aber nicht durchsetzen konnten, hängt maßgeblich mit dem breit bezeugten Konzept der spätnachexilischen Zeit, wonach die Leviten am Tempel den Priestern unterstellt sind, zusammen.[2] Die Sicht der Leviten als Angehörige eines Stammes, zu dem die Priester gehören, und die Leviten zugleich als eine den Priestern untergeordnete Gruppe schien sich offenbar nur mit einer späten Degradierung der Leviten erklären zu lassen. Die Aufrechterhaltung von Wellhausens Konzeption hat allerdings eine Reihe von Unstimmigkeiten im Geschichtsbild zur Folge: a) Trotz des umstrittenen Stammessystems wird an der Existenz Levis als vorexilischer Priestergruppierung festgehalten. b) Diese Annahme führt zu dem Anachronismus einer seit frühester Zeit lange existierenden Berufspriesterschaft. c) Obwohl der Ursprung Israels aus einer Amphiktyonie nicht mehr vertreten wird, wird für die vorexilische Zeit eine Trennung von Kult und Administration vorausgesetzt.[3] d) Für die nachexilischen Auseinandersetzungen zwischen verschiedenen Gruppen in der Exils- oder Perserzeit werden unrealistische Vorstellungen in Bezug auf

---

1 Vgl. oben, 5. 10.
2 Das lassen die spätnachexilischen Zeugnisse Chronik, Esra-Nehemia, aber auch Josephus Ant. 20, 216–218 erkennen.
3 Eine Reihe von biblischen Texten, darunter die Einsetzung der Hohenpriester durch David und Salomo, aber bspw. auch Am 7,10–17; 2Kön 22f. widersprechen dem. Vgl. zu der Frage, ob das erbliche Hohepriestertum eine Ernennung durch den König ausschloss, *Blenkinsopp*, Priesthood, 40. In der Perserzeit hat sich der Beamtencharakter der Priesterschaft verfestigt. *Ders.*, Temple and Society, 29: „Priests were civic officials appointed by the city and they could also serve in municipal offices, especially as magistrates. The city treasury was often deposited in the temple, which also advanced credit and leased land holdings." Noch in Wellhausens Konzept sind die Priester an den offiziellen Heiligtümern Beamte. Vgl. *Wellhausen*, Prolegomena, 127f.

Umfang und Bedeutung des Personals zugrundegelegt.[4] Um die Unstimmigkeiten zu entschärfen, hat man die literarischen Systematisierungen im Deuteronomium und in den priesterlichen Texten, die schon Wellhausen auf Veränderungen zwischen den Gruppen durch die Josianische Reform zurückgeführt hatte, mit Auseinandersetzungen in der Exils- und Nachexilszeit erklärt. Konkrete Zeugnisse solcher Auseinandersetzungen finden sich aber nicht.[5] Die als Beleg angeführte Korachgeschichte (Num 16f.) führt in die Zeit der Wüstenwanderung. Das immer wieder bemühte Kapitel 44 des Ezechielbuches ist Teil der großen Zukunftsvision vom nachexilischen Tempel und keine Beschreibung des Verhältnisses von Gruppen zueinander.

Die Leviten als Personen, die bis in die vorexilische Zeit die Funktion der Priester übernommen hätten, sind ein Phantom, welches verschwindet, wenn man das Deuteronomium nicht mehr unkritisch als Quelle der Geschichte und Religionsgeschichte Israels verwendet. Das Deuteronomium ist Programm;[6] es enthält abhängig von seiner literarischen Platzierung vor der Landnahme Geschichtskonstruktionen und Ätiologien. Das heißt nicht, dass es als Quelle ausfällt, aber man muss seinen literarischen Charakter berücksichtigen. Daher geht diese Untersuchung zur Beurteilung des Deuteronomiums von den Zeugnissen der spätesten Texte der Hebräischen Bibel und von Textzeugnissen der Zeit, aus der das Deuteronomium stammt, aus.[7] In der spätvorexilischen Zeit scheinen die Priester Jeremia und Ezechiel, von den Leviten keine Kenntnis zu haben; von den immer wieder beschworenen Gruppenauseinandersetzungen am Tempel hat sich nichts in den Abschnitten der Prophetenbücher niedergeschlagen, die sich mit der spätvorexilischen Situation beschäftigen.[8] Die Annahme der Degradierung der Leviten ist nicht plausibel, weil wir keinerlei Hinweise darauf haben, dass die Leviten zusätzlich zur traditionellen

---

4 Die Fläche und daher kleine Zahl der Bewohnerschaft Jerusalems (siehe dazu *Carter*, Province, 135; *Frevel*, Geschichte, 345f.) lässt vermuten, dass weder Stadt noch Heiligtum die Bedeutung hatten, die man ihnen später in der hellenistischen Zeit zuschrieb.
5 Gegen *Schaper*, Priester, 173, und dazu oben, 41.
6 Schon *Hölscher*, Komposition, 182, fragte zu Recht an, ob das Interesse an den Leviten „wirklich bei den Sadokiden Jerusalems vorauszusetzen" sei. Seine Anfrage ist forschungsgeschichtlich deswegen von besonderer Bedeutung, weil er bekanntlich in seiner wichtigen Studie aus dem Jahr 1922 die Inhalte des Buches Deuteronomium einer Analyse ihrer Praktikabilität unterzogen hat. Seine Schlussfolgerung war, dass „das Deuteronomium kein offiziell eingeführtes Gesetzbuch gewesen ist, sondern ein aus den priesterlichen Kreisen stammendes Reformprogramm" (ebd., 253). Auch wenn man der von ihm daraus gefolgerten generellen nachexilischen Abfassung des Buches nicht zustimmt, so verwundert es doch, dass man das Buch bis heute als Quelle für die vorexilische Geschichte verwertet.
7 Siehe oben, 22–47.
8 Siehe, oben, 30–31. 45.

Jerusalemer Priesterschaft (oder an ihrer Stelle) in den Kultdienst drängten. Sie kann auch nicht erklären, warum man die Leviten in den nachexilischen Zeugnissen von kultischen Diensten fernhält, man sie aber insbesondere in der Rückprojektion der Chronikbücher außerhalb des Kultes eine ganze Reihe von Funktionen des Staates übernehmen lässt.

Es ergibt sich im Rahmen des gesamtgesellschaftlichen Diskurses der spätvorexilischen Zeit ein Ursprung des Konzeptes des Levitismus, der die Bedeutung der Leviten in der Spätzeit erklärt und in den sich die frühesten Texte, die von Levi und den Leviten sprechen, als Diskursfragmente einordnen. Ich betone hier noch einmal ausdrücklich, dass die biblischen Texte als Diskursfragmente einen Beitrag bei der Konstruktion und Vermittlung von Identitätskonzepten gespielt haben.[9] Es handelt sich um komplexe Prozesse, in denen mehrere Diskursstränge und verschiedene diskursive Ereignisse eine Rolle gespielt haben. Von den Texten als Diskursfragmenten muss auf die Diskursstränge und von ihnen auf den gesamtgesellschaftlichen Diskurs zurückgeschlossen werden. Im Mittelpunkt der Analyse standen daher nicht Texte, in denen die Verhältnisse dargestellt werden, sondern solche, die Innovationen zu vermitteln suchen. Die enthaltenen hermeneutischen Strategien[10] ermöglichen Rückschlüsse auf die Diskurse.

Das entscheidende diskursive Ereignis für die Konstruktion der Gruppenidentität des Stammes Levi bzw. der Leviten dürfte das Ende des Nordreiches und der sich in jener Zeit intensivierende Aufstieg Judas zu einem Beamtenstaat sein.[11] Ein wesentliches diskursives Ereignis muss sodann in der Wiedereinrichtung des Tempelkultes in der nachexilischen Zeit gesehen werden, die radikale Innovationen in der gesellschaftlichen Struktur und bei den Autoritäten nach sich gezogen hat. Aufgrund dieser veränderten Situation kommt es zu einer neuen Standortbestimmung der levitischen Gruppenidentität, wobei die Grundlage dieser Innovationen in die Ursprungstexte d.h. u.a. in den Pentateuch eingetragen wurde.

2. Die Suche nach einem alten Stamm Levi erübrigt sich nicht etwa, weil ihm in Jakobs Segen in Gen 49,7b angekündigt wird, dass Simeon und Levi in Israel verstreut werden sollen, bzw. weil das Deuteronomium Levi als Stamm ohne Erbteil (z.B. Dtn 12,12b) in den Blick nimmt. In diesen Texten hat man nur den *status quo* der späten Königszeit in Bezug auf Levi reflektiert. Stamm und

---

9   Siehe oben, 1–3.
10 Vgl. *Heckl*, Neuanfang, 6–14.
11 Vgl. dazu zuletzt *Frevel*, Geschichte, 267–270.278f.

Territorium gehören zusammen,[12] und entsprechend war die Levi-Figur in jener Zeit zunächst noch keine Größe im Zusammenspiel der Stämme. Dass von den Leviten und vom Stamm Levi vor allem in sehr späten Texten die Rede ist, bestätigt dies. Offenbar handelt es sich bei den Leviten um eine Gruppe, die sich nicht am Anfang, sondern erst in der fortgeschrittenen Geschichte Israels bzw. Judas herausgebildet hat. Dies war der Fall seit der spätvorexilischen Zeit. Als bedeutsame Gruppe weisen die spätesten Zeugnisse der Hebräischen Bibel[13] und der nachfolgenden jüdischen Literatur[14] die Leviten danach aus.

Hinzu kommt, dass das biblische System der Stämme Israels ein Konstrukt ist.[15] Mit dieser Feststellung befindet man sich in einem vagen Konsens in einem in den Einzelheiten äußerst umstrittenen Bereich der Geschichte Israels. Insbesondere ist es umstritten, ob Juda in der Zeit der getrennten Reiche bereits als Teil Israels angesehen wurde.[16] So vertritt bspw. R. G. Kratz die These, dass erst nach dem Ende des Nordreiches und vor allem nach der Katastrophe von 587 aufgrund eines dann gemeinsamen Geschicks mit dem ehemaligen Nordreich Juda als Teil Israels angesehen wurde.[17] Es wird auch die These vertreten, dass Juda unter Josia das Erbe Israels aufgegriffen habe, als man begonnen habe, eine eigene judäische Geschichte zu entwickeln.[18] Und es gibt die These, dass es durch Vermittlung von Flüchtlingen aus dem ehemaligen Nordreich zu einer kulturellen Angleichung gekommen ist.[19] Die Skepsis

---

12   Auch wenn es zum Teil konstruiert worden ist (Asser, Dan) oder in der Vergangenheit liegt (Ruben). Vgl. *Knauf*, Stämme, 1677f.
13   Vgl. oben, 73–78.
14   Zu den vielfältigen Zeugnissen zu Levi und den Leviten in Qumran siehe *Labahn*, Licht, 28–130; *Samuel*, Von Priestern, 394–400. Josephus Ant. 20,216–218 macht spannender Weise Übertretungen der Leviten für die Katastrophe verantwortlich. Vgl. dazu *Gleßmer*, Leviten, 149f.
15   Neben der Annahme konservativer Exegeten wie *Fritz*, Entstehung, 182, der im Deboralied eine vorstaatliche Definition des Volkes Israel auf Grundlage eines Stammessystems sieht und somit einen historischen Kern in vorstaatlicher Zeit sucht, wird vermutet, dass das System erst aus der Exilszeit stammt. Vgl. *Levin*, Stämme.
16   Zu den Möglichkeiten, das Verhältnis zu definieren, siehe *Weingart*, Stämmevolk, 26; und zur bisherigen Forschung ebd., 1–25.
17   Vgl. *Kratz*, Israel, 17.
18   Vgl. *Na'aman*, Saul, 348: „This great historian [der Autor der frühen Geschichte Judas] found it useful to adopt this flexible term [Israel], which he could apply to the vast territory formerly ruled by the kingdom of Israel, or to part of it. The term ‚Israel' thus became a ‚literary' designation for the nation of the devotees of YHWH, who inhabited the territories of Israel and Judah since early time." Nach *Levin*, Stämme, 178, ist das System der Stämme Fiktion. Es diene dazu, dem Judentum eine israelitische Vergangenheit zu geben.
19   Vgl. *Finkelstein*, Kingdom, 157; *Fleming*, Legacy, 49; *Schütte*, Israels Exil, 9f.; *Knauf*, Bethel, 318.

gegenüber der von den biblischen Texten unterstellten politischen Bedeutung Judas hat H. Donner von einem verschleierten Vasallitätsverhältnis sprechen lassen. C. Frevel hat diese Sicht unlängst mit der Hypothese verschärft, dass anstelle eines unabhängigen judäischen Königtums Juda mit Jerusalem über Jahrhunderte lediglich als Filialkönigtum des Nordreiches existiert hat. Das Stammessystem ist also ebenso wie die übergreifende Monarchie keine Projektion der exilischen oder nachexilischen Zeit,[20] sondern dürfte den auch in der Königszeit existierenden Zusammenhang zwischen Israel und Juda widerspiegeln. Aus dieser Perspektive, die im Einzelfall sicher noch Klärungsbedarf aufweist, lässt sich die Vermittlungsthese von K. Weingart als realistisches Szenario begreifen: Insbesondere, weil eine nachträgliche Israelitisierung der judäischen Identität im Rahmen einer Konstruktion des Stammesvolkes sich nicht wahrscheinlich machen lässt, dürfte Israel als Stammesvolk unter Einschluss Judas die ältere Konzeption sein, an die man jeweils anknüpfen konnte.[21] Allerdings gehörte Juda darin an die Peripherie, während Josef bzw. Ephraim in das Zentrum des Stammessystems gehörte. Zwar bezeugt das Deboralied (Ri 5) mit Ephraim, Machir, Benjamin, Sebulon, Issachar, Ruben, Gilead, Dan, Asser, Naftali ein vor allem auf den Norden beschränktes Gottesvolk,[22] doch scheint im wichtigen außerbiblischen Zeugnis der Tel-Dan Inschrift aus dem 9. Jh. v. Chr. das Gegenüber von Nordreich und Südreich in der Erwähnung des Königs von Israel und dem König aus dem Haus Davids bereits im Blick zu sein.[23] Die Dominanz Judas im Stammessystem von zwölf Stämmen wurde demgegenüber nach dem Ende des Nordreiches (722) entwickelt und in der Exils- sowie Nachexilszeit weitergeführt.[24] Die Zwölfzahl, die man immer wieder zu erreichen suchte, symbolisiert lediglich die Gesamtheit Israels.[25] Sie spiegelt keine historische und auch keine

---

20 So in Anschluss an die Überlegungen von *Frevel*, Geschichte, 186.
21 Und diese Konzeption geht sicher wesentlich weiter zurück, als man in den literarischen Texten greifen kann. K. Weingart stellt zu Recht heraus, „dass sich der erste literarische Niederschlag des Stämmesystems [...] nicht ohne weiteres mit der historischen Geburtsstunde des Stämmevolks, d.h. der genealogischen Israel-Konzeption identifizieren lässt" (*Weingart*, Stämmevolk, 367).
22 Das Fehlen des Südens hat schon *Wellhausen*, Israelitische Geschichte, 34, festgestellt und auf die Trennung von Juda und Israel zurückgeführt.
23 *Frevel*, Geschichte, 190, hält fest, dass „Hasael die beiden Könige so eng zusammengesehen [hat], dass er sie auch in der auf die Okkupation des nördlichen Ortes gerichteten Inschrift zusammen nennt."
24 Vgl. *Weingart*, Stämmevolk, 370f. Nach *Knauf*, Stämme, 1676, machte erst die Einfügung Judas aus dem „Zehnstämme-Israel" ein „Zwölfstämme-Israel". Literarisch datiert er das Zwölfersystem in das 5. Jh. v. Chr.
25 So u.a. *Eerdmans*, Studien II, 50; *Fohrer*, Altes Testament, 814; *Arx*, Zölfersymbolismus, 92; *Schorn*, Ruben, 100.283.

kultische[26] Realität wider, sondern wurde aus literarischen Gründen konstruiert, um die Vollständigkeit ins Bild zu setzen.[27] Dies geschieht insbesondere in den Erzählungen der Jakobsgeschichte (Gen 29f.; 35), die man zwar nicht in ihrem Wortlaut wohl aber ihrem inhaltlichen Ursprung nach durchaus in der frühen Königszeit verorten kann.[28] Auf ihr fußt die uns vorliegende Josefsgeschichte, die ihrerseits eine sukzessive Schwerpunktverlagerung auf den Süden bezeugt.[29]

Die Jakobsgeschichte und mit ihr verbundene Erzählungen dürften das sich verändernde Stammeskonzept also erzählerisch begleitet haben. Das gilt auch noch für das Konzept der Stämme Israels, wie es uns in den biblischen Texten präsentiert wird. So ist noch erkennbar, dass die besondere Stellung Josefs (Josefsgeschichte) auf der einen und eine zunächst noch zurückgesetzte Stellung Judas (Gen 38) auf der anderen Seite begründet werden soll. Wenn es richtig ist, dass die Verlagerung des Gewichtes in Israel auf Juda bereits in den Texten der Genesis verfolgt werden kann, dann dient dem die Herabstufung der „älteren Söhne Ruben, Simeon und Levi"[30] in Gen 34; 35,22; 49. Gleichzeitig werden dabei aber die Differenzen zwischen dem sich im Fluss befindenden Stammessystems und der Jakobsfamilie erklärt und verdeutlicht, warum neben den Eponymen von bedeutsamen Regionen in Gen 29f. auch von Jakobssöhnen die Rede ist, denen *de facto* weder Gebiet noch Stamm entspricht. Dies ist mindestens bei Simeon und Levi der Fall.[31] An Ruben kann man die Hintergründe bei den späten Veränderungen des Systems gut erkennen. Denn in dem aus dem 10. oder 9. Jh. stammenden Konzept der Stämme nach dem Deboralied hat er noch seinen Platz. Im 9. Jh. aber verlor Israel sein Territorium östlich des Jordans an die Moabiter (Meschastele) und an die Aramäer (2Kön 10,32f.), sodass Rubens literarische Zurücksetzung, die der Hervorhebung Judas dient, auch den Verlust des Ostjordanlandes berücksichtigt.[32] Die Kritik an Ruben, Simeon und Levi in Gen 49 reflektiert somit die Transformation des Stammessystem bis zum Ende des 8. Jh v.Chr., indem sie die gewachsene Bedeutung Judas in Palästina umsetzt.

---

26   Zu M. Noths These von der Amphiktyonie vgl. *de Geus*, Tribes of Israel.
27   Ebd.
28   Vgl. *Carr*, Formation, 472–486.
29   Vgl. *Weingart*, Stämmevolk, 235–287.
30   So *Weingart*, Stämmevolk, 370. *De Hoop*, Genesis 49, 623f., hat darauf verwiesen, dass stilistisch die Zurücksetzung der drei Stämme in Gen 49 zusammengehört.
31   *Weingart*, ebd., 372, ist der Ansicht, dass das Stammessystem seit früher Zeit existierte und später angepasst wurde. Ich halte es für ebenso wahrscheinlich, dass das System der Stämme nicht oder nicht immer mit der Geburtsgeschichte der Jakobsöhne kongruent war.
32   Vgl. *Otto*, Jakob, 197.

3. Nach der Kontextualisierung des Themas im Zusammenhang der Frage nach dem historischen Israel und von Judas Platz darin kann auf das Thema der Leviten zurückgekommen werden. Nach aller Wahrscheinlichkeit hat die Zurücksetzung Levis und Simeons (Gen 49,5–7), die zugleich Reflexion der Verhältnisse war, zunächst der Hervorhebung Judas gedient, was ja ebenso auf eine Veränderung der Verhältnisse reagiert. Doch hat sich die Beurteilung Levis in der nachfolgenden Geschichte umgekehrt. Er wird im Segen des Mose (Dtn 33,8–11) zu einer bedeutenden Figur im Kreise der eponymen Vorfahren des Gottesvolkes umstilisiert. Bei aller Skepsis gegenüber literarhistorischen Zuweisungen und den umstritten intertextuellen Bezügen zwischen beiden Texten[33] kann die Veränderung in der Beurteilung Levis darauf zurückgeführt werden, *dass er erst zwischen dem Ende des Nordreiches und der Perserzeit zum Eponym einer Gruppe in Juda wurde.*[34]

Die Evaluation der Deutung des Namens Levi in Gen 29,34 und die Abhängigkeit der Deutung der Leviten in Num 18,2.4 davon führten zu der Erkenntnis, dass die Rede von Leviten und ihre Standortbestimmung wahrscheinlich die Geburtsgeschichte von Levi als Sohn Jakobs voraussetzt.[35] Ebenfalls vorausgesetzt wird offenbar die judäische Kontextualisierung des Stammessystem in der Erzählung von Gen 34 und ihre Bewertung im Jakobssegen. Wir hatten Ex 2 als einen Text in den Blick genommen, in dem das Levitsein der Hauptfigur (Mose) programmatisch thematisiert wird. Die Passage hat wahrscheinlich einen vorexilischen Ursprung. In ihr erscheint Mose als Prototyp des Leviten, der genealogisch doppelt mit Levi verbunden ist, was mit dem Handeln Levis (und Simeons) in Gen 34 verbunden ist. Sein gewaltsames Eintreten für einen Israeliten und sein Versuch, einen Streit zu schlichten, nehmen die wichtigsten Funktionen Moses (militärischer Anführer, Richter) vorweg und zeigen, was exemplarisch von einem Leviten zu erwarten war. Ex 2 verhält sich zu Gen 34 und 49 ebenso wie Dtn 33 sich zu den beiden Genesisstellen verhält, wobei Ex 2 offenbar älter ist und die späteren priesterlichen Innovationen noch nicht voraussetzt.[36] Die Geburts- und Jugendgeschichte des Mose mit der

---

33   Vgl. zur Diskussion *Otto*, Deuteronomium 12–34, 2204–2260. Mit Otto kann man Dtn 33,8–11 einleuchtend als Erwiderung auf Gen 49,5–7 verstehen. Vgl. ebd., 2245.

34   Simeon blieb unberücksichtigt, weil er weiter keine Rolle spielte und er bei der Umwertung Levis sonst gestört hätte. Vgl. *Otto*, Deueronomium 12–34, 2245. Spannender Weise wird (möglicherweise redaktionell) in Dtn 33 durch die gegenüber der Erwähnung von Josef zusätzliche Nennung von Ephraim und Manasse die Zwölfzahl erreicht. Vgl. *Beyerle*, Mosesegen, 181f.

35   Siehe oben, 16–21.

36   Nach *Otto*, Deuteronomium 12–34, 2245, sind es priesterliche Autoren, die den Levispruch in Dtn 33 geschaffen haben.

anschließenden Berufung (Ex 2f.) ist in ihrem Kern eine Kontrastgeschichte zur Sargon-Geschichte aus der späten neuassyrischen Zeit.[37] Mose wird als Israelit von *Jhwh* berufen (Ex 3), weil er dem Volk gegenüber loyal ist (Ex 2). So wird er als Vermittler des Auszuges und damit der Freiheit des Volkes zum Beamten des Gottes Israels. Sargon dagegen wird von Ischtar geliebt und deswegen zum König eingesetzt. Der Text dürfte abgesehen von dieser satirischen Bezugnahme[38] in einem engen Zusammenhang mit dem Aufstieg Judas als Beamtenstaat und zu dem Anliegen der Herrscher im 7. Jh. stehen, den Staat zu zentralisieren.

Levi als Eponym der Beamtenschaft bzw. der Eliten des Staates flankierte die Entstehung einer Gruppenidentität und diente der Integration dieser Gruppe von dem König loyalen Personen in das Stammessystem, was auch religionspolitisch bedeutsam gewesen sein dürfte. Es waren die schriftkundigen Eliten,[39] die zur Loyalität gegenüber dem Staat und dem König verpflichtet waren, was sie zugleich auch in eine besondere Affinität zur *Jhwh*-Verehrung[40] brachte, die zumindest in der späten Königszeit den Rang der offiziellen bzw. Nationalreligion erreichte.[41] Dass man dem Eponym Levi programmatisch Mose als Levit folgen lässt und ihn damit zugleich zum Repräsentanten dieser Gruppe macht, zeigt das hohe Selbstbewusstsein und das hohe Ansehen der Gruppe. So erklärt sich auch das große Interesse an der Gruppe bis in die spätesten Texte. Erst in der spätvorexilischen Zeit wird somit aus dem dritten Sohn Jakobs auch ein Stamm Israels konstruiert. Die Rede von einem Stamm ohne Erbteil ist dabei die Hilfskonstruktion, die das erst späte Aufkommen begründet. Mitunter ist das Interesse an den Leviten als Elite, zu denen sich wahrscheinlich die Autoren gerechnet haben dürften, allerdings als Herrschaftsanspruch missverstanden worden.[42] Einen Herrschaftsanspruch kann man nicht erkennen, wohl aber eine Reflexion der aktuellen Bedeutung

---

37 Ich folge *Otto*, Mose und das Gesetz, 54–60, mit seiner Rekonstruktion des politisch-religiösen Hintergrundes der uns vorliegenden Mosegeschichte, die mir nach wie vor als die beste Erklärung erscheint. Lediglich das Verhältnis von Ex 2f. zur Sargongeschichte beschreibe ich anders als er, nämlich als Kontrastparallele. Siehe dazu oben, 84–90.
38 Vgl. dazu oben, 90.
39 Hier zeigt sich eine Affinität zu den Thesen von *van der Toorn*, Scribal Culture, 92.
40 Der kriegerische Einsatz für die *Jhwh*-Verehrung der Leviten war von *Schmitt*, Ursprung, 592, hervorgehoben worden.
41 Vgl. *Niemann*, Herrschaft, 234. Zu vergleichen ist hier auch das Konzept von Albertz, Religionsgeschichte, 294, der annahm, dass man seit der Zeit Hiskias „darauf achtete, den offiziellen Jahwekult separat zu halten und es nicht zu synkretistischen Verschmelzungen kommen zu lassen."
42 Vgl. *Labahn*, Herrschaftsanspruch, 389.

dieser Gruppe, die nachexilisch noch dadurch verstärkt wurde, dass ehemals unabhängige Gruppen in sie integriert werden.[43]

4. Zwar hat es Jahrhunderte gedauert, bis die Leviten in der geschichtlichen Darstellung der Königszeit durchgängig behandelt wurden,[44] wenn wir als Ausgangspunkt die Figuration Moses als Levit (Ex 2f.) im späten 7. Jh. sehen. Dennoch ist es eine wichtige Frage, wie eine konstruierte Gruppenidentität so plausibilisiert werden konnte, dass sie allgemeine Akzeptanz fand. Ein wichtiger Grund dürfte gewesen sein, dass die Bedeutung und der Umfang der Beamtenschaft in der späten Königszeit erheblich gewachsen sind. Die Eliten bilden eigentlich eine mit dem Königtum verbundene vom tribalen System unabhängige Größe. Durch deren Verbindung mit Levi wird diese in das tribale System integriert und damit auch die punktuellen Überschneidungen in ein System überführt. Den spätnachexilischen Verfassern der Zeugnisse über die Leviten im Numeribuch und der Chronik scheint es noch bewusst gewesen zu sein, dass es sich bei den Leviten um eine erst spät konstruierte Gruppenidentität handelt. Erkennbar ist das auch daran, dass man in 2Chr 11 an den Anfang der Geschichte Judas eine ätiologische Erzählung stellt, die erklären soll, wie die Leviten zu einer judäischen Gruppe geworden sind.[45] Dass die Chronik im Konzept ihrer Vorlagen existierende Gruppen als Leviten zusammenfasst, erweist dies ebenso.[46] Der Vermittlung dient aber bereits der Versuch, den Anachronismus einer Existenz der Leviten vor der Herausbildung des Staates durch verschiedene Strategien abzumildern. Das Deuteronomium hat dies mit der Hilfskonstruktion einer Integration der Leviten in den Kreis der sozial Bedürftigen und mit der Fremdlingschaft der Leviten sowie mit ihrer Landbesitzlosigkeit versucht.[47] Die priesterlichen Texte überführen dies (ausgehend von Jos 14) in das Konzept der 48 Levitenstädte, einer Institution, die die bis in die Perserzeit übliche Institution der Belehnung von Beamten aufnimmt.[48] Wahrscheinlich wurden die Levitenstädte mit dem System der Asylstädte verbunden,[49] weil die Leviten in der spätvorexilischen Zeit als Angehörige der Administration galten.[50]

---

43 Vgl. dazu oben, 68.
44 In den dtr Geschichtsbüchern kommen sie nur sporadisch vor. Erst die Chronik berücksichtigt sie umfassend.
45 Vgl. oben, 56–59.
46 Vgl. dazu oben, 68.
47 Vgl. dazu oben, 32. 46–47. 191–198.
48 Siehe oben, 176–180.
49 Jede der Asylstädte wird in Jos 21 jeweils explizit an der Spitze einer Reihe von Levitenstädten genannt. Das Konzept liegt in Num 35,5f. bereits programmatisch ohne Nennung der Ortsnamen vor.
50 Vgl. oben, 176–180.

Mir ist es bewusst, dass an die Binnenmigration aus Samaria nach Juda im Anschluss an das Ende des Nordreiches (722) sehr viele Hypothesen geheftet werden.[51] Diese lassen sich in der Regel nicht verifizieren, da nur die äußeren Rahmenbedingungen feststehen. Dazu gehört erstens, dass es eine Binnenmigration gegeben haben muss, weil der archäologisch nachgewiesene Ausbau Jerusalems und der Städte in Juda sonst nicht erklärlich wäre, und zweitens, dass es eine Aufnahme literarischer Traditionen des Nordreiches in Juda gegeben haben muss.[52] Dennoch bietet die bereits erwähnte chronistische Ätiologie der Leviten in Juda (2Chr 11) einen wichtigen Anhaltspunkt. Hier ist von einer Ansiedlung der Leviten in Juda die Rede, die in der frühen Königszeit erfolgt sein soll, was die Konzeption der Ansiedlung der Leviten in Num 35 aufnimmt. Behauptet wird eine massive Binnenmigration, die in dem Kontext von 2Chr 11 als literarische Fiktion anzusehen ist.[53] Sie dürfte allerdings an die einzige bekannte größere Binnenmigration in Palästina anknüpfen, nämlich an jene im Anschluss an den Untergang des Nordreiches. Die erwähnte Rezeption von nordisraelitischen Traditionen wird in der Regel auf die Übersiedlung von schriftkundigen Personen und eine damit einhergehende Kulturmischung in einen Zusammenhang gebracht.[54] Diese wird durch eine Untersuchung von J. Renz bestätigt, nach dem in Anschluss an die Zeit der verwandten und sich gegenseitig beeinflussenden Schriftkulturen von Nord- und Südreich in den judäischen Inschriften des 7. Jh. eine Synthese von Schrifttypen und Orthographie erkennbar ist.[55] Von daher ist die Vermutung gerechtfertigt, dass es vorrangig die Eliten des ehemaligen Nordreiches waren, die unter Hiskia zum Auf- und Ausbau Judas integriert wurden. Das Anwachsen der Zahl der Staatsbediensteten durch die Integration in jener Zeit könnte der Entwicklung einer eigenständigen Gruppenidentität Vorschub geleistet haben. Es ist ja auffällig, dass die offenkundige massive Binnenmigration von Teilen Samarias in den biblischen Texten nirgends offen behandelt

---

51 Vgl. z.B. die bereits erwähnten Thesen von Vgl. *Finkelstein*, Kingdom, 157; *Fleming*, Legacy, 49. *Leuchter*, Levites, 157, sieht es für historisch an, dass nach 722 auch Leviten, die er als Gruppe des Nordens sieht, in den Süden gelangten. Dass es dafür keine Hinweise im 2. Königebuch gibt, spricht eher für den Charakter einer späten Konstruktion.

52 Das Fehlen einer direkten Reflexion dieser Binnenmigration führt *Schütte*, Israels Exil, 12, auf ein absichtliches Verschweigen zurück.

53 Schon die Darstellung der Reichsteilung nach 1Kön 12 ist in erheblichen Umfang von einer späteren Sicht der Geschichte geprägt, sodass der Chronik mit ihrer davon noch einmal abweichenden Sicht kein historischer Quellenwert zukommen kann.

54 Vgl. *Schütte*, Israels Exil, 12f.

55 Vgl. *Renz*, Schrifttradition, 51, und dazu *Heckl*, Mose als Schreiber, 180f.

wird,[56] obwohl sie eigentlich das Konzept der Integrität des verbleibenden Stammeskonzeptes beeinträchtigt haben müsste. Lediglich von Fremdlingen ist beispielsweise im Deuteronomium die Rede, was sich u.a. auf die Binnenmigration am Ende des 8. Jh. beziehen könnte. Signifikant ist nun aber, dass in Dtn 18,6 und in den Anhängen des Richterbuches von einer Fremdlingschaft der Leviten gesprochen wird. Zu beachten ist außerdem, dass das Verb לוה I Nif. „sich zugesellen", mit dem in Gen 29,34 der Name „Levi" und in Num 18,2.4 „Levit" gedeutet wird, in einer ganzen Reihe von Belegen das Hinzukommen von Fremden zum Gottesvolk bzw. zu *Jhwh* bezeichnet (Jes 14,1; 56,3.6; Jer 50,5; Sach 2,15; Dan 11,34; Est 9,27).[57] Besonders signifikant ist hier Est 9,27, wo von den Juden und denen, die sich ihnen zugesellt haben, gesprochen werden, die das Purimfest feiern. Die Inanspruchnahme Levis und eine Gen 29,34 entsprechende Deutung könnten für einen ursprünglichen Haftpunkt der Konstruktion der Identität der Leviten in der Zeit des Ausbaus des judäischen Staates unter Hiskia sprechen. Zu erwähnen ist an dieser Stelle, dass in der Sekundärliteratur die Thematisierung der Fremdlinge (גרים) mitunter mit dem Untergang des Nordreiches in Verbindung gebracht wurde.[58] Dies wurde zwar von C. Bultmann in seiner Monographie nicht aufgegriffen,[59] doch hält er das von Crüsemann resümierte Problem der Migration am Ende des 8. Jh. für plausibel.[60]

Daran, dass Mose als Levit zum Vermittler der Errettung aus Ägypten und somit zum Beamten des Gottes Israel gemacht wird, lässt sich nicht nur das Selbstbewusstsein jener Gruppe, sondern auch die religionspolitische Bedeutung der literarischen Definition dieser Gruppe erkennen. Mose als Gegenfigur zum assyrischen König und als erwählter und gehorsamer Beamter des Gottes Israels[61] ist auch in Bezug auf die Gottesbeziehung beispielhaft für die Leviten.

---

56 Zuletzt sah *Schütte*, Israels Exil, die biblische Schriftprophetie als Ergebnis und in ihr eine Reflexion der Binnenmigration: „Die Schriftprophetie von Hos und Am bis Jer und Ez dürfte literarische Antworten auf die politisch-historische und ökonomische Krise der israelitischen Flüchtlinge in Juda von der Hiskia- bis zur Zedekiazeit aus Sicht einer hoseanisch geprägten ‚JHWH allein'-Bewegung bergen" (ebd., 233). Vgl. zusammenfassend ebd., 230–233.
57 Vgl. dazu *Beuken*, Jesaja II, 81f.
58 Vgl. z.B. *Crüsemann*, Bundesbuch, 34; *ders.*, Tora, 215f.
59 Die Tatsache, dass in dem Khirbet-Qeiyafa-Ostrakon der גר erwähnt wird (vgl. *Achenbach*, Protection, 102), gibt Bultmann insofern recht, als der Fremdling nicht erst zu dem späten Zeitpunkt zu den *personae miserae* gerechnet worden ist.
60 Vgl. *Bultmann*, Fremde, 168.
61 Siehe oben, 95.

Entsprechend erscheint es geradezu als logischer Erzählzug, wenn in Ex 32,26 die Leviten kollektiv als jahwetreue Anhängerschaft des Mose erscheinen, die auf seinen Befehl Gewalt anwenden. Es ist sicher kein Zufall, wenn das gewaltsame Vorgehen der Leviten in Ex 32, das sich literarisch gegen das Vorbild des Kultbildes am Heiligtum in Bet-El richtet, an die gewaltsame Entweihung jenes Kultplatzes im Rahmen der josianischen Reform (2Kön 23,15) erinnert.[62] Die Inanspruchnahme Levis nutzt dabei den Gegensatz von Israel und Kanaan, der in Gen 34 bereits anklingt[63] und im Deuteronomium und in der dtr Literatur eine maßgebliche Rolle spielt. Die Entstehung und Betonung der levitischen Identität scheint einen Beitrag bei der Entstehung des Monotheismus gespielt zu haben, und in Ex 32 wird die Alleinverehrung *Jhwh*s und ihre bilderlose Praxis in einen Kontrast zur Religionspraxis im ehemaligen Nordreich gestellt. Dass man die Leviten ausgehend von hier immer wieder hervorhebt, bis sie in Dtn 33,9f.; Neh 8 zu Lehrern der Tora werden, hängt damit zusammen, dass sich die intellektuellen Eliten als Leviten auch theologisch mit der Alleinverehrung *Jhwh*s identifizierten.[64]

---

62 *Pietsch*, Kultreform, 432, sieht den Text nur noch als „Produkt schriftgelehrter Polemik, deren antisamaritanische Obertöne kaum zu überhören sind", weil er die Verweise auf „eine restaurative Expansionspolitik Josias" für unbelegt hält. Einerseits befindet sich Bet-El (nicht Dan) bekanntlich nicht so weit im assyrischen Gebiet, dass man mit Pietsch von der Inbesitznahme „weite[r] Teile der vormaligen assyrischen Provinz Samerīna" (ebd.) sprechen müsste, andererseits ist eine Einnahme des Gebietes in 2Kön 23 gar nicht erwähnt. Literarisch ist die Behauptung einer Zerstörung des Altars in Bet-El nicht eine Konsequenz gegenüber den Samaritanern – warum auch? –, sondern im dtr Konzept eine notwendige Korrektur der Sünde Jerobeams. Der älteste Bestandteil der Bet-El-Episode ist somit in V. 15 zu suchen.
63 Die Charakterisierung der Vergewaltigung als „Schandtat" (נבלה) (34,7) lässt sich so lesen. Vor allem aber die an Jakob gerichtete Aufforderung Hamors, seine Familie möge sich mit der seinen verschwägern (34,9f.), nimmt das entsprechende Verbot in Dtn 7,3 auf. Vgl. *Otto*, Deuteronomium 12–34, 2230. Dass allerdings in Gen 34,15 auch das priesterliche Beschneidungsgebot Gen 17,10–12 „zitiert" (ebd.) ist, ist meiner Ansicht nach unsicher. Zwar stimmt die Bedingung (אם תהיו כמנו להמל לכם כל זכר), die die Jakobssöhne machen, mit Gen 17,10b überein, aber es handelt sich ja bereits in Gen 17 um eine bestehende kulturelle Unterscheidung, die theologisch in Dienst genommen wird. Vgl. dazu *Heckl*, Beschneidung. Gen 34,15b könnte auch die technische Beschreibung sein, die in Gen 17 wiederverwendet wird.
64 Dass man in der Forschungsgeschichte immer wieder die Verfasserschaft verschiedener biblischer Bücher mit den Leviten in Verbindung gebracht hat, beruht auf diesem Faktum. Sehr einflussreich war die These von G. v. Rad, wonach das Deuteronomium auf die levitische Predigttätigkeit zurückging. Vgl. *v. Rad*, Deuteronomium, 17. Da die Levitenschaft seit der spätvorexilischen Zeit ein Identitätskonstrukt ist, ließ sich eine solche Zuweisung weder beim Deuteronomium noch bei anderen Büchern beweisen.

5. Dass anders als an den von Jerobeam I. eingerichteten Heiligtümern (vgl. 1Kön 12,31) nach dem Konzept des Deuteronomismus levitische Priester (Dtn 17,9.18; 18,1; 21,5; 24,8) am Zentralheiligtum in Jerusalem Dienst tun sollen, stellt sicher, dass es sich bei ihnen um loyale, jahwetreue Personen handelt. Grundlage dessen ist das Deuteronomium, dessen Ursprünge wohl in der spätvorexilischen Zeit liegen. Es stellt sicher, dass am zentralen Heiligtum offizielle Priester tätig sind. Die Priester gehören trotz der fiktiven Ursprungssituation des Deuteronomiums als Moserede ausschließlich zur Beamtenschaft, was ein Anliegen der um die Zentralisation des Staates bemühten judäischen Könige des 7. Jh. gewesen sein dürfte. Meiner Ansicht nach zeigt sich hier das erste Mal ein Interesse an einer Professionalisierung des Kultes, die zunächst mit der Entwicklung des zentralen Beamtenstaates zusammengehangen hat. Tatsächlich entspricht die Darstellung der Einsetzung der Zadokiden in der Thronfolgegeschichte ebenfalls diesem Konzept. Doch das Deuteronomium reflektiert entsprechend seiner fiktiven Historisierung nicht nur über die Legitimität des Priestertums, sondern auch darüber, wie die Gruppe hätte ohne staatliche Versorgung existieren können. So sorgt es für die Leviten als Angehörige des Stammes Levi, denen es ja vor der Staatenbildung ohne Zuteilung von Land an einer Existenzgrundlage fehlen würde und stellt sie so der Fürsorge des Volkes anheim. Diejenigen, die hier eine Erinnerung an die Geschichte der Leviten vermuten, übersehen, dass die Aufnahme des Leviten in die traditionelle Gruppe der *personae miserae* an der Begründung als Innovation erkennbar ist.[65] Eine Bedürftigkeit der Leviten ist dagegen nirgends bezeugt.[66] Sie tauchen nicht einmal in der abhängigen Literatur entsprechend auf, und selbst die Chronik setzt nur voraus, dass die Leviten vorhanden sind, und sie setzt sie genau dort ein, wo sie sich am Ende der Königszeit formieren, im Staatsdienst und am Tempel.

Dtn 18 ist, wie sich gezeigt hat, massiv vom Numeribuch her bearbeitet worden.[67] Die inhaltlichen Aufnahmen von dort zeigen, dass der Wortlaut des dtn Priestergesetzes nicht für eine Rekonstruktion der Geschichte des Levitismus herhalten kann. Das Kapitel ist mit mehreren Notizen ergänzt worden, die das aufnehmen, was im Numeribuch entwickelt bzw. vermittelt wird.[68] Im Vergleich zum übrigen Deuteronomium ist das daran erkennbar,

---

65   Siehe oben, 191–198.
66   Siehe oben, 31–32. 45. Abgesehen von den fehlenden Hinweisen aus der vorexilischen Zeit, mag man an Neh 13,10 denken. Ich danke L. Maskow für den Hinweis. Doch setzt dieser spätnachexilische Text voraus, dass die Leviten in Jerusalem einen Anteil für ihre Tätigkeit erhalten und ansonsten eigenes Ackerland besitzen.
67   Siehe oben, 224–228.
68   Vgl. oben, 215–230.

dass Dtn 18,6–8 bereits die Ablösung des Versorgungskonzeptes der Leviten durch die Institution der Levitenstädte voraussetzt.[69] Dass sich Dtn 18 ursprünglich ausschließlich mit den Priestern beschäftigte, ist allerdings noch an der Formulierung משפט הכהנים מאת העם (Dtn 18,3) erkennbar.[70] Die Formulierung setzt eine unabhängige Versorgung der Priester voraus. Die wenigen genannten Opferteile tragen eher symbolischen Charakter, womit es sicher zusammenhängt, dass Ez 44,29f. und die priesterlichen Vorschriften Lev 7,28–36; Num 18,8–19 die Opferanteile für die Priester wesentlich ausweiten.[71] M.E. bestätigt sich hier das Grundkonzept des Deuteronomiums, wonach die Priester als Beamte vom Staat versorgt werden, was für die drei späteren Kontexte nicht mehr gilt. Sicherlich gibt es einen Zusammenhang mit der Bewertung der Eli-Söhne in 1Sam 2,12–17. Wenn man aufgrund des Zusammenhanges, der durch den Verweis auf das „Recht der Priester" explizit ist, die Texte im Zusammenhang liest, erscheint in 1Sam 2 mit den korrupten Eliden als ‚Gegenentwurf' zu der Forderung des Deuteronomiums. Die Geschichtskonzeption des Deuteronomiums schlägt sich nieder in den Zusätzen zum Richterbuch und in den wenigen Stellen, an denen Leviten bzw. levitische Priester vorkommen. An welche Priesterschaft am Zentralheiligtum dabei gedacht ist, ist im Deuteronomium nicht erkennbar. Meiner Ansicht nach spricht aber vieles dafür, dass es um die aktuelle Priesterschaft Jerusalems geht, von der die Samuelis- /Königebücher behaupten, dass sie von David und Salomo eingesetzt wurde. Wie Mose zum Levit wird, werden die Jerusalemer Priester zur levitischen Priesterschaft. Die Kultzentralisation rückte Jerusalem insbes. im Kult ins Zentrum und diente den Interessen seines Heiligtums.

6. Das überarbeitete Priestergesetz (Dtn 18) sieht keine andere Priesterschaft am Zentralheiligtum vor als jene, die dort im Amt ist bzw. war. Trotz der darin enthaltenen Anpassung an die Konzepte vor allem des priesterlichen Buches Numeri, setzt es wie die vorangehenden Erwähnungen der levitischen Priester im Dtn voraus, dass die Priester in ihrem Amt und in ihrer Funktion sind. Das unterscheidet das Priestergesetz von anderen dtn Gesetzen, die Institutionen erst für die Zeit nach der Landnahme vorschreiben. Daher sind aber abgesehen von der Feststellung, dass es sich um levitische Priester handelt, die mit Priestern allgemein verbundenen Konzepte vorausgesetzt. Meiner Ansicht nach gehört hierzu, dass die Priesterschaft in Jerusalem zugleich auch mit Aaron in Verbindung steht.

---

69 Vgl. oben, 224.
70 Siehe *Otto*, Deuteronomium 1–11, 1489.
71 Mit der Erweiterung wird darauf reagiert, dass das Heiligtums in Jerusalem in der Perserzeit keine staatliche Unterstützung erwarten durfte. Siehe dazu oben, 249.

Mose, Aaron und Mirjam sind (synchron betrachtet) in der Hebräischen Bibel Geschwister. Dies ergibt sich aus einer konstruierten Genealogie, die in dem älteren Zusammenhang von Schilfmeerlied und Mirjamlied noch nicht vorzuliegen scheint. Dort sind nur Mirjam und Aaron als Geschwister genannt, während Mose unerwähnt bleibt. Zwar kann es für das Schweigen von Mose in Ex 15,20 auch andere Gründe geben,[72] doch ist die Erwähnung Aarons ein Hinweis darauf, dass es ein Bedürfnis gab, „zwischen den Figuren disparater Herkunft eine genealogische Verbindung zu konstruieren".[73] Nach R. Achenbach beruht die Konstruktion des familiären Zusammenhangs der drei Protagonisten des Exodus „auf dem Versuch, im Rahmen der Konzeption von der Levitisierung des Priestertums klare Genealogien zu ‚re-'konstruieren".[74] Es sind tatsächlich die Funktionen von Mirjam – sie ist Prophetin und Vorsängerin[75] –, die dazu geführt haben, sie als Levitin anzusehen. Bei Aaron möchte man natürlich in erster Linie an seine priesterliche Funktion denken,[76] doch wird er in dem späten Abschnitt Ex 4 zunächst als Sprecher und ausgestattet mit rhetorischen Fähigkeiten eingeführt und in eine vergleichbare administrative Funktion eingesetzt wie Mose. Es legte sich daher nahe, dass es die Zugehörigkeit zur Beamtenschaft ist, mit der es im Zusammenhang stand, dass Aaron zu Moses Bruder und zum Levit wurde. Da er erst wesentlich später im Verlauf der Ursprungserzählung – zu einer Zeit, in der man den Priesterdienst selbstverständlich noch von Israeliten ausüben lässt[77] – in den Priesterdienst berufen wird, wird er als Levit zum Priester.[78] Die sicher bereits priesterliche Konfiguration seiner Einführung will damit verdeutlichen, dass Aaron und seine Kinder Priester werden, weil sie Leviten sind. Das heißt allerdings nicht, dass sämtliche Leviten reale oder potentielle Priester gewesen wären. Eine zusätzliche, nur Aaron betreffende Erwählung ist notwendig (Ex 28,1). Dies nimmt die Forderung des Deuteronomiums auf, dass am Zentralheiligtum levitische Priester Dienst tun sollen. Dass man Aaron zuvor noch zum Beamten im Dienste Gottes und Moses macht bzw. ihn Mose an die Seite stellt, zeigt, dass man nicht an dem Konzept des Deuteronomiums vorbeikonnte. Es zeigt aber auch, dass es dem Deuteronomium nicht um einen Umbruch im Priestertum ging, sondern darum, festzuhalten, dass es ein offizielles, loyales Priestertum

---

72 So *Gertz*, Tradition, 193. Vgl. oben, 129.
73 *Achenbach*, Vollendung, 271.
74 Ebd., 272.
75 Vgl. ebd., 271.
76 Vgl. ebd., 272, siehe Zitat bei, Anm. 74.
77 Siehe dazu oben, 120–128.
78 Siehe dazu oben, 135.

ist, das am Zentralheiligtum im Dienste *Jhwh*s steht. Die priesterlichen Texte, aber auch das Ezechielbuch beruhen somit auf dem dtn Konzept und parallel dazu auf der spätvorexilischen Struktur der Gesellschaft und formulieren die Überlieferung entsprechend genealogisch um, was in Ex 4 und 6 auch dazu geführt hat, dass Mose und Aaron Geschwister sind.

Der Charakterisierung der Priesterschaft im Deuteronomium als levitisch steht in der spätvorexilischen Zeit die von 2. Königebuch und Jeremia bezeugte Selbstverständlichkeit gegenüber, dass die Priester zur Beamtenschaft gehören. Mit Aaron wird auch die aus dem Norden stammende Tradition der aaronidischen Herkunft der *Jhwh*-Priesterschaft in das Konzept integriert. Das zeigt sich an dem ambivalenten Umgang mit Aaron in Ex 32 und Dtn 9f. Man integriert die aus späterer bzw. judäischer Sicht inakzeptabelen Traditionen.[79] In den Anhängen des Richterbuches sind die Notiz über den Leviten Jonathan ben Gerschom ben Mose (Ri 18,31) und jene über Pinhas in Bet-El (Ri 20,28) Zeugnis dafür, dass eine Levitisierung der nordisraelitischen Priesterschaft bei der Abfassung dieser dtr Texte noch nicht vollzogen war. Dies wird indirekt auch durch die Polemik in 1Kön 12,31f. bezeugt. Entsprechend diesem Vers scheint die Integration des Aaronidischen Priestertums in das Konzept der Leviten noch nicht vollzogen zu sein. Die auf Mose zurückgeführte Priesterschaft von Dan stand ursprünglich ebenso wenig mit Levi in Verbindung wie Aaron. Dass man allerdings im ehemaligen Nordreich eine Priesterdynastie mit Mose in Verbindung brachte, könnte einen Beitrag zur „Levitisierung" Aarons und der Aaronidengeneaolgie geleistet haben.

Die auf Aaron zurückgeführte Priesterschaft, mit der man die Ursprungstradition des Priestertums aus dem Nordreich aufnimmt, erscheint sowohl als erwählt als auch durch die unterstellte Verwandtschaft von Mose und Aaron und durch Aarons Einsetzung zu Moses Sprachrohr als levitisch. Mit den Harmonisierungsprozessen, die von Ex 4 ausgehen, befinden wir uns bereits im Rahmen der priesterlichen Texte, die entsprechend auch die Genealogie Levis strukturiert haben.

Mit den Veränderungen im genealogischen Konzept von Mose und Aaron, den beiden Protagonisten des Exodusgeschehens, befinden wir uns zwischen der spätvorexilischen Zeit (Mose) und der exilisch-nachexilischen Zeit (Aaron). Aaron wird Levit, weil es in der sich vom Deuteronomium her auswirkenden Konzeption *nicht um einen Eingriff in das bestehende Priestertum*

---

79 Vgl. dazu zuerst *Heckl*, Religionsgeschichte, 208f.

des Zentralheiligtums, sondern um die Feststellung der Zugehörigkeit der Priester zum zentralen Beamtenstaat ging.[80]

7. Bei der Festschreibung des korrekten Kultbetriebes durch eine weitergehende Professionalisierung wollte man allerdings auch eine Korrektur in der Praxis des Tempelkultes erreichen, was sich besonders am Ezechielbuch ablesen lässt. Das Ezechielbuch ist dabei wie die priesterlichen Texte des Numeribuches zugleich auch Zeuge einer Weiterentwicklung der Systematisierungen, doch war insbes. bei Ezechiel das Interesse an einer Korrektur der vorexilischen Verhältnisse erkennbar. Das Buch präsentiert in Kritik und Polemik ein realistisches Abbild der vorexilischen Verhältnisse. In Ez 44 geht die Systematisierung der kultischen Tätigkeit von einer konkreten Kritik am Volk aus, die allerdings mitunter dadurch weniger beachtet wird, weil man sie für literarisch sekundär hält.[81] Die Israeliten werden angeklagt, ihre eigenen Dienste im Tempel an Fremde, also wohl an Nichtisraeliten delegiert zu haben. Mit dieser Verfehlung wird möglicherweise die Übereignung von Sklaven an den Tempel reflektiert. Alle nachfolgenden Veränderungen dienen präventiv der Verhinderung des Eintritts von Fremden, die bisher – d.h. in vorexilischer Zeit – den Tempel profanisiert haben. Unkritisiert bleibt das als gängige Praxis am vorexilischen Tempel erkennbare kultische Handeln von Israeliten d.h. nicht der Priesterschaft angehörige Personen im Tempel. Ebenfalls als eine übliche Praxis oder Möglichkeit wird die Beauftragung anderer mit diesen Pflichten deutlich, die offenbar nicht grundsätzlich als Problem angesehen wurde.[82] Diese kultischen Dienste waren wahrscheinlich Sonderrechte von Gruppen oder bestimmte Pflichten in besonderen Situationen. Diese Sicht deckt sich mit Stellen in der Pentateuchüberlieferung und darüber hinaus, wo Nichtpriester ebenfalls kultische Aufgaben übernehmen bzw. als Priester agieren.[83]

Das Ezechielbuch nutzt die Kritik an der praktizierten Delegation kultischer Pflichten an Nichtisraeliten, um eine weitergehende Professionalisierung des Kultes und die generelle Ablösung einer Übernahme kultischer Aufgaben durch Israeliten zu erreichen. Das Prinzip der Delegation, das zuvor Ausgangspunkt der Kritik war, blieb dabei bestehen und wird nun in Bezug auf die Dienste der Leviten obligatorisch. Das Herausdrängen der Israeliten erscheint angesichts

---

[80] Genau das wird von den dtr Erzählungen, die die Situation der spätvorexilischen Zeit erkennen lassen, aufgezeigt. Vgl. bspw. das gemeinsame Auftreten von Beamten und Priestern in 2Kön 22,12; 2Kön 11; 12,11.
[81] Vgl. *Samuel*, Von Priestern, 367f. *Rudnig*, Heilig, 205.207, und zur Diskussion oben, 36.
[82] Vgl. oben, 36f.
[83] Vgl. oben, 120–128.

SYNTHESE

der Kritik am vorexilischen Kult (vgl. nur Ez 8) als konsequent.[84] Sie liegt auf einer Linie mit dem Konzept der kultischen Reinheit, das den nachexilischen Tempel von seinem Vorgänger unterscheiden soll.[85]

Dass den Leviten allerdings ihre Aufgaben als eine Bestrafung übertragen werden, ist in Ez 44 überraschend.[86] In Ez 44,9–11 scheint es zunächst, die Teilgruppe der Leviten, deren Angehörige fremden Göttern dienten, werde in den Blick genommen, die die Aufgaben der Israeliten übernehmen sollen. Dass es um die Leviten insgesamt geht, zeigt sich in Ez 44,15, wonach die Zadokidischen Priester allein für den Opferkult bestimmt sind. Die offene Kritik verwundert, weil sich sonst in den biblischen Zeugnissen kaum Hinweise auf Verfehlungen der Leviten finden. Entsprechend vielfältig sind die Interpretationsvorschläge des Textabschnittes, der in der Konsequenz auf dieselbe Konzeption einer neuen Standortbestimmung der Leviten hinausläuft, wie sie auch im Numeribuch entwickelt wird. Die ausführliche Traditionskritik und Polemik gegen das Heiligtum von Dan aus dtn/dtr Perspektive in Ri 17f. spricht dafür, dass hieran angeknüpft worden sein könnte.[87] Da Ez 44 sich auf die spätvorexilische Situation bezieht, dürfte allerdings vordergründig ein Zusammenhang mit der in dem Buch selbst an vielen Stellen deutlichen Kritik am Kult in Jerusalem vorliegen. Entscheidend ist, dass wir bei Ezechiel ausschließlich im Verfassungsentwurf auf Leviten treffen. Aufgrund des Vorwurfes dürfte am ehesten das in Ez 8 in mehreren Anläufen dargestellte kultische Handeln von verschiedenen repräsentativen Gruppen von Nichtpriestern im Blick sein.[88] Meiner Ansicht nach liegt zwischen Ez 8 und dem Verfassungsentwurf eine ähnliche Identifikation von vorexilischen Gruppen mit den Leviten vor, wie wir sie zwischen den Königebüchern und der Chronik antreffen.[89] In Ez 8 geht es um die kultischen Handlungen des Räucheropfer bzw. der Anbetung der Sonne durch bestimmte Personen. Die Passage enthält eine auf die Spitze getriebene Polemik. In ihrem Hintergrund aber steht, dass in spätvorexilischer Zeit am Tempel bestimmte kultische Handlungen von nichtpriesterlichen Gruppen vollzogen wurden. Der Text bietet also trotz aller auf die Vergangenheit gerichtete Polemik wichtige Einblicke in die Kultpraxis

---

84   Siehe oben, 40f.
85   So schon *Budde*, Religion, 195. Nach *Rudnig*, Heilig, 331.364.368, ist die Unterscheidung von Heilig und Profan die durch die Literargeschichte von Ez 40–48 hindurch konstante Intention.
86   Vgl. oben, 36f.
87   Vgl. oben, 239–245.
88   Siehe oben, 43f.
89   Siehe oben, 73–78.

der Königszeit, der mit einer Beschränkung des Zugangs zum Kult begegnet werden soll.

Zieht man die Texte zusammen, dann dürften die Angehörigen dieser Gruppen in der Kritik von Ez 44 als Leviten in den Blick genommen sein. Die Verbindung dürfte sein, dass es sich um Angehörige der Eliten bzw. der Beamtenschaft handelt. Das nimmt man zum Anlass, für die Zukunft nicht einfach ihr Fernbleiben zu fordern, sondern sie zur Übernahme nun allerdings nur noch von nichtkultischen Diensten zu verpflichten. Der kultische Dienst soll ausschließlich von den Priestern vollzogen werden, der Opferkult ausschließlich von den zadokidischen Priestern, die bereits als genealogisch mit Levi verbunden erscheinen. Ezechiel geht also noch über das Konzept des Deuteronomiums hinaus, um eine Professionalisierung des Kultbetriebes und darum, ihn zu reinigen, um so die Verfehlungen, die nach Ez 8,6 zur Abwesenheit *Jhwhs* von seinem Tempel führen, für die Zukunft auszuschließen. Wichtigstes Kennzeichen dieser Intention ist der Versuch, ausschließlich die Leviten für das Schlachten der Opfertiere zu beauftragen. Man wollte auch aus diesem Übergangsbereich die Israeliten fernhalten, was sich aber nicht durchsetzen konnte.

Dass die neue Regelung die Leviten betreffend im Verfassungsentwurf angesiedelt ist, zeigt, dass sie in den Diskurs um die Funktion und Stellung des Heiligtums in der Zukunft und d.h. nach der Exilszeit gehört. Das entscheidende diskursive Ereignis, das hier Veränderungen nach sich gezogen hat, muss der Verlust der Eigenstaatlichkeit und der Wiederaufbau des Heiligtums unabhängig von einer staatlichen Absicherung sein. Bei der Revision der Abgaben für die Priesterschaft aus Dtn 18,3–5 in Lev 7,28–36 und Num 18,8–19 deutete sich das bereits an.[90]

8. Das Numeribuch zielt auf die gleiche Zuordnung von Priestern und Leviten, wie sie bei Ezechiel vorgesehen ist. Ich halte dabei Num 3; 8; 18 und Ez 40–48 zeitlich und sachlich nicht nur einander für nahe, sondern sehe eine eindeutige Abhängigkeit. Im Numeribuch liegt aber das abgeschlossene Konzept vor.[91] Dieses stellte sich als im Buch stringent präsentiert heraus.[92] Es ist indes in Bezug auf das meiner Ansicht nach priesterliche Levitenkonzept des Numeribuches

---

[90]   Zum Verhältnis der Stellen zueinander siehe oben, 249, zu den sozialen Implikationen oben, 271.
[91]   Siehe oben, 183–188.
[92]   Das nimmt die methodische und inhaltliche Prämisse von *Frevel*, Leviten, auf. Siehe dazu oben, 180.

unerheblich, ob es redaktionell entstanden ist oder bei der Abfassung „in einem Guss" entwickelt worden ist.

Das Numeribuch entfaltet das Thema weit, verzichtet dabei aber zunächst auf eine Schuldzuweisung an die Leviten. Das Thema der Leviten bestimmt das Buch von Anfang an. Es wird schon mit der Zählung der Israeliten in Num 1 dadurch eingeleitet, dass man zunächst auf die Leviten verzichtet.[93] Das Numeribuch zielt auf die Zählung der Leviten, die in Num 3,5–16 bereits das erste Mal begründet wird. Die Leviten werden in den Dienst Aarons überführt, wobei sie ausdrücklich für nichtkultische Aufgaben zuständig sein sollen, wie mit der nachträglichen Einschärfung, dass die Zuständigkeit für den Kult bei Aaron und seinen Söhnen bleibt (Num 3,10). Die Übergabe der Leviten erinnert zwar an eine Opferung, was damit zusammenhängt, dass sie an die Stelle der Erstgeborenen treten sollen.[94] Dazu wird in Num 3,12f. explizit auf Ex 13,2.13 und auf die Stellen in Bundesbuch und Privilegrecht (Ex 22,28b; 34,20) verwiesen, an denen die Erstgeborenen als Eigentum *Jhwh*s bezeichnet werden. Entscheidend ist es aber, dass die Leviten als Teil der Israeliten gelten, sie aber anstelle der Erstgeborenen in den Besitz *Jhwh*s und danach in den Besitz der Priesterschaft übergehen sollen. Sie stehen also der Priesterschaft zur Verfügung und gehören zur personellen Ausstattung des Tempels.

9. Theologisches Zentrum und Ausgangspunkt der Einsetzung der Leviten ist die Ersetzung der Erstgeborenen in einem performativen Akt in Num 3,12. Grundlage sind die älteren Texte über *Jhwh*s Besitz der Erstgeborenen. Die Leviten sollen jene ersetzen und werden an ihrer Stelle von *Jhwh* zu seinem Besitz erklärt.[95] Aus der Sicht des Numeribuches ergibt sich somit, dass die Leviten erst an dieser Stelle unabhängig von der Erwählung der Priesterschaft zu einer besonderen Gruppe werden. Vorher gelten sie als dem Volk zugehörig. Das macht sie allerdings ebenso wenig zu Priestern, wie die Erstgeborenen vorher Priester sind. Freilich ist signifikant, dass im priesterlichen Pentateuch die Erstgeborenen abgesehen von der vor dem Exodus platzierten Bestimmung, sie auszulösen (Ex 13,2.11–15) der Auslösung keine Regeln erlassen werden. So ist im Rahmen der Auslösungsregel bei Lev 27,26 auffällig, dass es verboten wird, die Erstgeburten der Haustiere zu geloben, während die menschlichen Erstgeburten unerwähnt bleiben, obwohl es ja vorher auch um Gelübde geht.

---

93   Vgl. *Schorn*, Ruben, 52.
94   Der Eindruck wird verstärkt, weil die Übergabe in Num 8 als Schwingopfer bezeichnet wird, doch handelt es sich um eine „Emporhebungsgabe". Vgl. dazu unten, 280 (resümierend), zum Begriff *Hieke*, Tenufa, und zur Diskussion oben, 157.
95   Siehe dazu oben, 142–153.

Dennoch zeigt die Thematisierung der Erstgeborenen in Ex 22,28b ohne die Aufforderung zur Auslösung und 34,20 mit der Auslösung sowie die Thematisierung der Erstgeborenen als *Jhwh*s Besitz in Num 3,12a, dass sie in der biblischen Tradition über Generationen eine besondere theologische Bedeutung hatten.

Ohne hier die Diskussion der Opfer von Erstgeburten diskutieren zu können,[96] so ist die Kritik von Ez 20,25f. ein deutlicher Hinweis, dass man im Numeribuch die Erwählung der Erstgeborenen aus theologischen Gründen durch eine Erwählung der Leviten ersetzt. Unabhängig davon, ob es eine Darbringung von Erstgeborenen im *Jhwh*-Kult oder außerhalb gegeben hat und ob eine Auslösung üblich war oder nicht, so besitzen wir mit der Erzählung von der Geburt und Übereignung Samuels ans Heiligtum von Schilo einen Text, der die besondere Bedeutung solcher Erstgeborener in einem priesterlichen Dienst aufzeigt.[97] In Anschluss an das Deuteronomium, das als Teil der Kultzentralisation die Professionalisierung der Priesterschaft durch die Festschreibung von levitischen Priestern als Kultpersonal betrieben hat, wird im Numeribuch die Professionalisierung in Bezug auf die nichtkultischen Aufgaben am Tempel formuliert. Die Thematisierung der Erstgeborenen dürfte mit einem prominenten Zugang von Israeliten oder auch von bestimmten Gruppen der Eliten zum vorexilischen Tempelkult im Zusammenhang stehen. Dieser wird durch den performativen Akt am Gottesberg verschlossen und die vorexilische Praxis somit für illegitim erklärt. Denn nun werden anstelle der Erstgeborenen die Leviten in den Dienst genommen. Im Hintergrund mögen Gruppen von privilegierten Nichtpriestern stehen, die man später bei den Leviten wiederfindet. Charakteristikum ist aber der grundsätzliche Ausschluss von Nichtpriestern und daher auch von Leviten vom Kult.

Dass man Samuel, der nach 1Sam 1,1 Ephraimit ist, weil er *Jhwh* unter Eli dient (1Sam 3,1), in einer späten Bearbeitung der Chronikbücher zum Leviten machen konnte, zeigt einerseits, dass das Wissen um die Offenheit der Gruppe der Leviten bis zu dieser späten Zeit bekannt war. Es zeigt aber vor allem, dass man den Erstgeborenen Samuel auf die Grundlage einer Konzeption wie jener des Numeribuches stellen wollte. Der harmonisierende Charakter der Levitenkonzeption des Numeribuches war offenbar einflussreich und erfolgreich.

---

96 Vgl. dazu *Van Seters*, Child Sacrifice, 400f.; *Stavrakopoulou*, Child Sacrifice, 184f., und zum Thema allgemein ihre Untersuchung insgesamt. Die Angelegenheit ist bis heute äußerst umstritten, was auch mit der theologischen Problematik zusammenhängen dürfte. Vgl. beispielsweise die Darstellung der Forschungsgeschichte von *Hieke*, Levitikus 16–27, 680–682, die er mit der Feststellung schließt, dass es „keine eindeutigen positiven Belege für Kinderopfer in Israel" (ebd., 682) gebe.

97 Vgl. dazu oben, 147.

Sicherlich gibt es unter der Gruppe der nachexilischen Leviten Nachfahren von Personen, die auch vorexilisch Zugang zum Tempel hatten. Sie konnten wie Samuel in die Gruppe der Leviten integriert werden, was bei den Sängern und Torhütern auch entsprechend geschehen ist. Das zeigt die eigentliche Innovation der Levitenkonzeption des Numeribuches. Dessen priesterliche Autoren vermochten in die Gruppe der Leviten Personen und Gruppen zu integrieren, ohne den Zugang zum Tempel allgemein zu öffnen. So schloss man grundsätzlich aus, dass die Personen, die man in verschiedene nichtkultische Aufgaben am Tempel integrierte, Zugriff auf bestimmte Aspekte des Kultes haben konnten. Gegen dieses Prinzip verstößt Samuel mit einer Opferung in 1Sam 7,9, was die Chronik nicht aufnehmen muss, weil sie ja erst bei 1Sam 31 mit der *relecture* der Samuelis-/Königebücher beginnt. Num 3,10 dient vor allem präventiv eben dem Ausschluss fremder Gruppen vom Kult, weswegen der Vers kein Zusatz ist, sondern zeigt, dass die Regel pragmatisch auf die von der Priesterschaft dominierte Situation am Zweiten Tempel hinausläuft. Der Vers hält fest, dass das Priestertum von nun an ausschließlich durch die mit Aaron verbundene Priesterschaft ausgeübt wird. Der Fremde – mithin der Nichtpriester – darf sich nicht nähern. Der *terminus technicus* für den kultischen Dienst ist hier mit קרב bezeichnet. Man hat hier durchaus räumlich den Zugang zum Heiligtum mit seinen verschiedenen Stufen der Heiligkeit im Blick. Die Priester haben Zugang zum Heiligtum, die Leviten aber nähern sich nur den Priestern. Ihr Platz ist außerhalb der Stiftshütte, wie in Num 18 noch einmal dargelegt wird. Allerdings erhalten sie als ihre Aufgaben zunächst in Num 4 ausschließlich solche, die mit der Wüstenwanderung im Zusammenhang stehen.[98] Das ist unmittelbar dem literarischen Ort ihrer Einsetzung und mithin der fiktiven Situation geschuldet, wonach man sich wenige Tage vor dem Aufbruch vom Sinai befindet, bei dem die Leviten sogleich für den Transport des Heiligtums eingesetzt werden. Als ihre Aufgabe ist dabei der nichtkultische Dienst im Tempel im Blick, was u.a. mit der Phrase משמרת כל האהל (Num 18,3) bezeichnet, aber ausdrücklich vom Dienst der Priester abgegrenzt wird. Hier ergibt sich eine Querbeziehung zum Ezechielbuch, wo u.a. die Bezeichnung משמרת הבית (Ez 44,14) zu finden ist, was dort zuvor allerdings spezifiziert wird mit Aufgaben der Bewachung und der Schlachtung der Opfertiere.[99] Inwieweit es aufgrund der Variabilität des Levitenkonzeptes und der offenkundigen Verschiebungen in der Zusammensetzung dieser Gruppe Überschneidungen

---

98   Siehe dazu oben, 153f.
99   Siehe dazu oben, 183f.

zwischen den vorexilischen privilegierten Israeliten und nachexilischen Leviten gibt, ist die Frage.[100]

10. Mit dem performativen Akt der Ersetzung der Erstgeborenen durch die Leviten hängt ihre Übergabe an Aaron unmittelbar zusammen, die in Num 8 erfolgt. Die Weihe der Leviten steht der Priesterweihe in Lev 8 parallel. Dominiert wird sie durch einen Reinigungsritus, mündet aber anders als die Priesterweihe nicht in eine Salbung. Eine Besonderheit ist auch, dass von einer תנופה der Leviten gesprochen wird, was man traditionell mit „Schwingopfer" wiedergibt, wobei es sich aber um eine der Emporhebungsgabe äquivalente Vorstellung handelt,[101] nicht weil man die Leviten hochgehoben hätte, sondern weil sie tatsächlich den Priestern unterstellt werden und sie, wie sich in Num 18 zeigt, maßgeblich der Versorgung des Kultes und der Priesterschaft dienen.[102] Wie der performative Akt der Ersetzung der Erstgeborenen durch die Leviten ist die Weihe der Leviten als einmaliger Ritus gedacht.[103] Beides wurde – so das Konzept – am Sinai vollzogen, und Israel geht mit den Ergebnissen dessen, was in Num 3 und 8 geschehen ist, in und durch seine Geschichte. Pragmatisch geht es natürlich wie in Ez 44 um die dauerhafte Reinhaltung des Kultes durch eine Fernhaltung von familiären Kulten und fremden Einflüssen durch eine weitere Professionalisierung des am Tempel eingesetzten Personals, wobei der Kult dezidert den Priestern des Heiligtums vorbehalten bleibt. Mit diesem Ziel wurde auch ein vielleicht im Deuteronomismus entstandener allgemeiner Anspruch auf das Priestertum in Num 16f.[104] kritisiert und u.a. das Räucheropfer von Nichtpriestern tabuisiert, das offensichtlich noch in der Exilszeit praktiziert wurde (Jer 41,5).

Die Festschreibung des kultischen Privilegs der Priester und die Unterstellung der Leviten unter die Priesterschaft als Puffer zwischen Priesterschaft und Volk erfolgt im Pentateuch noch am Sinai. Dadurch werden abweichende Praktiken und Traditionen schärfer noch, als das in der Kritik Ezechiels

---

100 Die Notiz in der aus der hellenistischen Zeit stammenden Esrageschichte, dass Esra keine Leviten unter den Rückkehrern gefunden habe (Esr 8,15) und der Hinweis aus Neh 13,10, dass die Leviten in ihre Orte zurückgekehrt seien, weil sie keine Bezahlung erhalten hatten, spricht eher dafür, dass man sich darüber im Klaren ist, dass eine Gruppe auf der Basis einer vorexilischen Tradition neu definiert wird.
101 Vgl. dazu oben, 157.
102 Siehe dazu oben, 176–180.
103 Siehe oben, 157. Hierbei handelt es sich bei aller Parallelität um einen entscheidenden Unterschied zwischen der Priesterweihe in Lev 8 und der Levitenweihe in Num 8.
104 Vgl. oben, 159–169.

geschieht, als illegitim erwiesen, sie aber auf der anderen Seite auch damit entschuldigt, dass die Tora nicht bekannt gewesen ist.

Im Ganzen handelt es sich bei den Levitentexten des Numeribuches um eine breit angelegte Ätiologie, die die Stellung der Leviten am nachexilischen Tempel erklärt und gleichzeitig festschreibt. Sie setzt bei dem Vorwissen der intendierten Adressaten an, dass die Leviten auf die Seite des Volkes gehören, sie aber noch eine variable Größe im traditionellen tribalen Konzept sind. Das Konstrukt einer Ablösung der Erstgeborenen durch die Leviten hat man gewählt, um auf der Grundlage traditioneller Überlieferungen die Verhältnisse am Zweiten Tempel entsprechend der aktuellen Bedürfnisse des Kultes neu zu ordnen. Dem dient meiner Ansicht nach auch, dass man bei der Übergabezeremonie der Leviten terminologisch mit der Feststellung, dass sie „als Gegebene gegeben seien" (Num 8,16 כי נתנים נתנים המה לי), an die Institution der Tempelsklaven (נתינים) erinnert. Faktisch wird hier eine traditionelle Institution und verschiedene Privilegien und Dienste von Israeliten durch den Dienst der Leviten ersetzt.[105]

11. In den priesterlichen Texten des Pentateuch bes. im Numeribuch und auch in der Chronik wird das Konzept der Levitenschaft in die politische Situation der Fremdherrschaft, in der das jüdische Volk keine eigenständigen politischen Institutionen mehr hatte, überführt. Der Tempel und die Priesterschaft rücken in die verbliebene Lücke ein. Das Ganze hat freilich sowohl praktische als auch wirtschaftliche Gründe. Die ehemaligen Eliten und neu integrierte Gruppen von bestimmten Berufen werden als Leviten eng an den Tempel angebunden.[106] Der Tempel ist nicht mehr auf eine Widmung von Personen oder eine Inanspruchnahme von Außenstehenden angewiesen, sondern hat in der Theorie einen eigenen theologisch begründeten Zugriff auf die nötigen Fachkräfte. Von besonderer Brisanz ist freilich, dass in Num 18 der Zehnt, der entweder einst eine vom Königtum erhobene Abgabe war oder zumindest als eine solche bekannt war, in die Hände der Leviten gelegt wird und damit zu deren Einnahme wird. Dass diese Institution spät ist, bezeugt noch Josephus, der sie auf Nehemia zurückführt.[107] Dass man das so regelt, hängt

---

[105] Vgl. *Achenbach*, Vollendung, 541, der den Aspekt der Ersetzung der Erstgeborenen freilich für einen redaktionellen Eingriff der theokratischen Bearbeitung hält: „Sie dient dazu, gegen die Identifikation der Hingabe an die Hohenpriester mit der an Jahwe ein Gegengewicht zu bilden und die hierarchisch bedingte konfliktträchtige Konzeption der ersten ThB zu relativieren."

[106] Josephus Ant. 20, 216–218, bezeugt für die hellenistische Zeit eine strikte Trennung zwischen den Aufgabenbereichen der Gruppen.

[107] Josephus Ant. 11,181.

mit dem Ursprung des Levitismus bei den vorexilischen Eliten zusammen.[108] Dies integriert die vom Dtn vorgesehene Versorgung der Leviten mit dem Armenzehnt, was die Abgabe auch ideologisch legitimiert.

Die Weitergabe eines Zehnten des Zehnten an die Priester hat eine Profanisierung von neun Zehnteln der Abgabe zur Folge.[109] Auch wenn hier der *terminus technicus* fehlt, so handelt es sich gleichwohl um eine Auslösung. Faktisch wird der Zehnt damit zu einer Bezahlung der Leviten und damit all jener Dienste, die ihnen in der nachexilischen Zeit zugeordnet werden. Der Blick auf die Chronik und auf Esra-Nehemia zeigt, dass man sich in der spätnachexilischen Zeit darüber bewusst ist, dass man spätvorexilisch unter dem Label der Leviten die Eliten und die Beamtenschaft zusammenfasste. Neh 13 lässt aber für die nachexilische Zeit, die nicht mehr von Regeln geprägt ist, die staatlich abgesichert sind, erkennen, dass dafür, dass die Leviten am Tempel im Dienst bleiben, ihre Bezahlung notwendig ist.[110] In der sicher konstruierten Passage von Esras Rückkehr (Esr 8) lässt sich erkennen, dass die Leviten eine große Bedeutung in finanziellen Fragen hatten.[111]

Das Interesse der priesterlichen Autoren im Pentateuch war eine weitgehende Harmonisierung und Systematisierung: Man suchte die Situation, die sich am Zweiten Tempel etablierte, mit den Überlieferungen aus der vorexilischen Zeit zu harmonisieren. Die veränderte Stellung der einstigen Eliten aufgrund des Fehlens der eigenen staatlichen Ordnung zog es nach sich, dass der Tempel als Zentrum auch der sozialen Ordnung am Sinai ätiologisch festgeschrieben wurde. Dabei wird wie in der Chronik, aber auch in Num 16 nicht verschleiert, dass die Gruppe der Leviten aufgrund der Herkunft nicht abgeschlossen war.

12 Die Überführung der Leviten in die kultische und wirtschaftliche Realität der Perserzeit, die durch eine Neudefinition und ihre Unterstellung unter die Priesterschaft erfolgte, diente dem Bedürfnis des nachexilischen Tempels nach personaler Kontinuität und dauerhafter Versorgung. Allein die finanzielle Ausstattung der Leviten zeigt die große Bedeutung, die man ihnen zuschrieb.

---

108 Auch hier ist Esr 8 signifikant. Nach der Vermittlung von nur 18 Leviten aus Kasifja (Esr 8,17f.) werden diese sogleich mit der Verwaltung der Finanzen betraut. Hier und in Neh 8,9–15, wo die Leviten die Tora lehren, ist eindeutig an eine schriftgelehrte Elite gedacht.
109 Siehe oben, 176–180.
110 Siehe oben, 54.
111 Dass Esra aus Kasifija Leviten, die schriftkundig sind, vor allem für die Verwaltung der Mittel rekrutiert, spricht gegen die Annahme, dass in Kasifija ein Heiligtum existierte. Vgl. zu entsprechenden Hypothesen oben, 52f. Dass mit einem Iddo ein Priester angefragt wird, sagt nur aus, dass ein Priester oder Priesternachfahre Autorität unter den Exilierten hatte und damit Einfluss auf die Vermittlung von Spezialisten.

Das zeigt sich auch daran, dass man an die Feststellung der Landbesitzlosigkeit in Num 18,20 und Dtn 10,9 eine theologisch begründete Versorgungszusage anheftet, wonach *Jhwh* sein Erbteil ist.[112] Offensichtlich werden die Aussagen aus Gen 49 die Leviten betreffend auch im Blick auf ihr freiwilliges Eintreten für *Jhwh* (Ex 32,25–29) endgültig mit der Zusage eines Erbteils revidiert.

Die Veränderungen im Konzept nach der Exilszeit hatten auf der anderen Seite auch zur Folge, dass man ihnen nun auch im Rahmen der Landnahmeüberlieferung zur Versorgung die sog. Levitenstädte einrichtete. Damit löste man das dtn/dtr Konstrukt der Versorgung der Leviten durch das Volk ab und konnte bereits vorgreifen auf die herausgehobene Stellung der Eliten im Beamtenstaat. Dass das Konzept der Levitenstädte mit jenem der Asylstädte verbunden wurde, dürfte mit der Affinität der Leviten zum Gerichtswesen zusammenhängen.[113] In diese Entwicklungslinie gehört auch die Einsetzung der Leviten in das Gerichtswesen in der Chronik hinein.

Früheste und späteste Abschnitte des Pentateuchs stimmen darin überein, dass Leviten nicht primär als Priester angesehen wurden, sondern dem Volk zuzurechnen sind. Eine Variabilität der Zugehörigkeit zur Gruppe der Leviten, die Möglichkeit, ihnen Personen oder Teilgruppen zuzuschlagen, lässt sich bis in die spätesten Texte verfolgen. Sie beweist, dass es sich bei den Leviten um eine späte Identitätskonstruktion handelt. Einer radikalen Veränderung war die Konzeption in der nachexilischen Zeit unterworfen, weil die Institutionen der Staatlichkeit weggefallen waren. Daher wurden sie in einem einmaligen Akt am Anfang der Geschichte Israels (am Sinai) in den Besitz und Dienst der Priesterschaft überführt, damit sie für nichtkultische Aufgaben am Tempel dauerhaft zur Verfügung stünden. Diese Sicht wird von der Darstellung der Chronik bestätigt, die nichtkultische Aufgaben am und außerhalb des Heiligtums vor allem in der Administration mit Leviten besetzt. Für exilische oder nachexilische Auseinandersetzungen mit den Leviten gibt es keine Hinweise. Vieles spricht dafür, dass man mit der Integration von Gruppen mit verschiedenen nichtkultischen Aufgaben wie die Sänger und Torhüter in das Konzept der Leviten nachexilisch erst wieder für die Existenz einer größeren Gruppe Leviten gesorgt hat, die nun eine Art Tempelbeamtentum bildete.

Traditionsgeschichtlich ist die Entwicklung verlaufen von den Überlieferungen vom Jakobsohn, der spätvorexilisch zum Eponym der Beamten und Eliten wurde, weswegen man auch das Priestertum an Zentralheiligtum als Teil der Beamtenschaft integrierte, hin zu den Leviten, die nachexilisch am Zweiten Tempel der Autorität der Priesterschaft als eine Art Tempelbeamtentum unterstellt wurden.

---

112 Siehe dazu oben, 215.
113 Siehe zur Charakterisierung des Mose als שר ושפט in Ex 2,14 oben, 91–96.

Die Leviten sind dabei nicht in diese Stellung gekommen, weil sie degradiert worden wären. Vielmehr haben sich die Verhältnisse am Tempel und dessen Rolle unter der Fremdherrschaft verändert. Nach dem Exil auch aufgrund einer Weiterentwicklung des Monotheismus hielt man eine radikale Trennung zwischen sakralen und profanen Bereichen sowie von kultischen und nichtkultischen Tätigkeiten für nötig, was ein Herausdrängen von bestimmten privilegierten Nichtpriestern aus dem Tempel nötig machte. An deren Stelle treten die Leviten, die stellvertretend für das Volk nun die nichtkultischen Aufgaben übernehmen sollen.

Literatur

Abba, R.: Priests and Levites in Deuteronomy, VT 27 (1977) 257–267.

Abba, R.: Priests and Levites in Ezekiel, VT 28 (1978) 1–9.

Achenbach, R.: Israel zwischen Verheissung und Gebot. Literarkritische Untersuchungen zu Deuteronomium 5–11 (EHS.T 422), Frankfurt am Main 1991.

Achenbach, R.: Levitische Priester und Leviten im Deuteronomium. Überlegungen zur sog. „Levitisierung" des Priestertums, ZAR 5 (1999) 285–309.

Achenbach, R.: Die Vollendung der Tora. Studien zur Redaktionsgeschichte des Numeribuches im Kontext von Hexateuch und Pentateuch (BZAR 3), Wiesbaden 2003.

Achenbach, R.: The Protection of Personae Miserae in Ancient Israelite Law and Wisdom and in the Ostracon from Khirbet Qeiyafa, Sem. 54 (2012) 93–125.

Ahlström, G. W.: Royal Administration and National Religion in Ancient Palestine (SHANE 1), Leiden 1982.

Albertz, R.: Religionsgeschichte Israels in alttestamentlicher Zeit (GAT 8), Göttingen 1992.

Albertz, R.: Exodus. Band I: Ex 1–18 (ZBK.AT 2.1), Zürich 2012.

Albertz, R.: Exodus. Band II: Ex 19–40 (ZBK.AT 2.2), Zürich 2015.

Allan, N.: The Identity of the Jerusalem Priesthood during the Exile, HeyJ 23 (1982) 259–269.

Alt, A.: Festungen und Levitenorte im Lande Juda, in: *Ders.*: Kleine Schriften II, 306–315.

Alt, A.: Israels Gaue unter Salomo, in: *Ders.*: Kleine Schriften II, 76–99.

Alt, A.: Kleine Schriften zur Geschichte des Volkes Israel II, München 1953.

Alt, A.: Zur Talionsformel, in: *Ders.*: Kleine Schriften zur Geschichte des Volkes Israel I, München 1953, 341–344.

Aranoff, G.: The Connection between the Ido of Micah and the Concubine at Gibeah. A Rabbinic View, JBQ 41 (2013) 78–81.

Arx, U. v.: Studien zur Geschichte des alttestamentlichen Zwölfersymbolismus (EHS.T 397), Bern 1990.

Auld, A. G.: I & II Samuel. A Commentary (OTL), Louisville, KN 2011.

Aurelius, E.: Der Fürbitter Israels. Eine Studie zum Mosebild im Alten Testament (CB.OT 27), Stockholm 1988.

Awabdy, M. A.: Yhwh Exegetes Torah. How Ezekiel 44:7–9 Bars Foreigners from the Sanctuary, JBL 131 (2012) 685–703.

Baden, J. S.: The Violent Origins of the Levites. Text and Tradition, in: *Leuchter/Hutton*, Levites and Priests, 103–116.

Bark, F.: Ein Heiligtum im Kopf der Leser. Literaturanalytische Betrachtungen zu Ex 25–40 (SBS 218), Stuttgart 2009.

Barstad, H. M.: The Myth of the Empty Land. A Study in the History and Archaeology of Judah During the „Exilic" Period (SO.S 28), Oslo 1996.
Baudissin, W. W. F. Graf v.: Die Geschichte des alttestamentlichen Priesterthums, Leipzig 1889.
Bauks, M.: Menschenopfer in den Mittelmeerkulturen, VF 56 (2011) 33–44.
Beer, G.: Exodus (HAT 3), Tübingen 1939.
Ben Zvi, E.: The List of Levitical Cities, JSOT 54 (1992) 77–106.
Ben Zvi, E.: The Book of Chronicles. Another Look, SR 31 (2002) 261–281.
Ben Zvi, E.: Are There Any Bridges Out There? How Wide Was the Conceptual Gap between the Deuteronomistic History and Chronicles?, in: *Knoppers, G. N.; Ristau, K. A.* (Hg.): Community Identity in Judean Historiography. Biblical and Comparative Perspectives, Winona Lake, IN 2009, 59–86.
Ben Zvi, E.: The Authority of 1–2 Chronicles in the Late Second Temple Period, in: *Ders.*: History, Literature and Theology in the Book of Chronicles (BWo), Hoboken 2014, 243–268.
Bentzen, A.: Die Josianische Reform und ihre Voraussetzungen, København 1926.
Benzinger, I.: Die Bücher der Könige (KHC IX), Freiburg, Leipzig, Tübingen 1899.
Benzinger, I.: Hebräische Archäologie, Tübingen ²1907.
Bergman, J.; Ringgren, H.; Lang, B.: זבח, ThWAT II (1977) 509–531.
Berlejung, A.: Amt / Charisma, HGANT (2006) 83–86.
Berlejung, A.: Geschichte und Religionsgeschichte des antiken Israel, in: *Gertz, J. C.* (Hg.): Grundinformation Altes Testament. Eine Einführung in Literatur, Religion und Geschichte des Alten Testaments (UTB 2745), Göttingen ⁶2019, 59–192.
Berner, C.: Die Exoduserzählung. Das literarische Werden einer Ursprungslegende Israels (FAT 73), Tübingen 2010.
Beuken, W.: Jesaja 13–27 (HThKAT), Freiburg, Basel, Wien 2007.
Beyerle, S.: Der Mosesegen im Deuteronomium. Eine text-, kompositions- und formkritische Studie zu Deuteronomium 33 (BZAW 250), Berlin, New York 1997.
Beyerlin, W.: Herkunft und Geschichte der ältesten Sinaitradition, Tübingen 1961.
Blenkinsopp, J.: Temple and Society in Achemenid Judah, in: *Davies, P. R.* (Hg.): Second Temple Studies. 1. Persian Period (JSOT.S 117), Sheffield 1991, 22–53.
Blenkinsopp, J.: Geschichte der Prophetie in Israel. Von den Anfängen bis zum hellenistischen Zeitalter, Stuttgart 1998.
Blenkinsopp, J.: The Judaean Priesthood during the Neo-Babylonian and Achaemenid Periods. A Hypothetical Reconstruction, CBQ 60 (1998) 25–43.
Blenkinsopp, J.: Judaism: The First Phase. The Place of Ezra and Nehemiah in the Origins of Judaism, Grand Rapids, MI 2009.
Block, D. I.: The Book of Ezekiel. Chapters 25–48 (NIBC), Grand Rapids, MI 1998.
Blum, E.: Die Komposition der Vätergeschichte (WMANT 57), Neukirchen-Vluyn 1984.
Blum, E.: Studien zur Komposition des Pentateuch (BZAW 189), Berlin, New York 1990.

Blum, E.: Der historische Mose und die Frühgeschichte Israels, HeBAI 1 (2012) 37–63.
Boer, R. T.: Utopian Politics in 2 Chronicles 10–13, in: *Graham, M. P.; McKenzie, S. L.* (Hg.): The Chronicler as Author. Studies in Text and Texture (JSOT.S 263), Sheffield 1999, 360–394.
Bonnet, C.; Niehr, H.: Phönizier, Punier, Aramäer (KStTh 4.2), Stuttgart 2010.
Brinkman, J. A.: Political Covenants, Treaties, and Loyalty Oaths in Babylonia and Between Assyria and Babylonia, in: *Canfora, L.; Liverani, M.; Zaccagnini, C.* (Hg.): I trattati nel mondo antico. Forma, ideologia, funzione (SdSA 2), Roma 1990, 81–112.
Brueggemann, W.: A Commentary on Jeremiah. Exile and Homecoming, Grand Rapids, MI 1998.
Brueggemann, W.: 1 & 2 Kings (SHBC 8), Macon, GA 2000.
Brutti, M.: The Development of the High Priesthood During the Pre-Hasmonean Period. History, Ideology, Theology (JSJ.S 108), Leiden, Boston, MA 2006.
Budde, H.: Die Religion des Volkes Israel bis zu seiner Verbannung, Gießen ²1905.
Bultmann, C.: Der Fremde im antiken Juda. Eine Untersuchung zum sozialen Typenbegriff ‚ger' und seinem Bedeutungswandel in der alttestamentlichen Gesetzgebung (FRLANT 153), Göttingen 1992.
Carr, D. M.: The Formation of the Hebrew Bible. A New Reconstruction, New York, NY 2011.
Carter, C. E.: The Province of Yehud in the Post-Exilic Period. Soundings in Site Distribution and Demography, in: *Eskenazi, T. C.; Richards, K. H.* (Hg.): Second Temple Studies 2. Temple and Community in the Persian Period (JSOT.S 175), Sheffield 1994, 106–145.
Cassuto, U.: A Commentary on the Book of Exodus, Jerusalem 1967.
Cassuto, U.: Deuteronomy Chapter XXXIII and the New Year in Ancient Israel, in: *Ders.*: Biblical and Oriental Studies. Volume I: Bible, Jerusalem 1973, 47–70.
Christian, M. A.: Revisting Levitical Authorship. What Would Moses Think?, ZAR 13 (2007) 194–236.
Clements, R. E.: Exodus. Commentary (CNC), Cambridge 1972.
Cody, A.: A History of Old Testament Priesthood (AnBib 35), Rom 1969.
Cody, A.: Aaron / Aaronitisches Priestertum. I. Im Alten Testament, TRE 1 (1977) 1–5.
Cole, S. W.: The Crimes and Sacrileges of Nabû-šuma-iškun, ZA 84 (1994) 220–252.
Cross, F. M.: The Priestly Houses of Early Israel, in: *Ders.*: Canaanite Myth and Hebrew Epic. Essays in the History of the Religion of Israel, Cambridge, MA ⁹1997, 195–215.
Crüsemann, F.: Das Bundesbuch. Historischer Ort und institutioneller Hintergrund, in: *Emerton, J. A.* (Hg.): Congress Volume Jerusalem 1986 (VT.S 40), Leiden 1988, 27–41.
Crüsemann, F.: Die Tora. Theologie und Sozialgeschichte des alttestamentlichen Gesetzes, Gütersloh ²1997.
Dahm, U.: Opferkult und Priestertum in Alt-Israel. Ein kultur- und religionswissenschaftlicher Beitrag (BZAW 327), Berlin, New York 2003.

Dahmen, U.: Leviten und Priester im Deuteronomium. Literarkritische und redaktionsgeschichtliche Studien (BBB 110), Bodenheim 1996.

Dandamajew, M. A.: Der Tempelzehnte in Babylonien während des 6.–4. Jh. v. u. Z., in: *Stiehl, R.; Stier, E.* (Hg.): Beiträge zur alten Geschichte und deren Nachleben. FS F. Altheim I, Berlin 1969, 82–90.

de Geus, C. H. J.: The Tribes of Israel. An Investigation Into Some of the Presuppositions of Martin Noth's Amphictyony Hypothesis (SSN 18), Assen 1976.

de Hoop, R.: Genesis 49 in its Literary and Historical Context (OTS 39), Leiden, Boston, MA, Köln 1999.

de Pury, A.: Genèse XXXIV et L'Histoire, RB 76 (1969) 5–49.

de Pury, A.: Le cycle de Jacob com me légende autonome des origines d'Israel, in: *Ders.*: Die Patriarchen und die Priesterschrift. Gesammelte Studien (AThANT 99), Zürich 2010, 93–108.

de Vaux, R.: Das Alte Testament und seine Lebensordnungen II. Heer und Kriegswesen, die religiösen Lebensordnungen, Freiburg, Basel, Wien 1962.

Dietrich, W.; Arnet, S.: Konzise und aktualisierte Ausgabe des Hebräischen und Aramäischen Lexikons zum Alten Testament, Leiden 2013.

Dillmann, A.: Die Bücher Exodus und Leviticus (KEH 12), Leipzig ²1880.

Dimant, D.; Parry, D. W. (Hg.): Dead Sea Scrolls Handbook, Leiden 2014.

Dohmen, C.: מסכה, ThWAT IV (1984) 1009–1015.

Dohmen, C.: פסל, ThWAT VI (1989) 688–697.

Dohmen, C.: Exodus 19–40 (HThKAT), Freiburg, Basel, Wien 2004.

Dohmen, C.: Mose. Der Mann, der zum Buch wurde (BG 24), Leipzig 2011.

Donner, H. (Hg.): Wilhelm Gesenius' Hebräisches und Aramäisches Wörterbuch, Berlin, Heidelberg, New York ¹⁸1987–2012.

Duguid, I.: Ezekiel and the Leaders of Israel (VT.S 56), Leiden 1994.

Duhm, B.: Das Buch Jeremia (KHC XI), Tübingen, Leipzig 1901.

Dyma, O.: Die Wallfahrt zum Zweiten Tempel. Untersuchungen zur Entwicklung der Wallfahrtsfeste in vorhasmonäischer Zeit (FAT II 40), Tübingen 2012.

Eberhart, C.: Das Opfer als Gabe. Perspektiven des Alten Testaments, JBTh 27 (2012) 93–120.

Edenburg, C.: Dismembering the Whole. Composition and Purpose of Judges 19–21 (SBL.AIL 24), Atlanta GA 2016.

Ederer, M.: Aufbrüche zur Exodustheologie. Das Itinerar Num 33,1–49 als theologische Deutung der Wüstenzeit Israels (SBS 231), Stuttgart 2014.

Ego, B.; Lange, A.; Pilhofer, P. (Hg.): Gemeinde ohne Tempel. Zur Substituierung und Transformation des Jerusalemer Tempels und seines Kults im Alten Testament, antiken Judentum und frühen Christentum (WUNT 118), Tübingen 1999.

Ehrlich, A. B.: Randglossen zur Hebräischen Bibel. IV: Jesaia, Jeremia, Leipzig 1912.

Eidevall, G.: Sacrificial Rhetoric in the Prophetic Literature of the Hebrew Bible. With a Foreword by Tryggve N. D. Mettinger, Lewiston, NY 2012.

Eißfeldt, O.: Hexateuch-Synopse. Die Erzählung der fünf Bücher Mose und des Buches Josua mit dem Anfange des Richterbuches; in ihre vier Quellen zerlegt und in deutscher Übersetzung dargeboten samt einer in Einleitung und Anmerkungen gegebenen Begründung, Darmstadt ²1962.

Emerton, J. A.: Priests and Levites in Deuteronomy. An Examination of Dr. G. E. Wright's Theory, VT 12 (1962) 129–138.

Engelken, K.: פלגש, ThWAT VI (1989) 586–589.

Finkelstein, I.: Jerusalem in the Persian (and Early Hellenistic) Period and the Wall of Nehemiah, JSOT 32 (2008) 501–520.

Finkelstein, I.: The Forgotten Kingdom. The Archaeology and History of Northern Israel (SBL.ANEMS 5), Atlanta, GA 2013.

Finsterbusch, K.: Vom Opfer zur Auslösung. Analyse ausgewählter Texte zum Thema Erstgeburt im AltenTestament, VT 56 (2006) 21–45.

Fischer, A. A.: Tod und Jenseits im Alten Orient und im Alten Testament, Neukirchen-Vluyn 2005.

Fischer, G.: Jeremia 1–25 (HThKAT), Freiburg, Basel, Wien 2005.

Fischer, G.: Jeremia 26–52 (HThKAT), Freiburg, Basel, Wien 2005.

Fishbane, M.: Biblical interpretation in ancient Israel, Oxford 1985.

Fleming, D.: The Legacy of Israel in Judah's Bible. History, Politics, and the Reinscribing of Tradition, Cambridge 2012.

Fohrer, G.: Altes Testament – ‚Amphiktyonie' und ‚Bund'?, ThLZ 91 (1966) 801–816.893–904.

Fohrer, G.: Levi und Leviten, RGG³ 3 (1976) 336–337.

Frevel, C.: Das Buch Numeri, in: *Zenger, E.* (Hg.): Stuttgarter Altes Testament. Einheitsübersetzung mit Kommentar und Lexikon, Stuttgart ²2004, 212–301.

Frevel, C.: „... dann gehören die Leviten mir". Anmerkungen zum Zusammenhang von Num 3; 8 und 18, in: *Ernst, S.; Häusl, M.* (Hg.): Kulte, Priester, Rituale. Beiträge zu Kult und Kultkritik im Alten Testament und Alten Orient. FS T. Seidl (ATSAT 89), St Ottilien 2010, 133–158.

Frevel, C.: Geschichte Israels (KStTh), Stuttgart ²2018.

Fritz, V.: The „List of Rehoboams's Fortresses" in 2 Chr. 11: 5–12. A Document from the Time of Josiah, ErIsr 15 (1981) 46*–53*.

Fritz, V.: Die Entstehung Israels im 12. und 11. Jahrhundert v. Chr (BE 2), Stuttgart 1996.

Gerhards, M.: Die Aussetzungsgeschichte des Mose. Literar- und traditionsgeschichtliche Untersuchungen zu einem Schlüsseltext des nichtpriesterlichen Tetrateuch (WMANT 109), Neukirchen-Vluyn 2006.

Gerhards, M.: „... und nahm die Tochter Levis" Noch einmal zu Ex 2,1 als Motivation der Aussetzung des Mose. „Seine Geburt war unordentlich ..." – wirklich?, BN.NF 154 (2012) 103–122.

Gerstenberger, E. S.: Das dritte Buch Mose. Leviticus (ATD 6), Göttingen 1993.

Gertz, J. C.: Tradition und Redaktion in der Exoduserzählung. Untersuchungen zur Endredaktion des Pentateuch (FRLANT 186), Göttingen 2000.

Gese, H.: Der Verfassungsentwurf des Ezechiel (Kap. 40–48) traditionsgeschichtlich untersucht (BHTh 25), Tübingen 1957.

Gesenius, W.; Kautzsch, E.; Bergsträsser, G.: Hebräische Grammatik. Facsimile der Siloah-Inschrift beigefügt von J. Euting, Schrifttafel von M. Lidzbarski, Hildesheim u.a 1991 (^{28}1909).

Gillingham, E. S.: The Levites and the Editorial Composition of the Psalms, in: *Brown, W. P.* (Hg.): The Oxford Handbook of the Psalms, New York, NY 2014, 201–213.

Gleßmer, U.: Leviten in spät-nachexilischer Zeit. Darstellungsinteressen in den Chronikbüchern und bei Josephus, in: *Albani, M.; Arndt, T.* (Hg.): Gottes Ehre erzählen. FS H. Seidel, Leipzig 1994, 127–151.

Görg, M.: Aaron – von einem Titel zum Namen?, BN 32 (1986) 11–17.

Grabbe, L. L.: A History of the Jews and Judaisim in the Second Temple Period, Volume 1. Yehud: A History of the Persian Province of Judah (LSTS 47), London 2004.

Graf, F.: Eponymos, DNP 4 (1998) 8–9.

Gray, G. B.: A Critical and Exegetical Commentary on Numbers (ICC) Edinburgh 1912.

Gray, G. B.: Sacrifice in the Old Testament. Its Theory and Practice, Oxford 1925.

Gressmann, H.: Mose und seine Zeit. Ein Kommentar zu den Mose-Sagen (FRLANT 18), Göttingen 1913.

Grimme, H.: Der südarabische Levitismus und sein Verhältnis zum Levitismus in Israel, Muséon 37 (1924) 169–199.

Groß, W.: Die Pendenskonstruktion im Biblischen Hebräisch. Studien zum althebräischen Satz I (ATSAT 27), St. Ottilien 1987.

Groß, W.: Richter (HThKAT), Freiburg, Basel, Wien 2009.

Groß, W.: Michas überfüllte Hauskapelle. Bemerkungen zu Ri 17 + 18, in: *Groß, W.; Gaß, E.* (Hg.): Studien zum Richterbuch und seinen Völkernamen (SBAB 54), Stuttgart 2012, 72–88.

Gunn, D. M.: Judges (BBC), Malden, MA 2005.

Gunneweg, A. H. J.: Leviten und Priester. Hauptlinien der Traditionsbildung und Geschichte des israelitisch-jüdischen Kultpersonals (FRLANT 89), Göttingen 1965.

Hacket, J. A.: Violence and Women's Lives in the Book of Judges, Interp. 58 (2004) 356–364.

Halpern, B.: The Emergence of Israel in Canaan (SBL.MS 29), Chico, CA 1983.

Häner, T.: Bleibendes Nachwirken des Exils. Eine Untersuchung zur kanonischen Endgestalt des Ezechielbuches (HBS 78), Freiburg 2014.

Hänsel, L.: Studien zu „Tora" in Esra-Nehemia und Chronik. Erwägungen zur Bezugnahme auf תורה, משפט, מצוה, חוק in Esra-Nehemia und Chronik im Horizont frühjüdischer Texte, Diss. Leipzig 1999.

Haran, M.: The Gibeonites, the Nethinim and the Sons of Solomon's Servants, JBL 11 (1961) 159–169.

Heckl, R.: „Jhwh ist unsere Gerechtigkeit" (Jer 23,5f.). Überlieferungsgeschichtliche Erwägungen zu Jer 21–24, in: *Lux/Waschke* (Hg.): Die unwiderstehliche Wahrheit, 181–198.

Heckl, R.: Die Religionsgeschichte als Schlüssel für die Literargeschichte. Eine neu gefasste Überlieferungskritik vorgestellt am Beispiel von Ex 32, ThZ 63 (2007) 193–215.

Heckl, R.: Wann ist mit dem Abschluss des Pentateuchs zu rechnen? Zur Bedeutung von Hekataios von Abdera für die Literargeschichte Israels, WdO 39 (2009) 184–204.

Heckl, R.: Mose als Schreiber. Am Ursprung der jüdischen Hermeneutik des Pentateuchs, ZAR 19 (2013) 179–234.

Heckl, R.: Vom Mythos zur Geschichte. Die priesterliche Konzeption der Volkswerdung Israels in Ex 1,1–14 und ihre Voraussetzungen, in: *Kotjatko-Reeb, J.; Ziemer, B.; Schorch, S.* (Hg.): Nichts Neues unter der Sonne? Zeitvorstellungen im Alten Testament. FS E.-J. Waschke (BZAW 450), Berlin 2014, 113–135.

Heckl, R.: Neuanfang und Kontinuität in Jerusalem. Studien zu den hermeneutischen Strategien im Esra-Nehemia-Buch (FAT 104), Tübingen 2016.

Heckl, R.: Das Ezechielbuch als Metatext I. Ezechiel 1–3 als Leseanleitung für ein literarisch ausformuliertes Prophetenbuch, Bib. 98 (2017) 520–540.

Heckl, R.: The Aaronic Blessing (Num 6). Its Intention and Place in the Concept of the Pentateuch, in: *Bautch, R. J.; Lackowski, M.* (Hg.): On Dating Biblical Texts to the Persian Period. Discerning Criteria and Establishing Epochs (FAT II 101), Tübingen 2019, 119–138.

Heckl, R.: Zwischen Nachahmung und Variation. Literarische Gattungen (Textsorten) in der Kommunikation und ihre Berücksichtigung in der Exegese alttestamentlicher Texte, in: *Heckl, R.; Wagner, T.* (Hg.): Methodik im Diskurs 2. Der Zusammenhang von Gattungs- und Traditionskritik (BThSt 180), Göttingen 2019, 1–25.

Heckl, R.: Ist die Beschneidung in Genesis 17 Gebot, Antwort auf das Geschenk des Bundes oder Zeichen? Über eine Präsupposition zur Revision der Thesen von der sogenannten abrahamitischen Ökumene, in: *Krause, J. J.; Oswald, W.; Weingart, K.* (Hg.): Eigensinn und Entstehung der Hebräischen Bibel. FS E. Blum (FAT 136), 2020, 49–62.

Heller, A.: Das Babylonien der Spätzeit (7.–4. Jh.) in den klassischen und keilschriftlichen Quellen (Oik 7), Berlin 2010.

Hentschke, R.: Satzung und Setzender. Ein Beitrag zur israelitischen Rechtsterminologie (BWANT 83), Stuttgart 1963.

Herrmann, P.: Der römische Kaisereid. Untersuchungen zu seiner Herkunft und Entwicklung (Hyp 20), Göttingen.

Hieke, T.: Die Genealogien der Genesis (HBS 39), Freiburg im Breisgau 2003.

Hieke, T.: Levitikus. Erster Teilband: 1–15 (HThKAT), Freiburg, Basel, Wien 2014.

Hieke, T.: Levitikus. Zweiter Teilband: 16–27 (HThKAT), Freiburg, Basel, Wien 2014.

Hieke, T.: Tenufa – Emporhebungsgabe statt Schwingopfer, in: *Wimmer, S. J.; Gafus, M.* (Hg.): „Vom Leben umfangen". Ägypten, das Alte Testament und das Gespräch der Religionen. Gedenkschrift für M. Görg (ÄAT 80), Münster 2014, 83–89.

Hölscher, G.: Komposition und Ursprung des Deuteronomiums, ZAW 40 (1922) 161–255.

Hölscher, G.: Levi, PRE 12/2 (1925) 2155–2208.

Holzinger, H.: Exodus (KHC II), Tübingen, Freiburg, Leipzig 1900.

Holzinger, H.: Numeri (KHC IV), Tübingen, Leipzig 1903.

Hornblower, S.: Asia Minor, in: *Lewis, D. M.; Boardman, J.; Hornblower, S.; Ostwald, M.* (Hg.): The Fourth Century B.C. (CAH 6), Cambridge 1994, 209–233.

Hutzli, J.: Die Erzählung von Hanna und Samuel. Textkritische und literarische Analyse von 1. Samuel 1–2 unter Berücksichtigung des Kontextes (AThANT 89), Zürich 2007.

Jacob, B.: Das Buch Exodus, Stuttgart 1997.

Jäger, S.: Kritische Diskursanalyse. Eine Einführung (EDiss 3), Münster [5]2009.

Jahn, G.: Über den Gottesbegriff der alten Hebräer und ihre Geschichtsschreibung, Leiden 1915.

Japhet, S.: 1 Chronik (HThKAT), Freiburg, Basel, Wien 2002.

Japhet, S.: 2 Chronik (HThKAT), Freiburg, Basel, Wien 2003.

Johnstone, W.: 1 and 2 Chronicles. Volume 1: 1 Chronicles 1–2 Chronicles 9 Israel's Place among the Nations (JSOT.S 253), Sheffield 1997.

Joüon, P.; Muraoka, T.: A Grammar of Biblical Hebrew (SubBi 14), Rom [3]2000.

Kaiser, O.: Den Erstgeborenen deiner Söhne sollst du mir geben. Erwägungen zum Kinderopfer im Alten Testament, in: *Kaiser, O.* (Hg.): Denkender Glaube. FS C.-H. Ratschow, Berlin 1976, 24–48.

Kaiser, O. (Hg.): Texte aus der Umwelt des Alten Testaments, Bd. 1–3, Ergänzungsband, Gütersloh 1982–2001.

Karrer, M.; Kraus, W. (Hg.): Septuaginta Deutsch. Erläuterungen und Kommentare zum griechischen Alten Testament. Band I Genesis bis Makkabäer, Stuttgart 2011.

Keel, O.: Die Geschichte Jerusalems und die Entstehung des Monotheismus (OLB 4), Göttingen 2007.

Kellermann, D.: לוי, ThWAT IV (1984) 499–521.

Kellermann, D.: Die Priesterschrift von Numeri 1,1 bis 10,10. literarkritisch und traditions-geschichtlich untersucht (BZAW 120), Berlin 1970.

Kennet, R. H.: The Origins of the Aaronite Priesthood, JThS 6 (1905) 161–186.

Kessler, R.: Staat und Gesellschaft im vorexilischen Juda. Vom 8. Jahrhundert bis zum Exil (VT.S 47), Leiden 1992.

Kessler, R.: Die Sklavin als Ehefrau. Zur Stellung der 'āmāh, in: *Ders.*: Studien zur Sozialgeschichte Israels (SBAB 46), Stuttgart 2009, 124–133.

Kilchör, B.: Mosetora und Jahwetora. Das Verhältnis von Deuteronomium 12–26 zu Exodus, Levitikus und Numeri (BZAR 21), Wiesbaden 2015.

Kilchör, B.: Priester und Leviten im Alten Testament. Eine kritische Diskussion zweier neuer Monografien, ZAR 22 (2016) 269–282.

Klein, R. W.: Ezekiel. The Prophet and his Message (SPOT), Columbia, SC 1988.

Klein, R. W.: The Books of Ezra and Nehemiah. Introduction, Commentary, and Reflections, NIB 3 (1999) 661–851.

Klein, R. W.: 2 Chronicles. A Commentary (Hermeneia), Philadelphia, PA 2012.

Knauf, E. A.: Midian. Untersuchungen zur Geschichte Palästinas und Nordarabiens am Ende des 2. Jahrtausends v. Chr. (ADPV 10), Wiesbaden 1988.

Knauf, E. A.: Stämme Israels, RGG[4] 7 (2004) 1676–1678.

Knauf, E. A.: Bethel. The Israelite Impact on Judean Language and Literature, in: *Oeming, M.; Lipschitz, O.* (Hg.): Judah and the Judeans in the Persian Period, Winona Lake, IN 2006, 291–349.

Knobel, A.: Die Bücher Exodus und Leviticus (KEH 12), Leipzig 1857.

Knoppers, G. N.: Hierodules, Priests, or Janitors? The Levites in Chronicles and the History of the Israelite Priesthood, JBL 118 (1999) 49–72.

Knoppers, G. N.; Levinson, B. M. (Hg.): The Pentateuch as Torah. New Models for Understanding its Promulgation and Acceptance, Winona Lake, IN 2007.

Koch, C.: Vertrag, Treueid und Bund. Studien zur Rezeption des altorientalischen Vertragsrechts im Deuteronomium und zur Ausbildung der Bundestheologie im Alten Testament (BZAW 383), Berlin, New York, NY 2008.

Koch, K.: P – Kein Redaktor! Erinnerung an zwei Eckdaten der Quellenscheidung, VT 37 (1987) 446–467.

Koehler, L.; Baumgartner, W.: Hebräisches und aramäisches Lexikon zum Alten Testament, Leiden, Boston MA 31967–1990.

Koenen, K.: Bethel. Geschichte, Kult und Theologie (OBO 192), Fribourg, Göttingen 2003.

Köhlmoos, M.: Bet-El – Erinnerungen an eine Stadt. Perspektiven der alttestamentlichen Bet-El-Überlieferung (FAT 49), Tübingen 2006.

Konkel, M.: Architektonik des Heiligen. Studien zur zweiten Tempelvision Ezechiels (Ez 40–48) (BBB 129), Berlin 2001.

Konkel, M.: Sünde und Vergebung. Eine Rekonstruktion der Redaktionsgeschichte der hinteren Sinaiperikope (Exodus 32–34) vor dem Hintergrund aktueller Pentateuchmodelle (FAT 58), Tübingen 2008.

Konkel, M.: Das Ezechielbuch zwischen Hasmonäern und Zadokiden, in: *Dahmen, U.; Schnocks, J.* (Hg.): Juda und Jerusalem in der Seleukidenzeit. Herrschaft – Widerstand – Identität. FS H.-J. Fabry (BBB 159), Göttingen 2010, 59–78.

Kratz, R. G.: Die Komposition der erzählenden Bücher des Alten Testaments. Grundwissen der Bibelkritik (UTB 2157), Göttingen 2000.
Kratz, R. G.: Israel im Jesajabuch, in: *Lux/Waschke* (Hg.): Die unwiderstehliche Wahrheit, 85–103.
Kratz, R. G.: Priester, HGANT (2006) 341–343.
Kuhn, T. S.: Die Struktur wissenschaftlicher Revolutionen, Frankfurt am Main 2003.
Kupfer, C.: Mit Israel auf dem Weg durch die Wüste. Eine leserorientierte Exegese der Rebellionstexte in Exodus 15:22–17:7 und Numeri 11:1–20:13 (OTS 61), Leiden 2012.
Labahn, A.: Licht und Heil. Levitischer Herrschaftsanspruch in der frühjüdischen Literatur aus der Zeit des Zweiten Tempels, (BThSt 112), Neukirchen-Vluyn 2010.
Labahn, A.: Levitischer Herrschaftsanspruch zwischen Ausübung und Konstruktion. Studien zum multi-funktionalen Levitenbild der Chronik und seiner Identitätsbildung in der Zeit des Zweiten Tempels (WMANT 131), Neukirchen-Vluyn 2012.
Lang, B.: New Light on the Levites. The Biblical Group that Invented Belief in Life after Death in Heaven, in: *Becker, E.-M.; Dietrich, J.; Holm, B. K.* (Hg.): What is Human? Theological Encounters with Anthropology, Göttingen 2017, 65–85.
Leuchter, M.: „The Levite in Your Gates". The Deuteronomic Redefinition of Levitical Authority, JBL 126 (2007) 417–436.
Leuchter, M.: Coming to Terms with Ezra's Many Identities in Ezra-Nehemiah, in: *Jonker, L. C.* (Hg.): Historiography and Identity (Re)formulation in Second Temple Historiographical Literature (LBS 534), New York 2010, 41–63.
Leuchter, M.: From Levite to Maśkîl in the Persian and Hellenistic Eras, in: *Leuchter/Hutton*, Levites and Priests, 215–232.
Leuchter, M.: The Levites and the Boundaries of Israelite Identity, New York, NY 2017.
Leuchter, M.; Hutton, J. M. (Hg.): Levites and Priests in Biblical History and Tradition (SBL.AIL 9), Atlanta, GA 2011.
Levenson, J. D.: Theology of the Program of Restoration of Ezekiel 40–48 (HSM 10), Cambridge, MA 1976.
Levenson, J. D.: The Death and Resurrection of the Beloved Son. The Transformation of Child Sacrifice in Judaism and Christianity, New Have, CT, London 1993.
Levin, C.: Das System der zwölf Stämme Israels, in: *Emerton, J. A.* (Hg.): Congress Volume IOSOT Paris 1992, (VT.S 61), Leiden 1995, 163–178.
Lipiński, E.: נחלה, ThWAT V (1986) 342–360.
Loewenstamm, S. E.: The Investiture of Levi, in: *Ders.*: From Babylon to Canaan. Studies in the Bible and its oriental background (PPFBR), Jerusalem 1992, 55–65.
Lundbom, J. R.: Deuteronomy. A Commentary, Grand Rapids, MI 2013.
Lux, R.: „Und die Erde tat ihren Mund auf ...". Zum „aktuellen Erzählinteresse" Israels am Konflikt zwischen Mose und Datan und Abiram in Num 16, in: *Vieweger, D.; Waschke, E.* (Hg.): Von Gott reden. Beiträge zur Theologie und Exegese des Alten Testaments. FS S. Wagner, Neukirchen-Vluyn 1995, 187–216.

Lux, R.: Das Zweiprophetenbuch. Beobachtungen zu Aufbau und Struktur von Haggai und Sacharja 1–8, in: *Ders.*: Prophetie und zweiter Tempel. Studien zu Haggai und Sacharja (FAT 65), Tübingen 2009, 3–26.

Lux, R.: Sacharja 1–8 (HThKAT), Freiburg, Basel, Wien 2019.

Lux, R.; Waschke, E.-J. (Hg.): Die unwiderstehliche Wahrheit. Studien zur alttestamentlichen Prophetie. FS A. Meinhold, ABG 23, Leipzig 2006.

Maag, V.: Zum Hieros Logos von Beth-El, in: *Ders.*: Kultur, Kulturkontakt und Religion. Gesammelte Studien zur allgemeinen und alttestamentlichen Religionsgeschichte, Göttingen, Zürich 1980, 29–37.

Maass, F.: Aaron, RGG³ (1957) 2.

MacDonald, N.: Priestly Rule: Polemic and Biblical Interpretation in Ezekiel 44 (BZAW 476) Berlin, Boston, MA 2015.

Magonet, J.: The Korah Rebellion, JSOT 24 (1982) 3–25.

Maier, C. M.: Jeremia als Lehrer der Tora. Soziale Gebote des Deuteronomiums in Fortschreibungen des Jeremiabuches (FRLANT 196), Göttingen 2002.

Maier, J.: Die Tempelrolle vom Toten Meer und das „Neue Jerusalem" 11Q19 und 11Q20; 1Q32, 2Q24, 4Q554–555, 5Q15 und 11Q18. Übersetzung und Erläuterung (UTB 829), München 1997.

Maskow, L.: Tora in der Chronik. Studien zur Rezeption des Pentateuchs in den Chronikbüchern (FRLANT 274), Göttingen 2019.

Mathys, H.-P.: Numeri und Chronik. Nahe Verwandte, in: *Römer, T.* (Hg.): The Books of Leviticus and Numbers (BEThL 215), Leuven 2008, 555–578.

Mayer, W.: Politik und Kriegskunst der Assyrer (ALASPM 9), Münster 1995.

Mayes, A. D. H.: Deuteronomy (NCBC), Grand Rapids, MI, London 1979.

McConville, J. G.: Law and Theology in Deuteronomy (JSOT.S 33), Sheffield 1984.

McKane, W.: A Critical and Exegetical Commentary on Jeremiah II (ICC), Edinburgh 1996.

Meek, T. J.: Aaronites and Zadokites, AJSL 45 (1929) 149–166.

Meinhold, A.: Maleachi (BK 14.8), Neukirchen-Vluyn 2006.

Meissner, B.: Babylonien und Assyrien I (KB.IEB 3), Heidelberg 1920.

Mendelsohn, I.: Samuel's Denunciation of Kingship in the Light of the Akkadian Documents from Ugarit Author(s), BASOR 143 (1956) 17–22.

Meng, Z.: Remembering Ancestors: A Levitical Genealogy in Yehud and the Bohai Gaos Genealogy of Gao Huan, in: *Ben Zvi, E.; Levin, C.* (Hg.): Remembering and Forgetting in Early Second Temple Judah (FAT 85), Tübingen 2012, 257–268.

Meyer, E.: Die Israeliten und ihre Nachbarstämme. Alttestamentliche Untersuchungen, Halle 1906.

Meyer, R.: Hebräische Grammatik. Mit einem bibliographischen Nachwort von Udo Rüterswörden (DGS), Berlin 1992.

Milgrom, J.: Studies in Levitical Terminology. I The Encroacher and the Levite, the Term ʿAboda (UCP.NES 14), Berkeley, CA 1970.
Milgrom, J.: Studies in the Temple Scroll, JBL 97 (1978) 501–523.
Milgrom, J.: Studies in Cultic Theology and Terminology (SJLA 36), Leiden 1983.
Milgrom, J.: Leviticus. A New Translation with Introduction and Commentary (AncB 3), New York, NY 1991, 2000, 2001.
Milgrom, J.: Leviticus 23–27. A New Translation with Introduction and Commentary (AncB 03B), New York 2001.
Min, K.-J.: The Levitical Authorship of Ezra-Nehemiah (JSOT.S 409), London, New York 2004.
Naʾaman, N.: Borders and Districts in Biblical Historiography. Seven Studies in Biblical Geographical Lists (JBS 4), Jerusalem 1986.
Naʾaman, N.: Saul, Benjamin and the Emergence of ‚Biblical Israel', ZAW 121 (2009) 211–224.335–349.
Neumann, H.: Recht im antiken Mesopotamien, in: Manthe, U. (Hg.): Die Rechtskulturen der Antike. Vom Alten Orient bis zum Römischen Reich, München 2003, 55–122. 322–327.
Niehr, H.: Abgaben an den Tempel im Yehud der Achaimenidenzeit, in: *Klinkott, H.* (Hg.): Geschenke und Steuern, Zölle und Tribute. Antike Abgabenformen in Anspruch und Wirklichkeit (CHANE 29), Leiden 2007, 141–157.
Nielsen, E.: Deuteronomium (HAT I/6), Tübingen 1995.
Niemann, H. M.: Herrschaft, Königtum und Staat. Skizzen zur soziokulturellen Entwicklung im monarchischen Israel (FAT 6), Tübingen 1993.
Nihan, C.: The Torah between Samaria and Judah. Shechem and Gerizim in Deuteronomy and Joshua, in: *Knoppers, G. N.; Levinson, B. M.* (Hg.): The Pentateuch as Torah. New Models for Understanding its Promulgation and Acceptance, Winona Lake, Ind. 2007, 187–223.
Noth, M.: Überlieferungsgeschichtliche Studien. Die sammelnden und bearbeitenden Geschichtswerke im Alten Testament, Tübingen 1943.
Noth, M.: Überlieferungsgeschichte des Pentateuch, Stuttgart 1948.
Noth, M.: Amt und Berufung im Alten Testament, in: *Ders.*: Gesammelte Studien zum Alten Testament (TB 6), München ²1960, 309–333.
Noth, M.: Das zweite Buch Mose. Exodus (ATD 5), Göttingen 1961.
Noth, M.: Geschichte Israels, Göttingen ⁶1966.
Noth, M.: Das vierte Buch Mose. Numeri (ATD 7), Göttingen 1969.
Noth, M.: Der Hintergrund von Richter 17–18, in: *Wolff, H. W.* (Hg.): Aufsätze zur biblischen Landes- und Altertumskunde. Band 1 Archäologische, exegetische und topographische Untersuchungen zur Geschichte Israels, Neukirchen-Vluyn 1971, 133–147.

Nübling, D.; Fahlbusch, F. B.; Heuser, R.: Namen. Eine Einführung in die Onomastik, Tübingen 2012.

Nurmela, R.: The Levites. Their Emergence as a Second-Class Priesthood (SFSHJ 193), Atlanta, GA 1998.

Oelsner, J.: Zur Organisation des gesellschaftlichen Lebens im kassitischen und nachkassitischen Babylonien. Verwaltungsstruktur und Gemeinschaften, AfO.B 19 (1982) 403–410.

Oeming, M.: Das wahre Israel. Die „genealogische Vorhalle" 1 Chronik 1–9 (BWANT 128), Stuttgart 1990.

Otto, E.: Jakob in Sichem. Überlieferungsgeschichtliche, archäologische und territorialgeschichtliche Studien zur Entstehungsgeschichte Israels (BWANT 110), Stuttgart, Berlin, Köln, Mainz 1979.

Otto, E.: Das Deuteronomium. Politische Theologie und Rechtsreform in Juda und Assyrien (BZAW 284), Berlin 1999.

Otto, E.: Mose und das Gesetz. Die Mose-Figur als Gegenentwurf Politischer Theologie zur neuassyrischen Königsideologie im 7. Jh. v. Chr, in: *Ders.* (Hg.): Mose. Ägypten und das Alte Testament (SBS 189), Stuttgart 2000, 43–83.

Otto, E.: Priestertum II. Religionsgeschichtlich. Alter Orient und Altes Testament, RGG⁴ 6 (2003) 1646–1649.

Otto, E.: Deuteronomium 1–11 (HThKAT), Freiburg, Basel, Wien 2012.

Otto, E.: Deuteronomium 12–34 (HThKAT), Freiburg, Basel, Wien 2016–2017.

Perlitt, L.: Bundestheologie im Alten Testament (WMANT 36), Neukirchen-Vluyn 1969.

Pfeiffer, H.: Das Heiligtum von Bethel im Spiegel des Hoseabuches (FRLANT 183), Göttingen 1999.

Pietsch, M.: Die Kultreform Josias. Studien zur Religionsgeschichte Israels in der späten Königszeit (FAT 86), Tübingen 2013.

Polzin, R.: Moses and the Deuteronomist. A Literary Study of the Deuteronomic History, New York 1980.

Porten, B.: Elephantine Aramaic Contracts and the Priestly Literature, in: *Brettler, M. Z.; Fishbane, M. A.* (Hg.): Minḥah le-Naḥum. Biblical and Other Studies Presented to Nahum M. Sarna in Honour of his 70th Birthday (JSOT.S 154), Sheffield 1993, 257–271.

Porten, B.; Yardeni, A.: Textbook of Aramaic Documents from Ancient Egypt I–IV (TSS), Jerusalem 1986–1999.

Porzig, P.: Die Lade Jahwes im Alten Testament und in den Texten vom Toten Meer (BZAW 397), Berlin, New York 2009.

Preuß, H. D.: זרע, ThWAT II (1977) 663–686.

Pyschny, K.: Verhandelte Führung. Eine Analyse von Num 16–17 im Kontext der neueren Pentateuchforschung (HBS 98), Freiburg 2017.

Rad, G. v.: Das Geschichtsbild des chronistischen Werkes, Stuttgart 1930.
Rad, G. v.: Die levitische Predigt in den Büchern der Chronik, in: *Ders.*: Gesammelte Studien zum Alten Testament (TB 8), München 1958, 248–261.
Rad, G. v.: Das fünfte Buch Mose. Deuteronomium (ATD 8), Göttingen ²1968.
Radner, K.: Assyrische ṭuppi adê als Vorbild für Deuteronomium 28,20–44?, in: *Witte, M.; Schmid, K.; Prechel, D.; Gertz, J. C.* (Hg.): Die deuteronomistischen Geschichtswerke. Redaktions- und religionsgeschichtliche Perspektiven zur „Deuteronomismus"-Diskussion in Tora und Vorderen Propheten (BZAW 365), Berlin, New York, NY 2006, 351–378.
Rendtorff, R.: Leviticus. 1. Teilbd. 1,1–10,20 (BK 3.1), Neukirchen-Vluyn 2004.
Renz, J.: Schrift und Schreibertradition. Eine paläographische Studie zum kulturgeschichtlichen Verhältnis von israelitischem Nordreich und Südreich (ADPV 23), Wiesbaden 1997.
Richardson, S. F. C.: Mesopotamia and the „New" Military History, in: *Richardson, S. F. C.; Brice, L. L.* (Hg.): Recent Directions in the Military History of the Ancient World (PAAH 10), Claremont, CA 2011, 11–51.
Richter, W.: Die sogenannten vorprophetischen Berufungsberichte. Eine literaturwissenschaftliche Studie zu 1Sam 9,1–10,16, Ex 3f. und Ri 6,11b–17 (FRLANT 101), Göttingen 1970.
Robker, J. M.: The Jehu Revolution. A Royal Tradition of the Northern Kingdom and Its Ramifications (BZAW 435), Berlin, Boston, MA 2012.
Römer, T.: Moses, the Royal Lawgiver, in: *Edelman, D. V.; Ben Zvi, E.* (Hg.): Remembering Biblical Figures in the Late Persian and Early Hellenistic Periods. Social Memory and Imagination, Oxford 2013, 81–94.
Rudnig, T. A.: Heilig und Profan. Redaktionskritische Studien zu Ez 40–48 (BZAW 287), Berlin 2000.
Rudolph, W.: Chronikbücher (HAT 21), Tübingen 1955.
Rudolph, W.: Jeremia (HAT 12), Tübingen ²1958.
Rupprecht, K.: Quisquilien zu der Wendung מִלֵּא (אֶת) יַד פלוני (jemandem die Hand füllen) und zum Terminus מלאים (Füllung) in: *Rupprecht, K.* (Hg.): ספר רנדטורף (Sefer Rendtorff). FS R. Rendtorff (DBAT.B 1), Dielheim 1975, 73–93.
Rüterswörden, U.: Die Beamten der israelitischen Königszeit. Eine Studie zu śr und vergleichbaren Begriffen (BWANT 117), Stuttgart 1985.
Rüterswörden, U.: Von der politischen Gemeinschaft zur Gemeinde. Studien zu Dt 16,18–18,22 (BBB 65), Frankfurt am Main 1987.
Safrai, S.: The Synagogue, in: *Safrai, S.; Stern, M.* (Hg.): The Jewish People in the First Century. Historical Geography, Political History, Social, Cultural and Religious Life and Institutions (CRINT 1), Van Corcum, Assen ²1976, 908–944.
Salonen, E.: Über den Zehnten im alten Mesopotamien. Ein Beitrag zur Geschichte der Besteuerung (StOr 43.4), Helsinki 1972.

Samuel, H.: Von Priestern zum Patriarchen. Levi und die Leviten im Alten Testament, (BZAW 448), Berlin, Boston, MA 2014.

Sasse, M.: Geschichte Israels in der Zeit des Zweiten Tempels. Historische Ereignisse – Archäologie – Sozialgeschichte – Religions- und Geistesgeschichte, Neukirchen-Vluyn ²2009.

Saur, M.: Die theologische Funktion der Königspsalmen innerhalb der Komposition des Psalters, in: *Zenger, E.* (Hg.): The Composition of the Book of Psalms (BEThL 238), Leuven 2010, 689–699.

Schaper, J.: Aaron, RGG⁴ (1998) 2–3.

Schaper, J.: The Temple Treasury Committee in the Times of Nehemiah and Ezra, VT 47 (1997) 200–206.

Schaper, J.: Priester und Leviten im achämenidischen Juda. Studien zur Kult- und Sozialgeschichte Israels in persischer Zeit (FAT 31), Tübingen 2000.

Scharbert, J.: Der Sinn der Toledot-Formel in der Priesterschrift, in: *Stoebe, H. J.; Stamm, J. J.; Jenni, E.* (Hg.): Wort – Gebot – Glaube. Beiträge zur Theologie des Alten Testaments. FS W. Eichrodt (AThANT 59), Zürich 1970, 45–56.

Schaudig, H.: Die Inschriften Nabonids von Babylon und Kyros' des Großen. Samt den in ihrem Umfeld entstandenen Tendenzschriften. Textausgabe und Grammatik (AOAT 256), Münster 2001.

Schmid, K.: Buchgestalten des Jeremiabuches. Untersuchungen zur Redaktions- und Rezeptionsgeschichte von Jer 30–33 im Kontext des Buches (WMANT 72), Neukirchen-Vluyn 1996.

Schmid, K.: Erzväter und Exodus. Untersuchungen zur doppelten Begründung der Ursprünge Israels innerhalb der Geschichtsbücher des Alten Testaments (WMANT 81), Neukirchen-Vluyn 1999.

Schmid, K.: Die Josephsgeschichte im Pentateuch, in: *Gertz, J. C.* (Hg.): Abschied vom Jahwisten. Die Komposition des Hexateuch in der jüngsten Diskussion (BZAW 315), Berlin 2002, 83–118.

Schmid, K.: Literaturgeschichte des Alten Testaments. Eine Einführung, Darmstadt 2008.

Schmid, K.: Die Verheißung eines kommenden Davididen und die Heimkehr der Diaspora. Die innerbiblische Aktualisierung von Jer 23,5f in Jer 33,14–26, in: *Ders.*: Schriftgelehrte Traditionsliteratur, 207–221.

Schmid, K.: Schriftgelehrte Arbeit an der Schrift. Historische Überlegungen zum Vorgang innerbiblischer Exegese, in: *Ders.*: Schriftgelehrte Traditionsliteratur, 35–60.

Schmid, K.: Schriftgelehrte Traditionsliteratur. Fallstudien zur innerbiblischen Schriftauslegung im Alten Testament (FAT 77), Tübingen 2011.

Schmidt, L.: Studien zur Priesterschrift (BZAW 214), Berlin, New York, NY 1993.

Schmidt, W. H.: Exodus I. Exodus 1–6 (BK 2), Neukirchen-Vluyn 1971.

Schmitt, G.: Der Ursprung des Levitentums, ZAW 94 (1982) 575–599.
Schmitt, G.: Levitenstädte, ZDPV 111 (1995) 28–48.
Schorn, U.: Ruben und das System der zwölf Stämme Israels. Redaktionsgeschichtliche Untersuchungen zur Bedeutung des Erstgeborenen Jakobs (BZAW 248), Berlin, New York 1997.
Schrakamp, I.: Krieger und Waffen im frühen Mesopotamien. Organisation und Bewaffnung des Militärs in frühdynastischer und sargonischer Zeit, Diss. Marburg 2010.
Schuler, E. v.: Hethitische Dienstanweisungen für höhere Hof- und Staatsbeamte. Ein Beitrag zum antiken Recht Kleinasiens (AfO.B 10), Graz 1957.
Schulz, S.: Die Anhänge zum Richterbuch. Eine kompositionsgeschichtliche Untersuchung von Ri 17–21 (BZAW 477), Berlin, Boston, MA 2016.
Schütte, W.: Israels Exil in Juda. Untersuchungen zur Entstehung der Schriftprophetie (OBO 279), Fribourg, Göttingen 2016.
Sedlmeier, F.: Das Buch Ezechiel. Kapitel 25–48 (NSK.AT 21/2), Stuttgart 2013.
Seebass, H.: Numeri. 2. Teilband Numeri 10,11–22,1 (BK 4.2), Neukirchen-Vluyn 2003.
Seebass, H.: Numeri. 1. Teilband Numeri 1,1–10,10 (BK 4.1), Neukirchen-Vluyn 2012.
Seeligmann, I. L.: Ätiologische Elemente in der biblischen Geschichtsschreibung, in: *Ders.,*: Gesammelte Studien zur Hebräischen Bibel, hg. von E. Blum (FAT 41), Tübingen 2004, 77–118.
Seidel, M.: מקבילות בין ספר ישעיה לספר תהילים, Sinai 19 (1955/56) 149–172.229–240.273–280.333–353.
Seow, C.-L.: The First and Second Books of Kings, NIB 3 (1994) 1–295.
Seybold, K.: Der Prophet Jeremia. Leben und Werk (UT 416), Stuttgart 1993.
Simian-Yofre, H.; Fabry, H.-J.: מטה, ThWAT IV (1984) 818–826.
Simpson, C. A.: The Early Traditions of Israel. A Critical Analysis of the Pre-deuteronomic Narrative of the Hexateuch, Oxford 1948.
Skweres, D. E.: Die Rückverweise im Buch Deuteronomium (AnBib 79), Rom 1979.
Smith, M. S.: The Levitical Compilation of the Psalter, ZAW 103 (1991) 258–263.
Smith, M. S.: The Origins of Biblical Monotheism. Israel's Polytheistic Background and the Ugaritic Texts, Oxford 2001.
Smith, M.: Palestinian Parties and Politics That Shaped the Old Testament, New York, NY, London 1971.
Smith, M.: Religiöse Parteien bei den Israeliten vor 587, in: *Lang, B.* (Hg.): Der einzige Gott. Die Geburt des biblischen Monotheismus, München 1981, 9–46.
Snijders, L. A.; Fabry, H.-J.: מלא, ThWAT IV (1984) 876–887.
Sparling North, F.: Aaron's Rise in Prestige, ZAW 66 (1954) 191–199.
Spencer, J. R.: The Levitical Cities. A Study of the Role and Function of the Levites in the History of Israel, Diss. Chicago, IL 1980.
Spencer, J. R.: The Tasks of the Levits. šmr and ṣb', ZAW 96 (1984) 267–281.

Spieckermann, H.: Juda unter Assur in der Sargonidenzeit (FRLANT 129), Göttingen 1982.
Stackert, J.: Rewriting the Torah. Literary Revision in Deuteronomy and the Holiness Legislation (FAT 52), Tübingen 2012.
Staubli, T.: Die Bücher Levitikus, Numeri (NSK.AT 3), Stuttgart 1996.
Stavrakopoulou, F.: King Manasseh and Child Sacrifice. Biblical Distortions of Historical Realities (BZAW 338), Berlin, New York, NY 2004.
Steinberger, L.: Der Bedeutungswechsel des Wortes Levit. Entwicklung aus einer Milizformation zu einer Priesterkaste, Berlin 1936.
Steiner, T. M.: Eins, zwei oder drei Obed-Edom? Zum Verhältnis von Torwächtern und Tempelsängern in den Chronikbüchern, BN 159 (2013) 49–63.
Steuernagel, C.: Das Deuteronomium (HK 3.1), Göttingen ²1923.
Stipp, H.-J.: Das masoretische und alexandrinische Sondergut des Jeremiabuches. Textgeschichtlicher Rang, Eigenarten, Triebkräfte (OBO 136), Fribourg, Göttingen 1994.
Strauß, H.: Untersuchungen zu den Überlieferungen der vorexilischen Leviten, Diss. Bonn 1960.
Streck, M. P.: Das ammuritische Onomastikon der altbabylonischen Zeit. Band I: Die Amurriter, die onomastische Forschung, Orthographie und Phonologie, Nominalmorphologie (AOAT 271) Münster 2000.
Strübind, K.: Tradition als Interpretation in der Chronik. König Josaphat als Paradigma chronistischer Hermeneutik und Theologie (BZAW 201), Berlin, New York 1991.
Tawil, H.: An Akkadian Lexical Companion for Biblical Hebrew. Etymological-Semantic and Idiomatic Equivalents with Supplement on Biblical Aramaic, Jersey City, NJ 2009.
Tengström, S.: Die Toledotformel und die literarische Struktur der priesterlichen Erweiterungsschicht im Pentateuch (CB.OT 17), Uppsala 1982.
Tuell, S. S.: The Law of the Temple in Ezekiel 40–48 (HSM 49), Atlanta, GA 1992.
Tuell, S. S.: Ezekiel (UBiS), Peabody, MA 2009.
Utzschneider, H.; Oswald, W.: Exodus 1–15 (IEKAT 2.1), Stuttgart 2013.
van der Toorn, K.: Scribal Culture and the Making of the Hebrew Bible, Cambridge, MA, London 2007.
van der Toorn, K.; Becking, B.; van der Horst, Pieter W. (Hg.): Dictionary of Deities and Demons in the Bible (DDD), Leiden, Boston, MA, Köln ²1999.
van Gennep, A.: Übergangsriten. (Les rites de passage). Aus dem Französischen von K. Schomburg und S.M. Schomburg-Scherff; mit einem Nachwort von S.M. Schomburg-Scherff, Frankfurt/Main, New York, NY, Paris 1999.
van Seters, J.: From Child Sacrifice to Pascal Lamb. A Remarkable Transformation in Israelite Religion, in: *Ders.*: Changing perspectives I. Studies in the History, Literature, and Religion of Biblical Israel (CIS), London, Oakville, CT 2011, 399–408.

Veijola, T.: Verheissung in der Krise. Studien zur Literatur und Theologie der Exilszeit anhand des 89. Psalms (AASF.H 220), Helsinki 1982.
Wagner, A.: Sprechakte und Sprechaktanalyse im Alten Testament. Untersuchungen im biblischen Hebräisch an der Nahtstelle zwischen Handlungsebene und Grammatik, (BZAW 253), Berlin, New York, NY 1997.
Wallis, G.: Hand füllen – einen Amtseid leisten?, Hen. 3 (1981) 340–349.
Wanke, G.: Asaph/Asaphiten, TRE 4 (1979) 171–173.
Weimar, P.: Die Toledotformel in der priesterschriftlichen Geschichtsdarstellung, in: Ders.: Studien zur Priesterschrift (FAT 56), Tübingen 2008, 151–184.
Weinfeld, M.: Deuteronomy 1–11. A New Translation with Introduction and Commentary (AncB 5), New York, NY 1991.
Weinfeld, M.: Deuteronomy and the Deuteronomic School, Winona Lake, IN 1992.
Weinfeld, M.: Normative and Sectarian Judaism in the Second Temple Period (LNTS 54), London, New York, NY 2005.
Weingart, K.: Stämmevolk – Staatsvolk – Gottesvolk? Studien zur Verwendung des Israel-Namens im Alten Testament (FAT II 68), Tübingen 2014.
Weingart, K.: Erkennst du auch, was du liest? Zur Markierung von Zitaten im Alten Testament, in: *Heckl, R.* (Hg.): Methodik im Diskurs. Neue Perspektiven für die alttestamentliche Exegese (BThSt 156), Neukirchen-Vluyn 2015, 143–170.
Weippert, M.: Die Landnahme der israelitischen Stämme in der neueren wissenschaftlichen Diskussion. Ein kritischer Bericht (FRLANT 92), Göttingen 1967.
Wellhausen, J.: Israelitische und jüdische Geschichte, Berlin, Leipzig ⁸1921.
Wellhausen, J.: Die Composition des Hexateuchs und der historischen Bücher des Alten Testaments, Berlin ⁴1963.
Wellhausen, J.: Prolegomena zur Geschichte Israels. Mit einem Stellenregister (DGS), Berlin 2001 (⁶1927).
Weyde, K. W.: Prophecy and Teaching. Prophetic Authority, Form Problems, and the Use of Traditions in the Book of Malachi (BZAW 288), Berlin, New York 2000.
Willi, T.: Die Chronik als Auslegung. Untersuchungen zur literarischen Gestaltung der historischen Überlieferung Israels (FRLANT 106), Göttingen 1972.
Willi, T.: Leviten, Priester und Kult in vorhellenistischer Zeit. Die chronistische Optik in ihrem geschichtlichen Kontext, in: *Ego, B.; Lange, A.; Pilhofer, P.* (Hg.): Gemeinde ohne Tempel. Zur Substituierung und Transformation des Jerusalemer Tempels und seines Kults im Alten Testament, antiken Judentum und frühen Christentum (WUNT 118), Tübingen 1999, 75–98.
Willi-Plein, I.: Das Buch vom Auszug. 2. Mose (Exodus) (KBB), Neukirchen-Vluyn 1988.
Willi-Plein, I.: Das Buch Genesis. Kapitel 12–50, (NSK.AT 1/2), Stuttgart 2011.
Williamson, H. G. M.: 1 and 2 Chronicles (NCBC), Grand Rapids, MI 1987.
Wolff, H. W.: Dodekapropheton I. Hosea (BK XIV/1), Neukirchen-Vluyn 1961.
Wright, G. E.: The Levites in Deuteronomy, VT 4 (1954) 325–330.

Wunsch, C.; Magdalene, F. R.: Freedom and Dependency. Neo-Babylonian Manumission Documentswith Oblation and Service Obligation, in: *Kozuh, M.; Henkelman, W. F. M.; Jones, C. E.; Woods, C.* (Hg.): Extraction & Control. FS W. Stolper (SAOC 68), Chicago, IL 2014, 337–346.

Zevit, Z.: The Religions of Ancient Israel. A Synthesis of Parallactic Approaches, London 2001.

Zimmerli, W.: Erstgeborene und Leviten. Ein Beitrag zur exilisch-nachexilischen Theologie, in: *Ders.*: Studien zur alttestamentlichen Theologie und Prophetie. Gesammelte Aufsätze II (TB 51), München 1974, 235–246.

Zimmerli, W.: Ezechiel 1–24 (BK 13.1), Neukirchen-Vluyn ²1979.

Zimmerli, W.: Ezechiel 25–48 (BK 13.2), Neukirchen-Vluyn ²1979.

Zimmermann, F.: Some Textual Studies in Genesis, JBL 73 (1954) 97–101.

Zobel, H.-J.: שבט, ThWAT VII (1993) 966–974.

Stellenregister

Genesis

6, 3	82
11, 27	145
14, 14	251
14, 20	172
15, 2	29
19	247, 248
19, 1	91
22	148
28	250
28, 10–22	124
28, 22	172
29f.	2, 18, 263
29	21, 83
29, 32–30, 24	18
29, 32	19
29, 33	19
29, 34	16–18, 20, 82, 264, 268
29, 35	19
30, 6	19
30, 8	19
30, 11	19
31, 14	194
34	7, 11, 83, 96, 117, 194, 202, 241, 254, 264, 269
34, 7	254
34, 25–31	96
34, 25	95
34, 30	235
35	263
35, 1–7	124
35, 16	20
35, 22	263
35, 23	82
37, 2	145
38	263
44, 5–7	96
49	5, 21, 83, 114f., 194, 214, • 236f., 256, 263, 283
49, 3	82
49, 5–7	95, 117, 235, 264
49, 5	7, 95
49, 6f.	114
49, 7	260

Exodus

1	81, 83, 86
1, 2	81f.
1, 7	80
1, 15–20	86
2–4	96
2f.	96, 117, 254, 265f.
2	80–84, 86f., 89, 91f., 101, 114, 116, 135, 182, 264f.
2, 1–14	131
2, 1–10	89
2, 1f.	88, 131
2, 1	80, 82f., 87f., 91, 96, 100, 117, 129, 131
2, 3	86
2, 4	88, 129
2, 6	88
2, 7	129
2, 10	84, 88
2, 11–14	202
2, 11	86, 92
2, 13f.	92
2, 14	93
2, 15–4, 12	82
2, 22	85, 95, 256
3	94f., 265
4	120, 132f., 272f.
4, 10	129
4, 12	129
4, 13	129
4, 14–16	80, 127–133, 135–137, 145, 174
4, 14	137
4, 15	131
4, 24–26	82
4, 27–30	80, 128
4, 27	120, 129, 131f., 169, 174
6f.	130, 133, 136
6	132, 273
6, 12–7, 1	129
6, 12	130
6, 16–30	129, 132, 136
6, 16–27	142

6, 16	144	29, 33	103
6, 18	155	29, 35	103f., 108f.
6, 20	81f.	29, 45f.	185
6, 23	143	30, 30	134
6, 26f.	144	32	13, 98, 113, 115, 117f.,
6, 26	145		120, 122–124, 126f., 134,
6, 30	130		204–209, 236f., 241,
7, 1	130f.		252, 256, 269, 273
8, 1f.	120	32, 1–6	124
13, 1f.	147	32, 1	98
13, 2	146f., 277	32, 7–10	98
13, 11–15	277	32, 20	134
13, 12	146f.	32, 25–29	80, 117, 119, 202, 204f.,
13, 13	277		209, 283
15	272	32, 26–29	80, 96–99, 101f., 113,
15, 20	272		116, 118, 145, 236
17	120, 127, 233	32, 26	100, 114
17, 1–7	232f.	32, 29	100, 102–105, 107,
17, 2	232		112–115, 206
17, 7	232	34	205
17, 8–14	122f.	34, 20	146f., 277f.
17, 8–13	122f.	35–40	127
17, 14	122	35	207
18, 3	256	38	162
18, 12	93	38, 21	49, 116
19	180	38, 22	162
19, 22	124, 135	39f.	120
19, 24	124, 135	39, 43	207
22, 10–23	194	40	138–140
22, 24	185	40, 2–16	139
22, 28f.	146, 147f.	40, 2	138f.
22, 28	181, 277, 278	40, 6	139
23, 7	101	40, 9f.	137
24	180	40, 10	139f.
24, 5	37, 135, 148	40, 12–15	139
24, 6	124	40, 15	143
24, 14	120, 122, 127	40, 17–33	139
25, 13	71	40, 17	138
25, 22	137	40, 20	205
27, 2	162	40, 29	139
28f.	108, 120	40, 30–32	139
28	130	40, 33	138–140
28, 1–40	108		
28, 1	108, 120, 133, 272	*Levitikus*	
28, 30	234, 236	7, 28–36	226, 271, 276
28, 41	103f., 108	7, 33–36	219
29, 9	103	8	104, 127, 134–137, 139,
29, 29	103f.		280

Levitikus (cont.)		3, 5–16	277
8, 6f.	156	3, 5–10	130, 143f., 144, 146
8, 8	234, 236	3, 5–9	152
8, 11	139f.	3, 5	145
8, 30	134	3, 6	143f., 146, 150
8, 31f.	111	3, 7	144
8, 33	103f., 108f., 111	3, 9	21, 143f., 146, 149–151, 155
9, 22f.	207		
10f.	207	3, 10–13	152
10	143	3, 10	144–146, 151, 277
10, 8	120, 169	3, 11–13	150
14, 2–32	156	3, 11	151
14, 54–57	184	3, 12f.	150, 158, 277
16, 32	103f., 206	3, 12	148, 150, 210, 277f.
18, 12	81	3, 13	147
21, 10	103f.	3, 14f.	146
23	140	3, 14	153
25	225	3, 25f.	153
25, 32f.	225	3, 26f.	153
25, 34	58	3, 30	154
27, 26	277	3, 31	153f.
27, 30–33	170, 175	3, 32	154
		3, 40f.	146
Numeri		3, 44–48	146
1–10	166	3, 46–49	152
1–3	140	4	63, 71f., 153–155, 168, 209, 212f., 279
1f.	156		
1	70, 277	4, 1–20	155
1, 1	138f.	4, 4	154, 213
1, 18	139	4, 5–14	154
1, 20–43	142	4, 5f.	70
1, 20–42	143	4, 15f.	210
1, 47–54	168	4, 15	70–72, 154
1, 47–53	138, 142f.	4, 16	154
1, 49–51	17	4, 48	66
1, 49	155	5	70
1, 50	70, 212	6	210, 212
2, 33	138, 142f., 155	7–10	138
3f.	40, 71, 141f., 152f., 167f.172, 181	7	140
		7, 1	137–141, 155
3	50, 63, 70, 97, 116, 138f., 142, 144f., 153f., 157f., 167, 188, 276, 280	7, 2f.	140
		7, 3–9	155
		7, 34	157
3, 1–4	143–146	7, 84–88	184
3, 1	279	7, 88	137
3, 2f.	143	8	49, 63, 137, 139, 142, 155, 158f., 164, 167f., 178, 181, 188, 280
3, 3	103f., 108		
3, 4	143		

8, 5–19	155	18, 4	15, 17, 20, 264
8, 6f.	155f.	18, 6	21
8, 10–16	156	18, 7	225
8, 13f.	207	18, 8–19	170, 175, 226, 271, 276
8, 14	207f., 210	18, 8	120, 169f.
8, 16–19	158	18, 9–19	219
8, 16	21, 138, 151, 281	18, 19	170
8, 19–22	130	18, 20–24	170
8, 20	155	18, 20	120, 169f., 172, 175, 198, 208, 210f., 215, 229, 282
8, 22	155, 210		
8, 24	49, 141	18, 21–24	170
9, 1	140	18, 21	170, 172, 174, 225
9, 15	141	18, 23	225
10, 10	206	18, 24	170
10, 11–17	141	18, 25–32	170, 173
10, 11	141	18, 25	170
12	122, 129	18, 28	130
16–18	42f., 77, 188	18, 31	170, 174
16f.	159f., 162, 166, 169, 259, 280	20	233
		20, 1–13	232
16	62, 159, 188	20, 3	232
16, 1f.	163	20, 10	234
16, 1	159f.	20, 11	233
16, 2	159f., 166	20, 12f.	233
16, 3–7	161	20, 13	232
16, 5	162f.	25	35, 42
16, 7–15	163	26	177
16, 7–11	164	26, 56	81
16, 7f.	160	26, 57	82
16, 8–11	161, 164	27, 21	234
16, 9	165	32	178, 214
16, 10	159f.	33	209
17, 2	162	33, 31–37	209
17, 3	162	34	178
17, 5	62	34, 4	64
17, 6	160	35	57f., 176, 178f., 225, 254, 267
17, 11–13	160		
17, 16–26	167	35, 1–3	11
17, 17	167		
17, 18	172, 234	*Deuteronomium*	
18	132, 142, 169, 173, 175–177, 182, 210, 215, 219, 224, 226–228, 276, 279–281	1, 15–17	101
		1, 17	101
		3	214
		3, 13	203
18, 1–7	130, 170	9f.	98, 122, 273
18, 1	120, 169f.	9	125f.
18, 2	15, 17, 20, 207, 210, 264	9, 12–21	204
18, 3	279	10	70, 205, 213

STELLENREGISTER

Deuteronomium (cont.)

10, 1–5	204f., 212	17, 9	22, 189, 198, 200, 270
10, 4f.	205	17, 18	22, 189, 198, 270
10, 5	204	17, 19	200
10, 6–9	189, 195, 203f., 206, 208–211, 214, 225, 229–230	18	22, 189, 225–229, 238, 270f.
		18, 1–8	215–217, 220f., 223f., 230
10, 6f.	204–206, 208	18, 1f.	171, 221, 225, 229f.
10, 8f.	201, 204–206, 208f., 212, 229	18, 1	22, 215f., 218f., 221f., 229f., 270
10, 8	70, 189, 203–205, 208, 210, 212	18, 2	174, 208, 218, 220, 222, 225, 227–230
10, 9	170, 174, 203, 207f., 211, 214, 219, 229, 282	18, 3–5	219, 222, 226–230, 276
		18, 3	195, 222, 226, 229, 271
10, 10f.	204	18, 4f.	229
10, 10	204f.	18, 5	225
11, 6	161	18, 6–8	8, 220, 223f., 228, 271
12	223	18, 6f.	216
12, 2f.	197	18, 6	8, 23, 225, 268
12, 5	185	18, 7f.	225
12, 11	185	18, 7	8
12, 12	22, 85, 191, 214, 216, 218, 223, 227, 260	18, 8	228
		18, 9–22	186
12, 13–16	172	19, 4	228
12, 13f.	193	21	200
12, 13	193	21, 5	22, 198f., 212, 270
12, 18f.	191, 216, 223	22, 28f.	87
12, 18	22, 191	24, 7	250
12, 19	192f., 196	24, 8	22, 198, 200, 270
12, 21	185	25, 17–19	122
12, 29	195	24, 17	194
14	223	26	196
14, 22–29	175, 191	26, 12f.	191, 224
14, 22	196	27, 9f.	189, 198, 200
14, 27	22, 85, 191–194, 214, 216, 218, 223, 227	27, 9	22, 202
		27, 14–26	201
14, 28f.	23, 224	27, 14	190, 201f.
14, 29	85, 191, 194f., 214, 216, 218	27, 15–26	201
		27, 15	239
15, 2	228	27, 26	201
16	223	29, 7	203
16, 11	191f., 223	31	189, 214, 236
16, 14	191f., 223	31, 9f.	213
16, 18	101	31, 9	22, 73, 189–200
16, 18–18, 22	215	31, 10–13	214
16, 18–17, 13	67	31, 25f.	213f.
16, 19	101	32, 10–12	186
17, 8–10	67	33	5, 114f., 231, 235f., 264

33, 8–11	4, 117, 190, 230, 232, 234	19, 2	246
		19, 3	247
33, 8	231–234, 238	19, 4	247
33, 9f.	269	19, 30	249
33, 9	231, 236	20	256
33, 10	236	20, 4–6	254
33, 11	10, 236f.	20, 13	250
34, 7	82	20, 18	250
		20, 23	250
		20, 27f.	255
Josua		20, 28	250, 253, 256, 273
3f.	212	21, 8–24	249
3, 3	189, 199		
6	212		
8, 33	212	*1 Samuel*	
13, 14	16	1, 1	37, 68, 278
14	179, 254, 266	1, 11	149
21–23	58	2	271
21	179f.	2, 12–17	271
21, 1–45	12	2, 12–16	219
21, 8–42	12	2, 12–14	228
		2, 12f.	228
Richter		3, 1	68, 278
5f.	18	7, 9	37, 279
5, 7	242, 262	8	174
6, 26–28	37	8, 14	178
17–20	254, 256	8, 15	172
17f.	4, 110, 238f., 246f., 251, 255, 275	8, 17	172
		11	247, 249
17	103, 109f., 254f.	11, 7	249
17, 2	239	22, 7f.	178
17, 3	239	31	279
17, 5	103, 105, 109, 240		
17, 6	240	*2 Samuel*	
17, 7	240, 255	6	70
17, 10	241	6, 6f.	70
17, 11	241	6, 11	68
17, 12	103, 105, 109	6, 13	61
17, 13	110, 242	6, 15	37
18	245f.	6, 17	37, 60
18, 1	203	8, 24f.	34
18, 4	241	20, 1	194
18, 19	242	21, 10–14	249
18, 30f.	13, 245		
18, 30	243–245, 250, 255	*1 Könige*	
18, 31	244f., 255, 273	2, 26	30, 212
19–21	239	3, 9–11	67
19f.	4, 238f., 246, 253	5, 3	71f.
19	246f., 254	5, 4	71f.

1 Könige (cont.)

8	71, 73
8, 2–5	71
8, 3f.	71f.
8, 3	212
8, 4	71f.
11–13	251
11f.	252
11, 19f.	252
11, 26–28	251
12–14	57
12	57
12, 26–33	123, 252
12, 27	58
12, 28–32	41
12, 28f.	255
12, 28	243
12, 31f.	58, 253–256, 273
12, 31	5, 24, 41, 58, 199, 238f., 252, 270
13, 1f.	255f.
13, 13	110, 112
13, 33	58
13, 34	252
14, 19	251
15, 31	251
15, 34	252
16, 2	252
16, 5	251
16, 19	252
16, 26	252
16, 31	252
17, 13	186

2 Könige

9, 24	107
10, 32f.	263
11, 4–16	66
11, 4	66
13, 6	252
14f.	162
17	41
22	44
22, 3–19	44
23, 9	9, 196
23, 15	269
23, 24	240
24f.	76
24, 14	76
24, 15	29
25, 24	252
25, 28	252

Jesaja

10, 1	18
14, 1	268
56	43
56, 3	268
56, 6	268
65, 11	19

Jeremia

1, 1	30
1, 18	118
5, 28	32
7, 4–6	32
7, 6	32
19, 1	31
21–23	29f.
22, 2f.	32
22, 3	32
22, 24–30	26, 29
22, 28	29
22, 30	29
23	26, 29
23, 5f.	25
33	29f., 32, 47
33, 14–26	25–30
33, 14	25, 33
33, 15f.	25
33, 17–22	26f.
33, 17f.	27f.
33, 18	27f., 199
33, 19–26	30
33, 19–22	27
33, 21f.	27f.
34, 4	31
34, 16–22	31
36	31
38, 14	199
41, 5	163, 280
50, 5	268

Ezechiel

1–3	183
7, 26	45

STELLENREGISTER

8–11	43f., 183	44, 9–11	275
8	44, 187f., 275	44, 10f.	37, 51
8, 6	276	44, 10	38, 188
8, 11–13	163	44, 11	51
9f.	43	44, 12f.	44
11, 1	45	44, 12	37f., 40, 44
15, 20	129	44, 13	38f.
18, 12	45	44, 14	279
20, 25f.	278	44, 15f.	46
22, 7	45	44, 15	33, 39, 46, 187, 199, 275
22, 26–31	45f.		
22, 26	46, 187	44, 29f.	271
22, 29	45	45, 5	33
40–48	33, 43, 45, 47, 183, 186, 276	48	153, 178
		48, 11	46, 187
40–42	183	48, 31	33
40	34, 183		
40, 1–43, 11	184	*Hosea*	
40, 1	184	13, 10	118
40, 44–46	34		
40, 46	33f.	*Amos*	
43	183f., 186	4, 4	174
43, 1–5	183f.		
43, 1	183	*Micha*	
43, 7–12	185	7, 3	117
43, 7f.	184		
43, 7	183, 185	*Haggai*	
43, 9–11	186	1–2	46
43, 10–12	186	2, 11–14	52
43, 10f.	184		
43, 12	184f.	*Sacharja*	
43, 13–17	184f.	1–8	46
43, 19	33, 199	1, 6	186
43, 22	111	2, 15	268
43, 23–25	111	6, 9–11	238
43, 26	104f., 111	7, 12	186
43, 27	111	2, 4	28
44	35, 38–44, 47, 119, 183, 259, 274f., 276, 280	2, 8	28
		3, 3	77
44, 1–4	43	3, 4	77
44, 4–16	35		
44, 4f.	42	*Psalmen*	
44, 5	186	26, 10	106
44, 6–16	44, 46	48, 11	106
44, 6–9	36	106, 17	161
44, 6–8	40, 42		
44, 8	36	*Esther*	
44, 9	37	9, 27	268
44, 9–16	39		

Daniel

9, 10	186
11, 34	268

Esra

1–6	50
1, 5	48f., 73
2	48, 53f.
2, 37	31
2, 40	49
2, 41	54
2, 63	236
2, 70	49, 54
3	49
3, 7f.	49
3, 8–10	48, 67
3, 8f.	49
3, 8	49, 141
3, 10	50, 54
6, 16–21	48
6, 18	50
6, 20	51, 60
7f.	52
7	64, 238
7, 1–5	53
7, 7	52
7, 13	52
7, 25	54
8	48, 53, 282
8, 15–20	52
8, 17	52
8, 20	52, 149
8, 24f.	34

Nehemia

7	54
7, 40	31
7, 44	54
7, 65	236
7, 72	54
8	14, 201, 269
8, 4	53
8, 7	54
9, 4	54
10	54, 182
10, 29	54
10, 38	175
11, 18	53
12, 23	17

12, 27–43	48
12, 30	77
12, 45	77
13	76, 152, 175, 177, 182f.
13, 10–13	48, 54, 116
13, 10	54, 225
13, 22	54

1 Chronik

5, 4f.	71
5, 27–40	53
5f.	16, 65
6	179
6, 16–32	54
6, 16f.	69
6, 17	65
6, 33	65
6, 34	65
6, 39–66	12, 180
12, 27f.	66
13, 2	57
13, 7–10	70
13, 13f.	73
13, 13	68
15	31, 70
15, 2	70, 212
15, 13	70
15, 15	70f.
15, 26	61
15, 26f.	70
16	61
16, 1	37, 60
23, 3f.	69f.
23, 3	65
23, 6–23	65, 69
23, 14	64, 207
23, 24	69
23, 25–32	69
23, 26	177
24	34
24, 3	34
24, 5	34
25, 1–7	64
29, 5	111f., 114

2 Chronik

1, 10–12	67
5	73
5, 3–5	71

5, 4f.	70	29, 4	61
5, 5	71–73	29, 11	61f.
5, 6	71	29, 12	61
7, 6	61	29, 31	104, 111, 113
10–12	57	30, 15	62
11	58f., 178, 267	30, 16	64
11, 3f.	57	30, 17	51, 60, 62
11, 5–12	57	30, 21	62
11, 6–10	12	30, 25	62
11, 13–17	56	30, 27	62
11, 13–16	57	34, 12f.	44, 67
11, 14	57, 68	31, 12	182
11, 16f.	73	34, 13	31, 44, 68
11, 16	58	35, 3	64, 70
11, 17	57	35, 5	64
13, 9	73, 104, 111f.	35, 6	60, 62
17, 7–9	64	35, 11	51
17, 7	64	35, 14	62
17, 8f.	56	35, 14f.	60
19, 1	67		
19, 5	67	*Rabbinische Texte*	
19, 11	67	mPes 5, 6	51
20, 14	64	mZeb 3, 1	51
23, 1–15	66	bPes 64b	51
23, 1–3	66	bGit 28a	81
23, 3	66	bGit 43a	81
23, 4f.	66	ExR 31, 8	148
23, 4	67		
23, 18	60, 112	*Qumran*	
26	162	11Q19 22, 4	51
26, 18	61f.		

Sachregister

Aaron 7f., 20f., 35, 53, 57, 61, 80, 88, 97–99, 102, 104, 108, 114, 120–138, 140, 142–146, 150–155, 157–160, 164, 166–172, 174–176, 180, 187, 200f., 204f., 207–209, 211, 213, 215, 225–228, 231, 233f., 236f., 241, 250, 252, 255f., 257, 271–273, 277, 279f.
Aaroniden 12, 41, 66, 77, 97, 120, 124–128, 134, 143, 145, 151, 155, 164f., 168, 177, 181, 213, 245, 250, 253, 256, 273
Abfassungszeit 15, 24, 29, 47, 53, 62, 74, 83, 99, 107, 114, 133, 135, 158, 165, 197, 235, 238, 253
Abgaben 23, 53f., 76, 137, 170, 172–176, 178, 182, 192–194, 211, 217–219, 222, 226, 276, 281f.
Abihu 35, 143
Administration 32, 46, 52, 54, 63, 66, 69, 118f., 133, 135, 173, 180, 182, 187, 237, 258, 266, 272, 283
administrativ s. unter Administration
Alleinverehrung 1, 269
Allerheiligstes 46, 186, 213
Älteste 31, 44f., 50, 163, 189, 213f.
Amalekiter 120, 122
Amphiktyonie 9f., 258, 263
Amram 82, 148, 233, 246
Amtleute 44, 66, 101
Amtseinführung 106, 234
Apposition 28, 69, 130f., 152, 215–218, 220–222, 229–231
Aqeda 148
Armenversorgung s. unter Fürsorge, soziale
Assyrer 41, 59, 89, 243
Asylstädte 178f., 266, 283
Ätiologie 11, 21, 30, 58f., 74, 117, 124, 150, 153, 158, 161, 166, 178, 181f., 188, 208f., 211, 235, 238, 259, 267, 281
Auslösung 146–148, 151–153, 170, 174, 225, 277f., 282
Autorschaft, levitische 55

Beamte(r) 29–31, 44–46, 64, 67f., 75, 93, 95, 101f., 105, 113, 116–119, 132, 135f., 159, 173f., 177, 179f., 182, 236f., 257f., 260, 265f., 268, 270–274, 276, 282f.

Beamtenschaft s. unter Beamte(r)
Beauftragung 36f., 71, 95f., 100–102, 105, 110, 112, 115, 142, 148, 203–206, 212, 214, 241, 274
Belehnung 173, 178, 181, 266
Berufung(sgeschichte) 79f., 82, 84, 89f., 93f., 96, 116–118, 128–131, 133, 136, 169, 183, 265
Bet-El 41f., 58, 74, 124–128, 174, 245, 250, 252f., 255f., 269, 273
Bezahlung s. unter Entlohnung
Bezalel 49, 116
Binnenmigration s. unter Migration
Brandopfer 26, 37, 51, 60, 111f., 139, 156f.
Buchauffindung 44
Bund s. unter Bundesschluss
Bundesbuch 147, 181, 184f., 193f., 227, 277
Bundeslade 57, 61, 69–73, 154, 189, 203–207, 209, 212–214, 245, 250, 256
Bundesschluss 26–28, 37, 54, 66, 160, 170, 236, 238

Chronologie 85, 139, 162, 179
clerus minor 6, 9, 63, 76f., 130, 180

Dan 4, 19, 21, 58, 74, 110, 124, 239, 243–245, 251f., 255f., 261, 262, 269, 275
Daniter 240, 242f.
David 10, 12, 26–29, 34, 37, 57, 60f., 65–67, 69f., 76, 112, 123, 126, 142, 177, 258, 262, 271
Davididen 26–30, 169
Debora 18, 242, 261–263
Degradierung 6, 9, 38, 40, 146, 152, 166f., 180f., 258f., 284
Deportation 29, 41, 45, 76, 99, 243f., 255
Diachronie 2, 146
Dienstalter 49, 66, 69, 141, 154f.
Diskurs 2f., 169, 260, 276
Diskursfragment(e) 1f., 260

Ehevorschriften 81, 87
Eigenname 6, 16–18, 21, 81f., 199, 203f.
Einkünfte 54, 106, 109f., 173, 175, 193, 220, 223f.

SACHREGISTER

Einsetzungsopfer 109f.
Eleasar 34f., 143f., 154f., 172, 204, 209, 234
Elite(n) 1, 12–14, 17, 31, 44, 46, 64, 75–78, 118f., 159, 165f., 168f., 179f., 182, 187f., 202, 237, 257, 265–267, 269, 276, 278, 281–283
Emporhebung 157, 277, 280
Entlohnung 54, 76, 110, 171, 173f., 176, 181f., 225f., 241, 280, 282
Entsühnung 134
Eponym 7, 9,17f., 80f., 83, 95f., 100, 116, 118–121, 124–126, 128, 133f., 159, 165f., 182, 202, 237, 257, 263–265, 283
Erbteil 4, 16, 22, 170f., 174–176, 195, 198, 203, 207f., 210, 214–218, 222–228, 230, 260, 265, 283
Erstgeborene(r) 135, 138, 141, 146–153, 156–15, 178, 181, 277f., 280f.
Erstgeburt 147, 150–153, 167, 170, 277f.
Erstlingsfrüchte 195, 219
Erstlingsopfer 149
Erwählungsformel 219
Erzeltern 21, 82–84, 91, 135, 251
Etymologie 6, 15–18, 20, 90, 247
Exil s. unter Exilszeit
Exilierte s. unter Exilierung
Exilierung 48, 76, 90, 118
Exilszeit 7, 29, 31, 43, 48, 53, 76, 79, 90, 118, 124, 132, 166, 177, 202, 245, 255, 258f., 261f., 276, 280, 283f.

Familienrecht 91
Fremdherrschaft 281, 284
Fremdling 24, 32, 45, 95, 191, 195, 197f., 201, 215, 224, 240, 247, 256, 268
Fremdlingschaft 86, 95f., 117, 197f., 220, 240, 250, 256, 266, 268
Fruchtbarkeit 147
Fürsorge, soziale 46, 79, 175, 191, 193, 196, 198, 207, 223f., 270

Geburtsgeschichte 18, 83f., 87, 91, 263f.
Gehilfe 120, 133, 180
Genealogie 37, 53, 56, 65, 68f., 82, 128f., 132, 136, 142–145, 166, 234, 272f.
Gentilizium 203f.
Gericht 13, 43, 47, 67, 99, 101, 186, 216, 236f., 246, 283

Gerichtswesen 67, 283
Gerschom 95, 243f., 255, 273
Gerschon 153f.
Geschichte Israels 1, 4,10, 24, 40, 43, 47, 77, 97, 196, 238, 240, 261, 283
Gesetzeskorpus 184f., 191, 196, 198, 207, 220, 223
Gewaltanwendung 45, 101, 113f., 116
Gilgamesch 90, 94
Gruppenauseinandersetzungen 55, 125f., 259
Gruppenidentität 83, 93, 117f., 158, 160, 258, 260, 265–267

Handauflegung 137
Handfüllung 106f., 109f., 115, 109, 111, 171, 175, 216, 221, 229, 27
Hapiru 11
Harmonisierung 3, 9,70, 116, 133, 154, 174, 273, 282
Hauptleute 66
Heiligkeitsgesetz 137, 184, 227
Heiligtum 4f., 9f.24, 30, 35–37, 39–43, 49f., 58, 60, 64–66, 69, 75, 78, 110, 115, 120, 124–128, 137–142, 144, 148, 153–155, 158, 162, 164, 169–172, 174–178, 181, 186f., 192f., 196f., 199–201, 207, 209, 213f., 216, 220, 223–225, 228, 239–245, 250–255, 257–259, 269–271, 275f., 278–280, 283
Heilszusage(n) 25, 27–30, 110, 242
Herrschaftsanspruch 56, 74, 167, 265
Hierarchie 30f., 39, 45, 62, 77, 125f., 167, 187
Höhenheiligtümer 41, 43, 58
Hohepriester 53, 112, 125, 167, 169, 174, 176, 209, 234, 236, 238, 258
Hypokoristikon 19f., 256

Identifikation 5, 14, 46, 56, 69, 75f., 78, 147, 161, 167, 169, 200, 217f., 220–222, 244, 255, 275
Identitätskonzept(ion) 15, 260
Institution 15f., 28, 45, 64, 67, 94, 101, 113, 117f., 135f., 140, 149f., 153, 158, 160, 174, 176, 178f., 182, 184, 186, 194, 197, 214, 216, 249, 266, 271, 281, 283
Isaak 148
Ischtar 90, 94, 265
Itamar 34f., 49

Jakob   5, 7,9, 16, 18, 20f., 33, 73, 80–82, 84, 91, 95f., 114f., 117, 168, 180, 194, 203, 230, 232, 235–238, 254, 256, 260, 263–265, 269, 283
Jerobeam I   24, 41f., 55, 57f., 73, 85, 110, 112, 123, 199, 239, 243f., 250–255, 257, 269f.
Jerobeam II   244
Jhwh-Allein-Bewegung   11
Jochebed   81
Jojachin   26, 29, 45
Joschafat   64, 67
Josefsgeschichte   92, 145, 263
Josianische Reform   5, 23, 44f., 77, 126, 193, 259, 269

Kapporet   137
Kasifja   52f., 282
Kehat   41, 153–155, 163, 177, 213
Königszeit   6, 57–59, 79, 118, 172, 244, 253f., 260, 263, 265–267, 270, 276
Königtum   4, 12f., 27–30, 57, 59, 99, 118f., 175, 216, 251, 262, 266, 281
Kontrastparallele   89, 265
Korach   159–166, 168, 188, 259
Korachiden   42, 62, 142, 165
Kult   1, 28f., 34, 39–41, 45f., 49f., 74, 112f., 133, 135f., 141, 144, 151, 150, 158, 161, 163, 165f., 168f., 186–188, 201, 213f., 238, 258, 271, 275f., 277–280
Kultbild   98, 120, 123–128, 134, 239f., 242–245, 252, 255, 269
Kultdiener   149
Kultgerät(e)   69f., 72f., 154f., 243
Kultkritik   18, 239
Kultpersonal   7, 9,29, 39, 69, 134, 152, 176, 190, 192f., 196, 278
Kultpraxis   37, 63, 134, 163, 186, 253, 275
Kultstätte   6, 193, 196, 243
Kyros II   48, 73, 179
Kyrosedikt   48, 73

Laien   55, 63, 113, 123f., 160, 163, 166f.
Landbesitz   5, 23, 85f., 117, 176, 192, 194, 197, 200, 208, 214f., 221f., 227, 230, 240, 254, 266, 282
Landbesitzlosigkeit   s. unter Landbesitz
Landgabe   5, 22, 24, 67, 85, 93, 129, 171, 177, 190, 193, 197, 201f., 222, 243, 245f., 248, 259, 271, 283

Landnahme   s. unter Landgabe
Landzuweisung   s. unter Belehnung
Laubhüttenfest   192, 213
Lea   16f., 19–21
Legitimität   52, 86–89, 91, 94, 270
Levi   5–10, 12, 16–21, 23f., 28, 33f., 40f., 53, 58, 65, 75, 79, 81–84, 86f., 89, 91f., 95f., 100, 114, 116–121, 126, 129f., 133, 135, 142–145, 159, 163, 165, 167f., 172, 176f., 182, 189–191, 194, 198f., 201–204, 206–218, 220–222, 224, 227, 230–232, 234–238, 249, 254–256, 258, 260f., 263–266, 268, 270, 273, 276
Levitenstädte   10–12, 57f., 64, 80, 136, 178–180, 198, 225, 254, 266, 271, 283

Massenflucht   s. unter Migration
Merari   153f.
Mescha   263
Metatext   3, 55
Micha   110, 239–244, 249, 255
Midrasch   82, 148, 233, 246
Migration   57–59, 267f.
Militär   10, 57, 64, 66, 68, 93f., 99, 118, 249, 264
Mischehenproblematik   48–52, 67, 70, 74, 112, 126f., 137, 141f., 154, 184, 186, 255, 276
Monotheismus   1, 269, 284
Mose   4–7, 10f., 13, 37, 47, 49f., 60, 64, 79–120, 122–124, 126–140, 142–146, 150, 153, 155, 158–161, 163f., 166f., 169f., 173f., 180, 186, 189f., 193, 200–202, 204f., 207f., 210, 212f., 216, 219, 227, 230–237, 241, 244f., 252–256, 264–266, 268–273, 283
Moselinie   13
Musiker   s. unter Sänger
Musterung   142–144, 147

Nachkommenschaft   27f., 35, 86, 147, 219
Nadab   35, 143
Nasiräat   148
Netinim   21, 48, 52f., 76, 149, 281
Nordreich   6, 13f., 41f., 55, 57–59, 112, 119, 124f., 127f., 243f., 250–252, 255f., 260–262, 264, 267–269, 273
Numeruswechsel   235

Obed Edom   68, 73
Oberschicht   s. unter Elite(n)

SACHREGISTER

Oholiab 49, 116
Opfer 27, 36–38, 51f., 54, 59–63, 104, 106f., 109, 111, 113, 123, 134, 137, 140, 147f., 156f., 162f., 165, 170f., 175, 192f., 216–219, 222, 226–228, 230, 236, 271, 276–279
Opferanteil 106, 109, 111, 171, 175, 216, 221, 229, 271
Opferfleisch 107, 111
Opfergabe 36, 59, 104, 106, 140, 157, 165, 217
Opferkult 111, 275f.
Opfertier 109, 156, 276, 279

Paschhur 31
Pentateuchredaktion 114, 116, 160, 229
personae miserae 6, 22f., 32, 46, 75, 79, 85, 177f., 190–197, 224, 254, 257, 268, 270
Phönizier 147
Pinhas 35, 42, 143f., 245, 250, 253, 256, 273
Polemik 41f., 74, 98, 112, 124, 166f., 240, 243, 255f., 269, 273–275
Präsupposition 83, 95, 99, 119, 237
Priesteramt 8, 96, 107, 114, 234
Priesterdynastie 146, 172, 244f., 255f., 273
Priesterklasse 6f.
Priesterschurz 37
Priestertum 4, 7,14, 22–24, 30, 32, 35, 38, 43, 46f., 58, 74, 97, 102f., 106, 108f., 111, 113–115, 120, 123–127, 132–135, 137, 143f., 160f., 165, 176, 180f., 188, 198–200, 207, 209, 211, 215, 225, 230f., 236, 252, 256f., 270, 272f., 279f., 283
Priesterweihe 107f., 111–114, 134, 139, 206, 280
Privileg(ien) 34f., 167, 169f., 174, 182, 202, 280f.
Professionalisierung 40, 63, 183, 188, 270, 274, 276, 278, 280

Räucherkult s. unter Räucheropfer
Räucheropfer 42, 61, 160–163, 275, 280
Räucherpfanne 162f.
Reichsteilung 57, 244, 255, 267
Reinheit, kultische 40, 42, 51f., 63, 156, 176, 275
Reinheitsvorschrift(en) 7, 156
Reinigungsritual 134, 137, 155–158, 280
Religionsgeschichte 1, 6,259
Repräsentant(en) 10, 43f., 99, 121, 144f..160, 168, 171f., 215, 228, 231, 235, 256, 265

Richter 66–68, 75, 93–95, 99, 101, 117f., 128, 236, 264
Ritual 60, 90, 111, 134, 137f., 155–158, 168, 181, 187, 189, 200
Rückprojektion 14, 59, 260

Salböl 134
Salbung 104, 108, 134, 137–139, 280
Samuel 37, 64, 68, 149, 172, 278f.
Sänger 14, 54, 61, 64–68, 279, 283
Sargon 84, 85, 88–90, 94, 265
Satire 90, 239–244, 255, 265
Schafan 44, 68
Schilo 4, 30, 244f., 250, 278
Schlachtung 38, 46, 51, 60, 62, 279
Schreiber 44, 64, 67f., 75, 77, 95, 123, 170, 205
Schwingopfer 156, 277, 280
Segen 5, 10, 62, 91f., 95, 98f., 102, 113–115, 122f., 137, 140, 190, 196, 201, 210, 212, 230–239, 242, 260, 264
Selbstjustiz 95f., 116
Simeon 18–21, 95f., 116, 118, 194, 202, 232, 235, 238, 254, 260, 263f.
Sinaiperikope 113, 133, 135–137, 141, 185, 204, 211, 213
Spezialisten 177, 182
Staatlichkeit 99, 182, 276, 283
Stammesgebiet 22, 193
Stellvertreter(funktion) 131–133
Steuer 7, 53, 174–176, 182
Stierbild 58, 80.96, 98, 127, 134, 255
Stiftshütte 49, 133f., 138–140, 142, 144, 146, 154f., 157, 162, 171, 176, 207, 279
Substitution 146, 148, 150–153, 157f., 167
Südreich 14, 64, 73, 127, 251, 253, 256, 262, 267
Systematisierung 9, 49, 62, 73, 75, 118, 128, 134, 153, 253, 256, 259, 274, 282

Tammuz 90
Tempel 5–7, 14, 30–38, 40–50, 52–55, 58f., 63–70, 72, 74–77, 79, 110, 112, 125f., 137, 142, 148–153, 156, 158f., 162f., 166–168, 172–188, 200, 202, 211, 213, 223, 252, 258f., 270, 274, 275–284
Tempelbau 48–52, 67, 70, 74, 112, 126f., 137, 141f., 154, 184, 186, 255, 276
Tempelbauchronik 50f.

Tempelbeamtentum 283
Tempeldienst 5, 65f., 137, 141f., 154, 176, 182, 223
Tempelkult 27, 29, 105, 187, 260, 274, 278
Tempelpersonal 46, 76, 193, 259, 280
Tempelzehnt 173f.
Territorium 6, 95, 168, 194, 235, 238, 246, 261, 263
Textgeschichte 1, 3,161
Textvorlage 2, 249
Torhüter 31, 33, 44, 48, 64–68, 279, 283
Traditionsliteratur 1–3
Trägergruppe 14

Übergangsritual 134, 156
Unheilsankündigung 29, 45
Ursprungsgeschichte 117, 119, 126–128, 135, 157, 239, 255f., 260, 272f.
Ursprungsmythos s. unter Ursprungsgeschichte
Ursprungstradition s. unter Ursprungsgeschichte

Vasallenverträge 101
Verfassungsentwurf 33–35, 39, 43, 45, 51, 183–187, 275f.
Verpflichtung 36, 45, 101–103, 106, 112f., 115, 173, 206
Versorgungsanspruch 109, 206
Versorgungszusage 109–111, 115, 215, 226, 282

Verunreinigung 113, 184f.
Verwaltung 53, 64, 68, 142, 282
Volksetymologie(en) 18, 2

Wächter 54, 68, 75
Waise 23f., 32, 45, 191, 194, 197, 201, 204
Wallfahrt 58f., 163, 167, 173, 175f., 190–197, 223f.
Wallfahrtsfest 190, 224
Weihrauch 44, 163
Witwe 23f., 32, 45, 191, 194, 197, 201, 204f.
Wüstenwanderung 43, 65, 93f., 99, 116, 121, 141f., 155, 158, 162, 177, 189, 204, 248f., 279

Zadokiden 6f., 13, 33–35, 39–41, 45f., 124–126, 183, 186f., 200, 208f., 256, 270, 275f.
Zählung 49, 63, 138, 140–144, 146f., 152–156, 158f., 167f., 177f., 206, 277
Zehnt 54, 170–176, 181f., 191–194, 196, 198, 211, 227, 281f.
Zentralheiligtum 5, 8f., 22, 24, 47, 127, 162, 177, 187, 192, 199f., 216, 220, 223f., 241, 270–274, 283
Zentralisationsgesetz(e) 22, 74, 160, 172, 185, 190–194, 196f., 219, 223f.
Zeugma 27f.
Zidkija 26